银行业专业人员职业资格考试辅导系列

个人理财(初级)过关必备
(名师讲义+历年真题+考前预测)

圣才学习网　主　编

清华大学出版社

北　京

内 容 简 介

本书是银行业专业人员职业资格考试《个人理财(初级)》的学习辅导用书,具体包括四部分内容:第一部分介绍了银行业专业人员职业资格考试制度,总结了近几年真题的命题规律,并针对考试提出了有效的复习应试策略;第二部分在对历年考试真题进行研究的基础上全面讲解考试重点、难点内容;第三部分是历年真题及详解,根据最新《个人理财(初级)》教材和考试大纲的要求,对 2015 年下半年真题的每道题目从难易程度、考查知识点等方面进行了全面、细致的解析;第四部分是考前预测及详解,按照最新考试大纲及近年的命题规律精心编写了两套考前模拟试题,并根据教材对所有试题进行了详细的分析和说明。

本书以参加银行业专业人员职业资格考试的考生为主要读者对象,特别适合临考前复习使用,同时也可以用作银行业专业人员职业资格考试培训班的教辅,以及大、中专院校师生的参考用书。

本书封面贴有清华大学出版社防伪标签,无标签者不得销售。
版权所有,侵权必究。侵权举报电话:010-62782989 13701121933

图书在版编目(CIP)数据

个人理财(初级)过关必备(名师讲义+历年真题+考前预测)/圣才学习网主编. —北京:清华大学出版社,2016

(银行业专业人员职业资格考试辅导系列)

ISBN 978-7-302-44754-2

Ⅰ. ①个… Ⅱ. ①圣… Ⅲ. ①私人投资—银行业务—中国—资格考试—自学参考资料 Ⅳ. ①F830.59

中国版本图书馆 CIP 数据核字(2016)第 185962 号

责任编辑:杨作梅
装帧设计:杨玉兰
责任校对:张彦彬
责任印制:何 芊
出版发行:清华大学出版社
   网   址:http://www.tup.com.cn, http://www.wqbook.com
   地   址:北京清华大学学研大厦 A 座   邮 编:100084
   社 总 机:010-62770175   邮 购:010-62786544
   投稿与读者服务:010-62776969, c-service@tup.tsinghua.edu.cn
   质量反馈:010-62772015, zhiliang@tup.tsinghua.edu.cn
印 刷 者:北京鑫丰华彩印有限公司
装 订 者:三河市溧源装订厂
经 销:全国新华书店
开 本:190mm×260mm 印 张:21 字 数:510 千字
版 次:2016 年 9 月第 1 版 印 次:2016 年 9 月第 1 次印刷
印 数:1~2500
定 价:49.80 元

产品编号:064823-01

为了帮助考生顺利通过银行业专业人员职业资格考试，我们根据最新考试大纲、教材和相关考试用书编写了银行业专业人员职业资格考试辅导系列：

- 《银行业法律法规与综合能力(初级)过关必备(名师讲义+历年真题+考前预测)》
- 《风险管理(初级)过关必备(名师讲义+历年真题+考前预测)》
- 《个人理财(初级)过关必备(名师讲义+历年真题+考前预测)》
- 《公司信贷(初级)过关必备(名师讲义+历年真题+考前预测)》
- 《个人贷款(初级)过关必备(名师讲义+历年真题+考前预测)》
- 《银行管理(初级)过关必备(名师讲义+历年真题+考前预测)》
- 《银行业法律法规与综合能力(中级)过关必备(名师讲义+历年真题+考前预测)》
- 《个人理财(中级)过关必备(名师讲义+历年真题+考前预测)》

本书是银行业专业人员职业资格考试《个人理财(初级)》的学习辅导用书，根据《个人理财(初级)》考试科目的最新命题规律和特点，总结分析了考试要点，并对难点进行了重点讲解。

总的来说，本书具有以下几个特点。

1. 备考指南剖析考情，解读命题规律

本部分重点介绍了银行业专业人员职业资格考试，剖析了历年考试的命题规律，并有针对性地给出了相应的学习方法和应试技巧，用以提高考生的应试能力。

2. 整理考试重点，浓缩知识点精华

【考查内容】总体介绍各章考查重点、历年考试题型等，方便考生从总体上把握全书要点。

【备考方法】指明具体的复习思路和学习要点。

【框架结构】清晰勾勒出每章知识的轮廓，使考生明确各知识点在整个体系中的地位和作用，形成脉络分明的复习主线。

【核心讲义】集聚名师数年讲授经验和授课精华，浓缩知识点精华。重要考点后附有精选的例题，以近年考题为切入点，重点阐释各知识点的潜在联系。

【过关练习】根据高频考点，精选习题，难度与真题相近，便于考生检验学习效果，巩固知识点。

3. 精准解析历年真题，深度解读考试重难点

本书精选了2015年下半年真题，按照最新考试大纲、指定教材和法律法规对全部真题的答案进行了详细的分析和说明。解析部分对相关知识点进行了系统归纳和总结，利于考生全面掌握和熟悉相关知识点。

4. 考前预测紧扣大纲，直击考点实战演练

本书根据历年考试真题的命题规律及热门考点，精心编写了两套模拟试题，其试题数量、难易程度、出题风格与考试真题完全一样，紧扣大纲，知识"全"，直击考点，命题"准"，实战演练，提高"快"，方便考生检测学习效果，评估应试能力。

购买本书可享受大礼包增值服务，登录圣才学习网(www.100xuexi.com)，刮开所购图书封面防伪标的密码，即可享受大礼包增值服务：①15 小时视频课程(价值 150 元)；②本书3D 电子书(价值 30 元)；③3D 题库【历年真题+章节题库+考前押题】(价值 30 元)；④手机版【电子书/题库】(价值 60 元)，可在圣才学习网旗下所有网站进行消费。本书提供名师考前直播答疑，手机电脑均可观看，直播答疑在考前推出(具体时间见网站公告)。

与本书相配套，圣才学习网还提供银行业专业人员职业资格考试网络课程、3D 电子书、3D 题库(免费下载，免费升级)。

圣才学习网编辑部

目录

第一部分 备考指南

第二部分 核心讲义

第三部分　历年真题及详解

第四部分　考前预测及详解

第一部分

备考指南

考试制度解读

根据《银行业专业人员职业资格制度暂行规定》和《银行业专业人员初级职业资格考试实施办法》的规定，银行业专业人员职业资格考试有关事项如下。

一、考试简介

"银行业专业人员职业资格考试"由"中国银行业从业人员资格认证考试"更名而来。银行业专业人员的职业水平评价分为初级、中级和高级 3 个资格级别。银行业专业人员初级和中级职业资格采用考试的评价方式；高级职业资格的评价办法暂未公布。

银行业专业人员初级职业资格的评价实行全国统一大纲、统一命题、统一组织的考试制度。原则上每年举行两次考试。

二、报名条件

中华人民共和国公民同时具备下列条件，可报名参加银行业初级资格考试。
(1) 遵守国家法律、法规和行业规章；
(2) 具有完全民事行为能力；
(3) 取得国务院教育行政部门认可的大学专科以上学历或者学位。

三、考试科目、范围和题型

银行业初级资格考试设《银行业法律法规与综合能力》和《银行业专业实务》2 个科目。其中，《银行业专业实务》下设风险管理、个人理财、公司信贷、个人贷款、银行管理 5 个专业类别。

考试范围限定于大纲范围内，但不局限于教材内容。

考试题型目前均为客观题，具体分为单选题、多选题和判断题。

四、考试方式

银行业初级资格考试采用计算机闭卷答题的方式进行。

五、考试时间和考试地点

(一)考试时间

考试日期原则上为每年的第二季度和第四季度。

《银行业法律法规与综合能力》科目和《银行业专业实务》科目 5 个专业类别的考试时间均为 2 个小时。

(二)考试地点

考点原则上设在地级以上城市的大、中专院校或者高考定点学校。

六、成绩认定

考试成绩实行 2 次为一个周期的滚动管理办法,在连续 2 次的考试中,参加《银行业法律法规与综合能力》科目和《银行业专业实务》科目 1 个专业类别的考试并合格,即可取得银行业专业人员该专业类别的初级职业资格证书。参加《银行业专业实务》科目其他专业类别考试并合格,其专业类别可在职业资格证书中签注。

命题规律总结

银行业专业人员职业资格考试的真题每次都是随机抽取的，但是通过对最近几年大量考试真题的研究，我们仍然发现有一些命题规律可以遵循，具体总结如下。

一、以填空形式考查教材原文

该类题目多是对细节内容的考查，要求考生能够对知识点准确记忆。

1．在一个结构合理的贷款中，企业的( )与借款原因是相匹配的，可以通过借款需求分析来实现合理的贷款决策。[公司信贷 2016 年上半年真题]

    A．还款能力   B．风险评估

    C．流动性   D．还款来源

【答案】D

【解析】银行在对客户进行借款需求分析时，要关注企业的借款需求原因，即所借款项的用途，同时还要关注企业的还款来源以及可靠程度。实际上，在一个结构合理的贷款中，企业的还款来源与其借款原因应当是相匹配的，而这可以通过借款需求分析来实现。

2．就银行而言，通过( )实现客户关系管理目标，进而实现银行产品的顾问式、组合式销售，提高银行经营业绩。[个人理财 2014 年上半年真题]

    A．个人贷款业务   B．理财顾问服务

    C．委托代理服务   D．综合理财服务

【答案】B

【解析】理财顾问服务是在充分了解客户的基础上，对客户的财务资源提供安排建议并协助其实施与管理，从而帮助客户实现其财务目标的过程。对银行而言，通过理财顾问服务实现客户关系管理目标，进而实现银行产品的顾问式、组合式销售，可以提高银行经营业绩。

3．在我国银行监管实践中，( )监管贯穿于市场准入、持续经营、市场退出的全过程，是监管当局评价商业银行风险状况、采取监管措施的主要依据。[风险管理 2014 年上半年真题]

    A．盈利能力   B．资本充足率

    C．资本收益率   D．资产收益率

【答案】B

【解析】建立在审慎贷款风险分类、充足计提各类资产损失准备基础上计算的资本充足率，是衡量银行综合经营实力和抵御风险能力的重要指标。监管实践中，资本充足率监管贯穿于商业银行设立、持续经营、市场退出的全过程，是监管当局评估商业银行风险状况、采取监管措施的重要依据。

二、通过具体情况考查知识点

该类题目比较灵活，需要考生对考点有深刻的理解，掌握其内在含义，把知识点应用到具体情况中去。

1. 某商业银行为争取业务已经批准了该项业务招待费预算，而客户经理并没有请客户吃饭就做成了该项业务。当天客户经理携带家人将该预算自行消费掉，其行为( )。[银行业法律法规与综合能力 2014 年上半年真题]

    A．是合理的，因为客户经理并没有浪费

    B．不合理，不应当申报不实费用

    C．因为业务已经谈妥，所以是合理的

    D．如果消费超过了预算额度，则是不合理的

【答案】B

【解析】银行业从业人员在外出工作时应当节俭支出并诚实记录，不得向所在机构申报不实费用。要将个人额外支出与公务支出进行区分，不能混淆，更不能做不实申报，骗取不当收益。

2. A 银行提供一款理财产品"香港市场基金组合理财计划"，该产品的理财期限 3 年，每年分红一次，预期年收益率 2.0%～2.7%，风险提示中明确说明此产生的理财本金及收益损失的风险由投资人自行承担，该产品是( )。[个人理财 2016 年上半年真题]

    A．非保本浮动收益理财计划   B．固定收益理财计划

    C．保本浮动收益理财计划   D．保证收益理财计划

【答案】A

【解析】根据《商业银行个人理财业务管理暂行办法》第十五条的规定，非保本浮动收益理财计划是指商业银行根据约定条件和实际投资收益情况向客户支付收益，并不保证客户本金安全的理财计划。

3. 某企业财产由甲乙共有，甲以该企业财产抵押向银行申请贷款，应当( )。[公司信贷 2014 年上半年真题]

    A．取得共有人乙方同意抵押的证明，并以共有财产为限

    B．直接办理抵押登记

    C．取得共有人乙方同意抵押的证明，并以乙方所有份额为限

    D．取得共有人乙方同意抵押的证明，并以甲方所有份额为限

【答案】D

【解析】共有财产是指两人以上对同一财产享有所有权。对以共有财产抵押的，按照共有财产共同处分的原则，应该取得各共有人的同意才能设立，否则抵押无效。用共有财产作抵押时，应验证共有人同意抵押的证明，并以抵押人所有的份额为限。

4. 商业银行将部分企业贷款的贷前调查工作外包给专业调查机构，并根据该机构提供的调查报告，与某企业签订了一份长期抵押贷款合同。不久，经济形势恶化导致该企业出现违约行为，同时商业银行发现其抵押物价值严重贬损。在这起风险事件中，( )应当承担风险损失的最终责任。[风险管理 2014 年下半年真题]

A．贷款审批人　　　　　　　　B．贷款企业

C．专业调查机构　　　　　　　D．商业银行

【答案】D

【解析】从本质上说，业务操作或服务虽然可以外包，但其最终责任并未被"包"出去。商业银行仍然是外包过程中出现的操作风险的最终责任人，对客户和监管者承担着保证服务质量、安全、透明度和管理汇报的责任。

三、不同形式、多种角度考查同一考点

在考试中，有的考点会从不同角度、以不同形式进行多次考查，考生须格外重视这类考点。

1．下列关于商业银行资本的表述，正确的是(　　)。[银行业法律法规与综合能力 2014 年下半年真题]

A．经济资本是一种完全取决于银行盈利大小的资本

B．会计资本也称为账面资本，即所有者权益

C．商业银行的会计资本等于经济资本

D．银行资本等于会计资本、监管资本和经济资本之和

【答案】B

【解析】从不同的角度看，银行通常在三个意义上使用"资本"这个概念，即财务会计、银行监管和内部风险管理，所对应的概念分别是会计资本、监管资本和经济资本。会计资本也称账面资本，是指银行资产负债表中资产减去负债后的余额，即所有者权益。监管资本，是指银行监管当局为了满足监管要求、促进银行审慎经营、维持金融体系稳定而规定的银行必须持有的资本。经济资本，是指银行内部管理人员根据银行所承担的风险计算的、银行需要保有的最低资本量，又称风险资本。

2．银行监管机构为了促进商业银行审慎经营、维持金融体系稳定而规定的银行必须持有的资本称为(　　)。[银行业法律法规与综合能力 2014 年上半年真题]

A．账面资本　　　　　　　　　B．经济资本

C．监管资本　　　　　　　　　D．会计资本

【答案】C

【解析】从不同的角度看，银行通常在三个意义上使用"资本"这个概念，即会计资本、监管资本和经济资本。会计资本也称为账面资本，是指银行资产负债表中资产减去负债后的余额，即所有者权益。经济资本，是指银行内部管理人员根据银行所承担的风险计算的、银行需要保有的最低资本量，又称风险资本。监管资本，是指银行监管当局为了满足监管要求、促进银行审慎经营、维持金融体系稳定而规定的银行必须持有的资本。

四、多个考点在同一题目中考查

在考试中，有时一道题目会把两个考点或多个考点结合起来，旨在考查不同考点之间的联系和区别，因此，对于这类考点，考生须通过对比进行学习。

1. 下列关于大额存单与定期存款的表述正确的有( )。[个人理财 2016 年下半年真题]

    A. 定期存款记名,不可流通,大额存单可以在市场上流通

    B. 定期存款的利率固定,大额存单的利率可以是浮动的

    C. 一般而言,大额存单比同期限的定期存款利率高

    D. 大额存单与定期存款均有起存金额,但大额存单起存金额高于定期存款

    E. 定期存款可以提前支取,大额存单不可以提前支取或转让

【答案】ABCD

【解析】大额可转让定期存单是银行发行的有固定面额、可转让流通的存款凭证。大额可转让定期存单的特点:不记名;金额较大;利率有固定的,也有浮动的,一般比同期限的定期存款的利率高;不能提前支取,但是可以在二级市场上流通转让。

2. 下列关于分公司和子公司的表述,正确的是( )。[银行业法律法规与综合能力 2014 年下半年真题]

    A. 分公司具有法人资格,依法独立承担民事责任,子公司不具有法人资格,其民事责任由公司承担

    B. 分公司和子公司都不具有法人资格,其民事责任由公司承担

    C. 分公司和子公司都具有法人资格,依法独立承担民事责任

    D. 分公司不具有法人资格,其民事责任由公司承担,子公司具有法人资格,依法独立承担民事责任

【答案】D

【解析】根据《公司法》的规定,公司分为有限责任公司和股份有限公司。子公司是一个独立的主体,拥有法人资格,分公司不具有企业法人资格,不具有独立的法律地位,不独立承担民事责任。

五、计算题考查知识点集中,注意理解运用

银行业专业人员职业资格考试的各科目均涉及简单的计算题,其中风险管理科目中的计算题较多且难度较大,考生需牢记公式,多加练习,在理解分析的基础上计算出结果。

1. 根据我国《商业银行资本管理办法(试行)》的规定,某商业银行扣除资本扣减项后的一级资本为 120 亿元人民币,二级资本为 50 亿元人民币,风险加权资产为 1700 亿元人民币,要达到资本充足率 10.5%的要求,则其应增加资本( )亿元人民币。[银行业法律法规与综合能力 2014 年上半年真题]

    A. 50   B. 8.5   C. 0.5   D. 10.5

【答案】B

【解析】要达到资本充足率 10.5%的要求,该商业银行应持有的符合规定的资本为:10.5%×1700=178.5(亿元),应增加的资本为:178.5-(120+50)=8.5(亿元)。

2. 假设一家公司的总资产为 12000 万元,销售收入 18000 万元,总负债 3000 万元,净利润 900 万元,则该公司的资本回报率 ROE 为( )。[公司信贷 2016 年上半年真题]

    A. 30%   B. 7.5%   C. 10%   D. 5%

【答案】C

【解析】资本回报率(ROE)=净利润/所有者权益，其中，所有者权益=总资产-总负债=12 000-3000=9000(万元)。因此，ROE=900/9000×100%=10%。

3．借款人贷款本金为 80 万元，贷款期限为 15 年，采用按月等额本金还款法，月利率为 3.465‰，借款人第一期的还款额为(　　)元。[个人贷款 2014 年上半年真题]

  A．7989.62   B．7512.63   C．7216.44   D．7631.67

【答案】C

【解析】按月等额本金还款法下，每月还款额计算公式为：每月还款额=贷款本金/还款期数+(贷款本金-已归还贷款本金累计额)×月利率，本题中第一期的还款额=800 000÷(12×15)+800 000×3.465‰≈7216.44(元)。

4．商业银行向某客户提供一笔 3 年期的贷款 1000 万元，该客户在第 1 年的违约率是 0.8%，第 2 年的违约率是 1.4%，第 3 年的违约率是 2.1%。3 年到期后，贷款会全部归还的回收率为(　　)。[风险管理 2014 年上半年真题]

  A．95.757%   B．96.026%   C．98.562%   D．92.547%

【答案】A

【解析】根据死亡率模型，该客户能够在 3 年到期后将本息全部归还的概率为：(1-0.8%)×(1-1.4%)×(1-2.1%)≈95.757%。

5．张女士分期购买一辆汽车，每年年末支付 10 000 元，分 5 次付清，假设年利率为 5%，则该项分期付款相当于现在一次性支付(　　)元。[个人理财 2014 年下半年真题]

  A．55 265   B．43 259   C．43 295   D．55 256

【答案】C

【解析】该项分期付款的现金流的现值为：$10\ 000/(1+5\%)^1+10\ 000/(1+5\%)^2+10\ 000/(1+5\%)^3+10\ 000/(1+5\%)^4+10\ 000/(1+5\%)^5$=43 295(元)。

六、考察概念、属性

概念题是历年考试的必考项，此外，业务归属、相似知识点的差异也经常作为考题出现，对于这类考点，考生除了多看多背，还可以通过表格的形式加强记忆。

1．(　　)是指银行向借款人提供的以货币计量的贷款产品数额。[个人贷款 2016 年上半年真题]

  A．贷款本息 B．贷款价格 C．贷款余额 D．贷款额度

【答案】D

【解析】贷款额度是指银行向借款人提供的以货币计量的贷款数额。除了人民银行、银监会或国家其他有关部门有明确规定外，个人贷款的额度可以根据申请人所购财产价值提供的抵押担保、质押担保和保证担保的额度以及资信等情况确定。

2．根据《商业银行个人理财业务风险管理指引》的规定，商业银行应对理财人员建立的考评管理制度中，不包括(　　)。[个人理财 2014 年下半年真题]

  A．考核与认定   B．继续培训

  C．跟踪评价   D．销售指标

【答案】D

【解析】商业银行应当根据有关规定建立健全个人理财业务人员资格考核与认定、继续培训、跟踪评价等管理制度，保证相关人员具备必要的专业知识、行业经验和管理能力，充分了解所从事业务的有关法律法规和监管规章，理解所推介产品的风险特性，遵守职业道德。

3．在收集客户信息的过程中，属于定性信息的是(　　)。[个人理财 2014 年上半年真题]

  A．投资偏好   B．雇员福利

  C．客户的投资规模   D．资产与负债

【答案】A

【解析】客户信息分为定量信息和定性信息，其中，定性信息包括：①家庭基本信息；②职业生涯发展状况；③家庭主要成员的情况；④客户的期望和目标。BCD 三项均属于定量信息。

七、考查法律法规中的具体条款

  法律法规的考查难度不大，有的考查一些比较重要的数字，例如，时间、金额、人数、比例等，大多比较简单，要求考生对知识点准确识记，有的是给出小的案例，让考生运用法条进行解释，需要考生深刻理解。

  1．根据银监会文件规定，个人贷款的审查人员在审查贷款中应重点关注(　　)。[个人贷款 2016 年上半年真题]

  A．借款人的偿还能力   B．贷款的担保情况和抵(质)押比率

  C．借款人的诚信状况   D．调查人的尽职情况

  E．贷款申请资料的真实情况

【答案】ABCD

【解析】根据《个人贷款管理暂行办法》第十八条的规定，贷款审查应对贷款调查内容的合法性、合理性、准确性进行全面审查，重点关注调查人的尽职情况和借款人的偿还能力、诚信状况、担保情况、抵(质)押比率、风险程度等。

  2．在销售境外机构设计发行的理财产品时，商业银行对理财资金的成本与收益(　　)。[个人理财 2014 年上半年真题]

  A．应独立测算   B．无须测算

  C．只需交给投资者进行测算 D．应要求境外机构提供测算

【答案】A

【解析】根据《商业银行个人理财业务管理暂行办法》第三十九条的规定，商业银行应对理财计划的资金成本与收益进行独立测算，采用科学合理的测算方式预测理财投资组合的收益率。商业银行不得销售不能独立测算或收益率为零或负值的理财计划。

  3．根据监管部门文件规定，为减轻借款人不必要的利息负担，商业银行只能对购买(　　)住房的个人发放住房贷款。[个人贷款 2014 年上半年真题]

  A．主体结构已封顶   B．主体建筑已出地面

C．已具备预售条件　　　　　　　D．已竣工验收

【答案】A

【解析】根据《中国人民银行关于进一步加强房地产信贷业务管理的通知》的规定，为减轻借款人不必要的利息负担，商业银行只能对购买主体结构已封顶住房的个人发放个人住房贷款。对借款人申请个人住房贷款购买第一套自住住房的，首付款比例仍执行20%的规定；对购买第二套以上(含第二套)住房的，应适当提高首付款比例。

4．在银团贷款中，单家银行担任牵头行时，其承贷份额原则上不少于银团融资总金额的_____，分销给其他银团贷款成员的份额原则上不低于_____。(　　　)[公司信贷2014年上半年真题]

A．50%；20%　　　　　　　　B．10%；50%

C．20%；50%　　　　　　　　D．50%；10%

【答案】C

【解析】根据《银团贷款业务指引》第九条规定，单家银行担任牵头行时，其承贷份额原则上不少于银团融资总金额的20%；分销给其他银团贷款成员的份额原则上不低于50%。

复习应试策略

一、学习方法

1. 重视考试大纲

银行业专业人员职业资格考试大纲是考试命题的依据，也是应考人员备考的重要资料，考试范围限定于大纲范围内，但不局限于教材内容。

考生可以根据给出的考试大纲和考试内容分值的多少，来合理地分配复习时间。比如，前四章占 60%，就要多花些时间。知识面的学习一定要宽，因为难度不大，一定会在宽度上有所体现，复习时一定要根据考试大纲的知识点和考点来备考，要对考试大纲有个细致的了解和分析。

因此，考生备考的第一步便是分析大纲，清楚地知晓每个科目的考试内容，这也有利于考生把握各科目的知识脉络。

2. 制订学习计划

提前规划学习进度有助于取得理想的考试结果，银行业专业人员职业资格考试也不例外。从整体来说，银行业专业人员职业资格考试的难度并不大，但是考察的内容很多，因此非常有必要制订学习计划。学习计划的制订应充分考虑到教材内容的多少和备考时间的长短。一般而言，考生应保证做到对教材的初步全面学习和后期的重点强化。

3. 以指定教材为基础

考试大纲能够帮助考生把握考试方向，教材则是具体地给出了实实在在的知识点。在重视考试大纲的基础上使用教材，能达到事半功倍的效果。

银行业专业人员职业资格考试的难度整体不大，考试中出现的基本概念和理论都出自教材，只有在教材与大纲和法律法规有冲突的情况下，才以大纲和最新的法律法规为准。很多比较难的计算分析题也改编于教材中的例题，考生应该反复记忆教材中的重要知识点，对例题要做到彻底理解并能独立进行解答分析。如风险管理，考试中常涉及一些较复杂的分析和计算题，很多考生屡考不过。万变不离其宗，实际上计算题用到的公式以及分析题中用到的原理在教材中都可以找到，考生熟悉教材并辅之适当的练习即可顺利通过考试。

总之，教材在考试中举足轻重，是考试成功的关键。考生对教材中的知识点需熟记于心，并能灵活应用。

4. 适当进行章节练习

从历年考试情况来看，银行业专业人员职业资格考试的知识点相对固定，在考试中反复出现的真题较多，针对上述考试特点，我们不建议考生采用题海战术。但是，在学习教材的同时，进行适当的章节练习，巩固知识点的同时，总结高频考点和常见的出题方式还是非常有必要的。

　　教辅的选择也很重要，优秀的辅导书能够帮助考生熟悉考试内容，抓住考试要点，节省考生的宝贵时间。教辅以有考点归纳、配有考试真题的为佳。

　　随着电子产品的普及，学习途径也越来越丰富，考生可以利用智能手机、平板电脑购买电子书和题库，随时随地进行练习，以便于早日熟悉机考环境。配有视频讲解的电子书更是考生复习备考的好帮手。

5. 重视历年真题

　　银行业专业人员职业资格考试的真题从不对外公布，因此一份完整的真题显得异常珍贵。通过研习考试真题，我们可以了解本考试科目的出题风格、难度及命题点，考生应该格外珍惜历年真题，真题中出现的每一个考点都值得考生仔细研究，反复记忆。

　　银行业专业人员职业资格考试的技巧性很强，考生需要保持一种做题的感觉，强化重点题型，提高解题熟练度。否则，即使知识点掌握得很牢也可能会失败。建议考生预留出三四套完整的真题在考前一到两周进行模拟训练，以检测学习效果。考生必须严格要求自己，把模拟当作实战，切勿分心走神。边做题边翻书更是不可取的。

　　鉴于考试中真题重复出现的概率比较高，考生对于自己在练习模拟中不会答、错答的真题，一定要做好笔记，多次查看，认真理解相关知识点。

6. 劳逸结合，查漏补缺

　　进入最后冲刺阶段，在各个方面都已经复习到位的基础上，考生不要太紧张，应该劳逸结合，切忌疲劳复习，影响考试成绩。最好是把整个科目的知识体系从头到尾进行梳理，把之前做错的题目(尤其是真题)再看一遍以加深记忆，这样才能提早进入考试状态，又不至于过分地紧张。

　　建议考前最后一周不要再进行题海战术，主要进行查漏补缺，看看之前做过的错题，补充知识点是上上策，看着大纲回忆具体内容也是一个非常好的方法。

7. 梳理答题思路

　　学习永无止境，没有人觉得自己真正准备好了，如果你觉得自己还有很多知识没有看，很多题没有做，不用担心，万变不离其宗，知道答题思路即可。最佳的状态就是把答题思路融入答题过程中，灵活应对。

　　在最后的三天内，建议考生梳理答题思路，针对不同的题型，总结出一套自己的答题模式。这样做不仅可以避免考生在紧张的考试环境中无话可说，即使在答题的过程中用不到，提前准备也可以避免考生紧张。

二、应试技巧

　　根据考试真题的特点，我们建议考生参考以下几点技巧。

1. 细致审题

　　细节决定成败。考生在答题过程中一定要仔细审题，区分题目是选择肯定项还是否定项。准确审题是取得考试成功的关键。

2．不纠缠难题

遇到不会的题，建议考生不要花费太多的时间思考。考试的时间比较紧迫，建议考生遇到难题时做上标记，留到最后解决，珍惜考试时间，不能因小失大，导致最后出现大量题目做不完的情况。

3．使用猜题技巧，不漏答题

即使有难题或考生感觉拿不准的题，都要尽量给出一个答案。毕竟答了就有希望，不答肯定没分。这里可以使用猜题技巧：①表示绝对含义的词语所在的选项通常为错误选项。例如，完全、一定、所有等。②表示相对意义的词语所在的选项一般为正确选项。例如，一般、通常、往往、可能、可以等。③寻找题干和选项重复的关键字，一般就是正确答案。

在答题的过程中，考生也可以采用排除法，对于与自身经验和常识不符的选项，可逐步排除。

4．合理分配考试时间

在不纠缠难题和不漏答题的基础上，考试时在各题型的时间和精力分配上需要讲究策略，单选题和判断题题量大，但题目比较简单，因此这两种题型可以占用考试一半左右的时间。多选题虽然题量少，但是难度大，每题都需要仔细审题，因此总体需要的时间与单选题和判断题相当，会做的题目一定注意不要多选漏选，争取多得分。

如果试卷全部答完后还有时间，可以充分利用剩余时间检查答案。需要提醒考生的是，答完卷后不要急着交卷，仔细检查一遍，除非你有十足把握，否则不要改答案。

第二部分

核心讲义

第一章 个人理财概述

【考查内容】

本章的主要考查内容有以下几点。

(1) 个人理财、投资管理、财富管理的基本概念;

(2) 个人理财业务的相关主体;

(3) 银行个人理财业务的分类以及划分范围;

(4) 国内外个人理财业务的发展历程及特点;

(5) 理财师队伍的发展及其职业特征;

(6) 理财师执业资格的认证标准;

(7) 合格理财师的衡量标准;

(8) 理财师的社会责任体现。

【备考方法】

本章知识点以记忆为主,难度不大,且考点集中。考生要对个人理财相关的定义及其发展历史、原因有大致的了解,要熟练掌握理财师的职业特征及有关要求,了解如何才能成为一名合格的理财师;对银行个人理财业务的几种类别要对比记忆并深刻理解。考生可通过大量的真题练习来巩固知识点。

【框架结构】

个人理财概述
- 个人理财相关定义
  - 个人理财
  - 投资或投资管理
  - 财富管理
- 个人理财业务的相关主体
  - 个人客户
  - 商业银行
  - 非银行金融机构
  - 监管机构
- 银行个人理财业务的分类
- 个人理财业务的发展与状况
  - 国外
  - 国内
- 理财师的队伍状况和职业特征
- 理财师的执业资格要求
- 合格理财师的标准及理财师的社会责任

【核心讲义】

一、个人理财相关定义

个人理财业务中，需要区分个人理财、投资、财富管理等的定义。

1. 个人理财

个人理财是指在了解、分析客户情况的基础上，根据其人生、财务目标和风险偏好，通过综合有效地管理其资产、债务、收入和支出，实现理财目标的过程。

2. 投资或投资管理

投资或投资管理是为了实现资产保值、增值或当前收益进行资产配置和投资工具选择的过程。

3. 财富管理

财富管理包含的范围比较广泛，除资产配置外，财富管理还包含财富积累、财富保障和财富分配等内容。因此，财富管理包含投资管理。

二、个人理财业务的相关主体

个人理财业务的相关主体包括个人客户、商业银行、非银行金融机构以及监管机构等，这些主体在个人理财业务活动中具有不同的地位。

1. 个人客户

个人客户是个人理财业务的需求方，也是金融机构如商业银行个人理财业务的服务对象。

2. 商业银行

商业银行是个人理财业务的供给方，是个人理财服务的提供商之一。商业银行一般利用自身的渠道向个人客户提供个人理财服务。

3. 非银行金融机构

除银行外，证券公司、基金公司、信托公司、保险公司以及一些独立的投资理财公司(如第三方理财公司)等其他金融机构，也能为个人客户提供理财服务。非银行金融机构除了通过自身渠道外，还可利用商业银行渠道，向客户提供个人理财服务。

【例1.1·单选题】下列国内机构中，无法提供理财服务的是(　　)。
A. 基金公司　　　　　　　　B. 保险公司
C. 信托公司　　　　　　　　D. 律师事务所

【答案】D

【解析】除银行外，证券公司、基金公司、信托公司、保险公司以及一些独立的投资理财公司(如第三方理财公司)等其他金融机构也能为个人客户提供理财服务。D项，律师事务所不属于金融机构，而是金融市场上的服务中介，不提供理财服务。

4．监管机构

监管机构负责制定理财业务的行业规范，对业务主体以及业务活动进行监管，以促进个人理财业务健康有序发展。个人理财业务相关的监管机构包括中国银行业监督管理委员会、中国证券监督管理委员会、中国保险监督管理委员会、国家外汇管理局等。

三、银行个人理财业务的分类

依照不同的标准，银行个人理财业务有不同的分类。

1．按是否接受客户委托和授权对客户资金进行投资和管理分类

可将个人理财业务分为理财顾问服务和综合理财服务。

1)　理财顾问服务

理财顾问服务，是指商业银行向客户提供财务分析与规划、投资建议、个人投资产品推介等专业化服务。

2)　综合理财服务

(1)　含义。

综合理财服务，是指商业银行在向客户提供理财顾问服务的基础上，接受客户的委托和授权，按照与客户事先约定的投资计划和方式进行投资和资产管理的业务活动。

(2)　分类。

①　理财计划，是商业银行针对特定目标客户群体进行的个人理财服务；

②　私人银行业务，服务对象主要是高净值客户，涉及的业务范围更加广泛。

2．按客户类型(主要是资产规模)分类

可将个人理财业务分为理财业务、财富管理业务和私人银行业务。

1)　理财业务

理财业务是面向所有客户提供的基础性服务，客户范围相对较广，但服务种类相对较窄。

2)　财富管理业务

财富管理业务是面向中高端客户提供的服务，客户等级和服务种类居中。

3)　私人银行业务

(1)　含义。

私人银行业务是仅面向高端客户提供的服务，它不仅为客户提供投资理财产品，还为客户进行个人理财，同时也提供与个人理财相关的一系列专业顾问服务，服务内容最全面。

(2)　特征。

①准入门槛高；②综合化服务；③重视客户关系。

【例1.2·单选题】商业银行个人理财业务可分为理财顾问服务和(　　)两类。[2013年下半年真题]

　　　A．综合理财服务　　　　　　　　　B．理财咨询服务

C．专业理财服务   D．理财规划服务

【答案】A

【解析】按是否接受客户委托和授权对客户资金进行投资和管理，理财业务可分为理财顾问服务和综合理财服务。

四、个人理财业务的发展与状况

国外个人理财业务与国内个人理财业务在发展历程上呈现出了不同的特点。

1. 国外个人理财业务发展与状况

个人理财业务最早兴起于美国，并首先在美国发展成熟，其发展大致经历了萌芽、形成与发展、成熟三个时期。

1) 萌芽时期

(1) 此阶段个人理财业务的概念尚未明确界定，个人理财业务的主要形式为保险产品和基金产品的销售服务。

(2) 个人金融服务重心放在了共同基金和保险产品的销售上，全面理财规划服务的观念尚未形成。

2) 形成与发展时期

(1) 起步阶段。

① 1969 年，国际理财规划师协会(International Association for Financial Planning，IAFP)的成立标志着个人理财业务开始向专业化发展；

② 理财业务以销售产品为主要目标，外加帮助客户合理避税。

(2) 扩张阶段。

① 金融资产占个人资产比重加大，人们对理财的需求加大；

② 20 世纪 70 年代到 80 年代初期，个人理财业务的主要内容是合理避税、提供年金系列产品、参与有限合伙以及投资于另类投资产品。

(3) 发展阶段。

到 1986 年，个人理财行业开始全面和广泛地从整体角度考虑客户的理财需求，向个性化和多样化发展。

3) 成熟时期

(1) 业务模式已从以销售金融产品获取佣金为主转变成帮助客户实现其生活、财务目标，为他们做专业的咨询服务并获得咨询佣金的方式。

(2) 各高校以学科项目来设置理财专业的数量在增加，理财服务趋向专业化。专业协会、资格认证组织纷纷成立，理财专业人员的收入也大幅增加，开始向专业化发展。

【例 1.3·多选题】个人理财业务成熟时期，其开始向专业化发展的表现有(   )。

    A．各高校以学科项目来设置理财专业的数量在增加

    B．专业协会纷纷成立

    C．资格认证组织纷纷成立

    D．理财专业人员的收入大幅增加

　　E．理财专业人员的数量大幅增加

【答案】ABCD

【解析】各高校以学科项目来设置理财专业的数量在增加，理财服务趋向专业化，专业协会、资格认证组织纷纷成立，理财专业人员的收入也大幅增加，这些都标志着个人理财业务开始向专业化发展。

2．国内个人理财业务发展与状况

　　与发达国家的个人理财业务发展历史相比，我国商业银行个人理财业务起步较晚，发展历程较短，先后经历了萌芽、形成、迅速拓展三个阶段。具体内容如表1-1所示。

表1-1　国内个人理财业务的发展阶段

时　期	说　明
萌芽时期	商业银行开始向客户提供专业化投资顾问和个人外汇理财服务,但大多数居民还没有理财意识和概念
形成时期	①理财产品、理财环境、理财观念和意识以及理财师专业队伍的建设均取得了显著的进步； ②2005年9月，银监会发布了《商业银行个人理财业务管理暂行办法》，同时下发了《商业银行个人理财业务风险管理指引》
迅速拓展时期	①理财需求日益增长，产品销售规模和品种种类都迅速增加； ②银行在产品创新、品牌建设等方面做出了积极地努力，个人理财产品从最初的传统理财产品不断延伸至其他领域，形成了诸如股票、基金、期货、外汇、黄金及衍生品等较为丰富的产品体系； ③银监会的相关规章制度不断完善

　　推动国内个人理财业务迅速发展的原因有：①居民财富积累；②居民理财需求上升；③居民理财技能欠缺；④投资理财工具日趋丰富；⑤金融机构转型的客观需要。

【例1.4·多选题】下列属于国内个人理财业务迅速发展原因的有(　　)。

　　A．居民财富积累　　　　　　　B．居民理财需求上升

　　C．居民理财技能提高　　　　　D．投资理财工具日趋丰富

　　E．金融机构转型的客观需要

【答案】ABDE

【解析】个人理财业务在我国的兴起和迅速发展有多方面的原因，主要因素概括为以下几方面：①居民财富积累；②居民理财需求上升；③居民理财技能欠缺；④投资理财工具日趋丰富；⑤金融机构转型的客观需要。

五、理财师的队伍状况和职业特征

　　理财师队伍在近年虽然扩张迅速，但理财师素质水平参差不齐，市场认可度也有待提高。理财师的职业特征包括顾问性、专业性、综合性、规范性、长期性和动态性。

1．理财师队伍状况

1) 理财师与理财从业人员

理财师，又称理财规划师或财富管理师，一般是指经过专业资格认证，即持有相关从业资格牌照、代表金融机构为客户提供理财规划专业服务的专业人士。

商业银行个人理财业务人员，是指那些能够为客户提供理财规划服务的业务人员，以及其他与个人理财业务销售和管理活动紧密相关的专业人员，而非一般性业务咨询人员。

2) 理财师队伍发展状况

近年来国内理财师队伍发展状况彰显出如下几大特征。

(1) 理财师队伍扩张迅速。

在未来相当长的时间里，理财师队伍将迅速壮大，理财师素质不断提高，这主要取决于以下几个因素：①理财服务需求大；②理财师培养工作推动；③行业自理和规范管理；④收入稳定、受人尊敬；⑤合格理财师的职场选择多、提升空间大；⑥终身的职业，越老越吃香。

(2) 理财师素质水平参差不齐。

目前，我国理财行业发展时间较短，理财师水平参差不齐，而且普遍比较年轻。大部分理财师没有经历过一轮完整的经济周期变化，对于各种经济环境下不同客户的投资理财需求及变化、对策把握不准，业务水平有待提高。

(3) 市场认可度有待提高。

① 现阶段理财师素质水平参差不齐，实战经验较弱，客户对理财师的信任度和依赖度不强。

② 客户对理财观念尚存在一定的误区，大部分人认为理财就是投资，就是选择高收益的产品，不需要理财师的专业指导。

③ 中国资本市场不健全，投资渠道匮乏，现有的理财市场受到一定限制，无法满足高端客户的个性化需求，高端客户对理财师的专业化服务接受度上升空间很大。

【例1.5·多选题】在未来相当长的时间里理财师队伍将迅速壮大，素质不断提高，这主要取决于以下哪几个因素？(　　)

  A．理财服务需求大   B．合格理财师的职场选择多、提升空间大

  C．终身的职业，越老越吃香 D．行业自理和规范管理

  E．收入稳定、受人尊敬

【答案】ABCDE

【解析】在未来相当长的时间里，理财师队伍将迅速壮大，素质不断提高，其主要决定因素包括：①理财服务需求大；②理财师培养工作推动；③行业自理和规范管理；④收入稳定、受人尊敬；⑤合格理财师的职场选择多、提升空间大；⑥终身的职业，越老越吃香。

2．理财师的职业特征

1) 顾问性

在理财规划服务中，金融机构或理财师一般不涉及客户财务资源的具体操作，只提供

建议，最终决策权在客户。如果客户接受建议并实施，因此而产生的所有收益或风险均由客户拥有或承担。但如果涉及代客操作，一定要合乎有关规定。

【例1.6·单选题】在理财顾问服务中，商业银行不涉及客户财务资源的具体操作，只提供建议，最终决策权在客户。这一说法体现了理财顾问服务的(　　)特点。[2014年上半年真题]

　　　A．综合性　　　　B．制度性　　　　C．专业性　　　　D．顾问性

【答案】D

【解析】理财师的职业特征包括顾问性、专业性、综合性、规范性、长期性和动态性。其中，顾问性体现在理财规划服务中，金融机构或理财师一般不涉及客户财务资源的具体操作，只提供建议，最终决策权在客户。如果客户接受建议并实施，因此而产生的所有收益或风险均由客户拥有或承担。

2)　专业性

理财规划服务是一项涉及业务范围广、专业性很强的服务，要求理财师或从业人员有扎实的金融基础知识和专业技能。

3)　综合性

理财规划服务涉及的内容非常广泛，它包括但不仅限于财务、法律、投资和债务管理、保险、税务等，还需兼顾客户家庭财务、非财务状况以及不同时期变化的需求等。

4)　规范性

金融机构和理财师提供理财顾问服务，必须熟悉和遵守相关的法律法规，应具有标准的服务流程、健全的管理体系以及明确的相关部门和人员的责任。

【例1.7·判断题】金融机构和理财师提供理财顾问服务应具有标准的服务流程，这体现了理财顾问服务的专业性特点。(　　)

【答案】错误

【解析】题中描述的情形体现了理财顾问服务的规范性特点。

5)　长期性

理财师提供理财规划，旨在帮助客户实现包括长期甚至一生的财务和人生目标、工作目标，不能只追求短期的收益。

6)　动态性

理财规划服务需根据客户的财务状况、理财目标、宏观经济和投资市场、工具等状况以及其他重要因素变化提供动态性的方案建议，理财师必须充分了解客户，不间断跟踪、评估和修正客户的理财方案、投资建议。

六、理财师的执业资格要求

国内外各类专业理财证书基本都执行"4E"认证标准，"4E"由教育(Education)、考试(Examination)、工作经验(Experience)和职业道德(Ethics)四部分组成。

1. 教育

按照4E标准要求，教育是理财师资格认证的首要环节。获得理财师资格必须通过规定

的基本课程的学习，课程学习的内容包括跨行业的知识，主要涵盖金融、投资、法律、保险、税务、员工福利和社会保障、遗产处置等方面。

2．考试

教育的效果必须通过考试才能体现出来，考试除了考核候选人在教育培训阶段所学的理论知识外，还考察其熟练运用理论知识解决现实生活中客户复杂财务问题的能力。

3．工作经验

理财师资格申请者需具备适当的金融理财实际从业经验。理财师专业资格证书不仅仅是从业人员专业知识水平和能力的证明，它同时表明持证人良好的从业记录和一定的工作经验。

4．职业道德

1）重要性

(1) 职业道德是获得理财师资格认证的最后环节，也是最重要的环节；

(2) 职业道德要求是理财行业和理财师职业发展的有力保证；

(3) 严格的职业道德标准要求有利于树立理财师专业人士良好品牌形象，取得大众的信任。

2）我国职业道德的具体要求

我国金融机构尤其是银行理财师的职业道德要求为：①遵纪守法；②保守秘密；③正直守信；④客观公正；⑤勤勉尽职；⑥专业胜任。

【例1.8·判断题】从业人员必须恪守保守秘密的职业道德准则，确保客户信息的保密性和安全性。(   )[2013年下半年真题]

【答案】正确

【解析】理财师在未经客户或所在机构明确同意的情况下，不得泄露任何客户或所在机构的相关信息，包括客户的个人信息、家庭信息、资产信息等核心隐私，以及所在机构的商业秘密。特别是客户的信息，客户出于对金融机构和理财师的信任，为了更好地获得专业服务，提供了个人资料和家庭财务状况，理财师应该妥善保存，不能为了谋取个人私利，泄露甚至买卖客户信息。

3）国内外认证机构的一些具体职业道德规定

(1) 中国台湾理财顾问认证协会(Financial Planning Association of Taiwan，FPAT)要求证书申请者披露是否有过去的或现在进行中的诉讼或其他被调查的案件。同时，签署职业道德和执业准则声明文件，同意遵守理财师委员会的相关道德准则，并由专业人士出具推荐书。

(2) 中国香港财务策划师学会(Institute of Financial Planners of HongKong，IFPHK)要求所有证书申请者必须同意遵守该学会的《专业操守及责任》专业守则。

(3) 2011年，中国银监会颁布了《银行业金融机构从业人员职业操守指引》，就尊重客户、保护隐私、遵纪守法、廉洁从业等几方面对理财从业人员提出了明确的要求。

(4) 2012年起实施的《商业银行理财产品销售管理办法》，要求销售人员必须遵循勤勉尽职、诚实守信、公平对待客户和专业胜任原则。

七、合格理财师的标准及理财师的社会责任

合格理财师的标准可以概括为三点：品德、服务和专业能力；理财师的社会责任则主要体现在对相关政策法规、投资理念、理财风险、客户需求等的传导和反馈上。

1．合格理财师的标准

合格理财师的标准如表 1-2 所示。

表 1-2　合格理财师的标准

标　准	内　容
品德	作为代表金融机构的专业人士，理财师的人品、形象和其专业能力、服务水平一样是合格、成功的关键
服务	金融机构是服务行业，服务为本、服务至上。理财师必须拥有较强的以客户为中心、提供超预期令客户十分满意的服务意识和本领
专业能力	①了解、分析客户的能力，包括掌握接触客户、取得客户信赖的方法；收集、整理客户信息；对客户进行分类和了解、分析不同客户的不同需求等工作；②投资理财产品选择、组合和理财规划的能力。在工作中，理财师的关键技能体现在资产配置上

国外有人把对合格理财师的综合素质要求或标准概括为 5 个方面，用 5Cs 来表示：①坚持以客户为中心(Client)；②沟通交流能力(Communication)；③协调能力(Coordination)；④专业能力(Competence)；⑤高尚的职业操守(Commitment to Ethics)。

【例 1.9·多选题】关于合格理财师的标准，下列说法正确的有(　　)。

A．合格理财规划师需要具备过硬的"本领"或职业素养

B．符合"4E"认证标准，一般来说，理财从业人员就可以持证上岗、成为一名理财师了

C．只需"持证"就是一个合格理财规划师

D．合格理财师的标准可以概括为三点：品德、服务和职业操守

E．国外有人把对合格理财师的综合素质要求或标准概括为 5 个方面，用 5Cs 来表示

【答案】ABE

【解析】C 项，符合了"4E"认证标准，一般来说，理财从业人员就可以持证上岗、成为一名理财师了，但是，要成为一名合格的理财师，还需要具备过硬的"本领"和职业素养，"持证"只是基本要求；D 项，合格理财师的标准可以概括为三点：品德、服务和专业能力。

2．理财师的社会责任

理财师的社会责任主要表现在以下四个方面。

(1) 理财师是国家金融政策和金融法规的重要传导者；

(2) 理财师是正确投资理念的重要宣导者;

(3) 理财师是理财风险的揭示者;

(4) 理财师是客户声音的反馈者。

【过关练习】

一、单选题(下列选项中只有一项最符合题目要求)

1. 理财师的社会责任是( )。

A．引导客户树立长期投资的观念　　B．引导客户树立短期投资的观念

C．确保客户财产的安全性　　D．以产品的收益性为唯一关注点

【答案】A

【解析】理财师的社会责任主要表现在:①是国家金融政策和金融法规的重要传导者;②是正确的投资理念的重要宣导者;③是理财风险的揭示者;④是客户声音的反馈者。其中,宣传正确的投资理念时,理财师要引导客户设立切实可行的理财目标,不应只关注产品的收益性,而忽视投资的风险性,尽量弱化追求短期的收益,树立长期投资的观念。

2. 按照个人理财专业化服务的性质来讲,个人理财业务中的综合理财服务是建立在( )关系上的银行业务,是一种个性化、综合化的服务活动。

A．业务咨询　　B．受托管理　　C．顾问服务　　D．委托代理

【答案】D

【解析】综合理财服务是指,商业银行在向客户提供理财顾问服务的基础上,接受客户的委托和授权,按照与客户事先约定的投资计划和方式进行投资和资产管理的业务活动。在综合理财服务活动中,客户授权银行代表客户按照合同约定的投资方向和方式,进行投资和资产管理,投资收益与风险由客户或客户与银行按照约定方式获取或承担。由此可见,综合理财服务建立在委托代理关系之上。

3. 商业银行一般会根据客户的( )对客户进行分层,以调查客户理财需求的共性。

A．年龄　　B．资产规模　　C．性别　　D．区域

【答案】B

【解析】金融机构一般会按照一定的标准,如客户资产规模、风险承受能力等,将客户进行分类,通过调查不同类型客户的需求,提供个人理财服务。

4. 商业银行在理财顾问服务中向客户提供的服务不包括( )。

A．投资建议　　　　B．储蓄存款产品推介

C．财务分析　　　　D．财务规划

【答案】B

【解析】理财顾问服务是指,商业银行向客户提供的财务分析与规划、投资建议、个人投资产品推介等专业化服务。商业银行为销售储蓄存款产品、信贷产品等进行的产品介绍、宣传和推介等一般性业务咨询活动,不属于理财顾问服务。

5. ( )是商业银行针对特定目标客户群体进行的个人理财服务。

A．理财计划　　B．财务分析　　C．财务规划　　D．私人银行业务

【答案】A

【解析】综合理财服务可进一步划分为理财计划和私人银行业务两类,其中理财计划

是商业银行针对特定目标客户群体进行的个人理财服务。

二、多选题(下列选项中有两项或两项以上符合题目要求)

1. 个人理财在国外的发展大致经历了萌芽时期、形成与发展时期和成熟时期。下列属于萌芽时期特点的有(　　)。

  A. 没有出现完全独立意义上的个人理财业务

  B. 几乎没有金融机构为了销售产品而专门建立一套流程来创建与客户的关系、搜集数据和进行综合财务规划

  C. 主要内容是合理避税、提供年金系列产品、参与有限合伙以及投资于硬资产

  D. 理财业务融合传统的存贷款业务、投资业务和咨询等业务，开始向全面化发展

  E. 个人金融服务的重心都放在了共同基金和保险产品的销售上

【答案】ABE

【解析】20世纪30年代到60年代，通常被认为是个人理财业务的萌芽时期。从严格意义上讲，这个阶段个人理财业务的概念尚未明确界定，个人理财业务主要形式为保险产品和基金产品的销售服务。它的主要特征是：个人金融服务的重心都放在了共同基金和保险产品的销售上，几乎没有金融机构为了销售产品而专门建立一套流程或方法来建立与客户的关系、搜集数据和进行综合财务规划，在这个时期，专门雇用理财人员或金融企业为客户做一个全面的理财规划服务的观念尚未形成。CD两项属于形成与发展时期的特点。

2. 以下关于私人银行业务的表述，正确的有(　　)。

  A. 私人银行业务的门槛比贵宾理财、理财顾问更高

  B. 私人银行业务已经超越了简单的银行资产、负债业务，实际属于混合业务

  C. 私人银行业务不限于为客户提供理财产品，还包括个人理财，以及与个人理财相关的法律、财务、税务、财产继承、子女教育等专业顾问服务

  D. 私人银行业务的主要任务是通过丰富理财产品满足客户的财富增值的需要

  E. 私人银行业务是银行提供的一种标准化产品，依然是以产品为中心

【答案】ABCD

【解析】私人银行业务是一种向高净值客户提供的金融服务，它不仅为客户提供投资理财产品，还为客户进行个人理财，利用信托、保险、基金等金融工具维护客户资产在风险、流动和盈利三者之间的精准平衡，同时也提供与个人理财相关的一系列法律、财务、税务、财产继承、子女教育等专业顾问服务，其目的是通过全球性的财务咨询及投资顾问，达到财富保值、增值、继承、捐赠等目标。私人银行业务有以下几个特征：①准入门槛高；②综合化服务；③重视客户关系。E项，私人银行业务是一种向高净值客户提供的金融服务，是差别化的服务，满足客户对投资回报与风险的不同需求。

3. 个人理财的范围包括安排和规划(　　)。

  A. 税收筹划

  B. 投资计划

  C. 日常生活的固定支出和临时支出

  D. 个人和家庭成员的经常性收入和投资收入

  E. 因发生意外事件而导致收支失衡的风险管理

【答案】ABCDE

【解析】个人理财就是在了解、分析客户情况的基础上，根据其人生、财务目标和风险偏好，通过综合有效地管理其资产、债务、收入和支出，实现理财目标的过程。单项(目标)理财规划方案分类主要包括家庭收支或债务规划、风险管理规划、税收筹划、投资规划、退休养老规划、教育投资规划、财产传承规划等。

4. 以下选项中属于个人理财业务相关市场的有(   )。

    A．货币市场　　　　　　B．股票市场　　　　　　C．外汇市场

    D．房地产市场　　　　　E．债券市场

【答案】ABCDE

【解析】个人理财业务涉及的市场较为广泛，包括货币市场、债券市场、股票市场、金融衍生品市场、外汇市场、保险市场、贵金属市场、房地产市场、收藏品市场等。这些市场具有不同的运行特征，可以满足不同客户的理财需求。

5. 下列属于个人理财业务对商业银行产生积极作用的有(   )。

    A．商业银行个人理财业务的实质是商业银行现代服务方式，有利于提高客户的忠诚度，吸引高端客户，改善商业银行的客户结构

    B．能够改善商业银行的资产负债结构，有效节约资本，使之满足资本充足率等监管要求

    C．由各种产品组合而成的理财计划使各类金融业务之间的关系更为密切，为商业银行向多元化、全能化方向发展奠定了基础

    D．有利于充分发挥商业银行现有的渠道和客户优势，拓展商业银行的创新发展空间

    E．可以增加商业银行资产业务收入来源，提高银行的盈利水平

【答案】ABCD

【解析】E项，理财业务作为金融机构中间业务的重头戏之一，它的快速稳健发展是促使各国银行业及跨国银行非利息收入比重提高的主要因素，理财业务不是商业银行的资产业务，而是商业银行的中间业务。

三、判断题(请对下列各题的描述做出判断，正确的用 A 表示，错误的用 B 表示)

1. 在制定个人理财目标时，目标的可行性和清晰性有助于制定出详细的理财规划，因此理财目标应该具有唯一性。(   )

【答案】B

【解析】理财规划服务需根据客户的财务状况、理财目标、宏观经济和投资市场、工具等状况，以及其他重要因素变化提供动态性的方案建议，在这个过程中会发生诸多情况，同时理财目标有长期、中期和短期性的，没有一成不变的。

2. 商业银行个人理财业务是一种建立在债权债务关系基础上的个性化、综合化的银行业务。(   )

【答案】B

【解析】个人理财业务是建立在委托-代理关系基础之上的银行业务，是一种个性化、综合化的服务活动。

3. 个人理财服务期间由于是由客户自行管理和运用资金，所以商业银行没有任何风险。
(　　)

【答案】B

【解析】在综合理财服务活动中，客户授权银行代表客户按照合同约定的投资方向和方式进行投资和资产管理，投资收益与风险由客户或客户与银行按照约定方式获取或承担。

4. 职业道德是成为合格理财师的基础，严格的职业道德标准要求有利于树立理财师专业人士的良好品牌形象，取得大众的信任。(　　)

【答案】B

【解析】教育是成为合格理财师的基础。职业道德是获得理财师资格认证的最后环节，也是最重要的环节，是理财行业和理财师职业发展的有力保证。

5. 财富管理不同于投资管理，投资管理包含财富管理。(　　)

【答案】B

【解析】财富管理与投资管理比较而言，投资或投资管理是为了实现资产保值、增值和对当前收益进行资产配置和投资工具选择的过程，而财富管理包含的范围比较广泛，除资产配置外，财富管理还包含财富积累、财富保障和财富分配等内容。因此，财富管理包含投资管理。

第二章　个人理财业务相关法律法规

【考查内容】

本章的主要考查内容有以下几点。

(1) 我国法律体系概述；

(2) 《民法通则》的基本内容及要求；

(3) 《合同法》中合同的概念及履行的抗辩权；

(4) 《物权法》关于担保、抵押和质押的规定；

(5) 《婚姻法》关于夫妻财产归属划分的规定；

(6) 个人独资企业和合伙企业的概念及设立条件；

(7) 商业银行理财产品风险评级、客户风险承受能力评估；

(8) 理财产品销售行为规范及法律责任；

(9) 基金销售人员资格认定、销售行为规范及法律责任；

(10) 保险兼业代理人业务范围及规范；

(11) 银信理财业务规范及风险管理；

(12) 黄金期货交易业务从业规定及行为规范；

(13) 个人外汇业务的分类及管理。

【备考方法】

本章内容较多，考生一定要在理解的基础上记忆，否则容易混淆。考生需要了解中国的法律体系，理财规划中可能涉及的法律法规，银行理财产品主要涉及的法律法规，以及它们的核心内容是什么等，涉及的内容多而杂，考生需多练习真题，重点记忆历年真题中反复出现的考点，注意相似的知识点不要记混。

【框架结构】

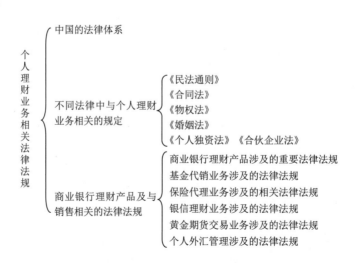

【核心讲义】

一、中国的法律体系

法律的规范性、强制性和深层逻辑性决定了法律是理财师设计和管理计划的最重要的内容和依据，也是理财师需要具备的基本素质。

1．中国特色社会主义法律体系

中国特色社会主义法律体系，是以宪法为统帅，以法律为主干，以行政法规、地方性法规为重要组成部分，由宪法相关法、民法商法、行政法、经济法、社会法、刑法、诉讼与非诉讼程序法等多个法律部门组成的有机统一的整体。

2．理财师实际工作中涉及的法律体系内容

在理财师的实际工作中，主要涉及法律体系中的法律和行政法规两部分。

1）法律

法律包括《中华人民共和国民法通则》《中华人民共和国合同法》《中华人民共和国商业银行法》《中华人民共和国证券法》《中华人民共和国证券投资基金法》《中华人民共和国保险法》《中华人民共和国信托法》等。

2）行政法规

行政法规是由政府机构依照相应法律进行细化后的规则，包括《商业银行理财销售管理办法》《证券投资基金销售管理办法》《保险兼业代理管理暂行办法》等。

二、《民法通则》中与个人理财业务相关的规定

《民法通则》是我国对民事活动中一些共同性问题所作的法律规定。它确定了进行民事活动的基本原则，内容包括公民和法人的法律地位、民事法律行为、民事代理制度、民事权利和民事责任等内容。

1．民事法律行为的基本原则

民事法律行为是指公民或者法人设立、变更、终止民事权利和民事义务的合法行为。平等的民事法律主体之间进行的民事法律活动，应遵循自愿、公平、等价有偿、诚实信用的原则。其中，诚实信用原则是民事活动中最核心、最基本的原则。

【例2.1·单选题】民事活动中最核心、最基本的原则是(　　)。[2015年上半年真题]

　　A．自愿原则　　　　　　　　B．等价有偿原则

　　C．诚实信用原则　　　　　　D．公平原则

【答案】C

【解析】诚实信用原则是指民事活动中，民事主体应该诚实、守信用，正当行使权利和义务。诚实信用原则是民事活动中最核心、最基本的原则。

2. 民事法律关系的主体

民事法律关系的主体是指参与民事法律关系、享有民事权利并承担民事义务的"人"，包括公民(自然人)、法人以及非法人组织。

个人理财业务中，民事法律关系的主体为：金融机构和客户。其中，金融机构是法人组织，个人客户指公民(自然人)。

1) 法人

(1) 法人的概念。

《民法通则》第三十六条规定，法人是具有民事权利能力和民事行为能力，依法独立享有民事权利和承担民事义务的组织。

(2) 法人成立的要件。

《民法通则》第三十七条规定："法人应当具备下列条件：①依法成立；②有必要的财产或者经费；③有自己的名称、组织机构和场所；④能够独立承担民事责任。"

(3) 法人的分类。

《民法通则》以法人活动的性质为标准，将法人分为企业法人、机关法人、事业单位法人和社会团体法人。

个人理财业务中，最常见的法人客户是企业法人。企业法人是指以盈利为目的，独立从事商品生产和经营活动的法人。我国公司法人是最重要的企业法人形式，根据《中华人民共和国公司法》的规定，公司分为有限责任公司和股份有限公司。

2) 公民(自然人)

(1) 定义：公民是指具有某一国家的国籍，根据该国的法律享有权利和承担义务的自然人。

(2) 《民法通则》对自然人的民事权利能力和民事行为能力作了如下规定：

① 自然人的民事权利能力。自然人是基于出生而取得民事主体资格的人，包括本国公民、外国公民和无国籍人。自然人的民事权利能力是法律赋予自然人参加民事法律关系、享有民事权利、承担民事义务的资格，具有平等性、不可转让性等特征，始于出生终于死亡。

② 自然人的民事行为能力。自然人的民事行为能力是指自然人能够以自己的行为独立参加民事法律关系、行使民事权利和承担民事义务的资格。《民法通则》根据自然人的年龄和智力状况将自然人的民事行为能力分为如下三种。

A. 完全民事行为能力人

18 周岁以上的公民是成年人，具有完全民事行为能力，可以独立进行民事活动，是完全民事行为能力人；16 周岁以上不满18 周岁的公民，以自己的劳动收入为主要生活来源的，视为完全民事行为能力人。

B. 限制民事行为能力人

10 周岁以上的未成年人是限制民事行为能力人，可以进行与他的年龄、智力相适应的民事活动，其他民事活动由他的法定代理人代理，或者征得他的法定代理人的同意；不能完全辨认自己行为的精神病人是限制民事行为能力人，可以进行与他的精神健康状况相适应的民事活动，其他民事活动由他的法定代理人代理，或者征得他的法定代理人的同意。

C．无民事行为能力人

不满10周岁的未成年人是无民事行为能力人，由他的法定代理人代理民事活动；不能辨认自己行为的精神病人是无民事行为能力人，由他的法定代理人代理民事活动。

无民事行为能力人、限制民事行为能力人的监护人是他的法定代理人。

个人理财业务的客户应当是完全民事行为能力的自然人，以及无民事行为能力人、限制民事行为能力人的法定代理人。

【例2.2·单选题】小李年满18周岁，为某大学二年级学生，生活来源和学费全靠父母，现因家庭经济困难，向某银行申请助学贷款2.2万元，如2年后到期无力偿还，应由( )来承担偿还责任。[2014年下半年真题]

　　A．学校　　　　　　　B．小李父母先行垫付，以后由小李偿还

　　C．小李父母　　　　　D．小李

【答案】D

【解析】按照《民法通则》对自然人的民事行为能力根据自然人的年龄和智力状况的分类，18周岁以上的公民是成年人，具有完全民事行为能力，可以独立进行民事活动，是完全民事行为能力人。因为小李具有完全民事行为能力，所以应由小李自己承担偿还贷款责任。

3．民事代理制度

1) 代理的基本含义

《民法通则》第六十三条规定：公民、法人可以通过代理人实施民事法律行为。代理人在代理权限内，以被代理人的名义实施民事法律行为。被代理人对代理人的代理行为，承担民事责任。依照法律规定或者按照双方当事人约定，应当由本人实施的民事法律行为，不得代理。

2) 代理的特征

(1) 代理人须在代理权限内实施代理行为；

(2) 代理人须以被代理人的名义实施代理行为；

(3) 代理行为必须是具有法律效力的行为；

(4) 代理行为须直接对被代理人发生效力；

(5) 代理人在代理活动中具有独立的法律地位。

3) 代理的分类

根据代理权产生的依据不同，代理可分为委托代理、法定代理和指定代理。委托代理人按照被代理人的委托行使代理权，法定代理人按照法律的规定行使代理权，指定代理人按照人民法院或者指定单位的指定行使代理权。

【例2.3·单选题】根据代理权产生的根据不同对代理进行分类，其中不包含( )。[2015年下半年真题]

　　A．委托代理　　B．指定代理　　C．合同代理　　D．法定代理

【答案】C

【解析】根据代理权产生的依据不同，代理可分为：①委托代理，委托代理人按照被代理人的委托行使代理权；②法定代理，法定代理人按照法律的规定行使代理权；③指定

代理，指定代理人按照人民法院或者指定单位的指定行使代理权。

4) 委托代理

(1) 基础法律关系：一般是委托合同关系，可用书面形式或口头形式。法律规定用书面形式的，应用书面形式。书面委托代理的授权委托书应载明代理人的姓名或者名称、代理事项、权限和期间，并由委托人签名或者盖章。委托书授权不明的，被代理人应当向第三人承担民事责任，代理人负连带责任。

(2) 转托他人代理情况：委托代理人为被代理人的利益需要转托他人代理的，应当事先取得被代理人的同意。事先没有取得被代理人同意的，应当在事后及时告诉被代理人，如果被代理人不同意，由代理人对自己所转托的人的行为负民事责任，但在紧急情况下，为了保护被代理人的利益而转托他人的除外。

5) 代理的法律责任

(1) 没有代理权、超越代理权或者代理权终止后的行为，只有经过被代理人的追认，被代理人才承担民事责任。未经追认的行为，由行为人承担民事责任。本人知道他人以本人名义实施民事行为而不作否认表示的，视为同意。

(2) 代理人不履行职责而给被代理人造成损害的，应当承担民事责任。

(3) 代理人和第三人串通，损害被代理人的利益的，由代理人和第三人负连带责任。

(4) 第三人知道行为人没有代理权、超越代理权或者代理权已终止还与行为人实施民事行为给他人造成损害的，由第三人和行为人负连带责任。

(5) 代理人知道被委托代理的事项违法仍然进行代理活动的，或者被代理人知道代理人的代理行为违法不表示反对的，由被代理人和代理人负连带责任。

6) 代理的终止

(1) 委托代理终止的情形有：代理期间届满或者代理事务完成；被代理人取消委托或者代理人辞去委托；代理人死亡；代理人丧失民事行为能力；作为被代理人或者代理人的法人终止。

(2) 法定代理或者指定代理终止的情形有：被代理人取得或者恢复民事行为能力；被代理人或者代理人死亡；代理人丧失民事行为能力；指定代理的人民法院或者指定单位取消指定；由其他原因引起的被代理人和代理人之间的监护关系消灭。

【例 2.4·多选题】出现下列(   )情形之一的，法定代理或者指定代理终止。[2015年下半年真题]

A．代理人丧失民事行为能力

B．由其他原因引起的被代理人和代理人之间的监护关系消灭

C．被代理人或者代理人死亡

D．指定代理的人民法院或者指定单位取消指定

E．被代理人取得或者恢复民事行为能力

【答案】ABCDE

【解析】根据《中华人民共和国民法通则》，有下列情形之一的，法定代理或者指定代理终止：①被代理人取得或者恢复民事行为能力；②被代理人或者代理人死亡；③代理人丧失民事行为能力；④指定代理的人民法院或者指定单位取消指定；⑤由其他原因引起的被代理人和代理人之间的监护关系消灭。

三、《合同法》中与个人理财业务相关的规定

合同是引起民事法律关系最重要的方式。个人理财业务建立在金融机构和客户签订的相关合同基础之上。理财业务的合同应当符合《中华人民共和国合同法》(以下简称《合同法》)的规定。《合同法》中与个人理财相关的内容主要有以下几点。

1．合同的概念

合同是当事人之间权利义务关系的协议。《合同法》第二条第一款规定："本法所称合同是平等主体的自然人、法人、其他组织之间设立、变更、终止民事权利义务关系的协议。"

2．合同的订立

当事人订立合同，应具有相应的民事权利能力和民事行为能力。当事人依法可以委托代理人订立合同。当事人在订立合同过程中知悉的商业秘密，无论合同是否成立，不得泄露或不正当地使用。泄露或者不正当地使用该商业秘密给对方造成损失的，应当承担损害赔偿责任。

当事人订立合同，有书面形式、口头形式和其他形式。法律、行政法规规定采用书面形式的，应当采用书面形式。当事人约定采用书面形式的，应当采用书面形式。

3．格式条款合同

1)　格式条款的定义

格式条款是当事人为了重复使用而预先拟定，并在订立合同时未与对方协商的条款。

2)　遵循原则

提供格式条款的一方应当遵循公平原则确定当事人之间的权利和义务。

3)　其他规定

(1)　对格式条款的理解发生争议的，应按照通常理解予以解释；

(2)　对格式条款有两种以上解释的，应当作出不利于提供格式条款一方的解释；

(3)　格式条款和非格式条款不一致的，应当采用非格式条款。

4．无效合同的情形

无效合同的情形有以下几种。

(1)　一方以欺诈、胁迫的手段订立合同，损害国家利益；

(2)　恶意串通，损害国家、集体或者第三人利益；

(3)　以合法形式掩盖非法目的；

(4)　损害社会公共利益；

(5)　违反法律、行政法规的强制性规定。

5．合同中免责条款的无效

《合同法》第五十三条规定，合同中的下列免责条款无效：①造成对方人身伤害的；

②因故意或者重大过失造成对方财产损失的。

6．变更或撤销合同的情形

签订的合同有下列情形时，当事人一方有权请求人民法院或者仲裁机构变更或者撤销：

(1) 因重大误解订立的；

(2) 在订立合同时显失公平的；

(3) 一方以欺诈、胁迫的手段或者乘人之危，使对方在违背真实意愿的情况下订立的合同，受损害方有权请求人民法院或者仲裁机构变更或者撤销。

7．合同的履行

当事人应当按照约定全面履行自己的义务。

合同履行的抗辩权有以下三种。

(1) 同时履行抗辩权：当事人互负债务，没有先后履行顺序的，应当同时履行。一方在对方履行之前有权拒绝其履行要求。一方在对方履行债务不符合约定时，有权拒绝其相应的履行要求。

(2) 先履行抗辩权：当事人互负债务，有先后履行顺序，先履行一方未履行的，后履行一方有权拒绝其履行要求。先履行一方履行债务不符合约定的，后履行一方有权拒绝其相应的履行要求。

(3) 不安抗辩权：应当先履行债务的当事人，有确切证据证明对方有下列情形之一的，可以中止履行：经营状况严重恶化；转移财产、抽逃资金，以逃避债务；丧失商业信誉；有丧失或者可能丧失履行债务能力的其他情形。

当事人在没有确切证据时中止履行的，应当承担违约责任。

【例 2.5·单选题】当事人互负债务，有先后履行顺序，先履行一方未履行的，后履行一方有权拒绝其履行要求的抗辩权是( )。[2013 年下半年真题]

A．后履行抗辩权　　　　　　B．不安抗辩权

C．先履行抗辩权　　　　　　D．同时履行抗辩权

【答案】C

【解析】根据《中华人民共和国合同法》的规定，合同履行的抗辩权包括同时履行抗辩权、先履行抗辩权和不安抗辩权。同时履行抗辩权是指当事人互负债务，没有先后履行顺序，应当同时履行。先履行抗辩权是指当事人互负债务，有先后履行顺序，先履行一方未履行的，后履行一方有权拒绝其履行要求。不安抗辩权是指应当先履行债务的当事人，有确切证据证明对方有下列情形之一的，可以中止履行：①经营状况严重恶化；②转移财产、抽逃资金，以逃避债务；③丧失商业信誉；④有丧失或者可能丧失履行债务能力的其他情形。

8．违约责任

1) 定义

违约责任是指当事人一方不履行合同债务或其履行不符合合同约定时，对另一方当事人所应承担的继续履行、采取补救措施或者赔偿损失等民事责任。

2) 承担形式

违约责任的承担形式有：①违约金责任；②赔偿损失；③强制履行；④定金责任；⑤采取补救措施。

四、《物权法》中与个人理财业务相关的规定

《物权法》是一部明确物的归属，保护物权，充分发挥物的效用，维护社会主义市场经济秩序，维护国家基本经济制度，关系人民群众切身利益的民事基本法律。《物权法》中与个人理财业务相关的规定主要有以下几个方面。

1. 不动产登记管理

第九条 不动产物权的设立、变更、转让和消灭，经依法登记，发生效力；未经登记，不发生效力，但法律另有规定的除外。

依法属于国家所有的自然资源，所有权可以不登记。

第十条 不动产登记，由不动产所在地的登记机构办理。

国家对不动产实行统一登记制度。统一登记的范围、登记机构和登记办法，由法律、行政法规规定。

第十四条 不动产物权的设立、变更、转让和消灭，依照法律规定应当登记的，自记载于不动产登记簿时发生效力。

第十五条 当事人之间订立有关设立、变更、转让和消灭不动产物权的合同，除法律另有规定或者合同另有约定外，自合同成立时生效；未办理物权登记的，不影响合同效力。

2. 动产的交付管理

第二十三条 动产物权的设立和转让，自交付时发生效力，但法律另有规定的除外。

第二十四条 船舶、航空器和机动车等物权的设立、变更、转让和消灭，未经登记，不得对抗善意第三人。

第二十五条 动产物权设立和转让前，权利人已经依法占有该动产的，物权自法律行为生效时发生效力。

第二十六条 动产物权设立和转让前，第三人依法占有该动产的，负有交付义务的人可以通过转让请求第三人返还原物的权利代替交付。

第二十七条 动产物权转让时，双方有约定由出让人继续占有该动产的，物权自该约定生效时发生效力。

3. 担保物权

第一百七十一条 债权人在借贷、买卖等民事活动中，为保障实现其债权，需要担保的，可以依照本法和其他法律的规定设立担保物权。

第三人为债务人向债权人提供担保的，可以要求债务人提供反担保。反担保适用本法和其他法律的规定。

4. 抵押

第一百七十九条　为担保债务的履行，债务人或者第三人不转移财产的占有，将该财产抵押给债权人的，债务人不履行到期债务或者发生当事人约定的实现抵押权的情形，债权人有权就该财产优先受偿。

前款规定的债务人或者第三人为抵押人，债权人为抵押权人，提供担保的财产为抵押财产。

第一百八十条　债务人或者第三人有权处分的下列财产可以抵押：建筑物和其他土地附着物；建设用地使用权；以招标、拍卖、公开协商等方式取得的荒地等土地承包经营权；生产设备、原材料、半成品、产品；正在建造的建筑物；交通运输工具；法律、行政法规未禁止抵押的其他财产。抵押人可以将前款所列财产一并抵押。

第一百八十四条　下列财产不得抵押：土地所有权；耕地、宅基地、自留地、自留山等集体所有的土地使用权，但法律规定可以抵押的除外；学校、幼儿园、医院等以公益为目的的事业单位、社会团体的教育设施、医疗卫生设施和其他社会公益设施；所有权、使用权不明或者有争议的财产；依法被查封、扣押、监管的财产；法律、行政法规规定不得抵押的其他财产。

【例2.6·多选题】下列关于《中华人民共和国物权法》的表述，正确的有(　　)。[2013年下半年真题]

　　A．第三人为债务人向债权人提供担保的，可以要求债务人提供反担保

　　B．土地所有权应与土地附着物一并抵押

　　C．不动产物权的设立、变更、转让和消灭，依照法律规定应当登记的，自记载于不动产登记簿时发生效力

　　D．《物权法》是一部明确物的归属，保护物权，充分发挥物的效用的法律

　　E．依法属于国家所有的自然资源，所有权可以不登记

【答案】ACDE

【解析】B项，根据《中华人民共和国物权法》第一百八十四条的规定，土地所有权不得抵押。A项为《物权法》第一百七十一条的内容；C项为《物权法》第十四条的内容；D项，《物权法》是一部明确物的归属，保护物权，充分发挥物的效用，维护社会主义市场经济秩序，维护国家基本经济制度，关系人民群众切身利益的民事基本法律；E项属于《物权法》第九条的内容。

第一百八十五条　设立抵押权，当事人应当采取书面形式订立抵押合同。抵押合同一般包括下列条款：被担保债权的种类和数额；债务人履行债务的期限；抵押财产的名称、数量、质量、状况、所在地、所有权归属或者使用权归属；担保的范围。

5. 质押

第二百零八条　为担保债务的履行，债务人或者第三人将其动产出质给债权人占有的，债务人不履行到期债务或者发生当事人约定的实现质权的情形，债权人有权就该动产优先受偿。

前款规定的债务人或者第三人为出质人，债权人为质权人，交付的动产为质押财产。

第二百零九条　法律、行政法规禁止转让的动产不得出质。

第二百一十条　设立质权，当事人应当采取书面形式订立质权合同。质权合同一般包括下列条款：被担保债权的种类和数额；债务人履行债务的期限；质押财产的名称、数量、质量、状况；担保的范围；质押财产交付的时间。

第二百一十四条　质权人在质权存续期间，未经出质人同意，擅自使用、处分质押财产，给出质人造成损害的，应当承担赔偿责任。

第二百一十五条　质权人负有妥善保管质押财产的义务，因保管不善致使质押财产毁损、灭失的，应当承担赔偿责任。

质权人的行为可能使质押财产毁损、灭失的，出质人可以要求质权人将质押财产提存，或者要求提前清偿债务并返还质押财产。

【例 2.7·多选题】甲向乙借款而将自己的货物质押给乙，但乙将该批货物放置在露天环境里风吹日晒。在此情况下，法院对甲的请求给予支持的有(　　)。

A. 因乙保管不善，请求解除质押关系

B. 因乙保管不善，请求提前清偿债务返还质物

C. 因乙保管不善，请求乙向有关机构提存该批货物

D. 因乙保管不善，请求乙承担货物的损失

E. 因乙保管不善，请求乙恢复原状

【答案】BCD

【解析】根据《物权法》第二百一十五条的规定，质权人负有妥善保管质押财产的义务；因保管不善致使质押财产毁损、灭失的，应当承担赔偿责任。质权人的行为可能使质押财产毁损、灭失的，出质人可以要求质权人将质押财产提存，或者要求提前清偿债务并返还质押财产。

第二百二十三条　债务人或者第三人有权处分的下列权利可以出质：汇票、支票、本票；债券、存款单；仓单、提单；可以转让的基金份额、股权；可以转让的注册商标专用权、专利权、著作权等知识产权中的财产权；应收账款；法律、行政法规规定可以出质的其他财产权利。

第二百二十四条　以汇票、支票、本票、债券、存款单、仓单、提单出质的，当事人应当订立书面合同。质权自权利凭证交付质权人时设立；没有权利凭证的，质权自有关部门办理出质登记时设立。

第二百二十五条　汇票、支票、本票、债券、存款单、仓单、提单的兑现日期或者提货日期先于主债权到期的，质权人可以兑现或者提货，并与出质人协议将兑现的价款或者提取的货物提前清偿债务或者提存。

第二百二十六条　以基金份额、股权出质的，当事人应当订立书面合同。以基金份额、证券登记结算机构登记的股权出质的，质权自证券登记结算机构办理出质登记时设立；以其他股权出质的，质权自工商行政管理部门办理出质登记时设立。

基金份额、股权出质后，不得转让，但经出质人与质权人协商同意的除外。出质人转让基金份额、股权所得的价款，应当向质权人提前清偿债务或者提存。

【例 2.8·单选题】以依法可以转让的股票出质的，当事人应当订立书面合同，并向证券登记机构办理出质登记，质押合同自(　　)生效。[2014年上半年真题]

A．合同中约定之日　　　　　　B．登记日

C．登记次日　　　　　　　　　D．合同签订日

【答案】B

【解析】以基金份额、股权出质的，当事人应当订立书面合同。以基金份额、证券登记结算机构登记的股权出质的，质权自证券登记结算机构办理出质登记时设立；以其他股权出质的，质权自工商行政管理部门办理出质登记时设立。

第二百二十七条　以注册商标专用权、专利权、著作权等知识产权中的财产权出质的，当事人应当订立书面合同。质权自有关主管部门办理出质登记时设立。

知识产权中的财产权出质后，出质人不得转让或者许可他人使用，但经出质人与质权人协商同意的除外。出质人转让或者许可他人使用出质的知识产权中的财产权所得的价款，应当向质权人提前清偿债务或者提存。

6. 留置

第二百三十条　债务人不履行到期债务，债权人可以留置已经合法占有的债务人的动产，并有权就该动产优先受偿。

前款规定的债权人为留置权人，占有的动产为留置财产。

第二百三十一条　债权人留置的动产，应当与债权属于同一法律关系，但企业之间留置的除外。

第二百三十二条　法律规定或者当事人约定不得留置的动产，不得留置。

第二百三十三条　留置财产为可分物的，留置财产的价值应当相当于债务的金额。

第二百三十四条　留置权人负有妥善保管留置财产的义务；因保管不善致使留置财产毁损、灭失的，应当承担赔偿责任。

第二百三十五条　留置权人有权收取留置财产的孳息。前款规定的孳息应当先充抵收取孳息的费用。

第二百三十六条　留置权人与债务人应当约定留置财产后的债务履行期间；没有约定或者约定不明确的，留置权人应当给债务人两个月以上履行债务的期间，但鲜活易腐等不易保管的动产除外。债务人逾期未履行的，留置权人可以与债务人协议以留置财产折价，也可以就拍卖、变卖留置财产所得的价款优先受偿。

留置财产折价或者变卖的，应当参照市场价格。

第二百三十七条　债务人可以请求留置权人在债务履行期届满后行使留置权；留置权人不行使的，债务人可以请求人民法院拍卖、变卖留置财产。

第二百三十八条　留置财产折价或者拍卖、变卖后，其价款超过债权数额的部分归债务人所有，不足部分由债务人清偿。

第二百三十九条　同一动产上已设立抵押权或者质权，该动产又被留置的，留置权人优先受偿。

第二百四十条　留置权人对留置财产丧失占有或者留置权人接受债务人另行提供担保的，留置权消失。

五、《婚姻法》中与个人理财业务相关的规定

《婚姻法》的内容包括关于婚姻的成立和解除，婚姻的效力，特别是夫妻间的权利和义务等。其中与个人理财业务相关的重要法条包括以下几方面。

1．夫妻共同所有的财产

第十七条　夫妻在婚姻关系存续期间所得的下列财产，归夫妻共同所有：工资、奖金；生产、经营的收益；知识产权的收益；继承或赠与所得的财产，但本法第十八条第三项规定的除外；其他应当归共同所有的财产。

夫妻对共同所有的财产，有平等的处理权。

2．夫妻一方的财产

第十八条　有下列情形之一的，为夫妻一方的财产：一方的婚前财产；一方因身体受到伤害获得的医疗费、残疾人生活补助费等费用；遗嘱或赠与合同中确定只归夫或妻一方的财产；一方专用的生活用品；其他应当归一方的财产。

3．其他规定

第十九条　夫妻可以约定婚姻关系存续期间所得的财产以及婚前财产归各自所有、共同所有或部分各自所有、部分共同所有。约定应当采用书面形式。没有约定或约定不明确的，适用本法第十七条、第十八条的规定。

夫妻对婚姻关系存续期间所得的财产以及婚前财产的约定，对双方具有约束力。

夫妻对婚姻关系存续期间所得的财产约定归各自所有的，夫或妻一方对外所负的债务，第三人知道该约定的，以夫或妻一方所有的财产清偿。

第二十条　夫妻有互相扶养的义务。

一方不履行扶养义务时，需要扶养的一方，有要求对方付给扶养费的权利。

第三十七条　离婚后，一方抚养的子女，另一方应负担必要的生活费和教育费的一部分或全部，负担费用的多少和期限的长短，由双方协议；协议不成时，由人民法院判决。

关于子女生活费和教育费的协议或判决，不妨碍子女在必要时向父母任何一方提出超过协议或判决原定数额的合理要求。

第三十九条　离婚时，夫妻的共同财产由双方协议处理；协议不成时，由人民法院根据财产的具体情况，照顾子女和女方权益的原则判决。

夫或妻在家庭土地承包经营中享有的权益等，应当依法予以保护。

第四十一条　离婚时，原为夫妻共同生活所负的债务，应当共同偿还。共同财产不足清偿的，或财产归各自所有的，由双方协议清偿；协议不成时，由人民法院判决。

第四十二条　离婚时，如一方生活困难，另一方应从其住房等个人财产中给予适当帮助。具体办法由双方协议。

第四十七条　离婚时，一方隐藏、转移、变卖、毁损夫妻共同财产，或伪造债务企图侵占另一方财产的，分割夫妻共同财产时，对隐藏、转移、变卖、毁损夫妻共同财产或伪造债务的一方，可以少分或不分。离婚后，另一方发现有上述行为的，可以向人民法院提

起诉讼，请求再次分割夫妻共同财产。

六、《个人独资企业法》《合伙企业法》中与个人理财业务相关的规定

1. 《个人独资企业法》中与个人理财业务相关的规定

第八条　设立个人独资企业应当具备下列条件：

(1) 投资人为一个自然人；

(2) 有合法的企业名称；

(3) 有投资人申报的出资；

(4) 有固定的生产经营场所和必要的生产经营条件；

(5) 有必要的从业人员。

第十八条　个人独资企业投资人在申请企业设立登记时明确以其家庭共有财产作为个人出资的，应当依法以家庭共有财产对企业债务承担无限责任。

第十九条　个人独资企业投资人可以自行管理企业事务，也可以委托或者聘用其他具有民事行为能力的人负责企业的事务管理。

投资人委托或者聘用他人管理个人独资企业事务，应当与受托人或者被聘用的人签订书面合同，明确委托的具体内容和授予的权利范围。受托人或者被聘用的人员应当履行诚信、勤勉义务，按照与投资人签订的合同负责个人独资企业的事务管理。

第二十七条　个人独资企业解散，由投资人自行清算或者由债权人申请人民法院指定清算人进行清算。

投资人自行清算的，应当在清算前 15 日内书面通知债权人，无法通知的，应当予以公告。债权人应当在接到通知之日起 30 日内，未接到通知的应当在公告之日起 60 日内，向投资人申报其债权。

第二十八条　个人独资企业解散后，原投资人对个人独资企业存续期间的债务仍应承担偿还责任，但债权人在 5 年内未向债务人提出偿债请求的，该责任消灭。

第二十九条　个人独资企业解散的，财产应当按照下列顺序清偿：①所欠职工工资和社会保险费用；②所欠税款；③其他债务。

第三十条　清算期间，个人独资企业不得开展与清算目的无关的经营活动。在按前条规定清偿债务前，投资人不得转移、隐匿财产。

第三十一条　个人独资企业财产不足以清偿债务的，投资人应当以其个人的其他财产予以清偿。

2. 《合伙企业法》中与个人理财业务相关的规定

第二条　本法所称合伙企业，是指自然人、法人和其他组织依照本法在中国境内设立的普通合伙企业和有限合伙企业。

普通合伙企业由普通合伙人组成，合伙人对合伙企业债务承担无限连带责任。本法对普通合伙人承担责任的形式有特别规定的，从其规定。

有限合伙企业由普通合伙人和有限合伙人组成，普通合伙人对合伙企业债务承担无限连带责任，有限合伙人以其认缴的出资额为限对合伙企业债务承担责任。

1) 普通合伙企业

第十四条 设立合伙企业，应当具备下列条件：有两个以上合伙人，合伙人为自然人的，应当具有完全民事行为能力；有书面合伙协议；有合伙人认缴或者实际缴付的出资；有合伙企业的名称和生产经营场所；法律、行政法规规定的其他条件。

第十六条 合伙人可以用货币、实物、知识产权、土地使用权或者其他财产权利出资，也可以用劳务出资。

合伙人以实物、知识产权、土地使用权或者其他财产权利出资，需要评估作价的，可以由全体合伙人协商确定，也可以由全体合伙人委托法定评估机构评估。

合伙人以劳务出资的，其评估办法由全体合伙人协商确定，并在合伙协议中载明。

第十七条 合伙人应当按照合伙协议约定的出资方式、数额和缴付期限，履行出资义务。

以非货币财产出资的，依照法律、行政法规的规定，需要办理财产权转移手续的，应当依法办理。

第二十二条 除合伙协议另有约定外，合伙人向合伙人以外的人转让其在合伙企业中的全部或者部分财产份额时，须经其他合伙人一致同意。

合伙人之间转让在合伙企业中的全部或者部分财产份额时，应当通知其他合伙人。

第二十三条 合伙人向合伙人以外的人转让其在合伙企业中的财产份额的，在同等条件下，其他合伙人有优先购买权；但是，合伙协议另有约定的除外。

第二十四条 合伙人以外的人依法受让合伙人在合伙企业中的财产份额的，经修改合伙协议即成为合伙企业的合伙人，依照本法和修改后的合伙协议享有权利，履行义务。

第二十五条 合伙人以其在合伙企业中的财产份额出质的，须经其他合伙人一致同意；未经其他合伙人一致同意，其行为无效，由此给善意第三人造成损失的，由行为人依法承担赔偿责任。

第五十条 合伙人死亡或者被依法宣告死亡的，对该合伙人在合伙企业中的财产份额享有合法继承权的继承人，按照合伙协议的约定或者经全体合伙人一致同意，从继承开始之日起，取得该合伙企业的合伙人资格。

有下列情形之一的，合伙企业应当向合伙人的继承人退还被继承合伙人的财产份额：继承人不愿意成为合伙人；法律规定或者合伙协议约定合伙人必须具有相关资格，而该继承人未取得该资格；合伙协议约定不能成为合伙人的其他情形。

合伙人的继承人为无民事行为能力人或者限制民事行为能力人的，经全体合伙人一致同意，可以依法成为有限合伙人，普通合伙企业依法转为有限合伙企业。全体合伙人未能一致同意的，合伙企业应当将被继承合伙人的财产份额退还该继承人。

第五十一条 合伙人退伙，其他合伙人应当与该退伙人按照退伙时的合伙企业财产状况进行结算，退还退伙人的财产份额。退伙人对给合伙企业造成的损失负有赔偿责任的，相应扣减其应当赔偿的数额。

退伙时有未了结的合伙企业事务的，待该事务了结后进行结算。

第五十二条 退伙人在合伙企业中财产份额的退还办法，由合伙协议约定或者由全体合伙人决定，可以退还货币，也可以退还实物。

2) 有限合伙企业

第六十一条　有限合伙企业由两个以上五十个以下合伙人设立；但是，法律另有规定的除外。有限合伙企业至少应当有一个普通合伙人。

第七十二条　有限合伙人可以将其在有限合伙企业中的财产份额出质；但是，合伙协议另有约定的除外。

第七十三条　有限合伙人可以按照合伙协议的约定向合伙人以外的人转让其在有限合伙企业中的财产份额，但应当提前 30 日通知其他合伙人。

第七十四条　有限合伙人的自有财产不足清偿其与合伙企业无关的债务的，该合伙人可以以其从有限合伙企业中分取的收益用于清偿；债权人也可以依法请求人民法院强制执行该合伙人在有限合伙企业中的财产份额用于清偿。人民法院强制执行有限合伙人的财产份额时，应当通知全体合伙人。在同等条件下，其他合伙人有优先购买权。

第八十一条　有限合伙人退伙后，对基于其退伙前的原因发生的有限合伙企业债务，以其退伙时从有限合伙企业中取回的财产承担责任。

七、商业银行理财产品及与销售相关的法律法规

1．商业银行理财产品涉及的重要法律法规

商业银行理财产品涉及的重要法律法规主要是银监会 2011 年 5 号令公布的《商业银行理财产品销售管理办法》(以下简称《办法》)。

1) 理财产品宣传管理及相关要求

第十三条　理财产品宣传销售文本应当全面、客观反映理财产品的重要特性和与产品有关的重要事实，语言表述应当真实、准确和清晰，不得有下列情形：虚假记载、误导性陈述或者重大遗漏；违规承诺收益或者承担损失；夸大或者片面宣传理财产品，违规使用安全、保证、承诺、保险、避险、有保障、高收益、无风险等与产品风险收益特性不匹配的表述；登载单位或者个人的推荐性文字；在未提供客观证据的情况下，使用"业绩优良""名列前茅""位居前列""最有价值""首只""最大""最好""最强""唯一"等夸大过往业绩的表述；其他易使客户忽视风险的情形。

第十四条　理财产品宣传销售文本只能登载商业银行开发设计的该款理财产品或风险等级和结构相同的同类理财产品过往平均业绩及最好、最差业绩，同时应当遵守下列规定：引用的统计数据、图表和资料应当真实、准确、全面，并注明来源，不得引用未经核实的数据；真实、准确、合理地表述理财产品业绩和商业银行管理水平；在宣传销售文本中应当明确提示，产品过往业绩不代表其未来表现，不构成新发理财产品业绩表现的保证。如理财产品宣传销售文本中使用模拟数据的，必须注明模拟数据。

第十五条　理财产品宣传销售文本提及第三方专业机构评价结果的，应当列明第三方专业评价机构名称及刊登或发布评价的渠道与日期。

第十六条　理财产品宣传销售文本中出现表达收益率或收益区间字样的，应当在销售文件中提供科学、合理的测算依据和测算方式，以醒目文字提醒客户，"测算收益不等于实际收益，投资需谨慎"。如不能提供科学、合理的测算依据和测算方式，则理财产品宣传销售文本中不得出现产品收益率或收益区间等类似表述。向客户表述的收益率测算依据

和测算方式应当简明、清晰，不得使用小概率事件夸大产品收益率或收益区间，误导客户。

　　第十七条　理财产品宣传材料应当在醒目位置提示客户，"理财非存款，产品有风险，投资需谨慎"。

　　第三十九条　商业银行不得通过电视、电台渠道对具体理财产品进行宣传；通过电话、传真、短信、邮件等方式开展理财产品宣传时，如客户明确表示不同意，商业银行不得再通过此种方式向客户开展理财产品宣传。

　　2)　理财产品风险匹配原则及相关要求

　　理财师应将理财产品的风险评级与客户的风险承受能力评级建立对应关系，把合适的产品推荐给合适的客户。《办法》中对于理财产品风险匹配原则及相关要求如下：

　　(1)　理财产品和客户分类的规定。

　　第二十四条　商业银行应当采用科学、合理的方法对拟销售的理财产品自主进行风险评级，制定风险管控措施，进行分级审核批准。理财产品风险评级结果应当以风险等级体现，由低到高至少包括五个等级，并可根据实际情况进一步细分。

　　第二十五条　商业银行应当根据风险匹配原则在理财产品风险评级与客户风险承受能力评估之间建立对应关系；应当在理财产品销售文件中明确提示产品适合销售的客户范围，并在销售系统中设置销售限制措施。

　　第二十七条　商业银行应当对客户风险承受能力进行评估，确定客户风险承受能力评级，由低到高至少包括五级，并可根据实际情况进一步细分。

　　【例 2.9·单选题】商业银行应当对客户风险承受能力进行评估，确定客户风险承受能力评级，由低到高至少包括(　　)级，并可根据实际情况进一步细分。[2014 年上半年真题]

　　A. 三　　　　　　B. 四　　　　　　C. 五　　　　　　D. 六

　　【答案】C

　　【解析】根据《商业银行理财产品销售管理办法》第二十七条的规定，商业银行应当对客户风险承受能力进行评估，确定客户风险承受能力评级，由低到高至少包括五级，并可根据实际情况进一步细分。

　　第三十八条　商业银行应当根据理财产品风险评级、潜在客户群的风险承受能力评级，为理财产品设置适当的单一客户销售起点金额。风险评级为一级和二级的理财产品，单一客户销售起点金额不得低于 5 万元人民币；风险评级为三级和四级的理财产品，单一客户销售起点金额不得低于 10 万元人民币；风险评级为五级的理财产品，单一客户销售起点金额不得低于 20 万元人民币。

　　(2)　风险评估的方式和频率。

　　第二十九条　商业银行应当定期或不定期地采用当面或网上银行方式对客户进行风险承受能力持续评估。超过一年未进行风险承受能力评估或发生可能影响自身风险承受能力情况的客户，再次购买理财产品时，应当在商业银行网点或其网上银行完成风险承受能力评估，评估结果应当由客户签名确认；未进行评估，商业银行不得再次向其销售理财产品。

　　第三十二条　商业银行分支机构理财产品销售部门负责人或经授权的业务主管人员应当定期对已完成的客户风险承受能力评估书进行审核。

3) 理财产品销售行为规范及相关要求

(1) 禁止性规定。

第三十五条　商业银行不得无条件向客户承诺高于同期存款利率的保证收益率；高于同期存款利率的保证收益，应当是对客户有附加条件的保证收益。商业银行向客户承诺保证收益的附加条件可以是对理财产品期限调整、币种转换等权利，也可以是对最终支付货币和工具的选择权利等，承诺保证收益的附加条件所产生的投资风险应当由客户承担，并应当在销售文件中明确告知客户。商业银行不得承诺或变相承诺除保证收益以外的任何可获得收益。

第三十六条　商业银行不得将存款单独作为理财产品销售，不得将理财产品与存款进行强制性搭配销售。商业银行不得将理财产品作为存款进行宣传销售，不得违反国家利率管理政策变相高息揽储。

【例2.10·单选题】下列关于商业银行理财产品(计划)监管要求的表述，错误的是(　　)。[2014年上半年真题]

A．商业银行不得将理财计划与本行储蓄存款进行强制性搭配销售

B．商业银行不得将一般储蓄存款产品单独当作理财计划销售

C．商业银行使用保证收益理财计划附加条件所产生的投资风险应由银行承担

D．商业银行不得承诺除保证收益以外的任何可获得收益

【答案】C

【解析】AB两项，根据《商业银行理财产品销售管理办法》第三十六条的规定，商业银行不得将存款单独作为理财产品销售，不得将理财产品与存款进行强制性搭配销售。CD两项，根据《商业银行理财产品销售管理办法》第三十五条的规定，商业银行不得无条件向客户承诺高于同期存款利率的保证收益率，承诺保证收益的附加条件所产生的投资风险应当由客户承担，并应当在销售文件中明确告知客户。商业银行不得承诺或变相承诺除保证收益以外的任何可获得收益。

第三十七条　商业银行从事理财产品销售活动，不得有下列情形：通过销售或购买理财产品方式调节监管指标，进行监管套利；将理财产品与其他产品进行捆绑销售；采取抽奖、回扣或者赠送实物等方式销售理财产品；通过理财产品进行利益输送；挪用客户认购、申购、赎回资金；销售人员代替客户签署文件；中国银监会规定禁止的其他情形。

(2) 不同销售渠道的行为规范。

第二十八条　商业银行应当在客户首次购买理财产品前在本行网点进行风险承受能力评估。风险承受能力评估依据至少应当包括客户年龄、财务状况、投资经验、投资目的、收益预期、风险偏好、流动性要求、风险认识以及风险损失承受程度等。商业银行对超过65岁(含)的客户进行风险承受能力评估时，应当充分考虑客户年龄、相关投资经验等因素。商业银行完成客户风险承受能力评估后应当将风险承受能力评估结果告知客户，由客户签名确认后留存。

【例2.11·多选题】商业银行应当在客户首次购买理财产品前，在本行网点进行风险承受能力评估，风险承受能力评估依据主要包括(　　)。[2013年下半年真题]

A．财务状况　　　　B．风险认识　　　　C．流动性要求

D．投资经验　　　　E．客户年龄

【答案】ABCDE

【解析】根据《商业银行理财产品销售管理办法》第二十八条的规定，风险承受能力评估依据至少应当包括客户年龄、财务状况、投资经验、投资目的、收益预期、风险偏好、流动性要求、风险认识以及风险损失承受程度等。

第四十条 商业银行通过本行网上银行销售理财产品时，应当遵守本办法第二十八条规定；销售过程应有醒目的风险提示，风险确认不得低于网点标准，销售过程应当保留完整记录。

第四十一条 商业银行通过本行电话银行销售理财产品时，应当遵守本办法第二十八条规定；销售人员应当是具有理财从业资格的银行人员，销售过程应当使用统一的规范用语，妥善保管客户信息，履行相应的保密义务。商业银行通过本行电话银行向客户销售理财产品应当征得客户同意，明确告知客户销售的是理财产品，不得误导客户；销售过程的风险确认不得低于网点标准，销售过程应当录音并妥善保存。

4) 法律责任

第七十四条 商业银行违反本办法规定开展理财产品销售的，中国银监会或其派出机构责令限期改正，情节严重或者逾期不改正的，中国银监会或其派出机构可以区别不同情形，根据《中华人民共和国银行业监督管理法》第三十七条规定采取相应监管措施。

第七十五条 商业银行开展理财产品销售业务有下列情形之一的，由中国银监会或其派出机构责令限期改正，除按照本办法第七十四条规定采取相关监管措施外，还可以并处20万元以上50万元以下罚款；涉嫌犯罪的，依法移送司法机关：

(1) 违规开展理财产品销售造成客户或银行重大经济损失的；
(2) 泄露或不当使用客户个人资料和交易记录造成严重后果的；
(3) 挪用客户资产的；
(4) 利用理财业务从事洗钱、逃税等违法犯罪活动的；
(5) 其他严重违反审慎经营规则的。

第七十六条 商业银行违反法律、行政法规以及国家有关银行业监督管理规定的，中国银监会或其派出机构除依照本办法第七十四条和第七十五条规定处理外，还可以区别不同情形，按照《中华人民共和国银行业监督管理法》第四十八条规定采取相应监管措施。

2．基金代销业务涉及的法律法规

基金代销业务涉及的法律法规主要是证监会2013年修订公布的《证券投资基金销售管理办法》。

1) 基金销售人员资格及相关要求

2013年版的《证券投资基金销售管理办法》对基金销售业务资格申请实行注册制，将基金销售机构类型扩大至商业银行、证券公司、期货公司、保险机构、证券投资咨询机构、独立基金销售机构以及中国证监会认定的其他机构。

第五十七条 未经基金销售机构聘任，任何人员不得从事基金销售活动，中国证监会另有规定的除外。

宣传推介基金的人员、基金销售信息管理平台系统运营维护人员等从事基金销售业务的人员应当取得基金销售业务资格。基金销售机构应当建立健全并有效执行基金销售人员的持续培训制度，加强对基金销售人员行为规范的检查和监督。

第十条至第十五条　商业银行、证券公司、期货公司、保险机构、证券投资咨询机构负责基金销售业务的部门取得基金从业资格的人员不低于该部门员工人数的 1/2，负责基金销售业务的部门管理人员取得基金从业资格，熟悉基金销售业务，并具备从事基金业务 2 年以上或者在其他金融相关机构 5 年以上的工作经历；公司主要分支机构基金销售业务负责人均已取得基金从业资格。

国有银行、股份制商业银行、邮政储蓄银行、证券公司以及保险公司等具有基金从业资格的人员不少于 30 人；城商行、农商行以及期货公司等具有基金从业资格的人员不少于 20 人；独立销售机构、证券投资咨询机构、保险经纪公司以及保险代理公司等具有基金从业资格的人员不少于 10 人；此外，各基金销售机构还需满足开展基金销售业务的网点应有一名以上人员具备基金销售业务资质的要求。

【例 2.12·多选题】下列符合基金销售人员资格及相关要求的有(　　)。

　　A．建设银行具有基金从业资格的人员不少于 30 人

　　B．城商行具有基金从业资格的人员不少于 20 人

　　C．邮政储蓄银行具有基金从业资格的人员不少于 20 人

　　D．农商行以及期货公司等具有基金从业资格的人员不少于 20 人

　　E．保险代理公司具有基金从业资格的人员不少于 10 人

【答案】ABDE

【解析】根据《证券投资基金销售管理办法》的规定，国有银行、股份制商业银行、邮政储蓄银行、证券公司以及保险公司等具有基金从业资格的人员不少于 30 人，城商行、农商行以及期货公司等具有基金从业资格的人员不少于 20 人，独立销售机构、证券投资咨询机构、保险经纪公司以及保险代理公司等具有基金从业资格的人员不少于 10 人；此外，各基金销售机构还需满足开展基金销售业务的网点应有一名以上人员具备基金销售业务资质的要求。

2)　基金宣传管理及相关要求

《证券投资基金销售管理办法》界定，基金宣传推介材料是指为推介基金向公众分发或者公布，使公众可以普遍获得的书面、电子或者其他介质的信息，包括：公开出版资料；宣传单、手册、信函、传真、非指定信息披露媒体上刊发的与基金销售相关的公告等面向公众的宣传资料；海报、户外广告；电视、电影、广播、互联网资料、公共网站链接广告、短信及其他音像、通讯资料；中国证监会规定的其他材料。

(1)　禁止性规定。

第三十五条　基金宣传推介材料必须真实、准确，与基金合同、基金招募说明书相符，不得有下列情形：

　　A．虚假记载、误导性陈述或者重大遗漏；

　　B．预测基金的证券投资业绩；

　　C．违规承诺收益或者承担损失；

　　D．诋毁其他基金管理人、基金托管人或者基金销售机构，或者其他基金管理人募集或者管理的基金；

　　E．夸大或者片面宣传基金，违规使用安全、保证、承诺、保险、避险、有保障、高收

益、无风险等可能使投资人认为没有风险的或者片面强调集中营销时间限制的表述；

F．登载单位或者个人的推荐性文字；

G．中国证监会规定的其他情形。

【例2.13·多选题】基金宣传推介材料必须真实、准确，与基金合同、基金招募说明书相符，不得有(　　)情形。[2014年下半年真题]

　　A．预测该基金的证券投资业绩　　　　B．登载相关单位的推荐性文字

　　C．诋毁其他基金管理人　　　　　　　D．违规承诺收益

　　E．证监会规定禁止的其他情形

【答案】ABCDE

【解析】根据《证券投资基金销售管理办法》第三十五条的规定，基金宣传推介材料必须真实、准确，与基金合同、基金招募说明书相符，不得有下列情形：①虚假记载、误导性陈述或者重大遗漏；②预测基金的证券投资业绩；③违规承诺收益或者承担损失；④诋毁其他基金管理人、基金托管人或者基金销售机构，或者其他基金管理人募集或者管理的基金；⑤夸大或者片面宣传基金，违规使用安全、保证、承诺、保险、避险、有保障、高收益、无风险等可能使投资人认为没有风险的或者片面强调集中营销时间限制的表述；⑥登载单位或者个人的推荐性文字；⑦中国证监会规定的其他情形。

(2) 登载基金业绩及风险提示的规定。

第三十七条　基金宣传推介材料登载该基金、基金管理人管理的其他基金的过往业绩，应当遵守下列规定：

①　按照有关法律法规的规定或者行业公认的准则计算基金的业绩表现数据。

②　引用的统计数据和资料应当真实、准确，并注明出处，不得引用未经核实、尚未发生或者模拟的数据；对于推介定期定额投资业务等需要模拟历史业绩的，应当采用我国证券市场或者境外成熟证券市场具有代表性的指数，对其过往足够长时间的实际收益率进行模拟，同时注明相应的复合年平均收益率；此外，还应当说明模拟数据的来源、模拟方法及主要计算公式，并进行相应的风险提示。

③　真实、准确、合理地表述基金业绩和基金管理人的管理水平。

④　基金业绩表现数据应当经基金托管人复核或者摘取自基金定期报告。

第三十八条　基金宣传推介材料登载基金过往业绩的，应当特别声明，基金的过往业绩并不预示其未来表现，基金管理人管理的其他基金的业绩并不构成基金业绩表现的保证。

第三十九条　基金宣传推介材料对不同基金的业绩进行比较的，应当使用可比的数据来源、统计方法和比较期间，并且有关数据来源、统计方法应当公平、准确，具有关联性。

第四十条　基金宣传推介材料附有统计图表的，应当清晰、准确。

第四十一条　基金宣传推介材料提及基金评价机构评价结果的，应当符合中国证监会关于基金评价结果引用的相关规范，并应当列明基金评价机构的名称及评价日期。

第四十五条　基金宣传推介材料应当含有明确、醒目的风险提示和警示性文字，以提醒投资人注意投资风险，仔细阅读基金合同和基金招募说明书，了解基金的具体情况。

有足够平面空间的基金宣传推介材料应当在材料中加入具有符合规定的必备内容的风险提示函。

电视、电影、互联网资料、公共网站链接形式的宣传推介材料应当包括为时至少5秒

钟的影像显示，提示投资人注意风险并参考该基金的销售文件。电台广播应当以旁白形式表达上述内容。

【例2.14•单选题】基金宣传推介材料中应当含有明确、醒目的(   )。[2013年下半年真题]

A．基金业绩预测数字　　　　　　B．机构或专家推荐的文字

C．收益承诺或损失承担文字　　　D．风险提示和警示性文字

【答案】D

【解析】根据《商业银行理财产品销售管理办法》第四十五条的规定，基金宣传推介材料应当含有明确、醒目的风险提示和警示性文字，以提醒投资人注意投资风险，仔细阅读基金合同和基金招募说明书，了解基金的具体情况。

(3) 特定基金的宣传材料规定。

第四十三条　基金宣传推介材料中推介货币市场基金的，应当提示基金投资人，购买货币市场基金并不等于将资金作为存款存放在银行或者存款类金融机构，基金管理人不保证基金一定盈利，也不保证最低收益。

第四十四条　基金宣传材料中推介保本基金的，应当充分揭示保本基金的风险，说明投资者投资于保本基金并不等于将资金作为存款存放在银行或者存款类金融机构，并说明保本基金在极端情况下仍然存在本金损失的风险。

保本基金在保本期间开放申购的，应当在相关业务公告以及宣传推介材料中说明开放申购期间，投资者的申购金额是否保本。

3) 基金销售行为规范及相关要求

要求：与理财产品销售类似，需遵循风险匹配原则。

(1) 基金销售流程规范。

第五十九条　基金销售机构在销售基金和相关产品的过程中，应当坚持投资人利益优先原则，注重根据投资人的风险承受能力销售不同风险等级的产品，把合适的产品销售给合适的基金投资人。

第六十一条　基金销售机构所使用的基金产品风险评价方法及其说明应当向基金投资人公开。

第六十三条　基金销售机构应当加强投资者教育，引导投资者充分认识基金产品的风险特征，保障投资者合法权益。

第六十四条　基金销售机构办理基金销售业务时应当根据反洗钱法规相关要求识别客户身份，核对客户的有效身份证件，登记客户身份基本信息，确保基金账户持有人名称与身份证明文件中记载的名称一致，并留存有效身份证件的复印件或者影印件。

基金销售机构销售基金产品时委托其他机构进行客户身份识别的，应当通过合同、协议或者其他书面文件，明确双方在客户身份识别、客户身份资料和交易记录保存与信息交换、大额交易和可疑交易报告等方面的反洗钱职责和程序。

第六十五条　基金销售机构应当建立健全档案管理制度，妥善保管基金份额持有人的开户资料和与销售业务有关的其他资料。客户身份资料自业务关系结束当年计起至少保存15年，与销售业务有关的其他资料自业务发生当年计起至少保存15年。

【例2.15•单选题】基金管理人、代销机构应当建立健全档案管理制度，保管基金份

额持有人的开户资料和与销售业务有关的资料的保存期不得少于( )年。[2013 年下半年真题]

      A. 10   B. 20   C. 15   D. 5

【答案】C

【解析】根据《商业银行理财产品销售管理办法》第六十五条的规定，基金销售机构应当建立健全档案管理制度，妥善保管基金份额持有人的开户资料和与销售业务有关的其他资料。客户身份资料自业务关系结束当年计起至少保存 15 年，与销售业务有关的其他资料自业务发生当年计起至少保存 15 年。

第七十九条 基金销售机构及基金销售相关机构应当依法为投资人保守秘密。

(2) 办理基金份额的时间规定。

第七十四条 开放式基金合同生效后，基金销售机构应当按照法律、行政法规、中国证监会的规定和基金合同、销售协议的约定，办理基金份额的申购、赎回，不得擅自停止办理基金份额的发售或者拒绝接受投资人的申购、赎回申请。基金管理人暂停或者开放申购、赎回等业务的，应当在公告中说明具体原因和依据。

第七十五条 基金销售机构不得在基金合同约定之外的日期或者时间办理基金份额的申购、赎回或者转换。

投资人在基金合同约定之外的日期和时间提出申购、赎回或者转换申请的，作为下一个交易日交易处理，其基金份额申购、赎回价格为下次办理基金份额申购、赎回时间所在开放日的价格。

(3) 禁止性规定。

第七十八条 基金销售机构应当按照基金合同、招募说明书和基金销售服务协议的约定向投资人收取销售费用，并如实核算、记账；未经基金合同、招募说明书、基金销售服务协议约定，不得向投资人收取额外费用；未经招募说明书载明并公告，不得对不同投资人适用不同费率。

第八十二条 基金销售机构从事基金销售活动，不得有下列情形：

① 以排挤竞争对手为目的，压低基金的收费水平；

② 采取抽奖、回扣或者送实物、保险、基金份额等方式销售基金；

③ 以低于成本的销售费用销售基金；

④ 承诺利用基金资产进行利益输送；

⑤ 进行预约认购或者预约申购(基金定期定额投资业务除外)，未按规定公告擅自变更基金的发售日期；

⑥ 挪用基金销售结算资金；

⑦ 本办法第三十五条规定的情形；

⑧ 中国证监会规定禁止的其他情形。

【例 2.16·多选题】有关基金销售的禁止性规定有( )。[2011 年下半年真题]

    A. 登载单位或者个人的推荐性文字   B. 挪用基金份额持有人的申购资金

    C. 募集期间对认购费打折   D. 夸大基金收益

    E. 承诺利用基金资产进行利益输送

【答案】ABCDE

【解析】除 ABCDE 五项外，根据《证券投资基金销售管理办法》第八十二条的规定，基金管理人、代销机构从事基金销售活动的禁止情形还包括：①以排挤竞争对手为目的，压低基金的收费水平；②采取抽奖、回扣或者送实物、保险、基金份额等方式销售基金；③以低于成本的销售费用销售基金；④虚假记载、误导性陈述或者重大遗漏；⑤预测该基金的证券投资业绩；⑥违规承诺收益或者承担损失；⑦诋毁其他基金管理人、基金托管人或基金代销机构，或者其他基金管理人募集或管理的基金；⑧片面宣传基金，违规使用安全、保证、承诺、保险、避险、有保障、高收益、无风险等可能使投资人认为没有风险的词语；⑨中国证监会规定禁止的其他情形。

4）法律责任

第八十九条 基金销售机构从事基金销售活动，存在下列情形之一的，将依据《证券投资基金法》对相关机构和人员进行处罚。

(1) 未经中国证监会注册或认定，擅自从事基金销售业务的；

(2) 未向投资人充分揭示投资风险并误导其购买与其风险承担能力不相当的基金产品；

(3) 挪用基金销售结算资金或者基金份额的；

(4) 未建立应急等风险管理制度和灾难备份系统，或者泄露与基金份额持有人、基金投资运作相关的非公开信息的。

基金销售机构存在上述情形，情节严重的，责令暂停或者终止基金销售业务；构成犯罪的，依法移送司法机构，追究刑事责任。

第九十条 基金销售机构从事基金销售活动，有下列情形之一的，责令改正，单处或者并处警告、3 万元以下罚款；对直接负责的主管人员和其他直接责任人员，单处或者并处警告、3 万元以下罚款：

(1) 基金销售机构与未取得基金销售业务资格或经中国证监会资质认定的机构或者个人合作，开办基金销售业务的；

(2) 未按照本办法第二十九条的规定开立与基金销售有关的账户；

(3) 未按照本办法第三十四条的规定使用基金宣传推介材料；

(4) 违反本办法第五十七条的规定，允许未经聘任的人员销售基金或者未经中国证监会认可的人员宣传推介基金；

(5) 未按照本办法第六十六条的规定签订书面销售协议；

(6) 违反本办法第六十八条的规定，擅自向公众分发、公布基金宣传推介材料；

(7) 违反本办法第七十四条的规定，擅自停止办理基金份额发售或者拒绝投资人的申购、赎回；

(8) 违反本办法第七十五条的规定，确定基金份额申购、赎回价格；

(9) 未按照本办法第七十八条的规定收取销售费用并核算、记账；

(10) 从事本办法第八十二条规定禁止的行为；

(11) 未按照本办法第八十五条的规定进行自查，并编制监察稽核报告；

(12) 未按照本办法第八十六条的规定履行信息报送义务或者配合中国证监会及其派出机构进行监督检查。

基金销售机构存在上述情形，情节严重的，责令暂停或者终止基金销售业务；构成犯罪的，依法移送司法机构，追究刑事责任。

3．保险代理业务涉及的相关法律法规

2000 年 8 月 4 日，中国保监会颁布实施了《保险兼业代理管理暂行办法》(以下简称《办法》)。最新颁布实施的文件为保监发〔2014〕3 号文《关于进一步规范商业银行代理保险业务销售行为的通知》(以下简称《通知》)。

1)　保险兼业代理人及相关规定

(1)　保险兼业代理人是指受保险人委托，在从事自身业务的同时，为保险人代办保险业务的单位。保险兼业代理人从事保险代理业务应遵守国家的有关法律法规和行政规章，遵循自愿和诚实信用原则。保险兼业代理人在保险人授权范围内代理保险业务的行为所产生的法律责任，由保险人承担。(《办法》第二条、第四条)

(2)　保险公司只能与已取得《保险兼业代理许可证》的单位建立保险兼业代理关系，委托其开展保险代理业务。(《办法》第十二条)

(3)　保险兼业代理人代理业务范围以《保险兼业代理许可证》核定的代理险种为限。(《办法》第十三条)

(4)　商业银行的每个网点在同一会计年度内不得与超过 3 家保险公司(以单独法人机构为计算单位)开展保险业务合作。(《通知》第九条)

(5)　商业银行应加强对所属销售人员的管理。网点销售人员应按照商业银行的授权销售保险产品，不得销售未经授权的保险产品或私自销售保险产品。(《通知》第十条)

【例 2.17·单选题】关于保险兼业代理人，下列说法错误的是(　　)。

A．保险兼业代理人可以同时从事自身业务和保险代理业务

B．保险兼业代理人必须在保险的授权范围内从事保险代理业务

C．保险兼业代理人的代理行为所产生的法律责任由其自行承担

D．保险代理人从事保险代理活动时，有权收取保险代理手续费

【答案】C

【解析】C 项，保险兼业代理人在保险人授权范围内代理保险业务的行为所产生的法律责任，由保险人承担。

2)　保险销售行为规范及相关要求

保险业务销售应遵循"销售前需要了解你的客户""销售中要透明公开、有依有据"、"销售后要建立归档制度、积极处理客户投诉"等原则。

(1)　销售前需要了解你的客户。

商业银行应当对投保人进行需求分析与风险承受能力测评，根据评估结果推荐保险产品，把合适的产品销售给有需求和有承受能力的客户。

①　投保人存在以下情况的，向其销售的保险产品原则上应为保单利益确定的保险产品，且保险合同不得通过系统自动核保现场出单，应将保单材料转至保险公司，经核保人员核保后，由保险公司出单。

A．投保人填写的年收入低于当地省级统计部门公布的最近一年度城镇居民人均可支配收入或农村居民人均纯收入；

B．投保人年龄超过 65 周岁或期交产品投保人年龄超过 60 周岁；

C．保险公司核保时应对投保产品的适合性、投保信息、签名等情况进行复核，发现产品不适合、信息不真实、客户无继续投保意愿等问题的不得承保。

② 销售保单利益不确定的保险产品，包括分红型、万能型、投资连结型、变额型等人身保险产品和财产保险公司非预定收益型投资保险产品等，存在以下情况的，应在取得投保人签名确认的投保声明后方可承保。

A．趸交保费超过投保人家庭年收入的 4 倍；

B．年期交保费超过投保人家庭年收入的 20%，或月期交保费超过投保人家庭月收入的 20%；

C．保费交费年限与投保人年龄数字之和达到或超过 60；

D．保费额度大于或等于投保人保费预算的 150%。

在投保声明中，投保人应表明投保时了解产品情况，并自愿承担保单利益不确定的风险。(《通知》第一条)

(2) 销售中要透明公开、有依有据。

商业银行应向投保人提供完整的合同材料，包括投保提示书、投保单、保险单、保险条款、产品说明书、现金价值表等，对合同材料不得进行删减或截取内容。(《通知》第十六条)

商业银行在销售时通过银行扣划收取保费的，应当就扣划的账户、金额、时间等内容与投保人达成协议，并有独立于投保单等其他单证和资料的银行自动转账授权书，授权书应包括转出账户、每期转账金额、转账期限、转账频率等信息。划款时应向投保人出具保费发票或保费划扣收据。(《通知》第十七条)

(3) 销售后要建立归档制度、积极处理客户投诉。

商业银行及其销售人员不得截留客户投保信息，应将完整、真实的客户投保信息提供给保险公司。保险公司应将客户退保、满期给付等信息完整、真实地提供给商业银行。(《通知》第十三条)

商业银行应在保险单、业务系统和保险代理业务账簿中完整、真实地记录商业银行网点名称及网点销售人员姓名或工号。(《通知》第十四条)

商业银行和保险公司应在发生投诉、退保等情况时第一时间积极处理，不得相互推诿，并及时采取措施，妥善解决。投诉处理过程中对客户损失进行赔偿的，处理后商业银行和保险公司应根据双方约定及实际情况明确双方责任，承担损失。(《通知》第二十条)

3) 禁止性规定

保险兼业代理人从事保险代理业务，不得有下列行为。

(1) 擅自变更保险条款，提高或降低保险费率；

(2) 利用行政权力、职务或职业便利强迫、引诱投保人购买指定的保单；

(3) 使用不正当手段强迫、引诱或者限制投保人、被保险人投保或转换保险人；

(4) 串通投保人、被保险人或受益人欺骗保险人；

(5) 对其他保险机构、保险代理机构作出不正确的或误导性的宣传；

(6) 代理再保险业务；

(7) 挪用或侵占保险费；

(8) 兼做保险经纪业务；

(9) 中国保监会认定的其他损害保险人、投保人和被保险人利益的行为。
(《办法》第十八条)

商业银行及其销售人员不得设计、印刷、编写相关保险产品的宣传册、宣传彩页、宣传展板或其他销售辅助品。(《通知》第六条)

商业银行及其销售人员不得篡改客户投保信息，不得以银行网点电话、销售及相关人员电话冒充客户联系电话。需要投保人、被保险人确认的，应确保本人亲自签字或盖章确认。(《通知》第十二条)

【例2.18·多选题】保险兼业代理人从事保险代理业务，不得有(   )等行为。[2015年上半年真题]

    A．挪用或侵占保险费   B．代理再保险业务

    C．兼做保险经纪业务   D．擅自变更保险条款，提高或降低保险费率

    E．串通投保人、被保险人或受益人欺骗保险人

【答案】ABCDE

【解析】根据《保险兼业代理管理暂行办法》第十八条的规定，保险兼业代理人从事保险代理业务，不得有下列行为：①擅自变更保险条款，提高或降低保险费率；②利用行政权力、职务或职业便利强迫、引诱投保人购买指定的保单；③使用不正当手段强迫、引诱或者限制投保人、被保险人投保或转换保险人；④串通投保人、被保险人或受益人欺骗保险人；⑤对其他保险机构、保险代理机构作出不正确的或误导性的宣传；⑥代理再保险业务；⑦挪用或侵占保险费；⑧兼做保险经纪业务；⑨中国保监会认定的其他损害保险人、投保人和被保险人利益的行为。

4．银信理财业务涉及的法律法规

银信理财业务涉及的法律法规，主要是银监会于2008年12月4日颁布实施的《银行与信托公司业务合作指引》。

1) 银信理财业务的规范性规定

第九条　银行开展银信理财合作，应当有清晰的战略规划，制定符合本行实际的合作战略并经董事会或理事会通过，同时遵守以下规定：

(1) 严格遵守《商业银行个人理财业务管理暂行办法》等监管规定；

(2) 充分揭示理财计划风险，并对客户进行风险承受度测试；

(3) 理财计划推介中，应明示理财资金运用方式和信托财产管理方式；

(4) 未经严格测算并提供测算依据和测算方式，理财计划推介中不得使用"预期收益率""最高收益率"或意思相近的表述；

(5) 书面告知客户信托公司的基本情况，并在理财协议中载明其名称、住所等信息；

(6) 银行理财计划的产品风险和信托投资风险相适应；

(7) 每一只理财计划至少配备一名理财经理，负责该理财计划的管理、协调工作，并于理财计划结束时制作运行效果评价书；

(8) 依据监管规定编制相关理财报告并向客户披露。

第十六条　信托公司委托银行代为推介信托计划的，信托公司应当向银行提供完整的信托文件，并对银行推介人员开展推介培训；银行应向合格投资者推介，推介内容不应超

出信托文件的约定，不得夸大宣传，并充分揭示信托计划的风险，提示信托投资风险自担原则。

银行接受信托公司委托代为推介信托计划，不承担信托计划的投资风险。

2) 风险管理控制

第二十四条第一款　银行应当根据客户的风险偏好、风险认知能力和承受能力，为客户提供与其风险承受力相适应的理财服务。

第二十五条　银信合作过程中，银行、信托公司应当注意银行理财计划与信托产品在时点、期限、金额等方面的匹配。

第二十六条　银行不得为银信理财合作涉及的信托产品及该信托产品项下财产运用对象等提供任何形式担保。

5. 黄金期货交易业务涉及的法律法规

黄金期货交易业务涉及的法律法规，主要是银监会于 2008 年 3 月 7 日颁布实施的《关于商业银行从事境内黄金期货交易有关问题的通知》。

1) 从业资格规定

第二条第九款　通过我国期货行业认可的从业资格考试合格人员不少于 4 人，其中交易人员至少 2 人、风险管理人员至少 2 人，以上人员相互不得兼任，且无不良从业记录。

2) 禁止性规定

第六条　商业银行从事黄金期货经纪业务应取得相应资格，不得利用自有的黄金期货交易资格代理客户从事黄金期货经纪业务。

第七条　商业银行从事境内黄金期货交易，应建立必要的业务隔离制度，不得利用其黄金期货指定结算银行及指定交割金库的信息优势，为其黄金期货交易谋取不当利益。

6. 个人外汇管理涉及的法律法规

个人外汇管理涉及的法律法规，主要是国家外汇管理局于 2007 年 2 月 1 日颁布实施的《个人外汇管理办法》及《个人外汇管理办法实施细则》。

1) 《个人外汇管理办法》

(1) 个人外汇业务的分类和管理。

第二条　个人外汇业务按照交易主体区分为境内与境外个人外汇业务，按照交易性质区分为经常项目和资本项目个人外汇业务。按上述分类对个人外汇业务进行管理。

【例 2.19·单选题】根据《个人外汇管理办法》的规定，下列说法正确的是(　　)。

　　A．个人外汇业务按照交易性质，分为境内与境外个人外汇业务

　　B．个人外汇业务按照交易主体，分为经常项目和资本项目个人外汇业务

　　C．个人外汇账户按照主体类别，分为境内与境外个人外汇账户

　　D．个人外汇账户按照资金性质，分为经常项目和资本项目账户

【答案】C

【解析】根据《个人外汇管理办法》第二条的规定，个人外汇业务按照交易主体区分境内与境外个人外汇业务，按照交易性质区分经常项目和资本项目个人外汇业务。

第三条　经常项目项下的个人外汇业务按照可兑换原则管理，资本项目项下的个人外

汇业务按照可兑换进程管理。

第六条　银行应通过外汇局指定的管理信息系统办理个人购汇和结汇业务，真实、准确录入相关信息，并将办理个人业务的相关材料至少保存 5 年备查。

(2) 经常项目个人外汇管理。

第十条　从事货物进出口的个人对外贸易经营者，在商务部门办理对外贸易经营权登记备案后，其贸易外汇资金的收支按照机构的外汇收支进行管理。

第十一条　个人进行工商登记或者办理其他执业手续后，可以凭有关单证办理委托具有对外贸易经营权的企业代理进出口项下及旅游购物、边境小额贸易等项下外汇资金收付、划转及结汇。

第十二条　境内个人外汇汇出境外用于经常项目支出，单笔或当日累计汇出在规定金额以下的，凭本人有效身份证件在银行办理；单笔或当日累计汇出在规定金额以上的，凭本人有效身份证件和有交易额的相关证明等材料在银行办理。

【例 2.20·单选题】境内个人外汇汇出境外用于经常项目支出，单笔或当日累计汇出在规定金额以上的，(　　)在银行办理。

A．仅凭本人有效身份证件

B．仅凭有交易额的相关证明

C．须凭本人有效身份证件和有交易额的相关证明等材料

D．凭本人有效身份证件或者有交易额的相关证明

【答案】C

【解析】根据《个人外汇管理办法》第十二条的规定，境内个人外汇汇出境外用于经常项目支出，单笔或当日累计汇出在规定金额以下的，凭本人有效身份证件在银行办理；单笔或当日累计汇出在规定金额以上的，凭本人有效身份证件和有交易额的相关证明等材料在银行办理。

第十三条　境外个人在境内取得的经常项目项下合法人民币收入，可以凭本人有效身份证件及相关证明材料在银行办理购汇及汇出。

第十四条　境外个人未使用的境外汇入外汇，可以凭本人有效身份证件在银行办理原路汇回。

第十五条　境外个人将原兑换未使用完的人民币兑回外币现钞时，小额兑换凭本人有效身份证件在银行或外币兑换机构办理；超过规定金额的，可以凭原兑换水单在银行办理。

(3) 资本项目个人外汇管理。

第十六条　境内个人对外直接投资符合有关规定的，经外汇局核准可以购汇或以自有外汇汇出，并应当办理境外投资外汇登记。

第十七条　境内个人购买 B 股，进行境外权益类、固定收益类以及国家批准的其他金融投资，应当按相关规定通过具有相应业务资格的境内金融机构办理。

第十八条　境内个人向境内保险经营机构支付外汇人寿保险项下保险费，可以购汇或以自有外汇支付。

第十九条　境内个人在境外获得的合法资本项目收入经外汇局核准后可以结汇。

第二十条　境内个人对外捐赠和财产转移需购付汇的，应当符合有关规定并经外汇局核准。

第二十一条　境内个人向境外提供贷款、借用外债、提供对外担保和直接参与境外商品期货和金融衍生产品交易，应当符合有关规定并到外汇局办理相应登记手续。

第二十二条　境外个人购买境内商品房，应当符合自用原则，其外汇资金的收支和汇兑应当符合相关外汇管理规定。境外个人出售境内商品房所得人民币，经外汇局核准可以购汇汇出。

第二十三条　除国家另有规定外，境外个人不得购买境内权益类和固定收益类等金融产品。境外个人购买 B 股，应当按照国家有关规定办理。

第二十四条　境外个人在境内的外汇存款应纳入存款金融机构短期外债余额管理。

第二十五条　境外个人对境内机构提供贷款或担保，应当符合外债管理的有关规定。

第二十六条　境外个人在境内的合法财产对外转移，应当按照个人财产对外转移的有关外汇管理规定办理。

(4) 个人外汇账户及外币现钞管理。

第二十七条　个人外汇账户按主体类别区分为境内个人外汇账户和境外个人外汇账户；按账户性质区分为外汇结算账户、资本项目账户及外汇储蓄账户。

第二十八条　银行按照个人开户时提供的身份证件等证明材料确定账户主体类别，所开立的外汇账户应使用与本人有效身份证件记载一致的姓名。境内个人和境外个人外汇账户境内划转按跨境交易进行管理。

第二十九条　个人进行工商登记或者办理其他执业手续后可以开立外汇结算账户。

第三十条　境内个人从事外汇买卖等交易，应当通过依法取得相应业务资格的境内金融机构办理。

第三十一条　境外个人在境内直接投资，经外汇局核准，可以开立外国投资者专用外汇账户。账户内资金经外汇局核准可以结汇。直接投资项目获得国家主管部门批准后，境外个人可以将外国投资者专用外汇账户内的外汇资金划入外商投资企业资本金账户。

第三十二条　个人可以凭本人有效身份证件在银行开立外汇储蓄账户。外汇储蓄账户的收支范围为非经营性外汇收付、本人或与其直系亲属之间同一主体类别的外汇储蓄账户间的资金划转。境内个人和境外个人开立的外汇储蓄联名账户按境内个人外汇储蓄账户进行管理。

第三十三条　个人携带外币现钞出入境，应当遵守国家有关管理规定。

第三十四条　个人购汇提钞或从外汇储蓄账户中提钞，单笔或当日累计在有关规定允许携带外币现钞出境金额之下的，可以在银行直接办理；单笔或当日累计提钞超过上述金额的，凭本人有效身份证件、提钞用途证明等材料向当地外汇局事前报备。

第三十五条　个人外币现钞存入外汇储蓄账户，单笔或当日累计在有关规定允许携带外币现钞入境免申报金额之下的，可以在银行直接办理；单笔或当日累计存钞超过上述金额的，凭本人有效身份证件、携带外币现钞入境申报单或本人原存款金融机构外币现钞提取单据在银行办理。

【例 2.21·单选题】个人携带外币现钞出入境时，下列不符合外币现钞管理规定的做法是(　　)。

A. 个人购汇提钞，单笔在规定允许携带外币现钞出境金额之下的，可以在银行直接办理

B．个人购汇提钞，单笔提钞超过规定允许携带外币现钞出境金额的，凭本人有效身份证件、提钞用途证明等材料在银行办理

C．个人外币现钞存入外汇储蓄账户，单笔在规定允许携带外币入境申报金额之下的，可以在银行直接办理

D．个人外币现钞存入外汇储蓄账户，单笔存钞超过规定允许携带外币入境申报金额的，凭本人有效身份证件，携带外币现钞入境申报单或本人原存款金融机构外币现钞提取单据在银行办理

【答案】B

【解析】根据《个人外汇管理办法》第三十四条的规定，个人购汇提钞或从外汇储蓄账户中提钞，单笔或当日累计在有关规定允许携带外币现钞出境金额之下的，可以在银行直接办理；单笔或当日累计提钞超过上述金额的，凭本人有效身份证件、提钞用途证明等材料向当地外汇局事前报备。

2)《个人外汇管理办法实施细则》

(1) 结汇和境内个人购汇。

第二条　对个人结汇和境内个人购汇实行年度总额管理。年度总额分别为每人每年等值 5 万美元。国家外汇管理局可根据国际收支状况，对年度总额进行调整。个人年度总额内的结汇和购汇，凭本人有效身份证件在银行办理；超过年度总额的，经常项目项下按本细则第十条、第十一条、第十二条办理，资本项目项下按本细则"资本项目个人外汇管理"有关规定办理。

【例 2.22·单选题】按照《个人外汇管理办法》和《个人外汇管理办法实施细则》，居民个人年度购汇总额为每人每年等值(　　)美元。[2014 年下半年真题]

　　A．15 万　　　　　B．5 万　　　　　C．10 万　　　　　D．2 万

【答案】B

【解析】根据《个人外汇管理办法实施细则》的有关规定，对个人结汇和境内个人购汇实行年度总额管理。年度总额分别为每人每年等值 5 万美元。国家外汇管理局可根据国际收支状况，对年度总额进行调整。

第三条　个人所购外汇，可以汇出境外、存入本人外汇储蓄账户，或按照有关规定携带出境。

第四条　个人年度总额内购汇、结汇，可以委托其直系亲属代为办理；超过年度总额的购汇、结汇以及境外个人购汇，可以按本细则规定，凭相关证明材料委托他人办理。

(2) 经常项目个人外汇管理。

第八条　个人经常项目项下外汇收支分为经营性外汇收支和非经营性外汇收支。

第十条　境内个人经常项目项下非经营性结汇超过年度总额的，凭本人有效身份证件及以下证明材料在银行办理：

① 捐赠：经公证的捐赠协议或合同，捐赠须符合国家规定；

② 赡养款：直系亲属关系证明或经公证的赡养关系证明、境外给付人相关收入证明，如银行存款证明、个人收入纳税凭证等；

③ 遗产继承收入：遗产继承法律文书或公证书；

④ 保险外汇收入：保险合同及保险经营机构的付款证明，投保外汇保险须符合国家

规定；

⑤ 专有权利使用和特许收入：付款证明、协议或合同；

⑥ 法律、会计、咨询和公共关系服务收入：付款证明、协议或合同；

⑦ 职工报酬：雇佣合同及收入证明；

⑧ 境外投资收益：境外投资外汇登记证明文件、利润分配决议或红利支付书或其他收益证明；

⑨ 其他：相关证明及支付凭证。

【例2.23·单选题】境内个人经常项目项下非经营性结汇超过年度总额的，凭本人有效身份证件及证明材料在银行办理，下列收入与对应证明材料不符的是(   )。[2014年上半年真题]

A．保险外汇收入：保险合同

B．职工报酬：雇佣合同及收入证明

C．捐赠：经公证的捐赠协议或合同，捐赠须符合国家规定

D．遗产继承收入：遗产继承法律文件书或公证书

【答案】A

【解析】根据《个人外汇管理办法实施细则》第十条的规定，与保险外汇收入相关的证明材料包括保险合同及保险经营机构的付款证明。

第十一条 境外个人经常项目项下非经营性结汇超过年度总额的，凭本人有效身份证件及以下证明材料在银行办理：

A．房租类支出：房屋管理部门登记的房屋租赁合同、发票或支付通知；

B．生活消费类支出：合同或发票；

C．就医、学习等支出：境内医院(学校)收费证明；

D．其他：相关证明及支付凭证。

上述结汇单笔等值5万美元以上的，应将结汇所得人民币资金直接划转至交易对方的境内人民币账户。

第十二条 境内个人经常项目项下非经营性购汇超过年度总额的，凭本人有效身份证件和有交易额的相关证明材料在银行办理。

第十三条 境外个人经常项目合法人民币收入购汇及未用完的人民币兑回，按以下规定办理：

A．在境内取得的经常项目合法人民币收入，凭本人有效身份证件和有交易额的相关证明材料(含税务凭证)办理购汇。

B．原兑换未用完的人民币兑回外汇，凭本人有效身份证件和原兑换水单办理，原兑换水单的兑回有效期为自兑换日起24个月；对于当日累计兑换不超过等值500美元(含)以及离境前在境内关外场所当日累计不超过等值1000美元(含)的兑换，可凭本人有效身份证件办理。

第十四条 境内个人外汇汇出境外用于经常项目支出，按以下规定办理：

A．外汇储蓄账户内外汇汇出境外当日累计等值5万美元以下(含)的，凭本人有效身份证件在银行办理；超过上述金额的，凭经常项目项下有交易额的真实性凭证办理。

B．手持外币现钞汇出当日累计等值1万美元以下(含)的，凭本人有效身份证件在银行

办理；超过上述金额的，凭经常项目项下有交易额的真实性凭证、经海关签章的《中华人民共和国海关进境旅客行李物品申报单》或本人原存款银行外币现钞提取单据办理。

第十五条　境外个人经常项目外汇汇出境外，按以下规定在银行办理：

A．外汇储蓄账户内外汇汇出，凭本人有效身份证件办理；

B．手持外币现钞汇出，当日累计等值1万美元以下(含)的，凭本人有效身份证件办理；超过上述金额的，还应提供经海关签章的《中华人民共和国海关进境旅客行李物品申报单》或本人原存款银行外币现钞提取单据办理。

(3) 资本项目个人外汇管理。

第十六条　境内个人对外直接投资应按国家有关规定办理。所需外汇经所在地外汇局核准后可以购汇或以自有外汇汇出，并办理相应的境外投资外汇登记手续。境内个人及因经济利益关系在中国境内习惯性居住的境外个人，在境外设立或控制特殊目的公司并返程投资的，所涉外汇收支按《国家外汇管理局关于境内居民通过境外特殊目的公司融资及返程投资外汇管理有关问题的通知》等有关规定办理。

第十七条　境内个人可以使用外汇或人民币，并通过银行、基金管理公司等合格境内机构投资者进行境外固定收益类、权益类等金融投资。

第十八条　境内个人参与境外上市公司员工持股计划、认股期权计划等所涉外汇业务，应通过所属公司或境内代理机构统一向外汇局申请获准后办理。境内个人出售员工持股计划、认股期权计划等项下股票以及分红所得外汇收入，汇回所属公司或境内代理机构开立的境内专用外汇账户后，可以结汇，也可以划入员工个人的外汇储蓄账户。

第十九条　境内个人向境内经批准经营外汇保险业务的保险经营机构支付外汇保费，应持保险合同、保险经营机构付款通知书办理购付汇手续。境内个人作为保险受益人所获外汇保险项下赔偿或给付的保险金，可以存入本人外汇储蓄账户，也可以结汇。

【例2.24·判断题】境内个人作为保险受益人所获外汇保险项下赔偿或给付的保险金，既可以存入本人外汇储蓄账户，也可以结汇。(　　)[2015年上半年真题]

【答案】正确

【解析】根据《个人外汇管理办法实施细则》第十九条的规定：境内个人作为保险受益人所获外汇保险项下赔偿或给付的保险金，可以存入本人外汇储蓄账户，也可以结汇。

第二十条　移居境外的境内个人将其取得合法移民身份前境内财产对外转移以及外国公民依法继承境内遗产的对外转移，按《个人财产对外转移售付汇管理暂行办法》等有关规定办理。

第二十一条　境外个人在境内买卖商品房及通过股权转让等并购境内房地产企业所涉外汇管理，按《国家外汇管理局建设部关于规范房地产市场外汇管理有关问题的通知》等有关规定办理。

第二十二条　境外个人可按相关规定投资境内B股；投资其他境内发行和流通的各类金融产品，应通过合格境外机构投资者办理。

第二十三条　根据人民币资本项目可兑换的进程，逐步放开对境内个人向境外提供贷款、借用外债、提供对外担保以及直接参与境外商品期货和金融衍生产品交易的管理，具体办法另行制定。

(4) 个人外汇账户及外币现钞管理。

第二十四条　外汇局按账户主体类别和交易性质对个人外汇账户进行管理。银行为个人开立外汇账户，应区分境内个人和境外个人。账户按交易性质分为外汇结算账户、外汇储蓄账户、资本项目账户。

第二十五条　外汇结算账户是指个人对外贸易经营者、个体工商户按照规定开立的用以办理经常项目项下经营性外汇收支的账户。其开立、使用和关闭按机构账户进行管理。

第二十六条　个人在银行开立外汇储蓄账户应当出具本人有效身份证件，所开立账户户名应与本人有效身份证件记载的姓名一致。

第二十七条　个人开立外国投资者投资专用账户、特殊目的公司专用账户及投资并购专用账户等资本项目外汇账户及账户内资金的境内划转、汇出境外应经外汇局核准。

第二十八条　个人外汇储蓄账户资金境内划转，按以下规定办理：

A．本人账户间的资金划转，凭有效身份证件办理；

B．个人与其直系亲属账户间的资金划转，凭双方有效身份证件、直系亲属关系证明办理；

C．境内个人和境外个人账户间的资金划转按跨境交易进行管理。

第二十九条　本人外汇结算账户与外汇储蓄账户间资金可以划转，但外汇储蓄账户向外汇结算账户的划款限于划款当日的对外支付，不得划转后结汇。

第三十条　个人提取外币现钞当日累计等值 1 万美元以下(含)的，可以在银行直接办理；超过上述金额的，凭本人有效身份证件、提钞用途证明等材料向银行所在地外汇局事前报备。银行凭本人有效身份证件和经外汇局签章的《提取外币现钞备案表》为个人办理提取外币现钞手续。

第三十一条　个人向外汇储蓄账户存入外币现钞，当日累计等值 5000 美元以下(含)的，可以在银行直接办理；超过上述金额的，凭本人有效身份证件、经海关签章的《中华人民共和国海关进境旅客行李物品申报单》或本人原存款银行外币现钞提取单据在银行办理。银行应在相关单据上标注存款银行名称、存款金额及存款日期。

【例 2.25·多选题】关于个人外汇储蓄账户资金境内划转，下列符合规定办理的有(　　)。

A．本人账户间的资金划转，凭有效身份证件办理

B．个人与其直系亲属账户资金划转，凭双方身份证件和直系亲属关系证明办理

C．本人外汇结算账户与外汇储蓄账户间资金可以划转，但外汇储蓄账户向外汇结算账户的划款限于当日的对外支付，划转后可以结汇

D．个人外汇提取现钞当日累计等值1万美元以下的，可以在银行直接办理

E．个人向外汇储蓄账户存入外币现钞，当日累计1万美元以下的，可以在银行直接办理

【答案】ABD

【解析】C 项，根据《个人外汇管理办法实施细则》第二十九条的规定，本人外汇结算账户与外汇储蓄账户间资金可以划转，但外汇储蓄账户向外汇结算账户的划款限于划款当日的对外支付，不得划转后结汇；E 项，根据《个人外汇管理办法实施细则》第三十一条的规定，个人向外汇储蓄账户存入外币现钞，当日累计等值 5000 美元以下(含)的，可以在

银行直接办理。

【过关练习】

一、单选题(下列选项中只有一项最符合题目的要求)

1．下列不属于无民事行为能力人的是(　　)。

    A．婴儿　　　　　　　　　B．8 岁上二年级的小红

    C．13 岁的身体残疾者小明　D．不能辨认自己行为的精神病人

【答案】C

【解析】不满 10 周岁的未成年人是无民事行为能力人，由他的法定代理人代理民事活动。不能辨认自己行为的精神病人是无民事行为能力人，由他的法定代理人代理民事活动。C 项，10 周岁以上的未成年人是限制民事行为能力人，可以进行与他的年龄、智力相适应的民事活动。

2．下列关于格式条款的理解，错误的是(　　)。

    A．格式条款和非格式条款不一致时，应采用格式条款

    B．格式条款是指当事人为重复使用而预先拟定，并在订立的同时未与对方协商的条款

    C．提供格式条款一方应遵循公平原则确定当事人之间的权利和义务

    D．合同订立方应采取合理的方式提请对方注意免除或者限制其责任的条款，按对方要求，对条款予以说明

【答案】A

【解析】根据《中华人民共和国合同法》的规定，格式条款是当事人为了重复使用而预先拟定，并在订立合同时未与对方协商的条款。采用格式条款订立合同的，提供格式条款的一方应当遵循公平原则确定当事人之间的权利和义务，并采取合理的方式提请对方注意免除或者限制其责任的条款，按照对方的要求，对该条款予以说明。格式条款和非格式条款不一致的，应当采用非格式条款。

3．甲与乙订立合同，规定甲应于 2015 年 8 月 1 日交货，乙应于同年 8 月 7 日付款，7 月底，甲发现乙财产状况恶化，无支付货款的能力，并有确凿证据，遂提出终止合同，但乙未允许。基于上述因素，甲于 8 月 1 日未按约定交货。依据《合同法》原则，下列表述最恰当的是(　　)。

    A．甲应按合同约定交货，但乙不支付货款可追究违约责任

    B．甲无权不按合同约定交货，但可以仅先交付部分货物

    C．甲有权不按合同约定交货，除非乙提供了相应的担保

    D．甲有权不按合同约定交货，但可以要求乙提供相应的担保

【答案】C

【解析】不安抗辩权是指当事人互负债务，有先后履行顺序的，先履行的一方有确切证据证明对方有下列情形之一的，可以中止履行：①经营状况严重恶化；②转移财产、抽逃资金，以逃避债务；③丧失商业信誉；④有丧失或者可能丧失履行债务能力的其他情形。当事人没有确切证据中止履行的，应当承担违约责任。

4．在理财产品销售过程中，下列属于错误销售行为的是(　　)。

A．客户拟购买的产品风险评级与客户风险承受能力相匹配

B．产品说明书中需由客户亲自抄录的内容由客户亲笔抄录

C．采取抽奖、礼品赠送等方式销售理财产品

D．所有的销售凭证包括风险评估报告由客户本人亲自填写并签字确认

【答案】C

【解析】根据《商业银行理财产品销售管理办法》第三十七条的规定，商业银行从事理财产品销售活动，不得采取抽奖、回扣或者赠送实物等方式销售理财产品。

5．境外个人来华旅游，回国前将原兑换未用完的人民币兑回外汇，凭本人有效身份证件和原兑换水单办理，原兑换水单的兑回有效期为自兑换日起(　　)个月。

A．3 　　　　 B．6 　　　　 C．12 　　　　 D．24

【答案】D

【解析】根据《个人外汇管理办法实施细则》第十三条的规定，境外个人经常项目原兑换未用完的人民币兑回外汇，凭本人有效身份证件和原兑换水单办理，原兑换水单的兑回有效期为自兑换日起24个月。

二、多选题(下列选项中有两项或两项以上符合题目要求)

1．下列哪些内容可以出质？(　　)

A．汇票、本票 　　　　 B．建筑物 　　　　 C．仓单

D．生产设备 　　　　 E．可以转让的股权

【答案】ACE

【解析】《物权法》第二百二十三条规定，债务人或者第三人有权处分的下列权利可以出质：①汇票、支票、本票；②债券、存款单；③仓单、提单；④可以转让的基金份额、股权；⑤可以转让的注册商标专用权、专利权、著作权等知识产权中的财产权；⑥应收账款；⑦法律、行政法规规定可以出质的其他财产权利。

2．下列理财产品销售行为不符合规范的有(　　)。

A．将存款单独作为理财产品销售

B．将理财产品与存款进行强制性搭配销售

C．将理财产品作为存款进行宣传销售

D．违反国家利率管理政策进行变相高息揽储

E．因为营销指标的压力，加班加点

【答案】ABCD

【解析】关于理财产品销售行为的禁止性规定包括以下几点：①理财师作为商业银行的主要营销人员，不得因为营销指标的压力，而将存款单独作为理财产品销售；②将理财产品与存款进行强制性搭配销售；③将理财产品作为存款进行宣传销售；④不得违反国家利率管理政策进行变相高息揽储。

3．根据《中华人民共和国合同法》，承担合同违约责任的形式可以是(　　)。

A．定金责任 　　　　 B．违约金责任 　　　　 C．赔偿损失

D．强制履行 　　　　 E．采取补救措施

【答案】ABCDE

【解析】违约责任是指当事人一方不履行合同债务或其履行不符合合同约定时，对另一方当事人所应承担的继续履行、采取补救措施或者赔偿损失等民事责任。违约责任的承担形式主要有：①违约金责任；②赔偿损失；③强制履行；④定金责任；⑤采取补救措施。

4．按照《证券投资基金销售管理办法》，下列哪些机构可以作为基金代理销售资格的机构？（ ）

    A．独立基金销售机构   B．证券投资咨询机构   C．商业银行

    D．信托公司   E．证券公司

【答案】ABCE

【解析】2013年版的《证券投资基金销售管理办法》对基金销售业务资格申请实行注册制，将基金销售机构类型扩大至商业银行、证券公司、期货公司、保险机构、证券投资咨询机构、独立基金销售机构以及中国证监会认定的其他机构。

5．下列关于合同订立的表述，正确的有( )。

    A．当事人在订立合同过程中知悉的商业秘密，无论合同是否成立，不得泄露或者不正当地使用

    B．当事人必须本人订立合同，不得代理

    C．当事人订立合同，有书面形式、口头形式和其他形式

    D．当事人订立合同，应当具有相应的民事权利能力和民事行为能力

    E．当事人约定采用书面形式的，应当采用书面形式

【答案】ACDE

【解析】B项，当事人依法可以委托代理人订立合同。

三、判断题(请对下列各题的描述做出判断，正确的用A表示，错误的用B表示)

1．诚实信用原则是市场活动中重要的道德规范，也是道德规范在法律上的表现，当法律规定不足时应当依据诚实信用原则进行弥补。( )

【答案】A

【解析】诚实信用原则是指民事活动中，民事主体应该诚实、守信用，正当行使权利和义务。诚实信用原则是民事活动中最核心、最基本的原则。诚实信用原则和公平原则一样，是市场活动中重要的道德规范，也是道德规范在法律上的表现。当法律规定不足时，应当依据诚实信用原则进行弥补。

2．不能辨认自己行为的精神病人是限制民事行为能力人。( )

【答案】B

【解析】根据《民法通则》第十三条的规定，不能辨认自己行为的精神病人是无民事行为能力人，由他的法定代理人代理民事活动；不能完全辨认自己行为的精神病人是限制民事行为能力人，可以进行与他的精神健康状况相适应的民事活动。

3．代理人和第三人串通，损害被代理人利益的，由代理人承担民事责任。( )

【答案】B

【解析】根据《民法通则》第六十六条的规定，代理人和第三人串通，损害被代理人利益的，由代理人和第三人负连带责任。

4．自然人的民事权利能力和民事行为能力是相一致的。( )

【答案】B

【解析】自然人的民事权利能力，是指法律赋予自然人参加民事法律关系、享有民事权利、承担民事义务的资格，具有平等性、不可转让性等特征，始于出生终于死亡；自然人的民事行为能力，是指自然人能够以自己的行为独立参加民事法律关系、行使民事权利和承担民事义务的资格。自然人的权利能力和行为能力是不一致的，有权利能力并不一定就有行为能力。

5. 基金宣传推介材料中，对于推介定期定额投资业务等需要模拟历史业绩的，必须采用我国证券市场具有代表性的指数，对其过往足够长时间的实际收益率进行模拟，同时注明相应的复合年平均收益率。(   )

【答案】B

【解析】对于推介定期定额投资业务等需要模拟历史业绩的，应当采用我国证券市场或者境外成熟证券市场具有代表性的指数，对其过往足够长时间的实际收益率进行模拟，同时注明相应的复合年平均收益率。

第三章　理财投资市场概述

【考查内容】

本章的主要考查内容有以下几点。

(1) 金融市场的概念及特点；

(2) 金融市场的构成要素及功能；

(3) 金融市场的分类及特点；

(4) 货币市场的定义、分类及特征；

(5) 债券市场的功能及分类；

(6) 股票市场的功能及特点；

(7) 金融衍生工具的种类及特点；

(8) 金融衍生品市场的分类及各子市场的特点；

(9) 外汇市场的功能及分类；

(10) 保险的相关要素及原则、保险市场主要产品及功能；

(11) 贵金属、房地产、收藏品市场的投资特点及价格影响因素。

【备考方法】

本章介绍性的内容比较多，部分考点比较难记，考生必须熟练掌握，且记忆准确。有的知识点看似简单，实际涉及的小考点多，如金融市场的功能及分类有哪些，债券市场、股票市场、外汇市场等的功能，货币市场的定义、分类和特征等，这些考点都可以作为单独的考题在考试中出现，且多选题的难度稍大，考生必须牢记考点，才能在短时间内选出正确答案。

【框架结构】

理财投资市场概述
- 金融市场概述
- 货币市场及其在个人理财中的运用
- 债券市场及其在个人理财中的运用
- 股票市场及其在个人理财中的运用
- 金融衍生品市场及其在个人理财中的运用
- 外汇市场及其在个人理财中的运用
- 保险市场及其在个人理财中的运用
- 贵金属市场和其他投资市场及其在个人理财中的运用

【核心讲义】

一、金融市场概述

金融市场概述主要包括金融市场的概念、特点、构成要素、功能和分类五个方面的内容。

1．金融市场的概念

1) 概念

金融市场是指以金融资产为交易对象而形成的供求关系及其交易机制的总和。它包括以下三层含义。

(1) 它是金融资产进行交易的有形和无形的"场所"；

(2) 它反映了金融资产供应者和需求者之间的供求关系；

(3) 它包含了金融资产的交易机制，其中最重要的是价格(包括利率、汇率及各种证券的价格)机制，以及交易后的清算和结算机制。

2) 金融市场实现资金融通的方式

在金融市场上，实现资金融通一般有两种方式：

(1) 直接融资。直接融资是资金需求者通过发行股票、债券、票据等直接融资工具，向社会资金盈余方筹集资金，实现资金从盈余方向短缺方流动。

(2) 间接融资。在间接融资市场上，资金的盈缺转移是通过银行等金融中介实现的。

2．金融市场的特点

金融市场的特点有：①市场交易商品的特殊性；②市场交易价格的一致性；③市场交易活动的集中性；④市场交易主体角色的可变性。

3．金融市场的构成要素

1) 金融市场的主体

参与金融市场交易的当事人是金融市场的主体，包括以下几项。

(1) 企业。企业是金融市场运行的基础，是重要的资金供给者和需求者。

(2) 政府及政府机构。政府参与金融市场，主要是通过发行各种债券筹集资金。

(3) 中央银行。中央银行参与金融市场的主要目的是实现货币政策目标，调节经济，稳定物价等。

(4) 各类金融机构，包括商业银行和其他金融机构。金融机构是资金融通活动的重要中介机构，是资金需求者和供给者之间的纽带。

(5) 居民个人(家庭)。居民往往是最大的资金供给者。居民为市场提供资金的方式有两种：A．直接方式，通过基金、资产管理计划、养老金等形式将资金注入市场；B．间接方式，通过存款方式将资金注入市场。居民有时也是资金的需求者。

2) 金融市场的客体

金融市场的客体是指金融市场的交易对象，即金融工具。包括同业拆借、票据、债券、股票、外汇和金融衍生品等。

【例 3.1·单选题】金融市场的客体是金融市场的交易对象。下列属于金融市场客体的是( )。[2014 年下半年真题]

A．会计师事务所 　　　　B．居民个人

C．金融工具 　　　　　　D．金融机构

【答案】C

【解析】金融市场的客体是金融市场的交易对象，即金融工具，包括同业拆借、票据、债券、股票、外汇和金融衍生品等。

3) 金融市场中介

资金融通过程中，中介在资金的供给者和需求者之间起媒介或桥梁的作用。金融市场的中介分为以下两类。

(1) 交易中介。交易中介通过市场为买卖双方进行成交撮合，并从中收取佣金，包括银行、有价证券承销人、证券交易经纪人、证券交易所和证券结算公司等。

(2) 服务中介。服务中介本身不是金融机构，但却是金融市场上不可或缺的，如会计师事务所、律师事务所、投资顾问咨询公司和证券评级机构等。

4) 监管机构

目前我国金融市场为分业监管，采用"一行三会"模式对不同领域进行分工监管。其中"一行"是指中国人民银行，"三会"分别是指银监会、证监会和保监会。

4．金融市场的功能

金融市场的功能是指金融市场所具有的促进经济发展和协调经济运行的作用。一般来说，金融市场具有以下几种功能。

(1) 资金融通集聚功能；

(2) 财富投资和避险功能；

(3) 交易功能；

(4) 优化资源配置功能；

(5) 调节经济功能；

(6) 反映经济运行的功能。

【例 3.2·单选题】金融市场引导众多分散的小额资金汇聚并投入社会再生产，这是金融市场的( )。[2014 年下半年真题]

A．财务功能 　　　　　　B．融资功能

C．风险管理功能 　　　　D．流动性功能

【答案】B

【解析】金融市场功能是指金融市场所有促进经济发展和协调经济运行的作用。金融市场通常具有以下几种功能：①资金融通集聚功能，通过金融市场把分散在不同主体手中的小额资金聚集为大额资金，短期续接为长期，储蓄转化为投资，进而促进经济发展；②财富投资和避险功能；③交易功能；④优化资源配置功能；⑤调节经济功能；⑥反映经济运行的功能。

5．金融市场的分类

1) 按照金融交易的场地和空间分：有形市场和无形市场

(1) 有形市场是指有固定的交易场所，有专门的组织机构和人员，有专门设备的，有组织的市场。典型的有形市场是交易所。

(2) 无形市场是指在进行市场客体经营的市场上，市场交易双方只存在交易关系，没有固定交易场所和市场交易设施，也没有相应的市场经营管理组织。

有形市场和无形市场的特点比较如表 3-1 所示。

表 3-1 有形市场和无形市场的特点比较

项 目	有形市场	无形市场
交易场所	固定，集中交易	不固定，分散交易
交易范围	较窄	较广
交易时间	较短，有固定的交易时间	相对较长，不是集中、固定的
交易种类	少	多

2) 按照金融工具发行和流通特征分：发行市场和流通市场

(1) 发行市场。

金融资产首次出售给公众所形成的交易市场是发行市场，又称一级市场、初级金融市场或原始金融市场。发行市场上，证券发行可以通过公募和私募两种方式进行。公募又称公开发行，是指事先不确定特定的发行对象，而是向社会广大投资者公开推销证券。私募又称非公开发行，是指发行公司只对特定的发行对象推销证券。

(2) 流通市场。

金融资产发行后在不同投资者之间买卖流通所形成的市场即为流通市场，又称为二级市场，它是进行股票、债券和其他有价证券买卖的市场。流通市场具有以下功能：A．为有价证券提供流动性；B．为有价证券定价。

(3) 发行市场与流通市场的关系。

发行市场与流通市场关系密切，既相互依存，又相互制约：

① 发行市场所提供的证券及其发行的种类、数量与方式决定着流通市场上流通证券的规模、结构与速度，而流通市场作为证券买卖的场所，对发行市场起着积极地推动作用。

② 组织完善、经营有方、服务良好的流通市场将发行市场上所发行的证券快速有效地分配与转让，使其流通到其他更需要、更适当的投资者手中，并为证券的变现提供现实的可能。

③ 流通市场上的证券供求状况与价格水平等都将有力地影响着发行市场上证券的发行。

3) 按照交易期限的不同分：货币市场和资本市场

(1) 货币市场又称短期资金市场，是实现短期资金融通的场所。一般是指专门融通短期资金和交易期限在一年以内(包括一年)的有价证券市场。包括银行短期借贷市场、银行间同业拆借市场、商业票据市场、银行承兑汇票市场、可转让大额定期存单市场等。

货币市场具有以下特征：①低风险、低收益；②期限短、流动性高；③交易量大、交易频繁。

(2) 资本市场是筹集长期资金的场所，一般而言，资本市场是指提供长期(一年以上)资本融通和交易的市场，包括股票市场、中长期债券市场和证券投资基金市场等。

与货币市场相比，资本市场特点主要有：①期限长、流动性差；②高风险、高收益。

【例3.3·单选题】货币市场是融通____的场所，而资本市场是筹集____的场所。( )[2015年上半年真题]

  A．短期资金；长期资金   B．长期资金；短期资金

  C．短期资金；短期资金   D．长期资金；长期资金

【答案】A

【解析】货币市场又称短期资金市场，是指专门融通短期资金和交易期限在一年以内(包括一年)的有价证券市场；资本市场是指提供长期(一年以上)资本融通和交易的市场，包括股票市场、中长期债券市场和证券投资基金市场等。

4) 按照融资方式分：直接融资市场和间接融资市场

(1) 直接融资市场。

直接融资市场是指资金的供给者直接向资金需求者进行融资的市场，这个市场融资一般没有金融中介机构介入。

一般而言，直接融资市场上的融资方式具有以下几个特征：①直接性；②分散性；③差异性较大；④部分不可逆性；⑤相对较强的自主性。

(2) 间接融资市场。

间接融资市场是指通过银行等信用中介的资产负债业务来进行资金融通的市场。这个市场上资金融通方式需通过金融中介机构来进行。

比较而言，间接融资具有以下几个特征：①间接性；②相对的集中性；③信誉的差异性较小；④具有可逆性；⑤融资的主动权掌握在金融中介手中。

(3) 直接融资和间接融资的区别。

① 金融市场中金融中介机构多，吸收存款的起点低，能广泛筹集社会各方面闲散资金，这是间接融资的优势之一；

② 直接融资的融资风险由债权人独自承担，而间接融资的融资风险可由多样化的资产和负债结构分散承担，安全性较高；

③ 间接融资能够降低融资成本；

④ 间接融资有助于解决由于信息不对称所引起的逆向选择和道德风险问题。

二、货币市场及其在个人理财中的运用

1. 概述

货币市场是指以短期金融工具为媒介进行的、期限在一年以内(含一年)的短期资金融通市场。货币市场主要包括同业拆借市场、商业票据市场、银行承兑汇票市场、回购市场、政府短期债券市场(国库券市场)、大额可转让定期存单市场、货币市场基金市场等子市场。

1) 同业拆借市场

同业拆借是指银行等金融机构之间的相互借贷，以调剂资金余缺。

2) 商业票据市场

商业票据是大公司为了筹措资金，以贴现的方式出售给投资者的一种短期无担保信用凭证。它具有期限短、成本低、方式灵活、利率敏感、信用度高等特点。

3) 银行承兑汇票市场

银行承兑汇票市场是以银行承兑汇票为交易对象的市场，银行对未到期的商业汇票予以承兑，以自己的信用为担保，成为票据的第一债务人，出票人只负第二责任。

4) 回购市场

回购市场是通过回购协议进行短期货币资金借贷所形成的市场。

5) 政府短期债券市场(国库券市场)

政府短期债券市场是以发行和流通政府短期债券所形成的市场，通常将其称为国库券市场。具有违约风险小、流动性强、交易成本低和收入免税的特点。

6) 大额可转让定期存单市场

大额可转让定期存单市场是银行大额可转让定期存单发行和买卖的场所，大额可转让定期存单(CDs)是银行发行的有固定面额、可转让流通的存款凭证。

大额可转让定期存单的特点：①不记名；金额较大；②利率有固定的，也有浮动的，一般比同期限的定期存款的利率高；③不能提前支取，但是可以在二级市场上流通转让。

7) 货币市场基金市场

货币市场基金是指投资于货币市场上短期(一年以内，平均期限 120 天)有价证券的一种投资基金。

【例 3.4·单选题】商业票据市场的参与主体不包括(　　)。[2014 年上半年真题]

A．发行者　　　B．投资者　　　C．居民个人　　　D．销售商

【答案】C

【解析】商业票据是大公司为了筹措资金，以贴现的方式出售给投资者的一种短期无担保信用凭证。它具有期限短、成本低、方式灵活、利率敏感、信用度高等特点。商业票据的市场主体包括发行者、投资者和销售商。

2．在个人理财中的运用

与货币市场相关的理财产品安全性较高，收益稳定，适合有较大数额闲置资金的投资者购买。其中货币市场基金具有很强的流动性，是银行储蓄的良好替代品。

三、债券市场及其在个人理财中的运用

1．概述

1) 债券的特征

债券的特征有：①偿还性；②流动性；③安全性；④收益性。

2) 债券的分类

根据不同的分类标准，债券可分为不同的种类，具体如表 3-2 所示。

表3-2 债券的分类

分类标准	类别	定义
按发行主体	政府债券	政府为筹集资金而发行的债券，包括国债、地方政府债券等，其中，国债被称为"金边债券"
	金融债券	由银行和非银行金融机构发行的债券
	公司债券	公司依照法定程序发行的，约定在一定期限内还本付息的有价证券
按期限	短期债券	偿还期限在1年以下的债券，短期债券的发行者主要是企业和政府
	中期债券	期限在1年以上，一般在10年以下的债券
	长期债券	偿还期限在10年以上的债券，发行者主要是政府、金融机构和企业
按利息支付方式	附息债券	在债券券面上附有息票的债券，或是按照债券票面载明的利率及支付方式支付利息的债券
	一次还本付息债券	在债务期间不支付利息，只在债券到期后按规定的利率一次性向持有者支付利息并还本的债券
	贴现债券	债券券面上不附有息票，在票面上不规定利率，发行时按规定的折扣率，以低于债券面值的价格发行，到期按面值支付本息的债券
按募集方式	公募债券	向社会公开发行，任何投资者均可购买的债券，向不特定的多数投资者公开募集的债券，它可以在证券市场上转让
	私募债券	向与发行者有特定关系的少数投资者募集的债券，其发行和转让均有一定的局限性

【例3.5·单选题】一般来说，(   )又被称为"金边债券"。[2014年下半年真题]

A．金融债　　　B．公司债　　　C．国债　　　D．企业债

【答案】C

【解析】国债因其信誉好、利率优、风险小而被称为"金边债券"。

3) 债券市场的功能

债券市场的功能有：①融资功能；②价格发现功能；③宏观调控功能。

4) 债券的发行

《公司法》规定：股份有限公司，有限责任公司和国有独资企业或国有控股企业这三类公司可以发行公司债券。

按照债券的面值与发行价格的不同，债券的发行可分为：

(1) 平价发行：发行价格等于票面价值，按票面价值偿还；

(2) 溢价发行：发行价格高于票面价值，按票面价值偿还；

(3) 折价发行：发行价格低于票面价值，按票面价值偿还。

5) 债券的交易

债券发行后，交易价格的高低取决于公众对该债券的评价、市场利率以及人们对通货

膨胀率的预期等。一般来说，债券价格与到期收益率成反比，同市场利率成反比。债券市场与股票市场、黄金市场、外汇市场的变化息息相关。

【例 3.6·单选题】一般对购买者而言，关于债券价格与其影响因素之间的关系，下列表述正确的是( )。[2014 年上半年真题]

    A．债券价格与到期收益率同向变动

    B．债券期限越长，折价债券价格越高

    C．债券价格与市场利率反向变动

    D．债券期限越短，溢价债券价格越高

【答案】C

【解析】一般来说，债券价格与到期收益率成反比。债券价格越高，从二级市场上买入债券的投资者所得到的实际收益率越低；反之则越高。债券的市场交易价格同市场利率成反比。市场利率上升，债券持有人变现债券的市场交易价格下降；反之则上升。折价发行的债券，期限越长，价值越低；溢价发行的债券，期限越长，价值越高。

6) 银行间债券市场和交易所债券市场

(1) 银行间债券市场已成为我国债券市场的主体部分，依托中国外汇交易中心暨全国银行间同业拆借中心和中央国债登记结算股份有限公司。

(2) 交易所债券市场依托于上海证券交易所和深圳证券交易所。

2．在个人理财中的运用

债券类产品风险相对较低、收益稳定，适合风险承受能力相对较低的客户。

四、股票市场及其在个人理财中的运用

1．概述

1) 股票价格指数

(1) 定义。

股票价格指数简称股价指数，是用来衡量计算期一组股票价格相对于基期一组股票价格变动状况的指标，是股票市场总体或局部动态的综合反映。

(2) 内容。

我国的主要股票价格指数有：沪深 300 指数、上证综合指数、深证综合指数、深证成分股指数、上证 50 指数和上证 180 指数等。境外主要股票价格指数有：道琼斯股票价格平均指数、标准普尔股票价格指数、NASDAQ 综合指数、《金融时报》股票价格指数、恒生股票价格指数和日经 225 股价指数等。

2) 股票市场的功能

股票市场的功能有：①积聚资本功能；②资本转让功能；③资本转化功能；④股票定价功能。

2．在个人理财中的运用

股票投资具有高风险和高收益特征，对投资者专业知识及操作能力要求较高。

五、金融衍生品市场及其在个人理财中的运用

1．概述

1）金融衍生工具的种类及特点

（1）种类。

根据不同的分类标准，金融衍生工具可分为不同的种类。

①　按基础工具的种类分，金融衍生工具分为股权衍生工具、货币衍生工具和利率衍生工具；

②　按交易场所分，金融衍生工具分为场内交易工具和场外交易工具；

③　按交易方式分，金融衍生工具分为远期、期货、期权和互换。

（2）特点。

金融衍生工具的特点：①可复制性；②杠杆特征。

2）金融衍生品市场的功能

金融衍生品市场的功能有：①转移风险功能；②价格发现功能；③提高交易效率功能；④优化资源配置功能。

【例3.7·单选题】下列关于金融衍生品作用的表述，错误的是(　　)。[2014年下半年真题]

　　A．金融衍生品与金融基础产品相结合，可以促进金融创新

　　B．投资金融衍生品，投资者需要有较强的风险承受能力

　　C．利用金融衍生品进行风险管理，可以提高理财的效率

　　D．利用金融衍生品，可以规避风险，大幅提高收益

【答案】D

【解析】金融衍生品市场是以金融衍生品为交易对象的市场，其功能有：①转移风险；②价格发现；③提高交易效率；④优化资源配置。金融衍生品的重要功能就是管理风险，利用衍生品进行风险管理，可大大提高理财的效率。D项，利用金融衍生品可以转移、管理风险但不可以规避风险。

3）金融衍生品市场分类

金融衍生品市场根据金融衍生工具的交易方式分为四个子市场：金融远期市场、金融期货市场、金融期权市场和金融互换市场。

（1）金融远期市场。

①　含义。

金融远期市场是金融远期合约交易市场。金融远期合约是指双方约定在未来的某一确定时间，按确定的价格买卖一定数量某种金融工具的合约。

②　金融远期合约的特点。

A．非标准化合约；

B．柜台交易；

C．没有履约保证。

③ 常见的金融远期合约。

主要有股权类资产的远期合约、债权类资产的远期合约、远期利率协议、远期汇率协议。

(2) 金融期货市场。

① 含义。

金融期货市场是交易金融期货合约的市场。金融期货合约是指协议双方同意在约定的将来某个日期，按约定的条件买入或卖出一定标准数量的金融工具的标准化协议。

② 期货合约的特征。

A．标准化合约；

B．履约大部分通过对冲方式；

C．合约的履行由期货交易所或结算公司提供担保；

D．合约的价格有最小变动单位和浮动限额。

③ 股指期货介绍。

A．作用及功能。股票市场缺乏做空机制，股指期货为其提供了一个内在的平衡机制，促使股票指数在更合理的范围内波动，有对冲风险、稳定市场、促进价格发现等功能。

B．期货交易的主要制度。期货交易的主要制度有保证金制度、每日结算制度(逐日盯市制度)、持仓限额制度、大户报告制度、强行平仓制度。

【例3.8·单选题】下列选项中，不符合期货交易制度的是(   )。

A．交易者按照其买卖期货合约价值缴纳一定比例的保证金

B．交易所每周结算所有合约的盈亏

C．会员持有的按单边计算的某一合约投机头寸存在最大限额

D．当会员、客户违规时，交易所会对有关持仓实行强制平仓

【答案】B

【解析】期货交易的主要制度：①保证金制度；②每日结算制度，即每日交易结束，交易所按当日结算价结算所有合约的盈亏、交易保证金及手续费、税金等费用；③持仓限额制度；④大户报告制度；⑤强行平仓制度。

(3) 金融期权市场。

① 含义。

金融期权市场是交易金融期权的市场。金融期权实际上是一种契约，它赋予了持有人在未来某一特定的时间内按买卖双方约定的价格，购买或出售一定数量某种金融资产的权利。

② 要素。

金融期权的要素主要包括基础资产或标的资产、期权的买方、期权的卖方、执行价格、到期日以及期权费等。

③ 分类。

A．按照对价格的预期，金融期权可分为看涨期权和看跌期权；

B．按行权日期不同，金融期权可分为欧式期权和美式期权；

C．按基础资产的性质划分，金融期权可以分为现货期权和期货期权。

（4）金融互换市场。

金融互换市场是交易金融互换的市场。金融互换是两个或两个以上当事人，按照商定条件，在约定的时间内，相互交换等值现金流的合约。

2．在个人理财中的运用

金融衍生品的重要功能就是管理风险，利用衍生品进行风险管理，可大大提高理财的效率。但金融衍生品市场是一个高风险的投资市场，对投资者的市场分析能力和风险承受能力要求较高。

六、外汇市场及其在个人理财中的运用

1．概述

目前，世界上大约有 30 多个主要的外汇市场，其中，伦敦是世界上最大的外汇交易中心，东京是亚洲最大的外汇交易中心，纽约是北美洲最活跃的外汇市场。

1）特点

外汇市场的特点：①空间统一性；②时间连续性。

2）功能

外汇市场的功能：①国际金融活动枢纽功能；②形成外汇价格体系功能；③调剂外汇余缺，调节外汇供求功能；④实现不同地区间的支付结算功能；⑤运用操作技术规避外汇风险功能。

3）分类

根据不同的分类标准，外汇市场可分为不同的种类，如表 3-3 所示。

表 3-3　外汇市场的分类

分类标准	类　别	定　义
是否有固定交易场所	有形市场	有供交易者交易的固定场所，由一些指定的银行、外汇经纪人和客户共同参与组成的外汇交易场所。交易所内有固定的营业日和开盘、收盘时间。经营外汇业务的双方在营业日规定的时间里集中到交易所进行所需交易。交易方式为封闭式
	无形市场	没有具体交易场所的外汇市场，在这类市场中，外汇买卖都是用电话、电报及其他通讯工具，由外汇经纪人充当买卖中介或由外汇交易员而使交易得以进行的市场
是否受所在国主管当局控制	自由外汇市场	任何外汇交易都不受所在国主管当局控制的外汇市场，即每笔外汇交易从金额、汇率、币种到资金出入境都没有任何限制，完全由市场供求关系决定
	官方外汇市场	受所在国政府主管当局控制的外汇市场
交割时间	即期外汇市场(现汇交易市场)	从事即期外汇买卖的外汇市场
	远期外汇市场(期汇交易市场)	远期外汇交易的场所。远期外汇交易是在外汇买卖时，双方先签订合约，规定交易货币的种类、数额及适用的汇率和交割时间，并于将来约定的时间进行交割的外汇交易

2．在个人理财中的运用

个人闲置的外汇资金可通过外汇市场各类产品实现资金的保值增值，与本币产品相比，外汇理财产品风险除了标的投资风险外，还有汇率换算风险。

七、保险市场及其在个人理财中的运用

1．概述

1）　保险的概念

保险是指投保人根据合同约定，向保险人支付保险费，保险人对于合同约定的可能发生的事故所造成的财产损失承担赔偿保险金责任，或者当被保险人死亡、伤残、疾病或者达到合同约定的年龄、期限时，承担给付保险金责任的商业保险行为。

2）　保险的相关要素

保险的相关要素有：①保险合同；②投保人；③保险人；④保险费；⑤保险标的；⑥被保险人；⑦受益人；⑧保险金额。

其中，投保人须具备以下两个条件：具备民事权利能力和民事行为能力；承担支付保险费的义务。

3）　保险产品的功能

保险产品的功能有：①风险转移，损失分摊功能；②损失补偿功能；③资金融通功能。

4）　保险相关原则

保险相关原则有：①保险利益原则；②近因原则；③损失补偿原则；④最大诚信原则。

5）　保险市场主要产品

(1)　按照保险的经营性质分：社会保险和商业保险。

①　社会保险是指通过国家立法形式，以劳动者为保障对象，政府强制实施，为丧失劳动能力、暂时失去劳动岗位或因健康原因造成损失的人口提供收入或补偿的一种社会和经济制度。这种保险具有非营利性、社会公平性和强制性等特点。

②　商业保险是保险公司以营利为目的，基于自愿原则与众多面临相同风险的投保人以签订保险合同的方式提供的保险服务。

(2)　按照保险标的分：人身保险和财产保险。

①　人身保险是以人的身体和寿命作为保险标的的一种保险。包括人寿保险、意外伤害保险和健康保险。

②　财产保险是指以财产及其有关利益为保险标的，保险人对保险事故导致的财产损失给予补偿的一种保险。包括物质财产保险、责任保险和信用保险。

2．在个人理财中的运用

保险产品具有其他投资理财工具不可替代的财富保障、税负减免和财富传承功能。通过购买保险产品，可以将个人或家庭面临的风险进行分散和转移，还可以合理避税并实现财产的完整转移或传承。

【例3.9·多选题】下列关于保险市场在个人理财中的运用说法正确的是(　　)。

A．不论生命周期处于哪一阶段，个人(家庭)保险已经成为理财规划的一个重要组

成部分

B．通过购买保险产品，可以将个人或家庭面临的风险进行分散和转移

C．根据相关法律规定，受益人获得保险金给付若存在债务则要用于清偿债务

D．实践证明，购买保险产品是有效的税收筹划方法

E．保险产品最显著的特点是具有其他投资理财工具不可替代的财富保障、税负减免和财富传承功能

【答案】ABDE

【解析】C 项，根据相关法律规定，受益人获得保险金给付不用于清偿债务，实现免于税赋的财产转移或传承。

八、贵金属市场和其他投资市场及其在个人理财中的运用

1．贵金属市场及其他投资市场分类

投资市场的种类有许多，根据各自的投资方式不同，投资市场主要分为贵金属市场、房地产市场和收藏品市场，具体内容如表 3-4 所示。

表 3-4　贵金属市场及其他投资市场分类

市场分类	投资方式	说　明
贵金属市场	黄金	具有储藏、保值、获利等金融属性，易变现。价格受供求关系及均衡价格、通货膨胀、汇率和利率等的影响
	白银	投资门槛较低，价格波动性较为剧烈
	铂金	价格受到供给的影响较为明显，具有恒久保值价值
房地产市场	房地产购买	个人利用自己的资金或者银行贷款购买住房，用于居住或者转手获利
	房地产租赁	投资者通过分期付款等方式获得住房，然后将它们租赁出去以获得收益
	房地产信托	房地产拥有者将该房地产委托给信托公司，由信托公司按照委托者的要求进行管理、处分和收益，信托公司再对该信托房地产进行租售或委托专业物业公司进行物业经营，帮助投资者获取溢价或管理收益
收藏品市场	艺术品	①一种中长期投资，其价值随着时间而提升；②具有较大的风险，主要体现在流通性差、保管难、价格波动较大上
	古玩	①交易成本高、流动性低；②投资古玩要有鉴别能力；③价值一般较高，投资者要具有相当的经济实力
	纪念币和邮票	价格构成除了货币的各项要素之外，还具有一定的收藏价值。邮票投资较平民化，其盈利性大于风险性，收益取决于时间长短

【例 3.10·判断题】黄金的价格与利率的高低成正比。（　　）[2014 年上半年真题]

【答案】B

【解析】实际利率较高时，持有黄金的机构就会卖出黄金，将所得货币用于购买债券

或者其他金融资产来获得更高收益，因此会导致黄金价格的下降；相反，如果实际利率下降，机构持有黄金的机会成本就会减少，从而促进黄金需求的增加，导致黄金价格的上升。因此，黄金价格与利率成反比。

2. 房地产投资的特点及价格影响因素

1) 特点

房地产投资的特点有：①价值升值效应；②财务杠杆效应；③变现性相对较差；④政策风险。

【例 3.11 · 多选题】一般情况下，房地产投资具有下列( )的特点。[2014 年下半年真题]

A. 财务杠杆效应　　　　　　　B. 变现性较好

C. 价值升值效应　　　　　　　D. 受政策环境、市场环境和法律环境的影响较大

E. 变现性较差

【答案】ACDE

【解析】房地产投资的特点包括：①价值升值效应，很多情况下，房地产升值对房地产回报率的影响要大大高于年度净现金流的影响；②财务杠杆效应，房地产投资的吸引力来自于高财务杠杆率的使用；③变现性相对较差，房地产投资品单位价值高，且无法转移，其流动性较弱，特别是在市场不景气时期变现难度更大；④政策风险，房地产价值受政策环境、市场环境和法律环境等因素的影响较大。

2) 价格构成及影响因素

房地产价格构成的基本要素有土地价格或使用费、房屋建筑成本、税金和利润等。

影响房地产价格的因素主要有：①行政因素；②社会因素；③经济因素；④自然因素。

【例 3.12 · 多选题】一般来说，下列因素中可能会导致房地产价格升高的有( )。[2011 年下半年真题]

A. 房地产周边交通状况大幅改善　　B. 土地供给减少

C. 居民收入下降　　　　　　　　　D. 房地产需求下降

E. 经济衰退

【答案】AB

【解析】影响房地产价格的因素很多，主要有：①行政因素，指影响房地产价格的制度、政策、法规等方面的因素，包括土地制度、住房制度、城市规划、税收政策与市政管理等；②社会因素，主要有社会治安状况、居民法律意识、人口因素、风俗因素、投机状况和社会偏好等方面；③经济因素，主要有供求状况、物价水平、利率水平、居民收入和消费水平等；④自然因素，主要指房地产所处的位置、地质、地势、气候条件和环境质量等因素。一般来说，AB 两项会导致房价升高，CDE 三项会导致房价下降。

3. 收藏品价格影响因素

收藏品价格影响因素有：①生产或开采能力；②储藏量或再生速度；③投资者喜好及追捧程度。

4．在个人理财中的运用

1) 贵金属市场

金条、金块比较适合长期投资，可对抗通货膨胀，起到保值、增值的作用；账户黄金投资更适合具备专业知识的投资者；黄金期货投资门槛和风险太高，不太适合普通投资者。

2) 房地产市场

房地产投资面临较大的政策风险，投资者在进行房地产投资时，应当对宏观和微观风险进行全面了解。

3) 收藏品市场

收藏品具有不可再生性，具有较强的保值功能，购买以后一般不会贬值，回报收益率高。

【过关练习】

一、单选题(下列选项中只有一项最符合题目的要求)

1．一般来说，市场利率上升会引起债券价格____，股票价格____，房地产市场价格____。
(   )

  A．上升，上升，走低

  B．下降，下降，走低

  C．上升，下降，走高

  D．下降，上升，走低

【答案】B

【解析】市场利率上升，债券持有人变现债券的市场交易价格下降；一般来说，市场利率上升会引起股票价格下跌；由于利率水平是资金使用成本的反映，利率上升不仅带来开发成本的提高，也将提高房地产投资者的机会成本，因此会降低房地产的社会需求，导致房地产价格的下降。

2．受益人指保险合同中由被保险人或者投保人指定的享有(   )请求权的人。

  A．保额 B．保险费 C．保险权利 D．保险金

【答案】D

【解析】受益人指保险合同中(一般为人身保险)由被保险人或者投保人指定的享有保险金请求权的人。投保人指定受益人时须经被保险人同意。被保险人为无民事行为能力人或者限制民事行为能力人的，可以由其监护人指定受益人。

3．下列不能作为财产保险标的的是(   )。

  A．产品责任 B．意外死亡 C．出口信用 D．机器设备

【答案】B

【解析】财产保险是指以财产及其有关利益为保险标的，保险人对保险事故导致的财产损失给予补偿的一种保险。保险标的及相关利益必须可用货币衡量，保险标的必须是有形财产或经济性利益。财产保险包括物质财产保险、责任保险和信用保险。B项属于人身保险的保险标的。

4．当前国际黄金价格是以美元定价的，一般来说，黄金价格与美元呈(   )关系。

A．负相关　　　B．低相关　　　C．正相关　　　D．零相关

【答案】A

【解析】通常情况下美元是黄金的主要标价货币，如果美元汇率相对于其他货币贬值，则只有黄金的美元价格上升才能使黄金市场重新回到均衡，因而黄金价格与美元呈负相关关系。

5．下列金融衍生品中，不是场内交易工具的是(　　)。

A．股指期货　　B．黄金期货　　C．期权　　　D．远期合约

【答案】D

【解析】按照交易场所划分，金融衍生工具可以分为场内交易工具和场外交易工具。场内交易工具如期货、期权，场外交易工具如远期合约、利率互换等。

二、多选题(下列选项中有两项或两项以上符合题目要求)

1．下列金融工具中属于货币市场工具的有(　　)。

A．短期政府债券　　　　　B．证券投资基金

C．商业票据　　　　　　　D．银行承兑汇票

E．长期企业债券

【答案】ACD

【解析】货币市场工具包括政府发行的短期政府债券、商业票据、银行承兑汇票、可转让大额定期存单以及货币市场共同基金等。这些交易工具可以随时在市场上出售变现。BE 两项属于资本市场工具。

2．下列选项中属于金融期货合约特征的有(　　)。

A．合约的价值有最小变动单位和浮动限额

B．标准化合约

C．有履约担保

D．场外交易

E．履约大部分通过对冲方式

【答案】ABCE

【解析】金融期货合约是指协议双方同意在约定的将来某个日期，按约定的条件买入或卖出一定标准数量的金融工具的标准化协议。其特征包括：①标准化合约；②履约大部分通过对冲方式；③合约的履行由期货交易所或结算公司提供担保；④合约的价格有最小变动单位和浮动限额。D 项，金融期货合约是场内交易工具。

3．下列机构中属于银行间同业拆借市场的参与者的有(　　)。

A．财务公司

B．工商业企业

C．金融监管机构

D．证券评级公司

E．商业银行

【答案】AE

【解析】同业拆借指银行等金融机构之间的相互借贷，以调剂资金余缺。同业拆借利

率的形成机制分为两种：一种是由拆借双方当事人协定，另一种是借助中介人经纪商，通过公开竞价确定。

4. 一般而言，下列关于期权的表述正确的有(   )。

  A. 美式期权允许期权持有者在期权到期日前的任何时间行权

  B. 对期权购买者来说，欧式期权比美式期权更有利

  C. 欧式期权只允许期权持有者在期权到期日行权

  D. 期权的买方为了得到一项权利，需要向卖方支付一笔期权费

  E. 看涨期权是指期权卖方向买方出售基础资产的权利

【答案】ACD

【解析】B 项，对期权购买者来说，美式期权比欧式期权更有利，因为美式期权购买者可以在期权有效期内根据市场价格的变化和自己的实际需要比较灵活地选择执行时间；E 项，看涨期权赋予了持有人在未来某一特定的时间内按买卖双方约定的价格，购买一定数量的某种金融资产权利，买方只有权利，没有义务。

5. 下列关于同业拆借的表述，正确的有(   )。

  A. 同业拆借利率的形成机制之一是由拆借双方当事人协定，这种机制下形成的利率主要取决于市场拆借资金的供求状况，利率弹性较小

  B. 同业拆借利率的形成机制之一是由拆借双方当事人协定，这种机制下的利率取决于拆借双方拆借资金愿望的强烈程度，利率弹性较大

  C. 同业拆借利率的形成机制之一是借助中介人经纪商，通过公开竞价确定，这种机制下的利率取决于拆借双方拆借资金愿望的强烈程度，利率弹性较大

  D. 同业拆借利率的形成机制之一是借助中介人经纪商，通过公开竞价确定，这种机制下形成的利率主要取决于市场拆借资金的供求状况，利率弹性较小

  E. 同业拆借指银行等金融机构之间相互拆借在中央银行存款账户上的准备金余额，以调剂资金余缺

【答案】BDE

【解析】同业拆借是指银行等金融机构之间相互借贷，以调剂资金余缺。同业拆借利率的形成机制分为两种：①一种是由拆借双方当事人协定，这种机制下形成的利率主要取决于拆借双方拆借资金愿望的强烈程度，利率弹性较大；②另一种是借助中介人经纪商，通过公开竞价确定，这种机制下形成的利率主要取决于市场拆借资金的供求状况，利率弹性较小。在国际货币市场上最典型，最有代表性的同业拆借利率是伦敦银行同业拆借利率(LIBOR)。

三、判断题(请对下列各题的描述做出判断，正确的用 A 表示，错误的用 B 表示)

1. 外汇理财产品只面临标的投资风险，不存在汇率换算风险。(   )

【答案】B

【解析】从个人理财来看，个人闲置的外汇资金可以通过外汇市场各类产品实现资金的保值增值。与本币产品相比，外汇理财产品风险除了标的投资风险外，还有汇率换算风险。

2. 艺术品投资是一种中长期投资，具有流动性差、保管难、价格波动较小的特点。(   )

【答案】B

【解析】艺术品投资是一种中长期投资，其价值随着时间而提升。艺术品投资的特点是：①收益率较高，但具有明显的阶段性；②艺术品市场的分割状态严重，地域不同，艺术品价值有很大差异；③艺术品投资与个人的偏好有很大关系，不同的艺术品对于不同的投资者来说，价值有较大差异；④风险较大，主要体现在流通性差、保管难、价格波动较大上。

3．投资者可以通过买入股票现货，卖出股票价格指数期货，在一定程度上抵消股票价格变动带来的风险损失。（　　）

【答案】A

【解析】股指期货在丰富投资者资产组合的同时，也防止了系统性风险的积聚，股指期货提供了一个内在的平衡机制，促使股票指数在更合理的范围内波动。有对冲风险、稳定市场、促进价格发现等功能。

4．在发行市场上，将证券销售给最初购买者的过程是公开进行的。（　　）

【答案】B

【解析】在发行市场上，将证券销售给最初购买者的过程并不是公开进行的。投资银行是一级市场上协助证券首次售出的重要金融机构，它通过承销证券，确保证券能够按照某一价格销售出去，之后再向公众推销这些证券。

5．由于税收政策直接关系到投资收益与成本，因此对房地产价格的构成具有直接的影响。（　　）

【答案】A

【解析】房地产价格构成的基本要素有土地价格或使用费、房屋建筑成本、税金和利润等。影响房地产价格的因素很多，主要有：①行政因素；②社会因素；③经济因素；④自然因素。税收政策属于影响房地产价格的行政因素，对房地产价格的构成有直接的影响。

第四章　理财产品概述

【考查内容】

本章的主要考查内容有以下几点。

(1) 银行理财产品的分类及特点；

(2) 银行理财产品的主要风险；

(3) 基金的特点及分类；

(4) 开放式和封闭式基金、成长型和收入型基金的比较；

(5) 银行代理保险的范围及法律规定；

(6) 银行代理国债的种类、风险及收益；

(7) 信托的特点、种类；

(8) 银行代理贵金属业务种类及产品风险；

(9) 券商资产管理计划；

(10) 股票的分类及交易原则；

(11) 中小企业私募债发行制度及特点；

(12) 基金子公司业务类型及产品特征；

(13) 不同形式私募基金的比较；

(14) 合伙制私募基金的运作机制及投资要求。

【备考方法】

本章记忆性的内容比较多，难度不太高。考点较多，但相对比较集中，真题大多是对细节的考察，因此考生在备考的过程中要深刻理解并熟记教材中涉及的内容，比如银行理财产品，考生不仅要了解它的概念和分类，还要掌握每种类别产品的特征及其对应的风险。有些内容考生需对比记忆，比如开放式基金和封闭式基金、成长型基金和收入型基金等。建议考生联系图表记忆，有助于提高学习效率。

【框架结构】

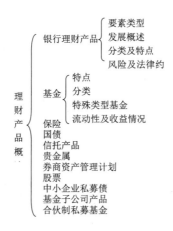

【核心讲义】

一、银行理财产品

银行理财产品是商业银行在对潜在目标客户群分析研究的基础上，针对特定目标客户群开发设计并销售的资金投资和管理计划。

1. 银行理财产品要素类型

银行理财产品要素所包含的信息可以分为三大类。

1) 产品开发主体信息

产品开发主体信息包括发行人、托管机构和投资顾问等与产品开发相关的主体。

2) 产品目标客户信息

产品目标客户信息是产品销售对象的信息，包括适合的客户群特征，如客户风险承受能力、客户资产规模、客户在银行的等级、产品发行地区、资金门槛(起售金额)和最小递增金额等。

3) 产品特征信息

产品特征信息包括产品标的资产类型、风险等级、委托币种、产品结构、收益类型、交易类型、预期收益率、银行终止权、客户赎回权、委托期限、起息日期、到期日期、付息日期、起售日等。

2. 银行理财产品发展概述

我国银行理财产品市场的发展大致可以分为四个阶段：萌芽阶段、发展阶段、规范阶段、改革和深化发展阶段。

1) 萌芽阶段

银行理财产品市场在萌芽阶段的特点为：①产品发售数量较少；②产品类型单一；③资金规模较小。

2) 发展阶段

银行理财产品市场在发展阶段的特点为：①产品数量飙升；②产品类型日益丰富；③资金规模屡创新高。

3) 规范阶段

银行理财产品市场在规范阶段的特点为：受全球性金融危机影响，理财产品零/负收益和展期事件的不断暴露，法律法规的密集出台。

4) 改革和深化发展阶段

此阶段，对理财产品的监管加强，使理财产品销售更加规范化。

3. 银行理财产品分类及特点

按照不同的标准，银行理财产品可以划分为不同的种类。

1) 按产品风险分类

按照产品风险的大小，银行理财产品可分为以下几种。

(1) 极低风险产品，它包括各种保证收益类产品，或者保障本金且预期收益不能实现的概率极低的产品。

(2) 低风险产品，它包括本金安全，且预期收益不能实现的概率低的产品。

(3) 中等风险产品，该产品本金亏损的概率较低，但预期收益存在一定的不确定性。

(4) 较高风险产品，该产品存在一定的本金亏损风险，收益波动性较大。

(5) 高风险产品，该产品本金亏损概率较高，收益波动性大。

按照适合性原则，投资不同风险等级产品的投资者应具有不同等级的风险偏好和承受能力，如表 4-1 所示。

表 4-1　投资者风险承受能力分类

对应风险承受能力	投资者类型	适合的理财产品
极低	保守型	低风险
较低	谨慎型	低风险、中低风险
一般	稳健型	低风险、中低风险、中风险
较高	积极型	低风险、中低风险、中风险、中高风险
很高	激进型	低风险、中低风险、中风险、中高风险、高风险

2) 按投资标的分类

按照投资标的不同，银行理财产品可以划分为 8 类，具体如表 4-2 所示。

表 4-2　按照投资标的不同对银行理财产品分类

种　类	定义/特点
货币型理财产品	①主要投资于信用级别较高、流动性较好的金融工具； ②与利率挂钩，投资期短，资金赎回灵活，本金、收益安全性高，通常被作为活期存款的替代品
债券型理财产品	①以国债、金融债和中央银行票据为主要投资对象； ②与利率挂钩，产品结构简单、投资风险小、客户预期收益稳定，最大风险来自利率风险、汇率风险和流动性风险
股票类理财产品	①品种多，如 FOF(基金中的基金)、私募理财产品等； ②部分或者全部投资于股票(或股权)； ③风险相对较大
组合投资类理财产品	通常投资于多种资产组成的资产组合或资产池，突破了理财产品投资渠道狭窄的限制，突破了银行理财产品间歇性销售的限制
结构性理财产品	运用金融工程技术，将存款、零息债券等固定收益产品与金融衍生品(如远期、期权、掉期等)组合在一起而形成的一种金融产品，其回报率通常取决于挂钩资产(挂钩标的)的表现
外汇挂钩类理财产品	产品的回报率取决于一组或多组外汇的汇率走势，即挂钩标的是一组或多组外汇的汇率

续表

种　类	定义/特点
QDII基金理财产品	①允许内地居民使用外汇投资境外资本市场； ②挂钩标的范围比较广，比较典型的有基金和ETF(交易所上市基金)
另类理财产品	①对另类资产的投资称为另类投资。另类资产指除传统股票、债券和现金之外的金融资产和实物资产，如房地产、证券化资产、对冲基金、私募股权基金、大宗商品、巨灾债券、低碳产品、酒和艺术品等。 ②交易策略上，除采用传统投资的买进并持有策略外，还可采用卖空策略；可采用杠杆投资策略，实现以小博大。 ③优势：A．另类资产多属于新兴行业或领域，未来潜在的高增长伴随着潜在的高收益；B．另类资产与传统资产以及宏观经济周期的相关性较低，大大提高了资产组合的抗跌性和抗周期性；C．通过投资部分另类产品，客户也可以获取某些相对较为稀缺的实物资产。 ④风险：投资另类理财产品除需承担传统的信用风险、市场风险和周期风险等风险外，还会面临：A．投机风险；B．小概率事件并非不可能事件；C．损失即高亏的极端风险；D．保管和运输中毁损风险

【例4.1·单选题】下列选项中，属于另类投资工具的是(　　)。[2014年上半年真题]

A．H股股票　　　B．同业存款　　　C．国债　　　D．私募股权基金

【答案】D

【解析】另类资产指除传统股票、债券和现金之外的金融资产和实物资产，如房地产、证券化资产、对冲基金、私募股权基金、大宗商品、巨灾债券、低碳产品、酒和艺术品等。

3) 按交易类型分类

按照交易类型的不同，银行理财产品可以划分为：

(1) 开放式产品。

① 含义。

开放式产品的总体份额与总体金额都是可变的，即开放式产品是可以随时根据市场供求情况发行新份额或被投资者赎回的理财产品。

② ETF。

ETF在本质上是开放基金，与现有开放式基金没什么本质的区别。它具有以下特征：

第一，可以在交易所挂牌买卖，投资者可以像交易单只股票、封闭式基金那样在证券交易所直接买卖ETF份额；

第二，ETF基本是指数型开放式基金，但与现有的指数型开放式基金相比，其最大优势在于，它在交易所挂牌，交易非常便利；

第三，投资者只能用与指数对应的一揽子股票申购或者赎回ETF，而不是现有开放式基金的以现金申购赎回。

【例4.2·单选题】下列关于ETF(交易所上市基金)的表述，不正确的是(　　)。[2014年下半年真题]

A．ETF与开放式基金有着本质区别

B．ETF 不可以用现金申购或赎回

C．ETF 在交易便利性方面与其他指数型开放式基金不同

D．个人投资者可以在场外购买 ETF 份额

【答案】A

【解析】ETF 在本质上是开放式基金，与现有开放式基金没什么本质的区别，其本身有三个鲜明特征：①它可以在交易所挂牌买卖，投资者可以像交易单只股票、封闭式基金那样在证券交易所直接买卖 ETF 份额；②ETF 基金是指数型开放式基金，与现有的指数型开放式基金相比，其最大优势在于投资者既可以在二级市场买卖 ETF 份额，也可以在交易所直接买卖，交易非常便利；③投资者只能用与指数对应的一揽子股票申购或者赎回 ETF，而不是现有开放式基金的以现金申购赎回。

(2) 封闭式产品。

封闭式产品是总体份额在存续期内不变，而总体金额可能变化的理财产品，投资者在产品存续期既不能申购也不能赎回，或只能赎回不能申购。

4) 按发行期次分类

按照发行期次的不同，银行理财产品可以划分为：

(1) 期次类产品，是指只在一段销售时间内销售，到期后利随本清，产品存续期结束的理财产品。

(2) 滚动发行产品，它采取循环销售的方式，投资者可以进行连续投资，拥有更多的选择机会。

4．银行理财产品风险及法律约束

1) 风险

最常见的银行理财产品风险包括政策风险、违约风险(或信用风险)、市场风险、利率风险、汇率风险、流动性风险、提前终止风险等，其他还有操作风险、交易对手管理风险、延期风险、不可抗力及意外事件等风险。

2) 法律约束

银行理财产品目前尚无法律形式的文件进行规范，监管部门主要通过部门规章以及通知等形式对该项业务进行监管。

【例 4.3·多选题】银行理财产品的主要风险包括(　　)。[2013 年下半年真题]

A．提前终止风险　　　　B．违约风险　　　　C．流动性风险

D．市场风险　　　　　　E．政策风险

【答案】ABCDE

【解析】最常见的银行理财产品风险包括政策风险、违约风险或信用风险、市场风险、利率风险、汇率风险、流动性风险、提前终止风险等，其他还有操作风险、交易对手管理风险、延期风险、不可抗力及意外事件等风险。

二、基金

基金是通过发行基金份额或收益凭证，将投资者分散的资金集中起来，由专业管理人

员投资于股票、债券或其他金融资产，并将投资收益按持有者投资份额分配给持有者的一种利益共享、风险共担的金融产品。

1．基金的特点

基金的特点有以下几个。

(1) 集合理财、专业管理；

(2) 组合投资、分散风险；

(3) 利益共享、风险共担；

(4) 严格监管、信息透明；

(5) 独立托管、保障安全。

2．基金的分类

(1) 按照收益凭证是否可以赎回，基金可以分为开放式基金和封闭式基金。两者的特点比较如表 4-3 所示。

表 4-3　开放式基金和封闭式基金的特点比较

项　目	开放式基金	封闭式基金
交易场所	基金管理公司或银行等代销机构网点，部分基金可以在交易所上市交易	沪、深证券交易所
基金存续期限	没有固定期限	有固定期限
基金规模	规模不固定，但有最低规模要求	固定额度，一般不能再增加发行
赎回限制	可随时提出购买或赎回申请	在期限内不能直接赎回基金，须通过上市交易套现
价格决定因素	依据基金的资产净值而定	由市场供求关系决定
分红方式	现金分红、再投资分红	现金分红
投资策略	随时面临赎回压力，须更注重流动性等风险管理，进行长期投资受到一定限制，这要求基金管理人具有更高的投资管理水平	不可赎回，无须提取准备金，能够充分运用资金，进行长期投资，取得长期经营绩效
信息披露	单位资产净值于每个开放日进行公告	单位资产净值每周至少公告一次

(2) 按照投资对象的不同，基金可以分为股票型基金、债券型基金、货币市场基金和混合基金。四者的比较如表 4-4 所示。

表 4-4　股票型基金、债券型基金、货币市场基金和混合基金的特点比较

种　类	特　点
股票型基金	60%以上的基金资产投资于股票，具有高风险、高收益的特征
债券型基金	80%以上的基金资产投资于债券，具有较低风险、较低收益的特征
货币市场基金	仅投资于货币市场工具，具有低风险、低收益、高流动性的特征
混合基金	投资于股票、债券和货币市场工具，并且股票投资和债券投资的比例不符合前述规定，通过不同资产类别的配置投资，实现风险和收益上的平衡

(3) 按照投资目标的不同，基金可以分为成长型基金、收入型基金、平衡型基金。

平衡型基金的资产构造既要获得一定的当期收入，又要追求组合资产的长期增值，它是成长型基金和收入型基金的综合。

成长型基金、收入型基金的特点比较如表 4-5 所示。

表 4-5　成长型基金、收入型基金的特点比较

项　　目	成长型基金	收入型基金
投资目的	重视基金的长期成长,强调为投资者带来经常性收益	强调基金单位价格的增长,使投资者获取稳定的、最大化的当期收入
投资工具	常常是风险较大的金融产品	风险较小、资本增值有限的金融产品
资产分布	现金持有量较小,大部分资金投资于资本市场	现金持有量较大,投资倾向多元化,注重分散风险
派息情况	一般不会直接将股息分配给投资者,而是将股息再投资于市场,以追求更高的回报率	一般按时派息,使投资者有固定的收入来源

【例 4.4·判断题】成长型基金比较适合于风险承受能力强、追求高投资高回报的投资者。(　　)[2010 年下半年真题]

【答案】A

【解析】成长型基金比较适合于风险承受能力强、追求高投资高回报的投资者，而收入型基金则比较适合于退休的、以获得稳定现金流为目的的稳健投资者。

(4) 按照投资理念的不同，基金可以分为：

① 主动型基金，它是通过主动管理，力求取得超越基金组合表现的基金；

② 被动型基金，一般选取特定指数作为跟踪对象，以复制跟踪对象的表现，通常被称为"指数基金"。

(5) 按照募集方式的不同，基金可以分为：

① 公募基金，是受政府主管部门监管，向不特定投资者公开发行受益凭证的证券投资基金。

② 私募基金，是一种针对少数投资者而私下募集资金并成立运作的投资基金。

(6) 按照基金法律地位的不同，基金可以分为公司型基金、契约型基金。两者的比较如表 4-6 所示。

表 4-6　公司型基金、契约型基金的特点比较

项　　目	公司型基金	契约型基金
法律依据	依据公司法组建,依据公司章程经营基金资产	依照基金契约组建,依据基金契约经营基金资产
实体地位	具有法人资格的股份有限公司	不具有法人资格
投资者地位	作为公司的股东有权对公司的重大经营决策发表自己的意见	信托契约中规定的受益人,对基金运用没有发言权

续表

项　目	公司型基金	契约型基金
融资渠道	在需要扩大规模、增加资产时可以向银行申请贷款	一般不向银行借款
资金运营	除非到破产、清算阶段，否则公司一般具有永久性	基金契约期满，基金运营停止

3．特殊类型基金

基金相关产品非常丰富，其中包括基金中的基金 FOF、交易型开放式指数基金 ETF、上市开放式基金 LOF、QDII 基金和基金"一对多"专户理财等。

1）　FOF

一种专门投资于其他证券投资基金的基金，它并不直接投资股票或债券，其投资范围仅限于其他基金，是结合基金产品创新和销售渠道创新的基金新品种。

2）　ETF

一种跟踪"标的指数"变化且在交易所上市的开放式基金，投资者可以像买卖股票那样买卖 ETF，从而实现对股票指数的买卖，是"股票化的指数投资产品"。

3）　LOF

其申购、赎回都是基金份额与现金的交易，可在代销网点进行，LOF 发行结束后，投资者既可以在指定网点申购与赎回基金份额，也可以在交易所买卖该基金。

4）　QDII 基金

在一国境内设置、经批准可以在境外证券市场进行股票、债券等有价证券投资的基金。

【例 4.5·单选题】一般来说，FOF 的投资标的主要是(　　　)。[2014 年上半年真题]

　　A．股票　　　　　B．基金　　　　　C．债券　　　　　D．银行理财计划

【答案】B

【解析】FOF 是一种专门投资于其他证券投资基金的基金，它并不直接投资股票或债券，其投资范围仅限于其他基金，通过持有其他证券投资基金而间接持有股票、债券等证券资产，它是结合基金产品创新和销售渠道创新的基金新品种。

4．基金的流动性及收益情况

1）　流动性

(1)　开放式基金通过申购和赎回实现转让，流动性强，但需支付一定的手续费；

(2)　从基金赎回角度来看，货币型基金的流动性较高，一般是 T+1 或 T+2 到账，债券型基金一般为 T+2 或 T+3 到账，而股票型基金一般为 T+4 或 T+5 到账。

2）　收益

证券投资基金的收益主要有：

(1)　证券买卖差价，又称资本利得；

(2)　红利收入，即因持有股票而享有的净利润分配所得；

(3)　债券利息，即基金因投资债券而获得的定期利息收入；

(4)　存款利息收入，即基金资产的银行存款利息收入。

3) 基金可分配收益和准储蓄

(1) 基金可分配收益，又称基金净收益，是基金收益扣除按照国家规定可以扣除的费用等项目后的余额。基金收益分配一般有分配现金(现金分红)和分配基金单位(红利再投资)两种形式。

(2) 货币市场基金被称为准储蓄，其购买和赎回价格所依据的净资产值不变，对基金分配的盈利，基金投资者可以选择增加新的基金份额或领取现金。货币市场基金也具有一定的风险性。

4) 影响基金类产品收益的主要因素

(1) 来自基金的基础市场，即基金所投资的对象产品，如债券、股票、货币市场工具等。

(2) 来自基金自身的因素，如基金管理公司的资产管理与投资策略、基金管理人员的业务素质、道德水平、研究团队的研究实力、基金经理的投资管理能力、基金管理公司的整体业务运行情况等。

一般情况下，各类基金的收益特征由高到低的排序依次是：股票型基金、混合型基金、债券型基金和货币市场型基金。

【例 4.6·单选题】一般情况下，各类基金的收益特征由高到低的排序依次是(   )。
[2013 年下半年真题]

 A. 货币市场型基金、混合型基金、债券型基金、股票型基金
 B. 货币市场型基金、债券型基金、混合型基金、股票型基金
 C. 股票型基金、债券型基金、混合型基金、货币市场型基金
 D. 股票型基金、混合型基金、债券型基金、货币市场型基金

【答案】D

【解析】影响基金类产品收益的因素主要来自两方面：一是来自基金的基础市场，即基金所投资的对象产品。二是来自基金自身的因素，如基金管理公司的资产管理与投资策略、基金管理人员的业务素质、道德水平等。一般而言，各类基金的收益特征由高到低的排序依次是：股票型基金、混合型基金、债券型基金和货币市场型基金。

5．基金的风险

基金的风险是指购买基金遭受损失的可能性。基金损失的可能性取决于基金资产的运作，投资基金的资产运作风险包括系统性风险和非系统性风险。

三、保险

1．银行代理保险概述

1) 银行代理保险的概念

银行代理保险是保险公司和商业银行采取相互协作的战略，充分利用和协同双方的优势资源，通过银行的销售渠道代理销售保险公司的产品，以一体化的经营方式来满足客户多元化金融需求的一种综合化的金融业务。

2) 银行代理保险的范围

银行主要代理的险种包括人身保险和财产保险。目前占据市场主流的险种主要是人身保险新型产品中的分红险和万能险，这些产品大部分设计比较简单，标准化程度较高，在提供一定保障的同时兼有储蓄的投资功能。财产险也是目前各家银行大力发展的险种。

3) 《保险法》的相关规定

根据《中华人民共和国保险法》，银行从事保险代理业务，须与保险公司签订代理协议，下辖各级经营机构开办保险代理业务，必须"取得保险监督管理机构颁发的保险兼业代理业务许可证"。

通过商业银行网点直接向客户销售保险产品的人员，应当是持有保险代理从业人员资格证书的银行销售人员。其中，投资连结保险销售人员应至少有 1 年以上的保险销售经验，接受过不少于 40 小时的专项培训，并无不良记录。

【例 4.7·单选题】根据《中华人民共和国保险法》规定，银行网点开办保险代理业务，必须取得保险监督管理机构颁发的( )，并与保险公司签订代理协议。[2014 年下半年真题]

  A．保险代办证   B．保险业务经营许可证
  C．保险从业资格证   D．保险兼业代理业务许可证

【答案】D

【解析】根据《中华人民共和国保险法》的规定，银行从事保险代理业务，须与保险公司签订代理协议，下辖各级经营机构开办保险代理业务，必须"取得保险监督管理机构颁发的保险兼业代理业务许可证"。

2．银行代理保险产品主要类型介绍

银行代理保险产品主要可分为人身保险新型产品和财产险两大类。

1) 人身保险新型产品

(1) 分红险。

① 定义：分红险是指保险公司将其实际经营成果优于定价假设的盈余，按照一定比例向保单持有人进行分配的人寿保险。

② 风险：来源于利率的波动和保险公司制定的预定死亡率、预定投资回报率和预定营运管理费用。

③ 收益：来源于死差益、利差益和费差益所产生的可分配盈余。

④ 规定：按照中国保监会《个人分红保险精算规定》，保险公司每一会计年度向保单持有人实际分配盈余的比例不低于当年可分配盈余的 70%。

⑤ 红利分配方式：现金红利、增额红利。

(2) 万能保险。

① 定义：包含保险保障功能并设立有单独保单账户的人身保险产品。

② 投资收益：为保单账户价值提供最低收益保证。

③ 保险费：被分成两部分，一部分同传统寿险一样，为客户提供生命保障；另一部分将进入其个人账户，由专家进行稳健投资。

④ 风险：来源于保险公司的资产规模、发展历史、理财团队专业化水平。

(3) 投连险。

① 定义：包含保险保障功能并至少在一个投资账户拥有一定资产价值的人身保险产品。

② 投资账户：必须是资产单独管理的资金账户，划分为等额单位，单位价值由单位数量及投资账户中资产或资产组合的市场价值决定。投保人可以选择其投资账户，也可以申请变更投资账户，但投资风险完全由投保人承担。

③ 规定：2009 年，保监会在《关于进一步加强投资连结保险销售管理的通知》中规定各保险公司自 3 月 15 日起不得在银行储蓄柜台销售投连险，而限制在理财中心和理财柜台销售。同时在银行销售的新单趸交保费限制在 3 万元以上。

【例 4.8·单选题】商业银行在代理销售投资性保险产品时，应在(   )进行销售。[2010年下半年真题]

    A．所有网点

    B．设有理财专柜的网点和网上银行渠道

    C．设有理财服务区、理财室或理财专柜以上层级(含)网点

    D．设有理财服务区、理财室的网点或网上银行渠道

【答案】C

【解析】根据《关于进一步加强投资连结保险销售管理的通知》的规定，各保险公司不得在银行储蓄柜台销售投连险，而限制在理财中心和理财柜台销售。同时，在银行销售的新单趸交保费限制在 3 万元以上。

2) 财产险

(1) 家庭财产保险。

家庭财产保险是以公民个人家庭生活资料作为保险标的的保险，可分为普通消费型家财保险、长效还本家财保险等。

(2) 房贷险。

房贷险全称为个人抵押商品住房保险，包含对抵押商品住房本身的家庭财产保险，也包括对借款人本人的借款人意外险。

(3) 企业财产保险。

企业财产保险是以投保人存放在固定地点的财产和物资作为保险标的的一种保险，保险标的的存放地点相对固定，处于相对静止状态，使用范围广，对一切独立核算的法人单位均适用。

3．银行代理保险产品的风险及法律约束

购买保险产品即意味着签订了具有法律效应的合同，具有长期性的特点。投保人应当在购买保险时对保险产品的内容有足够的了解。

由于同一个保险标的可能会面临多种风险，投保人应当进行合理的险种搭配，并根据实际需要适时地更换保险品种。

四、国债

1．概念

我国的国债专指财政部代表中央政府发行的国家公债，以国家财政信誉作担保，其收益率被看作是无风险收益率，是金融市场利率体系中的基准利率之一。

2．种类

目前银行代理国债的种类有以下三种。

(1) 凭证式国债，是一种国家储蓄债，可记名、挂失，以凭证式国债收款凭证记录债权，不能上市流通，从购买之日起计息。

(2) 电子式储蓄国债，是财政部在境内发行的，以电子方式记录债权的不可流通人民币债券，它只面向境内个人投资者发售，企事业单位和行政机关等机构投资者不能购买。

(3) 记账式国债，它以记账形式记录债权，通过银行间市场或证券交易所的交易系统发行和交易，可以记名、挂失。记账式国债的发行和交易均无纸化，所以效率高、成本低、交易安全。

【例 4.9·单选题】某投资者通过银行购买了 10000 元国债，银行没有向他出具"国债收款凭证"，只是在他的银行卡中作了记录，则下列表述正确的是(　　)。[2014 年下半年真题]

  A．该投资者购买的是记账式国债，不能上市流通

  B．该投资者购买的是凭证式国债，不能上市流通

  C．该投资者购买的是记账式国债，可以上市流通

  D．该投资者购买的是凭证式国债，可以上市流通

【答案】C

【解析】凭证式国债是一种国家储蓄债，可记名、挂失，以"凭证式国债收款凭证"记录债权，不能上市流通，从购买之日起计息。记账式国债以记账形式记录债权，通过证券交易所的交易系统发行和交易，可以记名、挂失。

3．国债的流动性及收益情况

1) 流动性

债券的流动性一般弱于股票。在债券产品中，国债的流动性一般高于公司债券。另外，短期国债的流动性好于长期国债。

2) 收益情况

(1) 相对于现金存款或货币市场金融工具，投资国债获得的收益更高，而相对于股票、基金产品，投资国债的风险相对较小；

(2) 债券的收益主要来源于利息收益和价差收益；

(3) 影响债券类产品收益的因素主要有债券期限、基础利率、市场利率、票面利率、债券的市场价格、流动性、债券信用等级、税收待遇以及宏观经济状况等。

4．银行代理国债的风险及法律约束

债券投资的风险因素有以下几个。

(1) 价格风险，又称利率风险，是国债的市场利率变化对债券价格的影响。一般来说，债券价格与利率变化成反比；债券的到期时间越长，所面临的利率风险越大。

(2) 再投资风险。当市场利率下降，短期债券的持有人若进行再投资，将无法获得原有的较高息票率，这就是再投资风险。利率风险和再投资风险是此消彼长的关系。

(3) 违约风险，又称信用风险，是债券发行者不能按照约定的期限和金额偿还本金和支付利息的风险。一般来说，国债的违约风险最低，因此也被称为无风险债券，公司债券的违约风险相对较高。

(4) 赎回风险，是附有赎回条款的债券所面临的特有风险。一般来说，此类债券面临三项风险因素：A．未来现金流量不能预知，增加了现金流的不确定性；B．发行者可能在利率下降时赎回债券，投资者不得不以较低的市场利率进行再投资，由此蒙受再投资风险；C．潜在资本增值有限，同时赎回债券增加了投资者的交易成本，从而降低了投资收益率。

(5) 提前偿付风险，是附有提前偿付条款的债券所面临的特有风险。如果利率下降，债券的提前偿付就会使投资者面临再投资风险。

(6) 通货膨胀风险。对于中长期债券而言，债券货币收益的购买力有可能随着物价的上涨而下降，从而使债券的实际收益率降低，这就是通货膨胀风险。发生通货膨胀时，投资者投资债券的利息收入和本金都会受到不同程度的价值折损。

五、信托产品

1．信托概述

1) 定义

信托是指委托人基于对受托人的信任，将其财产权委托给受托人，由受托人按委托人的意愿以自己的名义，为受益人的利益或者特定目的进行管理或者处分的行为。它涉及三方面当事人，即投入信用的委托人，受信于人的受托人，以及受益于人的受益人。

【例 4.10·多选题】信托业务的当事人包括(　　)。[2011 年下半年真题]

　　A．受托人　　　　　B．经纪人　　　　　C．监管人

　　D．受益人　　　　　E．委托人

【答案】ADE

【解析】信托业务是一种以信用为基础的法律行为，一般涉及三方面当事人，即投入信用的委托人，受信于人的受托人，以及受益于人的受益人。

2) 风险划分

信托公司委托商业银行办理信托计划收付业务时，应明确界定双方的权利义务关系，商业银行只承担代理资金收付责任，不承担信托计划的投资风险。

3) 银行代理信托类产品的情况

银行代理信托类产品可分为两种情况：①代理信托计划资金收付；②代为推介信托计划。

2．信托的特点

信托的特点有以下几种。

(1) 信托是以信任为基础的财产管理制度；

(2) 信托财产权利主体与利益主体相分离；

(3) 信托经营方式灵活、适应性强；

(4) 信托财产具有独立性；

(5) 信托管理具有连续性；

(6) 受托人不承担无过失的损失风险；

(7) 信托利益分配、损益计算遵循实绩原则；

(8) 信托具有融通资金的职能。

3．信托的种类

信托的种类可根据形式和内容的不同进行如下划分。

(1) 按信托关系建立的方式，可分为任意信托和法定信托；

(2) 按委托人或受托人的性质不同，可划分为法人信托和个人信托；

(3) 按信托财产的不同，可划分为资金信托、动产信托、不动产信托和其他财产信托等。

4．信托类产品的流动性及收益情况

1) 流动性

信托产品是为满足客户的特定需求而设计的，个性化较强，并且缺少转让平台，因而流动性比较差。

2) 收益情况

信托机构根据信托合同约定管理和处理信托财产而获得的收益，全部归受益人所有；同时，信托机构根据信托合同约定处理受托财产而发生的亏损全部由委托者承担。

信托资产管理人的信誉状况和投资运作水平对资产收益有决定性影响。

5．银行代理信托产品的风险及法律约束

由于信托风险较高，银行代理信托往往采用信托代理资金收付的模式进行，银行代理信托产品主要有以下四种风险。

1) 投资项目风险

投资项目风险包括项目的市场风险、财务风险、经营管理风险等。

2) 项目主体风险

主体的经营管理水平、财务状况以及还款意愿(即道德风险)将在很大程度上影响信托产品的安全程度。此外，担保公司的信誉度是决定信托产品风险的重要因素。

3) 信托公司风险

信托公司的风险主要包括项目评估风险和信托产品的设计风险。

4) 流动性风险

信托产品流动性差，缺少转让平台，存在较大的流动性风险。信托管理公司通常只对

信托产品承担有限责任，绝大部分风险由信托业务委托人来承担。

六、贵金属

1．银行代理贵金属业务种类

银行代理贵金属业务种类主要包括条块现货、金币、黄金基金、纸黄金。

1)　条块现货

(1)　实物黄金主要形式有金条、金币和金饰等；

(2)　市场参与者主要有黄金生产商、提炼商，投资者和其他需求方；

(3)　投资黄金条块具有不便保存、不易移动的特点。

2)　金币

(1)　金币有两种：纯金币和纪念金币。纯金币既可收藏也可流通，价格随国际金价波动；纪念金币的价值受主题和发行量的影响较大。

(2)　大多数金币更具纪念意义，对投资者的素质要求较高。

3)　黄金基金

(1)　将资金委托专业经理人全权处理，用于投资黄金类产品，成败关键在于经理人的专业知识、操作技巧以及信誉。

(2)　风险较高，适合喜欢冒险的积极型投资者。

4)　纸黄金(黄金存折)

纸黄金交易没有实物黄金介入，是一种由银行提供的服务，是以贵金属为单位的户口，通过记账方式来投资黄金，不涉及实物黄金的交收，交易成本更低。

【例4.11·多选题】银行开展的黄金业务种类包括(　　)。[2015年上半年真题]

A．金币　　　　　　B．黄金股票　　　　　　C．纸黄金

D．实物黄金　　　　E．黄金基金

【答案】ACDE

【解析】银行代理黄金业务种类包括：①条块现货，投资黄金条块因规格大小而有不同的门槛，但有不便保存和不易移动的缺点，安全性差；②金币，有纯金币和纪念金币两种；③黄金基金，是将资金委托专业经理人全权处理，用于投资黄金类产品；④纸黄金，其让投资者免除了储存黄金的风险，也让投资者有随时提取所购买黄金的权利，或按当时的黄金价格，将账户里的黄金兑换成现金，通常也称为"黄金存折"。

2．贵金属产品流动性和收益情况

1)　流动性

对于投资者来说，黄金退出流通领域后，其流动性较其他证券类投资品差。国内黄金市场不充分，变现相对困难，有流动性风险。

2)　收益情况

黄金和股票市场收益不相关甚至负相关，所以可以分散投资总风险，且价格会随着通货膨胀而提高，所以可以保值。

3．贵金属产品风险

1) 政策风险

国家法律、法规、政策的变化，紧急措施的出台，相关监管部门监管措施的实施，交易所交易规则的修改等均可能会对投资者的投资产生影响。

2) 价格波动风险

贵金属作为一种特殊的具有投资价值的商品，其价格受多种因素的影响(如国际经济形势、美元汇率、相关市场走势、政治局势、原油价格等)。

3) 技术风险

此业务通过电子通信技术和互联网技术来实现。

4) 交易风险

投资者需要了解交易所的贵金属现货延期交收交易业务具有低保证金和高杠杆比例的投资特点，可能导致快速的盈利或亏损。

七、券商资产管理计划

1．银行代理券商资产管理计划种类

券商集合资产管理计划可采用投资方向进行分类。其中，限定性资产管理计划可细分为债券型和货币市场型，非限定性资产管理计划分为股票型、混合型、FOF型和QDII型。

2．券商资产管理计划的流动性及收益情况

与基金类似，由于券商资产管理计划类型众多，产品的流动性也各异。产品的流动性和收益也和投资标的和交易结构息息相关。

3．券商资产管理计划风险及法律约束

在实际业务操作中，券商集合资产管理计划的设立与运行主要以中国证监会《证券公司客户资产管理业务管理办法》和《证券公司集合资产管理业务实施细则》为根据。

八、股票

1．股票的分类

1) 按股东享有权利和承担风险大小分类

(1) 普通股。

① 含义：普通股是在公司的经营管理和盈利及财产的分配上享有普通权利的股份。

② 普通股股东按其所持有股份比例享有以下基本权利：公司决策参与权；利润分配权；优先认股权；剩余资产分配权。

(2) 优先股。

优先股在利润分红和剩余财产分配的权利方面优先于普通股。

优先股股东享有以下权利：A．优先分配权；B．优先求偿权。

2) 按票面是否记载投资者姓名分类

(1) 记名股票。

记名股票是在股票票面和股份公司的股东名册上记载股东姓名的股票。

(2) 无记名股票。

无记名股票是在股票票面和股份公司的股东名册上均不记载股东姓名的股票。

3) 按投资主体的性质分类

(1) 国家股。

国家股是以国有资产向有限公司投资形成的股权。

(2) 法人股。

法人股是企业法人以其依法可支配的资产向公司投资形成的股份。

(3) 社会公众股。

社会公众股是股份公司用募集设立方式设立时向社会公众募集的股份。

4) 按股票是否流动分类

(1) 流通股。

流通股是指可上市流通的股票。

(2) 非流通股。

非流通股是指在上市公司的股票中，暂时不能上市流通的国家股和法人股。

5) 依据我国特殊国情对上市公司股票进行分类

(1) A股。

人民币普通股，是由我国境内公司发行，供境内机构、组织或个人(不含港、澳、台投资者)以人民币认购和交易的普通股股票。

(2) B股。

以人民币标明面值，以外币认购和买卖，在上海证券交易所和深圳证券交易所上市交易的股票。

(3) H股。

在香港上市的股票。

(4) N股。

在纽约上市的股票。

(5) S股。

在新加坡上市的股票。

【例4.12·多选题】按股票持有者分类，股票可分为(   )。[2014年下半年真题]

    A．国家股   B．法人股   C．社会公众股

    D．流通股   E．限售股

【答案】ABC

【解析】按投资主体的性质，股票分为国家股、法人股和社会公众股；按照股票是否流动，股票分为流通股及非流通股两大类。

2．股票的发行和交易

1) 股票发行市场

股票发行市场是股票发行者为扩充经营资本，按照一定的法律规定和发行程序，向投

资者出售新股票所形成的市场。股票的出售通过股票承销商(证券公司)进行。

2) 证券交易遵循的原则

(1) 时间优先的原则，是指在买和卖的报价相同时，在时间序列上，按报价先后顺序依次成交。

(2) 价格优先原则，是指价格最高的买方报价与价格最低的卖方报价优于其他一切报价而成交。

3．股票投资基础

1) 股票投资的步骤

一般而言，股票投资具有高风险、高收益的特点。理性的股票投资过程应该包括确定投资政策→股票投资分析→投资组合→评估业绩→修正投资策略五个步骤。其中，股票投资分析是成功进行股票投资的重要基础。

2) 股票投资的注意事项

(1) 风险分散，组合投资。投资者在支配个人财产时，要牢记"不要把鸡蛋放在一个篮子里"。

(2) 量力而行，合理选择。投资者必须结合个人的财力和心理承受能力，拟定合理的投资策略。

(3) 定期评估，修正策略。定期评估投资业绩，测算投资收益率，检讨决策中的成败得失，在股票投资中有承上启下的作用。

九、中小企业私募债

中小企业私募债券是中小微型企业在中国境内以非公开方式发行和转让，约定在一定期限还本付息的企业债券，其发行人是非上市中小微企业，发行利率不超过同期银行贷款基准利率的3倍，期限在1年(含)以上，对发行人没有净资产和盈利能力的门槛要求，发行方式为面向特定对象的私募发行，是完全市场化的公司债券。

1．中小企业私募债制度介绍

1) 发行要求

(1) 发行规模不受净资产的40%的限制；

(2) 需提交经具备证券期货从业资格的事务所审计的最近两年财务报告，但对财务报告中的利润情况无要求，不受年均可分配利润不少于公司债券1年的利息的限制。

2) 担保和评级要求

鼓励中小企业私募债采用担保发行，但不强制要求担保；对是否进行信用评级没有硬性规定。

3) 发行利率

预计中小企业私募债发行利率将高于市场已存在的企业债、公司债等。

4) 募集资金用途

募集资金用途不作限制，其用途偏于灵活，可用来直接偿还债务或补充营运资金，不限于固定资产投资项目。

5) 私募债与贷款、股权融资相比的优势

与贷款相比，发行私募债不需要审批；与股权融资相比，不会影响公司所有权结构和日常的经营管理。

中小企业私募债具有以下几点优势：①发行门槛低、成本可控；②无强制性信用评级要求；③可无担保、无抵押；④发行期限可长可短；⑤发行利率较目前中小企业常用的民间借贷成本低；⑥采用交易所备案制，效率高、可预见；⑦发行规模不受净资产限制，资金用途灵活；⑧突破40%规定；⑨无产业政策限定。

2．中小企业私募债投资要求

参与私募债券认购和转让的合格投资者，应符合下列条件。

(1) 经有关金融监管部门批准设立的金融机构，包括商业银行、证券公司、基金管理公司、信托公司和保险公司等；

(2) 上述金融机构面向投资者发行的理财产品，包括但不限于银行理财产品、信托产品、投连险产品、基金产品、证券公司资产管理产品等；

(3) 注册资本不低于人民币1000万元的企业法人；

(4) 合伙人认缴出资总额不低于人民币5000万元，实缴出资总额不低于人民币1000万元的合伙企业；

(5) 经交易所认可的其他合格投资者。另外，发行人的董事、监事、高级管理人员及持股比例超过5%的股东，可参与本公司发行私募债券的认购与转让。承销商可参与其承销私募债券的认购与转让。

3．中小企业私募债的特征

总体来看，中小企业私募债作为理财工具具有以下特征。

(1) 中小企业私募债的一大关键特点是不用行政许可，直接由证券公司自己做方案，就可以推向市场，证券公司的信用往往对私募债的信用产生较大影响；

(2) 募集资金用途没有任何限制，非常灵活，可以偿还贷款，也可补充企业流动资金；

(3) 中小企业私募债发行主体为中小微企业，发行资质要求低，发行条件宽松。

4．私募债的三种投资模式

目前来看，典型的私募债的投资方式有以下几种。

(1) 买入持有。投资人通过细致的调研，掌握一些资质不错，回报率不错的私募债，持有到期。

(2) 杠杆组合。通过发行设计产品或成立合伙制基金形式进行融资，进行杠杆化投资，这种投资模式收益可能会很高，风险也较大。

(3) 利用量化工具买卖私募债。这种模式有两种：①把私募债作为投资组合的一部分进行组合投资，在获取私募债的高收益基础上控制总体风险。②根据风险收益情况建立一个风险控制模型，这种模式需要对私募债的违约率进行统计，研究私募债的违约概率，通过建立模型控制风险，找到稳健的收益途径。

十、基金子公司产品

基金子公司是指依照《公司法》设立，由基金管理公司控股，经营特定客户资产管理、基金销售以及中国证监会许可的其他业务的有限责任公司。

1．基金子公司业务类型

基金子公司的业务类型有：①类信托业务；②股权质押业务；③主动投资类业务；④资产证券化业务；⑤通道业务。

2．基金子公司产品特征

基金子公司的产品特征有：①产品收益率相对较高；②产品参与人相对较多；③产品标准化程度不高；④抗风险能力低。

3．基金子公司产品投资注意事项

基金子公司产品投资注意事项有：①充分了解产品发行人的情况；②了解产品类型和风险收益特征；③了解产品的风险管理措施；④确定资金最终流向和投资标的物；⑤了解信息披露方式和项目进展情况。

十一、合伙制私募基金

合伙制私募基金，是由普通合伙人和有限合伙人组成，普通合伙人即私募基金管理人，他们和不超过 49 人的有限合伙人共同组建的一只私募基金。

1．合作制模式的优缺点

合作制模式的优点是设立门槛低、浪费少、投资广、税收少。但这种模式也存在着缺点。由于没有资金托管方，合伙企业中有限合伙人财产很难保证不被挪用，资产管理人的道德风险较难防范，存在很大的风险。

2．不同形式私募基金的比较

不同形式私募基金的比较如表 4-7 所示。

表 4-7　不同形式私募基金的比较

组织形式 比较方面	公 司 制	信 托 制	有限合伙制
出资形式	货币	货币	货币
注册资本额或认缴出资额及缴纳期限	最低实收资本不低于 1000 万元	资金一次到位	承诺出资制，无最低要求，按照约定的期限逐步到位；如需申报备案则最低不少于 1 亿元

续表

比较方面＼组织形式	公 司 制	信 托 制	有限合伙制
投资门槛	无特别要求	单个投资者最低投资不少于100万元	无强制要求；但如申报备案，则单个投资者不低于100万元
债务承担方式	出资者在出资范围内承担有限责任	投资者以信托资产承担责任	普通合伙人承担无限责任，有限合伙人以认缴出资额为限承担有限责任
投资人数	有限责任公司不超过50人，股份有限公司不超过200人	自然人投资者不超过50人，合伙机构投资者数量不受限制	2～50人
管理人员	股东决定	由信托公司进行管理	普通合伙人
管理模式	同股同权可以委托管理	受托人决定可以委托投资顾问提供咨询意见	普通合伙人负责决策与执行，有限合伙人不参与经营
利润分配	一般按出资比例	按信托合同	根据有限合伙协议约定
税务承担	双重征税	信托受益人不征税，受益人取得信托收益时，缴纳企业所得税或个人所得税	合伙企业不征税，合伙人分别缴纳企业所得税或个人所得税

【例4.13·单选题】( )是有限合伙制私募基金的实际运作者。[2015年上半年真题]

A．全体合伙人　　　　　　　　B．第三方专业人

C．有限合伙人　　　　　　　　D．普通合伙人

【答案】D

【解析】有限合伙制私募股权基金的特点是所有者和经营者分离，普通合伙人是基金的实际运作者，是基金投资的决策者和执行者。在合伙协议授权的范围内，基金的投资决策完全由普通合伙人完成，不受其他有限合伙人的干涉和影响。

3．合伙制私募基金的运作机制

有限合伙制私募股权基金的核心机制是为专业投资人才建立的有效的激励及约束机制，其作用是提高基金的运作水平和效率，以实现投资方利益的最大化。主要内容体现在以下几个方面。

1）关于投资范围及投资方式的限制

私募股权投资属于高风险投资方式，在实践中往往采用"否定性约束"的方式以达到控制投资风险的目的。

2）管理费及运营成本的控制

(1) 管理费包括运营成本。好处是可以有效控制运营费用支出，做到成本可控。很多国内的私募股权投资资金采取了这种简便的方式。

(2) 管理费单独拨付。有限合伙企业运营费用由有限合伙企业作为成本列支，不计入

普通合伙人的管理费用。这是国际通行的方式。

3) 利益分配及激励机制

(1) "优先收回投资机制"。"优先收回投资机制"指在基金期限届满，或某个投资项目进行清算时，合伙企业分配之前首先要确保有限合伙人已全部回收投资，或已达到最低的收益率。

(2) "回拨机制"。"回拨机制"是指普通合伙人在已收到的管理费，以及所投资的项目退出后分配的利润中，拿出一定比例的资金存入特定账户，在基金或某些投资项目亏损或达不到最低收益时，用于弥补亏损或补足收益的机制。

4) 有限合伙人入伙、退伙方式及转让出资额的限制

(1) 通常而言，有限合伙人的入伙由普通合伙人决定，但也会设定一些限定条件。

(2) 关于有限合伙人的退伙，实践中，合伙协议均要求有限合伙人保证在合伙企业存续期间内不得退伙。

(3) 有限合伙人转让合伙企业的出资可以分为自行转让和委托转让两种形式。

5) 对普通合伙人的约束

(1) 关联交易的限制。有限合伙企业协议均禁止普通合伙人从事关联交易，以及自营及与他人合作经营与本合伙企业相竞争的业务，除非得到全体合伙人大会的批准。但允许有限合伙人同本合伙企业进行交易。

(2) 新基金募集的限制。私募股权投资基金一般限制普通合伙人再次募集基金的速度。

(3) 跟随基金共同投资的限制。私募股权资金均限制普通合伙人跟随基金进行投资，或者限制跟随基金退出。

(4) 关于基金运作情况及财务状况的定期汇报制度。私募股权基金均要求执行合伙事务的普通合伙人定期向有限合伙人进行报告。

6) 次级合伙人首先承担亏损机制

由普通合伙人或者具有关联关系的有限合伙人作为次级合伙人，并以其对合伙企业认缴的出资先承担亏损。

7) 委托管理机制

有限合伙制私募股权基金的合伙事务一般由普通合伙人执行，但普通合伙人也可以将合伙事务委托第三方机构执行。普通合伙人将合伙事务委托第三方机构执行，应遵照《合同法》关于委托合同的相关规定。

在《合同法》环境下，委托管理机制存在以下不足之处。

(1) 委托关系可随时解除，法律关系不稳定；

(2) 只有在基金管理公司存在过错的情况下，才承担投资失败的法律责任，责任较轻，约束不够。

4. 合伙制私募基金内部治理机制

1) 国外私募股权基金典型的内部治理结构

国外私募股权基金典型的内部治理结构如图 4-1 所示。

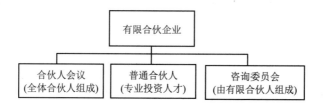

图 4-1　国外私募股权基金典型的内部治理结构

2)　国内私募股权基金在内部治理结构上的妥协

国内的私募股权基金的普通合伙人往往向有限合伙人让渡部分决策权和管理权，体现了国内私募股权基金在国内客观现实下的妥协。这种内部治理结构的最大特点是，成立由普通合伙人、有限合伙人及第三方专业人士共同组成的投资及决策委员会，并对基金的投资事项进行最终决策。

3)　有限合伙制形式，公司制内核的私募股权基金

这一类私募股权基金虽采取有限合伙制的形式设立，但基金的投资运作均由全体合伙人共同决定。

5. 合伙制私募基金的设立

当一只基金要在市场上募资时，普通合伙人通常要准备一份汇集基金结构的条款清单。通常，条款清单中至少包含以下十大要点。

(1)　GP 的出资比例；

(2)　收益分成；

(3)　管理费；

(4)　收益钩回；

(5)　基金规模；

(6)　联合投资机会；

(7)　有限合伙人的职责；

(8)　投资限制；

(9)　LP 的违约责任；

(10) 关键人条款及继承问题。

6. 私募基金设立和投资须关注的事项

(1)　基金依法设立，经过金融办的审批，工商部门登记并且按照各部门的要求完成备案工作。

(2)　向特定对象募集资金：

①　投资人数要符合法律规定，以有限责任公司和有限合伙制企业募资的，投资人数不得超过 50 人(以股份有限公司形式募资的，投资人数不得超过 200 人)；

②　要审查投资人是否存在用借贷或者他人委托的资金投资的情况；

③　投资人应当具有相应的风险承受能力。

(3)　非公开宣传，在募集资金时，不得以广告宣传。

(4)　不得承诺保底收益或最低收益。

(5) 合法、合规使用募集资金。

【过关练习】

一、单选题(下列选项中只有一项最符合题目的要求)

1. 信托产品因为缺乏转让的平台而具有的风险称作( )。
    A. 流动性风险   B. 信托公司风险
    C. 投资项目风险   D. 项目主体风险

【答案】A

【解析】信托产品是为满足客户的特定需求而设计的,个性化较强,并且缺少转让平台,因而流动性比较差,具有流动性风险。B 项,信托公司风险主要包括项目评估风险和信托产品的设计风险,项目的评估结果和信用增强措施是影响信托产品风险的重要因素;C 项,投资项目风险是指在已发行的信托产品中,依靠项目自身产生的现金流或利润作为还款来源所产生的风险;D 项,项目主体风险是指主体的经营管理水平、财务状况以及还款意愿(即道德风险)在很大程度上影响信托产品的安全程度。

2. 没有实物形态的票券,利用账户通过电脑系统完成国债发行、交易及兑付的债券是( )。
    A. 实物国债
    B. 记账式国债
    C. 凭证式国债
    D. 电子式储蓄国债

【答案】D

【解析】目前银行代理国债的种类有三种:①凭证式国债,以"凭证式国债收款凭证"记录债权,不能上市流通,从购买之日起计息;②电子式储蓄国债,财政部在境内发行的以电子方式记录债权的不可流通人民币债券,以电子方式记录债权;③记账式国债,以记账形式记录债权。

3. 下列关于各种特殊类型基金的说法,正确的是( )。
    A. FOF 是一种专门投资于股票指数的基金
    B. ETF 是一种跟踪"标的指数"变化的开放式基金,但其不能在交易所上市
    C. LOF 的申购、赎回是基金份额与一揽子股票的交易
    D. QDII 基金是指在一国境内设置、经批准可以在境外证券市场进行股票、债券等有价证券投资的基金

【答案】D

【解析】A 项,FOF 是一种专门投资于其他证券投资基金的基金,它并不直接投资股票或债券,其投资范围仅限于其他基金;B 项,ETF 是一种跟踪"标的指数"变化且在交易所上市的开放式基金,投资者可以像买卖股票那样买卖 ETF;C 项,LOF 的申购、赎回都是基金份额与现金的交易,可在代销网点进行。

4. 下列不属于商业银行代理业务的是( )。
    A. 代理销售保险产品业务
    B. 代理销售基金业务

        C. 代理国债业务

        D. 代理股票买卖业务

【答案】D

【解析】银行代理服务类业务指银行在其渠道代理其他企业、机构组织的、不构成商业银行表内资产负债业务、给商业银行带来非利息收入的业务。银行代理理财产品类型比较多，其中包括基金、保险、国债、信托产品、贵金属以及券商资产管理计划等。D 项属于证券公司经纪业务。

5. 下列选项中，不属于成长型基金与收入型基金差异的是( )。

        A. 投资目的不同

        B. 投资工具不同

        C. 资金分布不同

        D. 投资者地位不同

【答案】D

【解析】成长型基金与收入型投资基金的差异主要表现在：①投资目的不同；②投资工具不同；③资金分布不同；④派息情况不同。D 项，投资者地位不同是公司型基金和契约型基金的区别，前者的投资者可对公司决策发表意见，后者没有发言权。

二、多选题(下列选项中有两项或两项以上符合题目要求)

1. 结构性理财产品的主要类型包括( )。

        A. 新股挂钩型   B. 股票挂钩型   C. 外汇挂钩型

        D. 指数挂钩型   E. 商品挂钩型

【答案】BCE

【解析】结构性理财产品是运用金融工程技术，将存款、零息债券等固定收益产品与金融衍生品(如远期、期权、掉期等)组合在一起而形成的一种金融产品。结构性理财产品的回报率通常取决于挂钩资产(即挂钩标的)的表现。根据挂钩资产的属性，结构性理财产品可分为外汇挂钩类、利率/债券挂钩类、股票挂钩类、商品挂钩类及混合类等。

2. 关于封闭式基金，下列表述正确的有( )。

        A. 在存续期限内不能直接赎回，可以通过上市交易

        B. 在基金管理公司或银行等机构网点销售

        C. 采用现金方式进行分红

        D. 无须提取准备金，能充分运用资金

        E. 固定份额，一般不能再增加发行

【答案】ACDE

【解析】B 项，封闭式基金在证券交易所进行交易；开放式基金在基金管理公司或银行等代销机构网点交易，部分基金可以在交易所上市交易。

3. 目前，我国银行代理可记名、可挂失的国债种类有( )。

        A. 永久式国债   B. 凭证式国债   C. 记账式国债

        D. 拆实式国债   E. 实物式国债

【答案】BC

个人理财(初级)过关必备(名师讲义+历年真题+考前预测)

【解析】目前银行代理国债的种类有三种：①凭证式国债，是一种国家储蓄债，可记名、挂失，以"凭证式国债收款凭证"记录债权，不能上市流通，从购买之日起计息；②电子式储蓄国债，是财政部在境内发行的，以电子方式记录债权的不可流通人民币债券；③记账式国债，以记账形式记录债权，通过银行间市场或证券交易所的交易系统发行和交易，可以记名、挂失。

4．优先股股权持有者可以享有的权利有(　　)。

A．赎回股票的权利

B．获得股息的权利

C．优先认股权

D．公司决策权

E．分配剩余资产的权利

【答案】BE

【解析】根据股东享有权利和承担风险大小不同，股票分为普通股股票和优先股股票。普通股股东按其所持有股份比例享有以下基本权利：①公司决策参与权；②利润分配权；③优先认股权；④剩余资产分配权。优先股在利润分红及剩余财产分配的权利方面优先于普通股。优先股股东享有以下权利：①优先分配权；②优先求偿权。

5．风险偏好属于非常保守型的客户往往会选择(　　)等产品。

A．债券型基金

B．存款

C．保本型理财产品

D．房地产投资

E．股票型基金

【答案】ABC

【解析】保守型客户往往对于投资风险的承受能力很低，选择一项产品或投资工具首要考虑是否能够保本，然后才考虑追求收益。因此，这类客户往往选择国债、存款、保本型理财产品、货币与债券型基金等低风险、低收益的产品。

三、判断题(请对下列各题的描述做出判断，正确的用 A 表示，错误的用 B 表示)

1．银行代理理财产品销售时，应遵照适合性原则，即要有适合的产品、适合的客户、适合的网点和适合的销售人员。(　　)

【答案】A

【解析】适合性原则是指在销售代理理财产品时，要综合考虑客户所属的人生周期以及相匹配的风险承受能力、客户的投资目标、投资期限长短、产品流动性等因素，为客户推荐合适的产品。总而言之，要有适合的产品、适合的客户、适合的网点、适合的销售人员。

2．因为我国目前是实行银行业和保险业分业经营的，所以银行不得代理保险业务。(　　)

【答案】B

【解析】银行代理保险业务，已成为商业银行满足客户投资金融需求、增加中间业务收入的一个重要渠道。银行可为保险公司代理的业务种类众多，内容涉及与个人相关的各类人身保险与财产保险。

3．债券型理财产品通常被作为活期存款的替代品。(　　)

【答案】B

【解析】货币型理财产品是投资于货币市场的银行理财产品。它主要投资于信用级别较高、流动性较好的金融工具。货币型理财产品具有投资期短，资金赎回灵活，本金、收益安全性高等主要特点，该类产品通常被作为活期存款的替代品。

4．开放式理财产品总体份额与总体金额都是可变的，是可以随时根据市场供求情况发行新份额或被投资人赎回的理财产品。(　　)

【答案】A

【解析】银行理财产品按交易类型可分为两类：开放式产品和封闭式产品。开放式产品总体份额与总体金额都是可变的，即可以随时根据市场供求情况发行新份额或被投资者赎回。封闭式产品是总体份额在存续期内不变，而总体金额可能变化的理财产品。

5．组合投资类理财产品突破了理财产品投资渠道狭窄的限制，可以进行组合投资，甚至跨市场投资，也突破了银行理财产品间歇性销售的形式，可以滚动发行和连续销售。(　　)

【答案】A

【解析】与其他理财产品相比，组合投资类理财产品实现了两大突破，一是突破了理财产品投资渠道狭窄的限制，进行多种组合投资，甚至可以跨多个市场进行投资；二是突破了银行理财产品间歇性销售的形式，组合投资类理财产品可以滚动发行和连续销售。

第五章　客户分类与需求分析

【考查内容】

本章的主要考查内容有以下几点。
(1) 客户信息分类；
(2) 客户需求分析；
(3) 按内在属性划分客户的类型及对应特点；
(4) 生命周期不同阶段特征及对应的客户需求、理财建议；
(5) 理财师了解客户、收集信息的渠道和方法。

【备考方法】

本章介绍性的内容较多，难度并不高。真题大多是对细节的考查，因此考生在备考的过程中要深刻理解并熟记教材中的内容。比如，生命周期理论，考生不仅要了解它的含义，还要理解它对客户需求分析的作用。本章既有记忆性的知识点也有理解性的知识点，考生需善于总结归纳相似知识点，在理解的基础上进行强化记忆。

【框架结构】

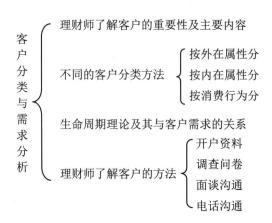

【核心讲义】

一、理财师了解客户的重要性及主要内容

1. 了解客户需求的重要性

1) 企业经营理念发展的趋势

(1) 市场竞争的加剧，要求金融企业经营理念必须从以产品为中心转为以客户为中心，因此了解客户是基础和关键。

(2) 互联网技术的发展以及在金融业的普遍应用。即信息技术与金融业务的有机整合，为了解客户和客户需求创造了条件。

2) 理财师工作职责的要求

理财师的工作职责和定位，决定其首要工作就是必须了解自己的客户。理财师提供专业化服务和加强与客户的关系主要指通过客户资料的收集、整理、分析和判断，确定客户的需求，为客户制定能够满足其理财需求和承受能力的合理地综合理财方案。了解客户和明确客户的需求是理财师工作的第一步，也是最关键的一步。

3) 理财服务规范和质量的要求

了解客户、有针对性地推荐合适的投资理财产品和服务项目，日益成为社会大众和监管部门评判金融机构尤其是专业理财师服务水平、职业操守和是否违规的重要砝码。理财师职业道德要求理财师在工作中尽其所能地去分析、了解客户，确立客户的需求和理财目标；在此基础之上提供专业投资理财建议、推荐合适的产品。

银监会在 2011 年 8 月 28 日发布的《商业银行理财产品销售管理办法》中强调商业银行销售理财产品时必须勤勉尽职，相关规定如下。

(1) 应遵循诚实守信、勤勉尽责、如实告知原则。

(2) 应遵循公平、公开、公正原则，充分揭示风险，保护客户合法权益，不得对客户进行误导销售。

(3) 应遵循风险匹配原则，禁止误导客户购买与其风险承受能力不相符的理财产品。风险匹配原则是指商业银行只能向客户销售风险评级等于或低于其风险承受能力评级的理财产品。

(4) 应加强客户风险提示和投资者教育。

2. 了解客户的主要内容

1) 客户信息分类

了解客户，包括全面收集、整理、分析与客户相关的信息。客户信息按不同的标准可以分为不同的类别。

(1) 从理财规划需要角度分类。

① 基本信息。

基本信息主要包括客户的姓名、年龄、联系方式、工作单位与职务、国籍、婚姻状况、健康状况，以及重要的家庭、社会关系信息。

② 财务信息。

财务信息是指客户家庭的收支与资产负债状况，以及相关的财务安排(包括储蓄、投资、保险账户情况等)。

③ 个人兴趣及人生规划和目标。

主要包括职业和职业生涯发展，客户性格特征、风险属性、个人兴趣爱好和志向，客户的生活品质及要求，受教育程度和投资经验、人生观、财富观等。

(2) 财务信息和非财务信息。

财务信息是指客户家庭收支和资产负债状况信息；非财务信息是指客户基本信息和个人兴趣、发展及预期目标等。

(3) 定量信息和定性信息。

定量信息一般是指客户财务方面的信息；定性信息则是非财务信息，即客户基本信息和个人兴趣爱好、职业生涯发展和预期目标等。

【例 5.1·单选题】在收集客户信息的过程中，属于定性信息的是(   )。[2015 年上半年真题]

  A．资产与负债   B．雇员福利
  C．投资偏好   D．客户的投资规模

【答案】C

【解析】客户信息可以分为定量信息和定性信息。客户财务方面的信息基本属于定量信息；定性信息是指非财务信息，即客户基本信息和个人兴趣爱好、职业生涯发展和预期目标等。

  2) 客户需求分析

在对客户的理财需求进行分析时，需注意以下三点。

(1) 理财赚钱是手段而不是目标。

投资、理财赚钱(包括保值)和工作本身一样，并不是大多数人的人生目标，而是实现人生目标的手段或工具。

(2) 客户的需求是有层次的。

客户满足了低层次需求后会产生较高层次的需求。体现这一点的是马斯洛需求层次理论，如图 5-1 所示。

图 5-1　马斯洛需求层次理论

(3) 经济目标与人生价值(精神)目标的关系。

① 客户的经济目标是具体的，可以用金钱来衡量、实现的，是理财师要帮助客户明确和通过科学规划实现的。经济目标涉及的内容可概括为以下几方面：现金与债务管理、家庭财务保障、子女教育与养老投资规划、投资规划、税务规划及遗嘱遗产规划。

② 经济目标是客户实现人生价值目标或精神追求的基础，但人生价值无法完全用金钱来衡量。

③ 不同年纪、性别的客户在理财目标上侧重点不一样。

④ 客户的理财需求往往是潜在的，或不明确的，需要专业理财师引导才能明晰。

二、不同的客户分类方法

根据不同的标准，可以将客户分为不同的类别。

1. 按外在属性分类

这是一种比较直观简单的分类方法，如把客户分成企业主、个人客户和政府客户。这种客户分类方法简单易行，但比较粗线条，许多时候对判断客户的价值帮助不大，对客户的需求了解也不深入。

2. 按内在属性分类

内在属性是指由客户内在因素如年纪、教育、信仰、性格、家庭等决定的属性，以此来作为客户细分和需求分析的依据。

按内在属性将客户分类的具体内容如表 5-1 所示。

表 5-1　按内在属性对客户进行分类

标准	种类	描述
财富观	储藏者	量入为出，买东西会精打细算；从不向人借钱，也不用循环信用；有储蓄习惯，仔细分析投资方案
	积累者	担心财富不够用，致力于积累财富；量出为入，开源重于节流；有赚钱机会时不排斥借钱滚钱
	修道士	嫌弃铜臭味，不让金钱左右人生；命运论者，不担心财务保障；缺乏规划概念，不量出不量入
	挥霍者	喜欢花钱的感觉，花的比赚的多；常常借钱或用信用卡循环额度；透支未来，冲动型消费者
	逃避者	讨厌处理钱的事也不求助专家；不借钱不用信用卡，理财单纯化；除存款外不做其他投资，烦恼少
风险态度	风险厌恶型	对待风险态度消极，不愿为增加收益而承担风险，非常注重资金安全，极力回避风险；投资工具以安全性高的储蓄、国债、保险等为主
	风险偏好型	对待风险投资较为积极，愿意为获取高收益而承担高风险，重视风险分析和规避，不因风险的存在而放弃投资机会；投资应遵循组合设计，设置风险止损点，防止投资失败影响家庭整体财务状况
	风险中立型	介于前两类投资者之间，期望获得较高收益，但对于高风险也望而生畏；投资应以储蓄、理财产品和债券为主，结合高收益的股票、基金和信托投资，优化组合模型，使收益与风险均衡化

续表

标准	种类		描述
交际风格	猫头鹰型	优点	彬彬有礼,藏而不露,讲逻辑重事实,具有很强的责任心,注重精确,讲求完美
		缺点	自我封闭,缺乏情趣,不肆张扬,离群索居,有时甚至会显得有点郁郁寡欢
	鸽子型	优点	专心致志、持之以恒、忠实可靠,是勤奋的工作者,有合作精神,易相处,值得信赖
		缺点	犹豫不决和缺乏冒险精神,常常过于重视他人的意见,循规蹈矩不肆声张,往往处于被动的状态
	孔雀型	优点	口齿伶俐、魅力十足,殷勤随和,乐于助人,口才雄辩,擅长交际
		缺点	缺乏耐心,以偏概全,言语犀利伤人,有时还会做出一些不理智的举动
	老鹰型	优点	有远大的目标,是一个不安分、不怕冒险的行动者,性格外向,意志坚强,说话办事井井有条,果断务实,从不绕弯子
		缺点	固执己见,独断专行,缺乏耐心,感觉迟钝,而且脾气暴躁,常常无暇顾及一些形式和细节

【例 5.2·单选题】根据概率和收益的权衡,风险厌恶者在投资时通常会选择( )。[2013 年上半年真题]

  A．50%的概率得 2000 元,50%的概率得 0 元

  B．30%的概率得 2000 元,70%的概率得 0 元

  C．20%的概率得 2000 元,80%的概率得 0 元

  D．1000 元的确定收益

【答案】D

【解析】风险厌恶型投资者对待风险态度消极,不愿为增加收益而承担风险,非常注重资金安全,极力回避风险;投资工具以安全性高的储蓄、国债、保险等为主。D 项相对于其他三项而言具有确定收益,不用承担任何风险,风险厌恶者将会选择确定的收益而不是承担风险。

3. 按消费行为分类

许多企业根据以往数据对客户消费行为进行分析,从而掌握客户一定的消费习惯和特征,并采取相应的针对措施。企业主要从三方面收集数据并进行分析,即购买情况、购买频率和购买金额。

这一种方法与第一种方法类似,主要从企业自身利益或需要出发,更多基于产品销售而非专业化服务的需要,不求对客户进行深入的了解。

三、生命周期理论及其与客户需求的关系

1．概述

生命周期理论是由 F．莫迪利安尼与 R．布伦博格、A．安多共同创建的，该理论指出：自然人在相当长的期间内计划个人的储蓄消费行为，以实现生命周期内收支的最佳配置。

2．内容及分析

生命周期分为家庭生命周期和个人生命周期两种。

1) 家庭生命周期

家庭生命周期一般可分为形成期、成长期、成熟期以及衰老期四个阶段，具体阶段特征及对应的客户需求及理财建议如表 5-2 所示。

表 5-2　家庭生命周期阶段特征、财务状况及客户需求、理财建议分析

阶段	形 成 期	成 长 期	成 熟 期	衰 老 期
特征	从结婚到子女婴儿期	从子女幼儿期到子女经济独立	从子女经济独立到夫妻双方退休	从夫妻双方退休到一方过世
财务状况及需求	家庭成员增加，收入呈上升趋势，家庭有一定风险承受能力，同时购房贷款需求较高，消费支出增多	子女教育金需求增加，购房、购车贷款仍保持较高需求，成员收入稳定，家庭风险承受能力进一步提升	家庭收入处于巅峰，支出降低，财富积累加快。养老金的筹措是该阶段的主要目标	家庭收入大幅降低，储蓄逐步减少。养老护理和资产传承是该阶段的核心目标
理财建议	在保持流动性前提下配置高收益类金融资产，如股票基金、货币基金、流动性高的银行理财产品	依旧保持资产流动性，并适当增加固定收益类资产，如债券基金、浮动收益类理财产品	以资产安全为重点，保持资产稳定收益回报，进一步增加固定收益类资产的比重，减少持有高风险资产	进一步提升资产安全性，将 80%以上资产投资于储蓄及固定收益类理财产品，同时购买长期护理类保险

【例 5.3·多选题】家庭生命周期中家庭成熟期阶段会产生的财务状况有(　　)。[2013年上半年真题]

A．收入增加而支出稳定，在子女上学前储蓄逐步增加

B．支出随成员固定而趋于稳定，但子女上大学后学杂费用负担重

C．可积累的资产达到巅峰，要逐步降低投资风险

D．收入达到巅峰，支出可望降低

E．与老年父母同住或夫妻两人居住

【答案】CDE

【解析】家庭生命周期可分为形成期、成长期、成熟期和衰老期四个阶段，其中，家

庭成熟期的特点是从子女经济独立到夫妻双方退休，其财务状况如下：①收支方面，收入以薪酬为主，支出随家庭成员减少而降低；②储蓄方面，收入处于巅峰阶段，支出相对较低，储蓄增长的最佳时期；③资产方面，资产达到巅峰，降低投资风险；④房贷余额逐年减少，退休前结清所有大额负债。AB 两项为家庭成长期的财务状况。

2）个人生命周期

个人生命周期各阶段特点、对应的理财活动及规划如表 5-3 所示。

表 5-3　个人生命周期及对应的理财规划

期间	探索期	建立期	稳定期	维持期	高原期	退休期
对应年龄	15～24 岁	25～34 岁	35～44 岁	45～54 岁	55～60 岁	60 岁以后
家庭形态	以父母家庭为生活重心	择偶结婚、有学前子女	子女上小学、中学	子女进入高等教育阶段	子女独立	以夫妻两人为主
理财活动	求学深造、提高收入	银行贷款、购房	偿还房贷、筹教育金	收入增加、筹退休金	负担减轻、准备退休	享受生活，规划遗产
投资工具	活期、定期存款、基金定投	活期存款、股票、基金定投	自用房产投资、股票、基金	多元投资组合	降低投资组合风险	固定收益投资为主
保险计划	意外险、寿险	寿险、储蓄险	养老险、定期寿险	养老险、投资型保险	长期看护险、退休年金	领退休年金至终老
理财规划	培养良好的理财习惯，如财务记账、购买保险、基金定投、量入为出等	加强现金流管理，合理安排日常收支，适当节约资金进行适度金融投资	做好投资规划与家庭现金流规划，考虑采用定期定额基金投资等方式为未来积累财富	个人和家庭进行财务规划的关键期，应以财务投资尤其是可获得适当收益的组合投资为主要手段	妥善管理好积累的财富，以保守稳健型投资为主，配以适当比例的进取型投资，以稳健的方式使资产保值增值	安全为主，保本是基本，稳健投资保住财产，合理消费以保障退休期的正常支出，做好遗产规划以及与此相关联的税务规划

【例 5.4·单选题】下列关于生命周期理论的表述，正确的是(　　)。[2013 年上半年真题]

A．家庭生命周期分为家庭成长期、家庭成熟期、家庭衰退期三个阶段

B．个人生命周期与家庭生命周期联系不大

C．个人是在相当长的时间内计划自己的消费和储蓄行为，在整个生命周期内实行消费的最佳配置

D．金融理财师在为客户设计产品组合时，无须考虑个人生命周期因素

【答案】C

【解析】生命周期理论是指自然人在相当长的期间内计划个人的储蓄消费行为，以实现生命周期内收支的最佳配置。A 项，家庭的生命周期一般可分为形成期、成长期、成熟期以及衰老期四个阶段；B 项，严格意义上，生命周期分家庭和个人生命周期两种，两者紧密相关，但又有区别；D 项，个人理财规划就是根据个人不同生命周期的特点(通常以 15 岁为起点)，综合使用银行产品、证券、保险等金融工具，来进行财务安排和理财活动。

四、理财师了解客户的方法

理财师了解客户、收集信息的渠道和方法有如下几方面。

1．开户资料

开户是理财师与客户的首次接触，也是了解客户、收集信息的最好时机。

通过开户资料，理财师可以获得客户的基本信息，还可通过协助客户填写类似《客户信息采集表》等形式来辅助收集客户信息。

理财师在此阶段不应急于完成开户及理财产品推荐，而应重点了解客户并与其建立良好的关系，以助于信息采集。

2．调查问卷

调查问卷是一种比较常见、有效的收集客户信息和观点的方法，能起到收集信息、了解客户、明确其需求的作用。

优势：简便易行，有的放矢、有针对性采集信息，容易量化，客户接受度高。

缺陷：问卷问题的设计需要精确科学，否则容易误导客户；客户有时不愿意填写或不认真填写。

3．面谈沟通

面对面沟通是深入了解客户并建立长期良好客户关系的契机。理财师需要注重仪表、肢体和沟通言辞，具体应做到以下几点。

(1) 会面前有准备，做好计划和时间安排；

(2) 言谈举止合规，突出专业形象，态度真诚、亲切、自然；

(3) 掌握沟通技巧并熟练运用；

(4) 做好会面后的后续跟踪工作。

4．电话沟通

电话沟通，是理财师服务客户的一项重要方式，其优点是工作效率高、营销成本低、计划性强、方便易行；但是电话沟通不能面对面、对客户周围环境和其肢体语言都毫无所知。因此，电话沟通的流程、技巧非常重要。

理财师应注意如下几点工作原则。

(1) 树立以客户为中心的思想，一切工作从了解客户和客户的理财需求出发；

(2) 熟练掌握和应用与客户沟通、服务的技巧；

(3) 工作具有长期性，不可急功近利。

【过关练习】

一、单选题(下列选项中只有一项最符合题目的要求)

1. 下列属于客户财务信息的是(   )。

    A. 社会地位

    B. 风险承受能力

    C. 收支情况

    D. 年龄

【答案】C

【解析】财务信息主要是指客户家庭的收支与资产负债状况，以及相关的财务安排(包括储蓄、投资、保险账户情况等)。ABD 三项属于客户的非财务信息。

2. 对于即将退休的投资人，适合金融理财师推荐的投资组合是(   )。

    A. 投机股+房产信托基金+黄金

    B. 绩优股+指数型股票型基金+外币交易

    C. 定存+公债+票券+保本投资型产品

    D. 认股权证+小型股票基金+期货

【答案】C

【解析】一般来说，进入退休终老期后，主要的人生目标就是安享晚年，社会交际会明显减少，这一时期的主要理财任务就是稳健投资保住财产，合理消费以保障退休期间的正常支出。因此，这一时期的投资以安全为主要目标，保本是基本目标，投资组合应以固定收益投资工具为主，如各种债券、债券型基金、货币基金、储蓄等，因为债券本身具有还本付息的特征，风险小、收益稳定，而且一般债券收益率会高于通货膨胀率。

3. 风险承受能力较低的特点会出现在家庭生命周期的____阶段，一般建议在投资组合中增加____比重。(   )

    A. 衰老期；债券等安全性较高的资产

    B. 形成期；债券等安全性较高的资产

    C. 成熟期；股票等风险资产

    D. 成长期；股票等风险资产

【答案】A

【解析】养老护理和资产传承是衰老期的核心目标，家庭收入大幅降低，储蓄逐步减少，风险承受能力较低。该阶段建议进一步提升资产安全性，将 80%以上资产投资于储蓄及固定收益类理财产品，同时购买长期护理类保险。B 项，形成期家庭有一定风险承受能力，应配置高收益类金融资产；C 项，成熟期财富积累加快，应保持资产稳定收益回报，进一步增加固定收益类资产的比重，减少持有高风险资产；D 项，成长期成员收入稳定，风险承受能力提升，应注重保持资产的流动性，适当增加固定收益类资产。

4. 张自强是兴亚银行的金融理财师，他的客户王丽女士总是担心财富不够用，认为开源重于节流，量出为入，平时致力于财富的积累，有赚钱机会就要去投资。对于该客户的财富态度，金融理财师张自强不应该采取的策略为(   )。

A．慎选投资标的，分散风险

B．评估开源渠道，提供建议

C．分析支出及储蓄目标，制定收入预算

D．根据收入及储蓄目标，制定支出预算

【答案】D

【解析】按照不同的财富观，有人将客户分为储藏者、积累者、修道士、挥霍者和逃避者五类。积累者担心财富不够用，致力于积累财富，量出为入，开源重于节流，有赚钱机会时不排斥借钱滚钱。根据题干中的描述，王丽女士的财富观属于积累者，ABC 三项均是积累者应采取的策略；D 项是储藏者采取的策略。

二、多选题(下列选项中有两项或两项以上符合题目要求)

1．在收集的客户信息中，客户的社会地位属于(　　)。

A．收入信息　　　　　B．定量信息　　　　　C．财务信息

D．非财务信息　　　　E．定性信息

【答案】DE

【解析】客户信息可以分为定量信息和定性信息，还可以分为财务信息和非财务信息。客户的社会地位属于定性信息和非财务信息。财务信息是指客户当前的收支状况、财务安排以及这些情况的未来发展趋势等。非财务信息是指其他相关的信息，比如客户的社会地位、年龄、投资偏好和风险承受能力等。AC 两项属于定量信息。

2．在生命周期内，个人或家庭决定其目前的消费和储蓄需要综合考虑的因素有(　　)。

A．退休时间　　　　　B．工作时间　　　　　C．可预期开支

D．现在收入　　　　　E．将来收入

【答案】ABCDE

【解析】生命周期理论为人们的消费行为提供了全新的解释。该理论指出自然人在相当长的期间内计划个人的储蓄消费行为，以实现生命周期内收支的最佳配置。也就是说，一个人将综合考虑其当期、将来的收支，以及可预期的工作、退休时间等诸多因素，并决定目前的消费和储蓄，以保证其消费水平处于预期的平稳状态，而不至于出现大幅波动。

3．关于理财的经济目标和人生价值目标以及它们之间的关系，以下说法正确的有(　　)。

A．客户的理财需求往往比较明确，理财师不需要通过过多的询问和引导就能够清晰地了解

B．商业银行在为客户做理财规划时，只需要考虑客户理财的经济目标，没有必要关注其背后的精神追求

C．客户的经济目标是具体的，可用金钱来衡量的，理财师可以帮助客户通过科学的规划来实现

D．经济目标是客户实现人生价值目标的基础

E．不同年纪的客户和不同性别的客户，在理财目标上侧重点不一样

【答案】CDE

【解析】A 项，客户的理财需求往往是潜在的，或不明确的，这需要专业理财师在与

客户接触沟通中，询问、启发和引导才能逐步了解、清晰和明确；B 项，为了全面深入准确地了解客户，从而制定出有针对性和有效的理财方案，理财师应该尝试了解客户经济目标背后的精神追求，或经济目标和人生价值目标之间的关系。

4．从客户对理财规划需求的角度看，客户信息包括(　　)。

　　A．基本信息　　　　B．财务信息　　　　C．定量信息

　　D．个人兴趣　　　　E．人生规划

【答案】ABDE

【解析】根据理财规划的需求，一般把客户信息分为：基本信息、财务信息、个人兴趣及人生规划和目标三方面。

5．除"生理需求"外，马斯洛的需求层次理论将人的需求分为(　　)层次。

　　A．安全需求　　　　　　　　　B．爱和归属感的需求

　　C．被尊重的需求　　　　　　　D．精神需求

　　E．自我实现的需求

【答案】ABCE

【解析】马斯洛需求层次理论指出，人的需求从低到高可以分五个层次，分别为生理需求、安全需求、爱和归属感的需求、被尊重的需求和自我实现的需求。

三、判断题(请对下列各题的描述做出判断，正确的用 A 表示，错误的用 B 表示)

1．根据生命周期理论，30 岁的投资人应该采取稳健的理财策略。(　　)

【答案】B

【解析】30 岁的投资人处于建立期，单身创业时代，是个人财务的建立与形成期。这一时期有很多理财目标，主要是筹备结婚、买房买车、继续教育支出等，如不科学规划，很容易形成入不敷出的窘境。因此，必须加强现金流管理，合理安排日常收支，适当节约资金进行适度金融投资，如股票、基金、外汇、期货投资，一方面积累投资经验，另一方面利用年轻人风险承受能力较强的特征博取较高的投资回报。

2．银行从业人员在进行理财顾问活动中，要了解客户的财务信息如投资偏好等。(　　)

【答案】B

【解析】财务信息主要是指客户家庭的收支与资产负债状况，以及相关的财务安排(包括储蓄、投资、保险账户情况等)。客户的投资偏好不属于财务信息。

3．投资规划是理财规划的全部内容。(　　)

【答案】B

【解析】客户的理财目标包括：①现金与债务管理；②家庭财务保障；③子女教育与养老投资规划；④投资规划；⑤税务规划；⑥遗嘱遗产规划。可见，投资规划只是理财规划的一部分。

4．商业银行向客户提供理财服务前，需要先了解客户的财务状况、投资经验及目的、风险认知和承受能力，在评估客户是否购买所推介的产品后，将有关评估意见告知客户即可。(　　)

【答案】B

【解析】商业银行向客户提供财务规划、投资顾问、推介投资产品服务，应首先调查

了解客户的财务状况、投资经验、投资目的，以及对相关风险的认知和承受能力，评估客户是否适合购买所推介的产品，并将有关评估意见告知客户，双方签字。

5．商业银行可以通过网络电话等手段进行客户产品适合度评估。(　　)

【答案】B

【解析】商业银行对理财客户进行的产品适合度评估应在营业网点当面进行，不得通过网络或电话等手段进行客户产品适合度评估。

第六章　理财规划计算工具与方法

【考查内容】

本章的主要考查内容有以下几点。

(1) 货币时间价值的定义、产生原因及影响因素；

(2) 单期和多期中现值与终值的计算；

(3) 有效利率的计算；

(4) 期末与期初年金、永续年金及增长型年金的计算；

(5) 净现值和内部回报率的定义及计算；

(6) 复利与年金系数表的概念及运用；

(7) 财务计算器和 Excel 表格的运用；

(8) 不同理财工具的特点及比较。

【备考方法】

本章涉及计算的考点较多，考生需在理解的基础上记忆公式，在做题的过程中灵活运用。考生在计算时要特别注意题目的具体问法，并要计算准确。在备考过程中，考生要尽量掌握各考点的出题形式，且反复练习，才能在考试中快速得出答案。

【框架结构】

理财规划计算工具与方法
- 货币时间价值及其影响因素
- 货币时间价值的基本参数及相关的计算
  - 货币时间价值的基本参数
  - 现值与终值的计算
  - 72 法则
  - 有效利率的计算
- 规则现金流与不规则现金流的计算及运用
  - 规则现金流的计算
  - 不规则现金流的计算
- 复利与年金系数表的计算方法及运用
- 财务计算器和 Excel 在理财规划中的使用
  - 财务计算器的使用
  - Excel 的使用
- 不同理财工具的特点及比较
- 货币时间价值在理财规划中的应用

【核心讲义】

一、货币时间价值及其影响因素

1．货币的时间价值

1)　定义

货币的时间价值是指货币在无风险的条件下，经历一定时间的投资和再投资而发生的增值，或者是货币在使用过程中由于时间因素而形成的增值，也被称为资金的时间价值。

2)　货币具有时间价值的原因

(1)　现在持有的货币可以用作投资，从而获得投资回报；

(2)　货币的购买力会受到通货膨胀的影响而降低；

(3)　未来的投资收入预期具有不确定性。

2．货币时间价值的影响因素

1)　时间

时间长短是影响货币时间价值的首要因素，时间越长，货币的时间价值越明显。

2)　收益率或通货膨胀率

收益率是决定货币未来增值程度的关键因素，通货膨胀率是使货币购买力缩水的反向因素。

3)　单利与复利

单利以最初的本金为基数计算收益，复利以本金和利息为基数计息，从而产生利上加利、息上添息的收益倍增效应。(本书中若无特别说明，一般按复利计算。)

二、货币时间价值的基本参数及相关的计算

1．货币时间价值的基本参数

货币时间价值的基本参数主要有现值、终值、时间和利率(通货膨胀率)。

1)　现值(PV)

现值是指货币现在的价值，也即期间发生的现金流在期初的价值。

2)　终值(FV)

(1)　终值是指货币在未来某个时间点上的价值，也即期间发生的现金流在期末的价值。

(2)　终值分为单利终值和复利终值。一定金额的本金按照单利计算若干期后的本利和，称为单利终值；一定金额的本金按照复利计算若干期后的本利和，称为复利终值。

3)　时间(t)

货币价值的参照系数。

4)　利率(或通货膨胀率)(r)

是影响金钱时间价值程度的波动要素。

2．现值与终值的计算

单期和多期中现值与终值的计算如表 6-1 所示。

表 6-1　现值与终值的计算

期数	类别	定义	计算公式	公式说明
单期	现值	是单期中的终值的逆运算，一般用于在已知一期投资后的价值，计算现在需要投资的金额。广泛运用于债券价格的计算	$PV=FV/(1+r)$	PV—期初价值 FV—期末价值 r—利率
	终值	某笔资金在投资一期后的价值。一般用于计算单次收益，如一年期的定期存款，一期的理财产品等	$FV=PV\times(1+r)$	
多期	现值	在复利情况下投资者若要在连续几期后获得指定金额，现在需要投资的金额	$PV=FV/(1+r)^{t}$	t—投资时间 $(1+r)^{t}$—终值利率因子(FVIF)，又称复利终值系数，与利率、时间呈正比关系
	终值	表示一定金额投资某种产品，并持续好几期，在最后一期结束后所获得的最终价值。是目前金融市场中较普遍的收益率计算方式	$FV=PV\times(1+r)^{t}$	$1/(1+r)^{t}$—现值利率因子(PVIF)，又称复利现值系数

【例 6.1 · 多选题】关于货币的时间价值，下列表述正确的有(　　)。[2015 年上半年真题]

　　A．现值与终值呈正比例关系

　　B．折现率越高，复利现值系数就越小

　　C．现值等于终值除以复利终值系数

　　D．折现率越低，复利终值系数就越大

　　E．复利终值系数等于复利现值系数的倒数

【答案】ABCE

【解析】计算多期终值的公式为 $FV=PV\times(1+r)^{t}$，计算多期现值的公式为 $PV=FV/(1+r)^{t}$。从两个公式中可以看出，现值与终值正相关。此外，$(1+r)^{t}$ 是复利终值系数，折现率越高，复利终值系数就越高；$(1+r)^{-t}$ 是复利现值系数，折现率越高，复利现值系数越低；复利终值系数与复利现值系数互为倒数。

【例 6.2 · 单选题】李先生拟在 5 年后用 200 000 元购买一辆车，银行年复利率为 12%，李先生现在应存入银行(　　)元。[2014 年上半年真题]

　　A．120 000　　　　B．134 320　　　　C．113 485　　　　D．150 000

【答案】C

【解析】根据复利计算多期现值公式，可得：

$$PV = \frac{FV}{(1+r)^t} = \frac{200\ 000}{(1+0.12)^5} = 113\ 485(元)$$

3．72 法则

1）　概念

金融学上的 72 法则是用作估计一定投资额倍增或减半所需要的时间的方法，即用 72 除以收益率或通胀率就可以得到固定一笔投资(钱)翻番或减半所需时间。

2）　适用条件

只适用于利率(或通货膨胀率)在一个合适的区间内的情况下，若利率太高则不适用。

3）　作用

可以有效地节约计算时间，估算结果也与公式计算出的答案非常接近；能帮助理财师快速计算出财富累积的时间与收益率的关系，有利于理财师在进行不同时期的理财规划时选择不同的投资工具。

4．有效利率的计算

1）　复利期间与复利期间数量

复利期间数量是指一年内计算复利的次数。

2）　有效年利率

不同复利期间投资的年化收益率称为有效年利率(EAR)。

名义年利率 r 与有效年利率 EAR 之间的换算公式为：

$$EAR = \left(1 + \frac{r}{m}\right)^m - 1$$

其中，m 表示一年内复利次数。

3）　连续复利

当复利期间变得无限小的时候，相当于连续计算复利，被称为连续复利计算。

连续复利情况下，计算终值的一般公式为：

$$FV = PV \times e^{rt}$$

其中，PV 表示现值，r 表示年利率，t 表示按年计算的投资期间，e 是自然对数的底数，约等于 2.7182。

【例 6.3 · 单选题】假定年利率为 10%，每半年计息一次，则有效年利率为(　　)。[2014 年下半年真题]

　　A．11%　　　　　B．10%　　　　　C．5%　　　　　D．10.25%

【答案】D

【解析】有效年利率 $EAR = \left(1 + \frac{r}{m}\right)^m - 1 = \left(1 + \frac{10\%}{2}\right)^2 - 1 = 10.25\%$。其中，$r$ 是指名义年利率，EAR 是指有效年利率，m 指一年内复利次数。

三、规则现金流与不规则现金流的计算及运用

1．规则现金流的计算

年金(普通年金)是指在一定期限内，时间间隔相同、不间断、金额相等、方向相同的一系列现金流，它通常用 PMT 表示。不同类型年金的含义及相关计算如表 6-2 所示。

表 6-2　不同类型年金的含义及计算公式

种　类		定　义	计算公式
根据等值现金流发生时间点不同	期末年金	在一定时期内每期期末发生系列相等的收付款项，即现金流发生在当期期末，如房贷支出等	现值：$PV=\dfrac{C}{r}\left[1-\dfrac{1}{(1+r)^t}\right]$
			终值：$FV=\dfrac{C\left[(1+r)^t-1\right]}{r}$
	期初年金	在一定时期内每期期初发生系列相等的收付款项，即现金流发生在当期期初	现值：$PV_{BEG}=PV_{END}(1+r)=\dfrac{C}{r}\left[1-\left(\dfrac{1}{1+r}\right)^T\right](1+r)$
			终值：$FV_{BEG}=FV_{END}(1+r)=\dfrac{C}{r}[(1+r)^T-1](1+r)$
永续年金		在无限期内，时间间隔相同、不间断、金额相等、方向相同的一系列现金流，如优先股	(期末)永续年金现值：$PV=\dfrac{C}{r}$
增长型年金	普通增长型年金(等比增长型年金)	在一定期限内，时间间隔相同、不间断、金额不相等但每期增长率相等、方向相同的一系列现金流	(期末)增长型年金现值： $r\neq g$时，$PV=\dfrac{C}{r-g}\left[1-\left(\dfrac{1+g}{1+r}\right)^t\right]$ $r=g$时，$PV=\dfrac{tC}{1+r}$ (期末)增长型年金终值： $r\neq g$时，$FV=\dfrac{C(1+r)^t}{r-g}\left[1-\left(\dfrac{1+g}{1+r}\right)^t\right]$ $r=g$时，$FV=tC(1+r)^{t-1}$
	增长型永续年金	在无限期内，时间间隔相同、不间断、金额不相等但每期增长率相等、方向相同的一系列现金流	(期末)增长型永续年金现值$(r>g)$： $PV=\dfrac{C}{r-g}$

2．不规则现金流的计算

不规则现金流的计算涉及两个重要概念：净现值和内部回报率，具体内容如表 6-3 所示。

表6-3 净现值与内部回报率

指 标	含 义	公 式	投资项目评判准则
净现值(NPV)	所有现金流(包括正现金流和负现金流在内)的现值之和。 净现值为正值,说明投资能够获利;净现值为负值,说明投资是亏损的	$NPV = \sum_{t=0}^{T} \dfrac{C_t}{(1+r)^t}$	如果NPV>0,表明该项目在 r 的回报率要求下是可行的,且NPV越大,投资收益越高
内部回报率(IRR)	又称内部报酬率或者内部收益率,是指使现金流的现值之和等于零的利率,即净现值等于0的贴现率	$NPV = \sum_{t=0}^{T} \dfrac{C_t}{(1+\mathrm{IRR})^t} = 0$	如果 r<IRR,表明该项目有利可图;如果 r>IRR,表明该项目无利可图,其中, r 表示融资成本

【例6.4·单选题】使现金流的现值之和等于零的利率,即净现值等于0的贴现率,则对其称谓不正确的是( )。[2015年上半年真题]

    A．内部报酬率   B．净现值率

    C．内部回报率(IRR)   D．内部收益率

【答案】B

【解析】内部回报率(IRR),又称内部报酬率或者内部收益率,是指使现金流的现值之和等于零的利率,即净现值等于0的贴现率。对于一个投资项目,如果 r<IRR,表明该项目有利可图;相反地,如果 r>IRR,表明该项目无利可图。其中 r 表示融资成本。

四、复利与年金系数表的计算方法及运用

1．概述

查表法较为简便,比较适合初学者,但查表法一般只有整数年与整数百分比,无法得出按月计算的现值、终值,相比之下查表法的答案就显得不够精确。因此查表法适用于大致的估算,是比较基础的算法之一。

2．具体说明

1) 复利终值

复利终值通常指单笔投资在若干年后所反映的投资价值,包括本金、利息、红利和资本利得。其计算公式为:

$$FV = PV \times (1+r)^n$$

其中,FV代表终值(本金+利息);PV代表现值(本金); r 代表利率、投资报酬率或通货膨胀率; n 代表期数; $(1+r)^n$ 代表复利终值系数。

2) 复利现值

复利现值是指当要实现期末期望获得的投资价值时,在给定的投资报酬率和投资期限

的情况下，以复利计算出的投资者在期初应投入的金额，是复利终值的逆运算。其计算公式为：

$$PV=FV/(1+r)^n=FV\times(1+r)^{-n}$$

其中，PV 代表现值(期初投资金额)；FV 代表终值(期末获得投资价值)；r 代表折现率、投资报酬率或通货膨胀率；n 代表期数；$(1+r)^{-n}$ 代表复利现值系数。

3) 普通年金终值

(1) 含义及特征。

普通年金终值是通过货币时间价值，在给定的回报率下，计算年金现金流的终值之和，以计算期期末为基准。普通年金终值具有等额与连续两个特征。

(2) 公式。

① 期末终值：$FV_{END}=PMT\times\dfrac{(1+r)^n-1}{r}$。其中，$FV_{END}$ 代表期末普通年金终值；PMT 代表年金；$\dfrac{(1+r)^n-1}{r}$ 代表期末普通年金终值系数；r 代表投资回报率；n 代表期数。

② 期初终值：$FV_{BGN}=FV_{END}\times(1+r)$。

(3) 注意事项。

若需要计算期初普通年金终值，而手边只有期末普通年金系数表时，那么只要在投资期限与投资报酬率相等的情况下，就可通过期末年金终值系数计算出期初普通年金终值系数：

期初普通年金终值系数(n，r)=期末普通年金终值系数($n+1$，r)-1

4) 普通年金现值

(1) 含义。

普通年金现值是以计算期期末为基准，按照货币时间价值计算未来每期在给定的报酬率下可收取或者给付的年金现金流的折现值之和。其中的每期(n)可为年、月或者季度等。类似普通年金终值，普通年金现值也分为期初年金与期末年金。

(2) 公式。

$$PV_{END}=PMT\times\dfrac{1-(1+r)^{-n}}{r}$$

其中，PV_{END} 代表期末普通年金现值；PMT 代表年金；$\dfrac{1-(1+r)^{-n}}{r}$ 代表普通年金现值系数(是每一期的复利现值系数的相加所得总数)；r 代表报酬率；n 代表折现期数。

(3) 注意事项。

在投资期限和回报率相同的情况下，期初普通年金现值系数一定大于期末普通年金现值系数，原因是期初普通年金当期期初的投资不会折现。

期初普通年金现值系数(n，r)=期末普通年金现值系数($n-1$，r)+1

5) 查表说明

(1) 在复利现值中，n 与 r 为查表时对照的变量，复利现值系数表中已假定终值(FV)为 1，现值(PV)就是复利现值系数；

(2) 在普通年金终值中，n 与 r 作为普通年金终值系数表的参照变量。表中系数即为当年金为 1 元钱的时候，在某固定投资报酬率下的期末普通年金终值。

五、财务计算器和 Excel 在理财规划中的使用

1．财务计算器的使用

1）概述

专业财务计算器是理财规划中最方便全面可靠的计算工具，相比查表法，可计算到小数点后若干位，精确到每月的现金流量，可以直接算出投资报酬率及期数。

2）基本功能(德州仪器财务计算器)

包括主要和次要功能、货币时间价值操作、显示小数位数、日期、重新输入、清除数据、一般四则运算和数学函数计算、付款与复利计算设置、名义年利率换算为有效年利率等。

3）货币时间价值的计算功能

(1) 货币时间价值的输入顺序。

① N I/Y PV PMT FV 的输入顺序不影响计算结果。

② 若没有用到 TVM 功能键要输入 0，可把上次输入的数据覆盖掉，或在输入每个变量的数据之前，按 CLR TVM 键清除以前的数据。

③ Excel 表格的财务函数设置顺序一般是 I/Y N PMT PV FV 。

(2) 现金流量正负号的决定。

① 以客户的角度来确定正负：现金流出记为负数，现金流入记为正数。

② 在一个货币时间价值算式中，现金流应有负有正，否则在求值中 I/Y 和 N 会出现 Error 提示而无法解答。一般情况下利率 I/Y 及期数 N 都为正数。

(3) 货币时间价值(TVM)的计算。

① 输入顺序一般为数字在先，变量键或功能键在后。输入负数时，先输入数字再按 +/- 键。

② 在 P/Y (每年付款次数)和 C/Y (每年复利次数)都设置为 1 的情况下，若期数以月计算，则要输入月利率，年金部分也为月现金流量。

(4) 期初年金与期末年金的设置。

① 设置期初年金：再按 SET 键(2ND ENTER)，显示 BGN ，表示已修改为期初年金。

② 设置期末年金：按 2ND PMT ，如果屏幕显示 END，表示设置默认为期末年金。

③ 如果希望再恢复到期末年金计算模式，就只需要继续按 SET 键(2ND ENTER)，屏幕上的 BGN 就消失了。

④ 理财规划在通常情况下，生活费、房租与保险费是先支付的，属期初年金；收入的取得、煤气房贷本息的支出、利用储蓄来投资等常计为期末年金。

(5) 投资回报率的计算。

在已知现值和终值以及年金的情况下，需要找到一个合适的年报酬率来完成现值到终值的转变。

(6) 债券的计算。

① 按 BOND 键，依次输入下列数据 SDT=，为债券买入日；

② 按 ⬇ ，会出现 CPN=，为债券的票面利率(又称息票率)；

③ 按 ⬇ ，出现 RDT=，为债券卖出日；

④ 按 ⬇ ，出现 RV=，为债券的票面金额；

⑤ 按 ⬇ ，出现 ACT 表示 1 年中包含的实际天数，如国库券，可用 SET 变更为一年 360 天；

⑥ 按 ⬇ ，出现 2/Y 代表年付息 2 次，1/Y 代表年付息一次；

⑦ 按 ⬇ ，出现 YLD=，表示债券的到期收益率；

⑧ 按 ⬇ ，出现 PRI=，表示债券的价格。按 CPT ，得出 PRI=，即为现在购买该债券的价格；

⑨ 按 ⬇ ，出现 AI=0.0000，表示债券的应计利息。

(7) 房贷本息摊分函数 AMORT。

① 先用等额本息偿还方法运用 PMT 键算出月供额；

② 再运用 AMORT 函数来求得某一期的本息和：进入 AMORT 键，P1 代表开始期数，P2 代表结束期数，如果是计算某一期的，则是输入 P1=P2=该期数。若是要计算从第一期到第 N 期的累积额，则输入 P1=1，P2=n。

(8) 现金流量的输入、净现值(NPV)与内部报酬率(IRR)的计算。

① 按 CF 键，出现 CF_0=0.0000，这时应输入期初的现金流量。一般情况下，期初是投资资金，所以要输入负数。

② 按 ⬇ ，出现 C01=0.0000，输入第一期的现金流量，按 ENTER 。

③ 然后再按 ⬇ ，出现 F01=0.0000，表示该现金流量连续出现的次数。如果该现金流连续出现多次，输入次数+ ENTER 。

④ 然后再按 ⬇ ，输入下一期的现金流量，依此类推。

⑤ 若当期有现金流入，则输入正数。若有现金流出，则输入负数。

⑥ 将所有的现金流量都输入完毕后，算净现值时用 NPV 键，算内部报酬率时用 IRR 键。

第一，净现值的计算。按 NPV 键时，显示 I=0.0000，输入相应的投资报酬率后，按 ENTER 。按 ⬇ 键，显示 NPV=0.0000，此时按 CPT 可得出净现值的金额。

第二，内部报酬率的计算。按 IRR 键时，显示 IRR=0.0000，此时按 CPT 可得出内部报酬率。

⑦ 一般情况下，NPV>0 时，表示该投资方案可行。有几个投资方案供评估时，选择 IRR 最高的投资。

2．Excel 的使用

1) 概述

Excel 财务功能包括利率函数、终值现值函数、年金函数、内部报酬率函数等，集查表法与财务计算器法的优势于一体，能够迅速又准确地计算出相关财务结果，同时也能够方便地将各个工作表格计算出来的数字相互链接，方便最终结果的计算。

2) 调用 Excel 财务函数的方法

(1) 打开 Excel 电子表格，在菜单中选择【公式】的功能。

(2) 选择插入【函数】中的【财务】。

(3) 在财务函数中选择需要用的终值、现值或年金函数：FV 终值函数、PV 现值函数、PMT 年金函数、NPER 期数函数、RATE 利率函数。

(4) 输入剩下四个变量。

3) IRR 与 NPV 的计算

(1) IRR 内部报酬率函数：现金流量为正数，就表示现金流入，负数为流出。

(2) NPV 净现值函数：通常用于比较两个投资方案哪个更优，NPV 越高的方案越划算。

六、不同理财工具的特点及比较

1. 复利与年金表

复利与年金表简单高效，但计算答案不够精准。

2. 财务计算器

财务计算器便于携带，计算精准，但操作流程复杂，不易记住。

3. EXCEL 表格

EXCEL 表格使用成本低，操作简单，但局限性较大，必须使用电脑。

4. 专业理财软件

专业理财软件的功能齐全，附加功能多，但局限性大，内容缺乏弹性。

七、货币时间价值在理财规划中的应用

货币时间价值在理财规划中的应用包括：①子女教育规划；②房产规划；③退休规划；④投资规划；⑤保险规划。

【过关练习】

一、单选题(下列选项中只有一项最符合题目的要求)

1. 面额为 100 元，期限为 10 年的零息债券，按年计息，当市场利率为 6% 时，其目前的价格是(   )元。

    A．55.84   B．56.73   C．59.21   D．54.69

【答案】A

【解析】根据公式，可得：

$$零息债券价格=\frac{面值}{(1+利率)^{期限}}=\frac{100}{(1+6\%)^{10}}=55.84(元)$$

2. 顾先生希望在 5 年末取得 20000 元，则在年利率为 2%，单利计息的方式下，顾先生现在应当存入银行(   )元。

    A．19801   B．18004   C．18182   D．18114

【答案】C

【解析】单利终值的计算公式 $S=P+P\times i\times t=P\times(1+i\times t)$，可知，现在应当存入银行的数额

=20000/(1+5×2%)≈18 182(元)。

3．年金是在某个特定的时间段内一组时间间隔相同、金额相等、方向相同的现金流，下列不属于年金的是(　　)。

A．房贷月供　　　　　　　　　B．养老金

C．每月家庭日用品费用支出　　D．定期定额购买基金的月投资款

【答案】C

【解析】年金(普通年金)是指在一定期限内，时间间隔相同、不间断、金额相等、方向相同的一系列现金流。C项，每月家庭日用品费用支出不一定相等，因此不属于年金。

4．以下关于现值的说法，正确的是(　　)。

A．当给定终值时，贴现率越高，现值越低

B．当给定利率及终值时，取得终值的时间越长，该终值的现值就越高

C．在其他条件相同的情况下，按单利计息的现值要低于用复利计息的现值

D．利率为正时，现值大于终值

【答案】A

【解析】B项，根据复利现值公式 $PV=\dfrac{FV}{(1+r)^t}$ 可知，当给定利率及终值时，取得终值的时间越长，该终值的现值就越低；C项，单利现值公式为 $V_0=\dfrac{V_n}{(1+i\times n)}$ ，在其他条件相同的情况下，按单利计息的现值要高于用复利计息的现值；D项，利率为正时，现值小于终值。

5．根据货币时间价值概念，下列不属于货币终值影响因素的是(　　)。

A．计息的方法　　B．现值的大小　　C．利率　　D．市场价格

【答案】D

【解析】单期中终值的计算公式为：FV=PV×(1+r)，多期中终值的公式为：FV=PV×$(1+r)^t$。从这两个公式中可以看出，终值与计息方法、现值的大小和利率相关，而与市场价格无关。

二、多选题(下列选项中有两项或两项以上符合题目要求)

1．关于利率和年金现值与终值的关系，下列说法不正确的有(　　)。

A．在不考虑其他条件的情况下，利率与年金终值反方向变化

B．在不考虑其他条件的情况下，利率与年金现值同方向变化

C．在不考虑其他条件的情况下，利率与年金现值反方向变化

D．在不考虑其他条件的情况下，利率与年金终值同方向变化

E．利率是影响年金现值和年金终值的重要因素

【答案】AB

【解析】(期末)年金现值的公式为：$PV=\dfrac{C}{r}\left[1-\dfrac{1}{(1+r)^t}\right]$。(期末)年金终值的公式为：

$FV=\dfrac{C[(1+r)^t-1]}{r}$。可知，利率与年金现值反方向变化，与年金终值同方向变化。

2. 下列说法不正确的有( )。

 A. 增长型年金终值的计算公式为 $FV = \dfrac{C(1+r)^t}{r-g}\left[1-\left(\dfrac{1+g}{1+r}\right)^t\right]$

 B. 生活费支出、教育费支出和房贷支出都属于期初年金

 C. (期初)增长型永续年金的现值计算公式($r>g$)为 $PV = \dfrac{C}{r-g}$

 D. NPV越大说明投资收益越高

 E. 内部回报率是投资者预期可以得到的收益率

【答案】ABCE

【解析】A 项，当 $r>g$ 或 $r<g$ 时，增长型年金终值的计算公式为：$FV = \dfrac{C(1+r)^t}{r-g}\left[1-\left(\dfrac{1+g}{1+r}\right)^t\right]$，当 $r=g$ 时，增长型年金终值的计算公式为：$FV=tC(1+r)^{t-1}$；B 项，房贷支出的现金流一般发生在当期期末；C 项为(期末)增长型永续年金的现值计算公式；E 项，内部回报率是使现金流的现值之和等于零的利率。

3. 下列关于理财工具的说法正确的有( )。

 A. 复利与年金表简单高效，但计算答案不够精准

 B. 财务计算器精准且携带便利，但操作流程复杂，不易记住

 C. 不同的理财工具都有其优劣势

 D. 专业理财软件功能齐全，内容富有弹性，但局限性大

 E. Excel 表格使用成本低，操作简单

【答案】ABCE

【解析】D 项，专业理财软件功能齐全，但局限性大，内容缺乏弹性。

4. 下列关于查表法，表述正确的有( )。

 A. 较为简便

 B. 比较适合初学者

 C. 理财师通过比对对应的两个参数，可以迅速地找到对应的系数

 D. 查表法的答案不够精确

 E. 查表法一般通常适用于大致的估算

【答案】ABCDE

【解析】在求得货币时间价值的几种方法中，查表法是较为简便的一种方式，比较适合初学者。通常情况下银行与财务系统都会附有货币时间价值系数表。在没有电脑或财务计算器的情况下，理财师通过比对对应的两个参数，可以迅速地找到对应的系数。但查表法一般只有整数年与整数百分比，无法得出按月计算的现值、终值，相比之下查表法的答案就显得不够精确。因此查表法通常适用于大致的估算，是比较基础的算法之一。

5. 在计息期一定的情况下，下列关于利率与现值、终值系数的说法正确的有( )。

 A. 利率大于零，年金现值系数一定都大于1

 B. 利率大于零，年金终值系数一定都大于1

 C. 利率大于零，复利终值系数一定都大于1

D. 利率大于零，复利现值系数一定都小于 1

E. 利率大于零，复利终值系数一定都小于 1

【答案】BCD

【解析】多期中，$(1+r)^t$ 是复利终值系数，$1/(1+r)^t$ 是复利现值系数。普通年金终值系数为 $\dfrac{(1+r)^n-1}{r}$，普通年金现值系数为 $\dfrac{1-(1+r)^{-n}}{r}$。由此可见，利率大于零时，复利终值系数和普通年金终值系数大于 1；复利现值系数和普通年金现值系数小于 1。

三、判断题(请对下列各题的描述做出判断，正确的用 A 表示，错误的用 B 表示)

1. 货币的纯时间价值、通货膨胀率和风险报酬构成投资者的必要收益。( )

【答案】A

【解析】货币之所以具有时间价值，主要是因为以下三点：①现在持有的货币可以用作投资，从而获得投资回报；②货币的购买力会受到通货膨胀的影响而降低；③未来的投资收入预期具有不确定性。

2. 复利的计算始终以最初的本金为计算收益的基数，而单利则以本金和利息为基数计息，从而产生利上加利、息上添息的收益倍增效应。( )

【答案】B

【解析】单利始终以最初的本金为基数计算收益，而复利则以本金和利息为基数计息，从而产生利上加利、息上添息的收益倍增效应，这是货币的时间价值影响因素之一。

3. 72 法则是金融学上用作估计一定投资额倍增或减半所需的时间的方法，当利率特别高时，应用 72 法则可以有效地节约计算时间。( )

【答案】B

【解析】72 法则即用 72 除以收益率或通胀率就可以得到固定一笔投资(钱)翻番或减半所需时间。该法则只适用于利率(或通货膨胀率)在一个合适的区间内的情况，若利率太高则不适用。

4. 永续年金的现值无穷大。( )

【答案】B

【解析】(期末)永续年金现值的公式为：$PV = \dfrac{C}{r}$。只要利率 r 不为零，永续年金的现值就不是无穷大。

5. 若通货膨胀率为零，那么可以断言现在的 1 元钱与 i 年后的 1 元钱的经济价值是一样的。( )

【答案】B

【解析】即使通货膨胀率为 0，也不可以断言现在的 1 元钱与 i 年后的 1 元钱的经济价值是一样的，因为货币具有时间价值，影响货币时间价值的因素除了通货膨胀率还有其他因素，比如收益率等。

第七章　理财师的工作流程和方法

【考查内容】

本章的主要考查内容有以下几点。

(1) 理财师的工作流程及具体要求;

(2) 客户信息的内容;

(3) 客户财务现状分析的内容;

(4) 客户理财目标分类及确立原则;

(5) 理财规划方案的内容及制定;

(6) 理财规划方案的执行原则。

【备考方法】

本章内容较多,考查形式以多选题居多,真题大多是对细节的考查,本章涉及内容大多为记忆性知识点,难度不大,需要反复练习,对相似知识点切勿混淆。考生需重点记忆历年真题中反复出现的考点,才会熟能生巧。

【框架结构】

理财师的工作流程和方法
- 理财师工作流程的基本步骤
- 接触客户、获得客户信任的要点
  - 接触客户
  - 建立信任关系
- 理财师应该告知客户的相关信息
- 了解客户信息的心态和技巧
- 确定客户目标的内容、原则及步骤
  - 理财目标的内容
  - 理财目标确定的原则
  - 确定理财目标的步骤
- 理财规划方案的制定和提交
- 理财规划方案的执行
- 客户档案管理
- 后续跟踪服务
- 实施方案跟踪和评估服务
- 不定期评估和方案调整
- 从跟踪服务到综合规划的螺旋式提升

【核心讲义】

一、理财师工作流程的基本步骤

专业理财师的工作目标和重心是"帮助客户解决问题、实现其理财目标"。

理财师的工作流程概括为：①接触客户，建立信任关系；②收集、整理和分析客户的家庭财务状况；③明确客户的理财目标；④制订理财规划方案；⑤理财规划方案的执行；⑥后续跟踪服务。

二、接触客户、获得客户信任的要点

1．接触客户

初次接触客户阶段，理财师需要明白以下两大问题。

1) 理财师的客户从哪里来

理财师的主要客户来源：①由其他同事介绍过来；②主动到访的客户，大多为已有现成银行客户；③其他金融机构如第三方理财机构的理财师需要自己去寻找、开发客户。

2) 客户的需求是什么

(1) 理财师首先要做的是了解客户，即收集客户相关信息、理财需求。

(2) 收集信息和了解客户的过程(包括了解需求)只是初步的，更多的是为了确立客户是否是合适的客户或适合哪类服务(产品)的客户。

(3) 在给客户做综合理财规划时，收集客户(财务)信息和确立其理财目标是更全面、深入、具体和需要更长时间的工作。

2．建立信任关系

1) 信任关系的重要性

(1) 通过接触和客户建立信任关系是任何服务性工作的首要步骤。

(2) 客户关系的基础是信任。

(3) 能否获得客户信任，理财师应如何表现，是专业理财师最基本的专业素质之一。

2) 如何建立信任关系

专业理财师在和客户建立关系的过程中，需要关注以下两个方面的内容。

(1) 明确自身定位，树立专业形象。

(2) 关注自身礼仪和工作的状态。

① 商务礼仪是在商务活动中体现相互尊重的行为准则。它是理财师个人素质和修养的体现，也代表了所属金融机构的形象。

② 专业理财师的工作状态在与客户接触的过程中起着非常重要的作用。专业理财师在和客户接触的过程中，应精神饱满，谈吐清晰，让客户感受到理财师对工作的激情。

③ 应更多地关心客户的需求。一名专业理财师必须向客户传递出自己的工作是"以客户为中心"的讯息。

三、理财师应该告知客户的相关信息

理财师需要坦诚地让客户对理财规划服务有如下三方面的认识，这也是与客户建立长期信任关系的基础。

(1) 解决财务问题的条件和方法；

(2) 了解、收集客户相关信息的必要性；

(3) 如实告知客户自己的能力范围。

【例 7.1·单选题】在收集客户家庭财务状况和生活状况信息时，专业理财师要做的是（　）。

　　A．考虑自己是否会触犯客户的隐私

　　B．考虑客户会不会告诉自己

　　C．减少这方面的咨询

　　D．引导客户、了解其财务问题和涉及其家庭财务的信息

【答案】D

【解析】一开始在向客户介绍专业理财服务时，理财师应向客户说明，为了帮助其解决当前以及未来的财务问题，理财师需要系统性地收集、整理和分析其家庭财务状况和生活状况。专业理财师要做的不是纠结于自己是否会触犯客户的隐私，或者客户会不会告诉自己，而是把重心放在引导客户、了解其财务问题和涉及其他家庭财务信息的事实上。

四、了解客户信息的心态和技巧

1. 收集客户信息的必要性和基本技巧

1) 客户信息收集的重要性

深入了解客户是任何理财咨询专业服务的必然条件。对于理财规划服务而言，没有较完整的客户信息，不可能提供综合全面的建议。因此，客户信息不仅要收集，而且需要完整收集。

2) 客户信息收集的方法和步骤

(1) 理财师自己要没有心理障碍。理财师是站在为客户解决问题的立场上，需要去深入了解客户的财务信息；

(2) 引导客户，告诉客户为什么理财师要了解这些信息；理财师通过这些信息，可以向他反馈那些能够帮助他做好家庭财务决定的资讯；

(3) 在具体提问的时候，尽可能先围绕客户关心的问题，不要去问那些与其不相关的信息；

(4) 制定系统性收集客户信息的框架，以便于把问题延伸出来，较为全面地了解客户信息。

2. 客户信息的内容

客户信息包括定量信息和定性信息。

1) 定量信息

定量信息包括以下几个主要方面的信息：①家庭各类资产额度；②家庭各类负债额度；③家庭各类收入额度；④家庭各类支出额度；⑤家庭储蓄额度。

2) 定性信息

定性信息包含的内容更加广泛，包括：

(1) 家庭基本信息：联系方式、住址、家庭主要成员结构等。

(2) 职业生涯发展状况：包括所在行业、职业职位、职业生涯发展前景等。

(3) 家庭主要成员的情况：包括客户及其配偶的风险属性、性格特征、受教育程度、投资经验、人生观、财富观等，还包括子女的情况，如是否财务独立或者学程阶段等。

(4) 客户的期望和目标：客户的生活品质要求，以及按时间长短可分为短、中、长期的理财目标。

3) 客户信息收集方式

定量信息主要靠理财师收集，定性信息更多的是靠与客户沟通过程中的观察和了解。

【例7.2·单选题】下列选项中，属于客户信息中的定性信息的是(   )。

A．家庭的收支情况　　　　　　B．资产和负债

C．现有投资情况　　　　　　　D．金钱观

【答案】D

【解析】客户信息包括定量信息和定性信息。定性信息包括：①家庭基本信息；②职业生涯发展状况；③家庭主要成员的情况，包括客户及其配偶的风险属性、性格特征、受教育程度、投资经验、人生观、财富观等，还包括子女的情况，如是否财务独立或者学程阶段等；④客户的期望和目标。金钱观是财富观的一部分，属于定性信息。

3．客户信息的整理

1) 客户信息整理的必要性

将"数据"转化为"信息"，一方面能使客户全面地了解自己的财务状况，另一方面可以为理财师以后要提供的专业建议打下基础。

2) 客户信息整理的汇总

客户信息的整理通常是针对定量信息，一般汇总为家庭资产负债表和收支储蓄表：

(1) 通过资产负债表对客户家庭的资产负债进行分类、统计；

(2) 通过家庭收支储蓄表对客户的收入、支出和储蓄结构、状况进行分类、统计。

4．分析客户财务现状

1) 客户家庭财务现状分析的主要内容

(1) 资产负债结构分析；

(2) 收入结构分析；

(3) 支出结构分析；

(4) 储蓄结构分析。

2) 综合家庭财务现状分析

综合家庭财务现状分析，主要是根据信息整理情况，提供家庭财务现状中以下几个方

面的综合分析。

(1) 家庭流动性现状分析；

(2) 信用和债务管理现状分析；

(3) 收支储蓄现状分析；

(4) 资产结构、资产配置和投资现状分析；

(5) 家庭财务保障现状分析。

【例7.3·多选题】银行从业人员在对客户进行财务分析时，应当包含的内容有(　　)。[2015年上半年真题]

  A．客户当前现金收支情况分析　 B．客户资产负债分析

  C．客户生命周期分析　 D．宏观经济形势分析

  E．客户财务保障情况分析

【答案】ABE

【解析】综合家庭财务现状分析，主要是根据信息整理情况，提供家庭财务现状中以下几个方面的综合分析：①家庭流动性现状分析；②信用和债务管理现状分析；③收支储蓄现状分析；④资产结构、资产配置和投资现状分析；⑤家庭财务保障现状分析。

五、确定客户目标的内容、原则及步骤

1．理财目标的内容

1) 客户理财目标的一般内容

客户的理财目标一般包括以下几方面的内容。

(1) 家庭收支与债务管理；

(2) 家庭财富保障；

(3) 投资规划；

(4) 教育投资规划；

(5) 退休养老规划；

(6) 税务规划；

(7) 遗嘱、遗产分配。

2) 其他教科书对客户理财目标的概括

也有教科书把客户的理财目标内容概括为四方面：财富积累、财富保障、财富增值和财富分配。

(1) 财富积累，主要讨论的是家庭收支与债务管理；

(2) 财富保障，主要指针对人身、财产保障等的保险计划；

(3) 财富增值，主要解决的财务问题是教育和养老的资金需求和投资规划；

(4) 财富分配，包含税务安排和遗产分配。

3) 理财目标的两个层次

(1) 实现财务安全。

财务安全指个人或家庭对自己的财务现状充满信心，认为现有的财富足以应对未来的财务支出和其他生活目标的实现，不会出现大的财务危机。

(2) 实现财务自由。

财务自由是指个人和家庭的收入主要来源于主动投资而不是被动工作。一般来说，个人或家庭的收入来自以下两部分：一部分是工资薪金和其他与社会工作角色相关的收入，如养老金和年金等；一部分是个人或家庭进行金融投资或实业投资所得。

2．理财目标确定的原则

理财目标的确定必须遵循 SMART 原则，具体内容如表 7-1 所示。

表 7-1　理财目标确定的 SMART 原则

原　　则	说　　明
明确(Specific)	目标只有具体明确，理财师才能制订切实可行的理财方案
可量化和检验(Measurable)	目标具体、量化后理财方案实施中才能跟踪、检验执行效果
合理性和可行性(Attainable)	①客户现在的以及未来的财务资源是其理财目标得以实现的最重要的基础；②理财师需要使客户了解自身的期望将受制于有限的财务资源，理财不等于投机
实事求是(Realistic)	要尊重金融实务中客观规律的存在
时限和先后顺序(Time－binding)	理财师应在区分客户短期、中期和长期目标的基础上，结合客户的具体情况对其理财目标按照重要和急迫程度进行排序，从而在理财计划中确定实现的步骤以及财务资源的配置

3．确定理财目标的步骤

确定理财目标的步骤如下。

(1) 理财师应确保了解客户的基本信息、财务状况、可以运用的财务资源的准确性，并且通过交流和沟通，了解客户的风险偏好、投资需求和目标等主观判断信息。在确定客户的理财目标前，先征询客户的期望目标。

(2) 理财师根据对客户财务状况及期望目标的了解，初步评估客户的理财目标的可行性和合理性。

(3) 如果出现客户目标定得太低、太高或没有意识到的情况，理财师应征询客户的意见并和客户一起对理财目标进行调整，从而确定理财目标，使其具体、明确、合理、可行。

【例 7.4·判断题】个人理财规划在执行过程中会遇到一些影响，为了保证目标的实现必须坚持原则，不能进行个人理财规划的调整。(　　)[2015 年上半年真题]

【答案】B

【解析】理财目标的明确事实上已经是理财规划的重要内容，理财师通过帮助客户评估其自身期望目标的可行性，并在此基础上进行合理的调整，这一过程本身就是理财规划的重要组成部分。

六、理财规划方案的制定和提交

1．理财规划方案的内容

理财规划方案一般包含以下基本规划：家庭收支和债务规划、风险管理规划、退休养老规划、教育规划、投资规划、税务规划、财富分配和传承规划等。

1）家庭收支和债务规划

家庭收支规划，即家庭收支平衡规划，包含如下六方面内容。

(1) 家庭收支平衡规划的内容，包括家庭消费支出、债务规划和现金管理。债务管理其实就是个人、家庭不同时期收支平衡的问题。

(2) 家庭收支平衡规划的目的，不是简单保持家庭月或年收支平衡或略有盈余，它包括在不影响客户家庭生活品质和兼顾客户中、长期理财目标财务安排的基础上的收支平衡管理。

(3) 家庭收支储蓄表和资产负债表是分析家庭财务状况、进行家庭收支规划最重要的指标和工具。

(4) 家庭消费开支规划的内容及意义，主要是基于一定的财务资源，对家庭消费水平和消费结构进行规划，以达到适度消费，保证家庭的生活品质，满足客户一生的收支平衡。

(5) 家庭收入规划。与家庭开支管理对应的是家庭收入规划，两者往往是相互关联、一起筹划的，即"增收节支"。

(6) 现金管理规划，是进行家庭或者个人日常的、日复一日的现金及现金等价物的管理。现金规划的核心是建立应急基金，保障个人和家庭生活质量和状态的持续性稳定，是针对家庭财务流动性的管理。

【例 7.5·单选题】(   )的核心是建立应急基金，保障个人和家庭生活质量和状态的稳定性。[2015 年上半年真题]

　　A．保险规划　　　B．现金规划　　　C．投资规划　　　D．税收规划

【答案】B

【解析】现金管理规划是指进行家庭或者个人日常的、日复一日的现金及现金等价物的管理。现金规划的核心是建立应急基金，保障个人和家庭生活质量和状态的持续性稳定，是针对家庭财务流动性的管理。

2）风险管理规划

(1) 风险管理规划的含义。

风险管理规划是指客户通过对风险的识别、衡量和评价，并在此基础上选择与优化组合各种风险管理工具和方法，对风险实施有效管理和妥善处理风险所导致损失的后果，以尽量小的成本去争取较为完善的安全保障和经济利益的行为。

(2) 家庭在不同人生阶段所面临的主要风险。

主要包括投资风险、信用风险、责任风险、意外财产风险以及因为人身风险而引发的家庭财务危机。

(3) 家庭风险管理规划的主要内容。

财产保险、人身和重大疾病保险计划。

(4) 风险管理规划的目的。

通过对客户经济状况和保障需求的深入分析，帮助客户选择最合适的风险管理措施、工具，以保证家庭财富的保障和各项理财目标的顺利实现。

3) 退休养老规划

(1) 制定目的。

保证客户在将来有一个自立、尊严、高品质的退休生活。

(2) 关键内容和注意事项。

① 根据客户的财务资源对客户未来可以获得的退休生活进行合理规划，包括理想退休后生活设计、退休养老成本计算和退休后的收入来源估计和相应的储蓄、投资计划。

② 由于通货膨胀、生活水平提高等因素，退休养老成本高，远超许多人的预期。

③ 退休养老收入一般分为三大来源：社会养老保险、企业年金和个人储蓄投资，这些财务资源远远不能满足客户退休后的生活品质要求。理财师要建议客户尽早地进行退休养老规划，以投资、商业养老保险以及其他理财方式来补充退休收入的不足。

4) 教育规划

(1) 子女教育规划：包括对教育费用需求的定量分析；通过储蓄和投资积累教育专项资金；金融产品的选择和资产配置等内容。

(2) 自身教育规划：年轻客户群体自身的进一步进修和学习费用的规划。

5) 投资规划

(1) 投资方式。

① 投资股票、债券等证券；

② 进行房产、黄金、白银等实物投资；

③ 通过掌握企业经营权进行实业投资；

④ 委托专业团队进行"资产管理"，如投资公募证券投资基金。

(2) 理财规划师的工作。

根据客户的需求、风险属性，以及相关投资方法，按不同的比例把客户的资产科学地配置在不同的资产类别中，即资产配置；然后再根据每一类资产所配置的比例，为客户提供不同投资方式和产品的建议。

6) 税务规划

税务规划是帮助纳税人在法律允许的范围内，通过对经营、理财和薪酬等经济活动事先进行筹划和安排，充分利用税法提供的优惠与待遇差别，以减轻税负，达到整体税后利润收入最大化的过程。

7) 财富分配和传承规划

财富分配和传承规划是客户家庭综合理财规划的重要组成部分：

(1) 财产分配规划是指为了使家庭财产及其产生的收益在家庭成员之间实现合理的分配而做的财务规划。

(2) 财产传承规划是为了保证家庭财产实现代际相传、安全让渡而设计的财务方案，即遗产规划。

2．制定和提交书面理财规划方案

1) 理财规划书的要求

理财规划书要做到内容专业、科学，形式规范、标准。

2) 理财师对于理财规划书的说明

(1) 在向客户当面解释理财规划书的内容时，理财师应尽量做到简明扼要、通俗易懂。

(2) 在方案说明过程中，理财师应根据情况主动引导客户提出问题并做出回答。对于方案重点问题则应当详细阐述，并提请客户一一确认。

在这个过程中，理财师应注意以下八个方面的要求。

① 使用通俗易懂的语言，使客户清楚地了解理财规划书的内容和方案建议；

② 对各类假设情况、一些概念名词和(面临不确定情况时的)选择决定要具体说明；

③ 在介绍理财师的分析、建议时，要紧密结合客户的情况，把如何解决客户理财需求(目标)放在中心地位，避免产品宣传、推销的嫌疑；

④ 应多注意客户的反应和反馈，尽可能地鼓励客户多问问题，同时对客户的问题进行耐心地解释，自始至终让客户参与其中；

⑤ 给客户足够的时间消化并理解理财规划书的内容和建议；

⑥ 建议客户和家人讨论理财规划书的内容和建议；

⑦ 如实告知客户方案实施中可能涉及的风险、方案实施成本、免责条款，以及规划方案中没有解决的遗留问题和需要其他专业人士协助解决的问题等；

⑧ 必要时根据客户的反馈对理财规划书进行进一步修改，然后再与客户沟通、确认。

3) 客户签署客户声明

当规划书经过必要修改最终交付客户后，客户相信自己已经完全理解了整套方案，并且对方案内容表示满意，此时理财师可以要求客户签署客户声明。这是理财师提供理财服务的必要程序，有助于明确责任。

七、理财规划方案的执行

1．执行理财规划方案的原则

1) 了解原则

应以充分了解客户真实需求为基础，选择与客户情况、财务目标及方案实施要求相一致的金融产品和服务。

2) 诚信原则

理财师应对提供给客户的产品和服务进行深入的调查和恰当的评估，在有效的信息基础上形成专业判断，帮助客户选择和确定相应的金融产品和服务。

3) 连续性原则

由于理财规划方案实施时间跨度可能较长，理财师一方面应向客户提供持续的信息反馈、建议和专业指导意见，另一方面要为客户建立完整的客户档案，即使在本人不能再服务客户时，也可由别的理财师提供连续性金融服务。

【例7.6·多选题】在理财方案执行过程中，专业理财师应遵循的原则有( )。

A．了解原则　　　　　　B．平等原则　　　　　　C．诚信原则

D．自愿原则　　　　　　E．连续性原则

【答案】ACE

【解析】在理财方案执行过程中，专业理财师应遵循的原则主要包括了解原则、诚信原则和连续性原则等。

2．执行理财规划方案应注意的因素

1) 时间因素

理财师应对具体工作按照轻重缓急进行排序，明确工作的先后次序。

2) 人员因素

方案实施计划仅靠理财师自身难以完成，涉及许多其他领域的专业人士，如保险经纪人、律师和会计师、证券公司的投资顾问、房产中介、移民留学顾问等；有时方案实施过程中还需要客户家人一起参与。

3) 资金成本因素

理财师应注意把握好三个原则。

(1) 事先重复沟通，让客户有明确地预期，以避免接下来每笔资金的动用、每个类别资产买进卖出及需要交纳的相关费用都会引起客户反弹质疑；

(2) 强调理财规划方案的整体性，以及每个涉及资金、理财产品选择和执行成本具体决策的理由和目的；

(3) 在总体把握方案执行进度效果的同时，从客户的利益出发，跟踪分析、比较市场变化趋势和面临的不同选择，以降低客户的资金成本、费率，从而提高整体方案的执行效果和客户满意度。

八、客户档案管理

理财师应当对理财规划方案具体实施过程中产生的文件资料进行存档管理，形成客户档案。保存客户的档案和相关文件是相当重要的。

(1) 若以后发生针对理财师或者所在金融机构的法律纠纷，这些资料可作为有力证据，使理财师和所在机构能免于承担不必要的法律责任。

(2) 这些真实而详细的信息、记录，都是理财师不断加深对客户的了解、提升理财师服务水平和维护良好客户关系管理的重要支持。

(3) 理财规划过程中的许多客户资料、信息也可以作为公司和理财师的经验加以总结和归纳，供以后工作中的研究交流学习。

九、后续跟踪服务

理财师可以定期或者不定期地为客户提供后续跟踪服务，这是因为：

(1) 理财规划服务是个过程，不是一次性完成的，它包括为客户提供长期的服务和客户关系管理。

(2) 客户的理财目标有短期和长期之分，金融机构和理财师理想的目标是给客户提供

终生的专业理财服务，甚至成为客户家庭世代的理财师，这就需要理财师在提交理财规划方案之后不断地做好客户的后续跟踪服务。

(3) 综合理财方案所依据的数据是建立在预测基础上的，对未来的预估不可能完全准确或一成不变，这会导致方案的最终效果与当初的预期、目标产生较大差异。

(4) 从金融机构和理财师业务发展角度来说，接受全面理财规划和书面理财规划服务的理财客户，绝大多数都是素质较高的优质客户，如何通过后续跟踪服务，提升客户满意度、加强与客户的关系以实现客户生命周期价值最大化是每个理财师必须思考和努力的方向。

十、实施方案跟踪和评估服务

定期评估是理财服务的必要步骤和要求，也是理财师应尽的责任，其频率主要取决于以下三个因素。

1．客户的投资金额和占比

客户的投资金额越大或占比越高，就越是需要经常对其理财规划方案进行检测与评估。

2．客户个人财务状况变化幅度

如果客户正处在事业的黄金时期，收入增长较快；或者正面临退休，就需要理财师经常评估和修改理财方案。反之，家庭生活和财务状况比较稳定的客户就可以相应减少评估次数。

3．客户的投资风格

有些客户偏爱高风险高收益的投资产品，投资风格积极主动；而有些客户属于风险厌恶型的投资者，投资风格谨慎、稳健，注重长期投资。前者比后者更需经常性的理财方案评估。

十一、不定期评估和方案调整

1．需要进行不定期评估及方案调整的情形

(1) 宏观经济政策、法规等发生重大改变；

(2) 金融市场的重大变化；

(3) 客户自身情况的突然变动；

(4) 客户的理财目标发生改变。

其中，前两种为外部因素的变化，后两种为客户自身因素的变化。

2．理财师对不同情况的处理

1) 外部因素

理财师由于专业能力和资源优势，能更早获悉到外部因素的变化及其影响，应主动联系客户，尽快通知，提醒客户采取正确的应对措施。

2) 客户自身因素

对于客户自身情况变化，一般是客户主动与理财师联系，寻求建议。

十二、从跟踪服务到综合规划的螺旋式提升

作为一名理财师，要把专业理财规划服务作为核心竞争力。

理财师要实现由"对客户可投资性资产提供投资产品建议"转向"客户家庭资产负债的全面管理"，更重要的是要帮助客户"做好每一个家庭财务决定"，实现其理财目标和人生幸福。

理财师应注意长期价值创造与品牌提升。

专业理财师要严格遵守行业相关的政策法规和职业操守，通过自己的专业技能和优异的服务，获取客户的信赖和认可，从而真正做到机构利益、客户利益以及自身的职业生涯发展三者之间的共赢。

【过关练习】

一、单选题(下列选项中只有一项最符合题目的要求)

1. 银行从业人员在制定投资规划时首先应考虑的是(   )。

    A．投资工具的风险较低

    B．投资工具适合客户的财务目标

    C．投资工具的收益较高

    D．投资工具的流动性较好

【答案】B

【解析】根据其理财目标和自身情况为客户制定的投资计划，并不是单纯地追求更高的投资收益，合理的投资规划是根据客户自身情况制订的风险与收益的平衡选择，更是为客户不同时期有所不同的理财目标而设计的，实现既定的理财目标和预期收益是最好的评价标准。

2. 以下关于退休规划表述正确的是(   )。

    A．投资应当非常保守

    B．对收入和费用应乐观估计

    C．规划期应当在五年左右

    D．计划开始不宜太迟

【答案】D

【解析】退休养老收入来源包括：①社会养老保险；②企业年金；③个人储蓄投资。当前大多数退休人士退休后的收入来源主要为社会养老保险，部分人有企业年金收入，但这些财务资源远远不能满足客户退休后的生活品质要求。因此，理财师要建议客户尽早地进行退休养老规划，以投资、商业养老保险以及其他理财方式来弥补退休收入的不足。

3. (   )不是税务规划的目标。

    A．减轻税负、财务目标、财务自由

    B．达到整体税后利润最大化

C. 收入最大化

D. 偷税漏税

【答案】D

【解析】税务规划是帮助纳税人在法律允许的范围内，通过对经营、理财和薪酬等经济活动的事先筹划和安排，充分利用税法提供的优惠与待遇差别，以减轻税负，达到整体税后利润、收入最大化的过程。在理财行业蓬勃发展后，理财师的工作重心逐渐由早期的"投资顾问"服务转向包括"财务分析、财务规划"在内的财务资源综合规划服务，以使其在财务资源效用最大化的基础上，能够实现客户的各项财务目标、财务自由。

4. 客户关系建立的过程是客户和专业理财师从不认识到熟悉，从熟悉到了解，从了解到理解的过程。客户关系的基础是(　　)。

A. 利益

B. 信任

C. 忠诚

D. 双赢

【答案】B

【解析】客户关系建立的过程是客户和专业理财师从不认识到熟悉，从熟悉到了解，从了解到理解的过程。客户关系的基础是信任，没有好感、信任，理财师难以了解客户，客户也不愿接受理财师的服务。

5. 当个人和家庭由于某种意外的原因出现收支不平衡时，需要采取的必要措施是(　　)。

A. 资产管理

B. 收入管理

C. 支出管理

D. 风险管理

【答案】D

【解析】"天有不测风云"，每个家庭在理财规划中必须考虑风险管理，因为财务风险会成为影响客户实现不同人生阶段理财目标的不利因素。一个家庭在其不同的人生阶段，涉及大量的风险，所以人们需要对自己的家庭及个人进行风险管理计划。

二、多选题(下列选项中有两项或两项以上符合题目要求)

1. 理财师的工作流程概括为：①接触客户，建立信任关系；②收集、整理和分析客户的家庭财务状况；③明确客户的理财目标；④制订理财规划方案；⑤理财规划方案的执行；⑥后续跟踪服务。但面对(　　)情况时，理财师不必拘泥于这几个步骤。

A. 新开发客户

B. 相识且需求明确的客户

C. 只需要做某一方面的具体规划的客户

D. 老客户

E. 理财师已有丰富的工作经验

【答案】BCD

【解析】在日常工作中，面对具体客户和不同情形时，理财师不必拘泥于几个步骤这一形式或者某一特定的工作方法，而是应当以客户的需要和具体案例为准。例如，对于与本机构或理财师本人已经相识、关系到位且需求明确的客户，接触客户建立信任关系的步骤可以省略；在对客户很熟悉、对其情况很了解时，收集分析客户家庭财务状况的步骤也可以简化；再者，有时客户明确表示只需要做某一方面的具体规划，如教育投资规划等，那么理财师在时间分配和工作方法上也要做出相应调整。

2．一般来说，个人或家庭的收入来源有(   )。

    A．工资薪金　　　　　　　　　B．其他与社会工作角色相关的收入

    C．个人或家庭进行金融投资所得　D．个人或家庭进行实业投资所得

    E．政府救济

【答案】ABCD

【解析】财务自由是指个人和家庭的收入主要来源于主动投资而不是被动工作。一般来说，个人或家庭的收入来自于以下两部分：①一部分是工资薪金和其他与社会工作角色相关的收入如养老金和年金等；②一部分是个人或家庭进行金融投资或实业投资所得。

3．进行退休生活合理规划的内容主要有(   )。

    A．工作生涯设计

    B．退休后理想生活设计

    C．退休养老成本计算

    D．退休后的收入来源估计

    E．储蓄、投资计划

【答案】BCDE

【解析】制定退休养老规划的目的是保证客户在将来有自立、尊严、高品质的退休生活。退休规划的关键内容和注意事项之一就是根据客户的财务资源对客户未来的退休生活进行合理规划，内容包括退休后理想生活设计、退休养老成本计算和退休后的收入来源估计和相应的储蓄、投资计划。

4．理财涉及客户的资金调用和调整成本，在这方面理财师应注意把握好的原则有(   )。

    A．事先重复沟通

    B．让客户有明确的预期

    C．强调理财规划方案的整体性

    D．对方案执行进度效果进行总体把握

    E．降低客户的资金成本、费率

【答案】ABCDE

【解析】理财涉及客户的资金调用和调整成本，因而在这方面理财师应注意把握好三个原则：①事先重复沟通，让客户有明确的预期，以避免接下来每笔资金的动用、每个类别资产买进卖出及需要交纳的相关费用都会引起客户反弹质疑；②强调理财规划方案的整体性，以及每个涉及资金、理财产品选择和执行成本具体决策的理由和目的；③在总体把握方案执行进度效果的同时，从客户的利益出发，跟踪分析、比较市场变化趋势和面临的不同选择，以降低客户的资金成本、费率，从而提高整体方案执行效果和客户满意度。

5. 下列宏观经济政策措施中，对个人理财产生影响的有(   )。

A．税务、养老金政策变化　　　　B．公积金政策变化

C．利率、汇率政策的突然调整　　D．政府决定对某个领域进行改革或整顿

E．客户继承大笔遗产

【答案】ABCD

【解析】某些突发和重大情况会涉及理财方案的调整，譬如：①宏观经济政策、法规等发生重大改变，比如政府决定对某个领域进行改革或整顿，相关法律法规的修订，税务、养老金政策、公积金政策等的变化，利率、汇率政策的突然调整等；②金融市场的重大变化；③客户自身情况的突然变动。

三、判断题(请对下列各题的描述做出判断，正确的用 A 表示，错误的用 B 表示)

1. 一般而言，人们的退休规划开始时间是越早越好。(   )

【答案】A

【解析】退休养老收入一般分为三大来源：社会养老保险、企业年金和个人储蓄投资。当前大多数退休人士退休后的收入来源主要为社会养老保险，部分人有企业年金收入，但这些财务资源远远不能满足客户退休后的生活品质要求。因此，理财师应建议客户尽早地进行退休养老规划，以投资、商业养老保险以及其他理财方式来补充退休收入的不足。

2. 税务规划与偷税漏税不同，但与避税行为有时难以区分，从某种程度上讲税务规划的目的就是合理避税。(   )

【答案】B

【解析】税务规划是帮助纳税人在法律允许的范围内，通过对经营、理财和薪酬等经济活动事先进行筹划和安排，充分利用税法提供的优惠与待遇差别，以减轻税负，达到整体税后利润收入最大化的过程。

3. 对于一名理财师，要想成功留住客户，必须将自己伪装成一个无所不能的人。(   )

【答案】B

【解析】理财师应该坦诚地让客户知道自己的工作职责，清楚表达能为客户提供和不能为客户提供的服务。没有一个专业人士是全能的，专业理财师没有必要去假装或默认自己并不能胜任的角色。

4. 定量信息更多的是靠与客户沟通过程中的观察和了解来获得。(   )

【答案】B

【解析】定量信息主要靠理财师收集，定性信息更多的是靠与客户沟通过程中的观察和了解来获得。

5. 一般而言，人们对退休后的财务资源要求比较低。(   )

【答案】B

【解析】大多数退休人士的收入较退休前有较大的落差，而退休人士往往对其退休后的生活品质极为关注，很多兴趣爱好退休前因为工作繁忙而留至退休后去实现，因此对退休后的财务资源要求非常高。

第八章　理财师金融服务技巧

【考查内容】

本章的主要考查内容有以下几点。

(1) 理财师的"仪表"礼仪、会见客户礼仪；

(2) 理财师的沟通技巧；

(3) 时间管理的定义、方法及实践；

(4) 电话沟通要点，接听和外拨礼仪；

(5) 金融产品卖点总结方法与服务推荐流程。

【备考方法】

本章介绍性的内容比较多，难度不大。考生要对理财师金融服务有大致的了解，熟悉涉及的具体技巧和方法，对提到的注意事项要特别注意。一般出现判断题的概率较大，重点考察细节，考生可联系实际理解记忆，并通过大量的真题反复练习来巩固知识点。

【框架结构】

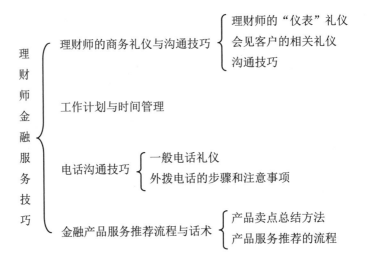

【核心讲义】

一、理财师的商务礼仪与沟通技巧

商务礼仪是在职场交流或商务活动中，对合作者、客户等表示尊重和友好的一系列行为规范，是礼仪在商务活动过程中的具体运用。商务礼仪以礼仪为基础和内容，与礼仪有共同的基本原则：尊重、友好、真诚。

1．理财师的"仪表"礼仪

1) 个人形象六要素

(1) 仪表——仪表者外观；

(2) 表情——第二语言，此时无声胜有声；

(3) 风度——优雅的举止；

(4) 服饰——教养与阅历的最佳写照；

(5) 谈吐语言——低音量、慎选内容、礼貌用语；

(6) 待人接物——诚信为本、遵守时间。

2) 着装的"TOP"原则

(1) Time(时间)：着装分春夏秋冬；

(2) Objective(目的)：不同目的会面的着装应有区别，如首次与VIP客户见面，着装应较正式；

(3) Place(场合)：不同场合着装不同，如约见客户和闲暇逛街对着装的选择不同。

3) 男女着装具体注意事项

(1) 男士着装的三个三原则。

① 三色原则：在正式场合穿西服套装时，全身颜色尽量限制在三种之内。

② 三一定律：即三位一色，指男士穿着西服、套装时，鞋子、腰带、公文包的色彩最好统一。

③ 三大禁忌：袖口商标没有拆；正规场合穿黑皮鞋、白袜子；正规场合短袖配领带。

(2) 女士着装注意事项。

① 女士着装六不准：不杂乱无章；不过分鲜艳；不过分暴露；不过分透视；不过分短小；不过分紧身。

② 对手表及色彩要求：女士尽量不选择时装表；色彩尽量不超过3种。

4) 女性理财师化妆注意事项

(1) 自然，"妆成有却无"的状态；

(2) 美化，不过分时尚，不标新立异，符合常规审美标准；

(3) 避人，理财师是专业人士，有品位教养，不应当众化妆；

(4) 协调，颜色协调、质地协调；

(5) 佩戴首饰总的要求：符合身份，以少为佳。

【例8.1·单选题】作为专业理财规划师的王小姐首次拜访客户时应(   )。

A．为了给客户留下深刻印象，身穿七彩裙

B．多多佩戴昂贵的首饰，以此显示自己的地位

C．穿超短裙，显示自己年轻活力

D．化淡妆，以示尊重客户

【答案】D

【解析】化妆是自尊自爱的表现，同时也是对客户尊重的体现。化妆时应达到自然，"妆成有却无"的状态。佩戴首饰总的要求是符合身份，以少为佳。

2．会见客户的相关礼仪

1）守时

主动约见客户，应事先沟通好，尽量提前几分钟或准时赴约。若提前或晚到时间较多(如十分钟以上)，应当通知客户。

2）握手与自我介绍

(1) 握手。

① 要面带笑容、稍许用力，目视对方、稍事寒暄。

② 伸手握手先后次序：

第一，男女之间，女士先；

第二，长幼之间，长者先；

第三，上下级之间，上级先，下级趋前相握；

第四，迎接客人，主人先；

第五，送走客人，客人先。

③ 握手的动作需注意：

第一，身体前趋，右臂向前伸出，与身体略成五六十度的角度，目视对方；手掌心微向左上，拇指前指，目视对方，四指并拢，虎口相对，全掌相握。

第二，握手的力度，热烈而有力，代表信心、热情、勇气和责任心。

第三，握手的时间，轻摇3～4下，整个过程不超过5秒。

④ 握手注意事项：

第一，不可滥用双手；

第二，不可交叉握手；

第三，双眼要注视对方；

第四，手不可向下压；

第五，不可用力过度。

(2) 自我介绍。

① 先递名片再介绍；

② 介绍时间简短；

③ 内容规范、完整，一般包括：单位、部门、职务、姓名等。

3）交换名片

交换名片的礼仪包含三个方面，如表8-1所示。

表8-1　交换名片的礼仪

步　骤	礼　仪
名片的准备	①名片不要和钱包、笔记本等放在一起，原则上应使用名片夹； ②名片可放在上衣口袋(但不可放在裤兜里)； ③要保持名片或名片夹的清洁、平整

步　骤	礼　仪
接收 名片	①必须起身接收名片； ②应用双手接收； ③接收的名片不要在上面作标记或写字； ④接收的名片不可来回摆弄； ⑤收到名片时，要认真地看一遍，熟悉对方的姓名、职务等； ⑥不要将对方的名片遗忘在座位上，或存放时不注意落在地上
递名片	①递名片的次序是由下级或访问方先递名片，如是介绍时，应先由被介绍方递名片； ②递名片时，应说些"请多关照"、"请多指教"之类的寒暄语； ③互换名片时，应用右手拿着自己的名片，用左手接对方的名片后，用双手托住； ④在会议室如遇到多数人相互交换名片时，可按对方座次排列交换名片； ⑤应称呼对方的职务、职称，尽量不使用"你"字或直呼其名

4) 交谈礼仪

(1) 表情认真。倾听时要目视对方，全神贯注。交谈时双方目光接触应该占总的交谈过程的一半以上，但并不意味着目不转睛地直视。

(2) 动作配合。

(3) 语言合作。即在倾听过程中，要注意语言的回应。

(4) 谈话要温和委婉。

5) 站姿、坐姿、行走、鞠躬礼仪

(1) 站姿基本要求。

站立时抬头、目视前方、挺胸直腰、肩平、双臂自然下垂、收腹，两脚分开、比肩略窄，将双手合起，放在腹前或背后。

(2) 坐姿基本要求。

① 走到座位正面，轻轻落座，避免扭臀寻座或动作太大引起椅子发出响声。

② 造访生客时，落座在座椅前 1/3 处；造访熟客时，可落座在座椅前 2/3 处，不得靠倚椅背。

③ 女士落座时，应用两手将裙子向前轻拢，以免坐皱或显出不雅。

④ 听人讲话时，上身微微前倾或轻轻将上身转向讲话者，用柔和的目光注视对方；根据谈话内容确定注视时间长短和眼部神情，不可东张西望或显得心不在焉。

(3) 行走基本要求。

身体协调、姿势优美，步伐从容、步态平稳、步幅适中、步速均匀，走成直线。女走一字步，男走两条线；脚抬起，不要拖着地走；男不扭腰，女不晃臀。

(4) 鞠躬基本要求。

应从心底发出对对方表示感谢、尊重的意念，从而体现于行动，给对方留下有诚意、守信用的印象。

3．沟通技巧

1）　表达能力

(1)　口头表达能力。

①　要求：吐字清晰、语速中等，说话简明扼要、层次分明、用词妥当、有逻辑性、有针对性，既不夸夸其谈，也不避重就轻。

②　建议：在面对客户前可以把要讲的话打好草稿，练习几遍；要把复杂问题简单化、把专业内容通俗化。

(2)　书面表达能力。

理财师撰写理财规划报告时，书面表达能力是和客户成功沟通的关键之一，因此理财规划书的制作必须按照一定的标准格式和制作流程完成。

2）　聆听的技巧

沟通是双向的。成功的沟通应做到：角色互换、鼓励发言、仔细倾听。

3）　提问的技巧

对提问的问题进行分类，有利于根据工作需要找出更有效的提问技巧或方式。

(1)　两种题型的问题。

①　开放式问题。

A．含义。

开放式问题是指能让客户充分阐述自己的意见、看法及陈述某些事实现状的提问方式，可以让客户自由发挥。这种提问方式便于充分发掘客户需求、获取更多有用信息，让客户多说话。

B．提问方式。

直接提问，如"您目前的家庭财务状况如何、收入怎么样"；

间接提问，如"我有个朋友……不知道您的看法如何……"。

②　封闭式问题。

封闭式问题是指让客户针对某个主题在限制选择中明确回答的提问方式，即答案为"是"或"否"，或是量化的事实。封闭式提问只能提供有限的信息，一般多用于重要事项的确认。

③　提问的注意事项。

理财师要善于灵活掌握提问的步骤。营销会谈中，应先多问开放式提问，充分发掘客户需求；当某项客户需求已较为明确时，再进行封闭式提问，以获得客户的认同。此外，理财师要善于将封闭式提问转化为开放式提问，有助于增强沟通效果。

(2)　两大类内容的问题。

①　事实性的问题。

理财师必须注意，事实性的问题不要问得太突兀。在问一些客户比较敏感的事实性问题时，可以先有一些铺垫。有些事实性问题则可以直接问得具体明确，比如在收集客户的财富保障、保险情况时，理财师可以直截了当地询问。

②　感受性的问题。

多要求对方叙述对事物的认识、态度。感受性问题的典型代表是了解客户对金融理财服务以及相关的一些领域比如保险、投资的看法。

【例8.2·判断题】在营销会谈中，理财师应先多问封闭式问题以获得客户的认同。（　　）

【答案】B

【解析】在营销会谈中，应先多问开放式问题，充分发掘客户需求；当某项客户需求已较为明确时，再进行封闭式提问，以获得客户的认同。

4)　肢体语言运用能力

(1)　在面对面沟通中，肢体语言往往比语言本身对沟通效果的影响更重要。

(2)　肢体语言的形式包含三方面：面部表情、身体角度、动作姿势。

(3)　肢体语言传递的信息：认可、犹豫和拒绝。其典型表现如表8-2所示。

表8-2　认可、犹豫、拒绝三种状态的具体表现

状态	具体表现		
	面部表情	身体角度	动作姿势
认可	轻松、微笑，直接且柔和的目光接触，积极与富有情感的语调	身体前倾，双手摊开，握手有力	双臂放松，一般不再交叉，双腿交叉叠起并朝向你
犹豫	迷茫或者困惑，躲避的目光，伴随着疑问或者中性的语调	朝远离你的方向倾斜	双臂交叉，略显紧张，双手摆动或手上拿着笔等物品不停地摆弄着，握手乏力
拒绝	表现出生气与紧张或者忐忑不安的样子，锁紧双眉，不再与你有目光接触，伴随着低沉与消极的语调	突然起身，整个身体背向你或者缩紧双肩，身体向后倾斜，显示出"拒人于千里之外"或者"心不在焉"的态度，一些客户利用清嗓子，擦手或用力地一捏耳朵，环顾左右等方式传达明显的抵触情绪	双臂交叉并紧紧抱在胸前，握手乏力或做出拒绝的手势，双腿交叉并远离你

理财师要善于发现客户的情绪变化，当发现客户的负面情绪后，应停下来询问客户，切忌继续滔滔不绝讲下去。而当发现客户兴趣很高时，不应打乱节奏去故作幽默或转移话题，而应把握机会，一方面不断得到客户认同，另一方面流畅、简明地向客户解释自己的观点，以达到预期的会面成果。

二、工作计划与时间管理

1. 时间管理的含义及发展阶段

时间管理，是指研究如何合理、有效地组织、运用时间资源，以达到工作和生活的目标。美国著名管理学大师史蒂芬·柯维认为对时间管理的认识、实践可分为四个阶段。

1) 第一代时间管理

着重利用便条与备忘录，在忙碌中调配时间与精力，但缺点在于并不存在"优先概念"，对于重要而非必要的事情并无突出。

2) 第二代时间管理

强调行事历程与日程表，反映了在时间管理上已注意到规划未来的重要，但仍没有轻重缓急之分。

3) 第三代时间管理

是目前正流行、讲求优先顺序的观念，即依据轻重缓急设定短、中、长期目标，再逐日制定实现目标的计划，将有限的时间、精力加以分配，争取最高的效率。缺点在于可能会因过于死板，而缺少个性化、任性化。

4) 第四代时间管理

从根本上否定了"时间管理"这个名词，主张关键不在于时间管理，而在于个人管理。以原则为中心，考虑个人对使命的认知，兼顾重要性与紧迫性，着重完成战略性事务。

2．时间管理的重要性

时间管理的重要性主要体现在以下几个方面。

1) 对人生和生命的管理

管理好时间就是管理好人生，人们可以靠有效地利用时间来获得更多的资源。

2) 工作效率的提高

实际工作中，时间管理的目的是将时间合理投入到与目标相关的工作上，从而可以提高工作效率，减轻工作压力，同时也有更充裕的时间对下一步工作包括家庭生活有所安排。

(1) 对于管理者而言：管理时间可使其获得更多的"空闲时间"，从事更多重要但不紧急的事务，提升组织效能，最终促进团队和组织目标的实现。

(2) 对于个人而言：有效管理时间可能升职加薪，获得事业上的进步和家庭生活的幸福。

3) 生活质量的改善

进行时间管理是一个良性循环的过程，对于工作、生活的改善都大有帮助。

3．时间管理的方法

1) 时间管理优先矩阵

根据时间管理理论，可以把事件或工作按其紧迫性和重要性分成 ABCD 四类，形成时间管理的优先矩阵，以此来进行时间管理，如图 8-1 所示。

	紧急 ——————→	不紧急
重要 ↓ 不重要	A 重要 紧迫	B 重要 不紧迫
	C 紧迫 不重要	D 不紧迫 不重要

图 8-1　时间管理的优先矩阵

其中，紧迫性指必须立即处理的事情，不能拖延。重要性与目标是息息相关的。有利于实现目标的工作都称为重要工作，越有利于实现核心目标，就越重要。

应记住，良好的习惯是：先做重要又紧急的事情，多做重要不紧急的事情，少做紧急不重要的事情，不做不重要不紧急的事情。

2)　制定合理目标

(1)　目标设定原则(SMART)。

①　Specific 具体的，目标越具体越可以把控和具有约束力；

②　Measurable 可以计量的，目标应该有判断标准，而且能分阶段衡量；

③　Attainable 可以达到的，目标科学、可行是理想，否则就是幻想；

④　Reasonable 合理的，只有制定目标的流程规范、条件判断准确，目标才科学可行；

⑤　Time 有时限性的，设定没有期限的目标没有约束力。

(2)　目标设定注意事项。

目标设定是一个持续的过程。目标不是永恒不变的，当目标设定不合适时需要重新修订。在制订和修订目标过程中，理财师需注意和尝试以下两点。

①　重视书面目标。设定目标最好用白纸黑字写下来，从而明确目标。

②　目标设定要用文字描述出来。

3)　遵循 20:80 定律

20:80 定律适用于生活工作中的很多事情。在工作上，理财师应当集中时间和精力去完成重要艰巨的工作任务，即把 80%的时间放在 20%最重要的事情上。

4．理财师时间管理实践

理财师在日常工作中可以使用的几点时间管理小技巧主要有以下几点。

1)　创造良好的办公桌环境

创造干净整洁的办公桌环境的方法包括但不限于：

(1)　尽量保持桌面整洁，只留正在做的事情的相关文件；

(2)　工作中经常要用到的用品应容易取得；

(3)　每一件物品应摆放在固定的位置，用完之后即刻归于原位；

(4)　定期处理不需要的文件，避免东西的无谓增加。

2)　养成及时高效的邮件处理习惯

(1)　收邮件时。

①　遵循三"R"政策，即 read(阅读)，respond(回复)和 remove(清理)。

②　限制每天处理邮件的次数，同时尽量避免在工作时处理私人邮件。

③　尽快处理需要处理的邮件，不要让邮件堆积起来，及时删除不再需要的邮件。

④　对于需要保留的邮件及时进行分类，并放在规定的文件夹内。

⑤　过滤垃圾邮件。及时删除垃圾邮件以及自己订阅的却很少阅读的邮件。

(2)　发邮件时。

①　使用有意义的标题，使收信人一眼明了从而区别于垃圾邮件。

②　邮件简明扼要。

③　不要忘记电话。电话可以产生一对一亲自接触的效果，并能及时收到反馈，对推

动特定事项进展能有更高的效率。

3) 进退得宜地处理社交事项

(1) 解决过多电话的时间管理方法。

① 阻绝干扰。具体步骤为：处理、转接、暂缓、速办。

② 集合所有电话。在某时间段把电话一起回掉，能高效解决所有电话问题，避免工作时间的被动割裂。

(2) 解决过多机动事项干扰的时间管理方法。

① 不要一味苛求受到别人的赞许或者接纳；

② 不要怕会冒犯别人；

③ 对于义务的认识要正确；

④ 学会如何拒绝，聆听别人的要求。

4) 有效利用零散时间

例如在每日上下班路上，或是在旅行途中、等待中(例如等火车飞机、看病、交费等)的零散时间里，都可以做一些小事。

三、电话沟通技巧

1．一般电话礼仪

1) 影响电话效果的三要素

(1) 时间和空间的选择，以客户的要求为准，打电话不要选择过于嘈杂的环境。

(2) 通话的态度，理财师通话时的声音、语调、语速和用词会大大影响电话沟通的结果。

(3) 通话的内容，应力求通俗易懂、简明扼要；电话中应避免使用对方不能理解的专业术语或简略语。

2) 电话沟通态度的四个要点

(1) 声音，热情悠扬的声音可增加客户对自己和公司的信任度。

(2) 语调，使用柔和的语调，注重突出和强调重要的词语，适当的沉默可以使客户感觉到你在倾听。

(3) 语速，稍慢的表达能营造轻松的气氛，适当的停顿有助于更清楚地表达。

(4) 词语，使用礼貌、专业、适当的词语；简明扼要，必要时事先打好草稿。

3) 电话接听的基本程序和注意事项

(1) 迅速接听电话。一般电话铃响不超过三声，应拿起电话。若超过四次铃响以后才接，要致歉。

(2) 致以简单问候。

(3) 自报单位名称和个人姓名。比较正规的电话应答可能要求单位、部门和个人姓名三者内容都要有。

(4) 认真倾听。

(5) 必要时认真记录谈话内容或对方要求。

(6) 感谢对方来电。

(7) 结束通话时要后挂电话。

(8) 如果电话讲到中途断线，接听电话的一方，应把电话放下，并等候对方再拨电话来，而打电话的一方要再拨一次，在再次接通电话后，应说明情况并致歉。

4) 电话沟通的称呼和其他注意事项

(1) 正确使用称呼。

① 按职务称呼：了解客户的姓名和职务，按照姓氏冠以职务称呼。如只知其姓氏而不知其职务，也可按照姓氏冠以"先生"或"小姐"、"女士"进行称呼。

② 按年龄称呼：在无法了解姓名和职务的情况下，可根据客户的年龄状况予以尊称。

③ 按身份称呼：对军队官员有军衔、职务称呼，暂时不清楚军衔的官员可统称"首长"；对无官衔的士兵可称"解放军同志"。对地方官员按职务称呼，如暂不清楚职务的可统称"先生"。对宗教人士，按教名称呼，如天主教称主教、神甫；基督教称牧师；道教称道士、道长；佛教称方丈、师父。

(2) 其他电话沟通时的注意事项。

① 正确使用敬语。

② 对容易造成误会的同音字和词要特别注意咬字清楚。

③ 接听电话，语言要简练、清楚、明了，不要拖泥带水、浪费客户时间，引起对方反感。

④ 接听或打电话时，尽量少开玩笑或使用幽默语言。

⑤ 对方拨错电话时，要耐心地告诉对方"对不起，您拨错电话号码了"，不要得理不让人，造成客户不愉快；自己拨错了电话号码，一定要先道歉，然后再挂线重拨。

2. 外拨电话的步骤和注意事项

1) 陌生电话约访

(1) 陌生电话前的准备工作。

① 了解电访客户的背景；

② 了解本行的产品服务及其优势；

③ 明确电话目的和内容、话术；

④ 做好心理准备。

(2) 开场的基本认知。

① 自信。想要电访成功，必须让客户相信你。要做到这一点，必须让客户感受到电话里你的自信，理财师应注意避免以下事项：

第一，用字遣词充满了"可能"、"或许"、"好像"、"应该"等不确定的字眼，说话声调微弱甚至颤抖。

第二，不太敢介绍自己的银行或表明自己的身份，在介绍产品的时候畏首畏尾。

第三，在初次介绍产品之后，总是会问客户"不知道×先生有没有兴趣？"或习惯说"参考看看"。只要客户稍微质疑或拒绝就立刻退缩、放弃。

② 亲和力。"开场"是通话、沟通的开始，须靠令人舒服的亲和力取得客户的好感。"微笑"、"热诚"等声音技巧可以协助提升亲和力。

(3) 陌生电话沟通的步骤和关键。

① 在简单开场、寒暄后应通过运用简单提问技巧，获得线索，发掘客户需求；接着向客户提问事先设计好的简单问题，得到想要的线索，了解客户需要及在意的到底是什么。

② 理财师应尽量争取第一时间引发客户的兴趣。第一次陌生电访时间最好控制在 5 分钟之内，如果已经确定客户是目标客户，找到客户在意点，打动客户。

③ 在通话中，当客户表达出一定的意愿时，理财师应与客户敲定见面时间或下一步安排。约时间要用封闭式提问，让客户二选一，当客户犹豫的时候，可以提及进行中的促销活动或产品畅销、时间的紧迫感，以此推动一下客户敲定时间。

④ 如果客户表明没有意愿，或目前没有闲置资金不可能投资，仍要留伏笔或者创造其他销售机会。

⑤ 客户暂时虽无投资意愿，但经过了解确定其是有潜力的客户，可以征求意见并通过邮寄资料或者 E-mail 资料的方式保持沟通，同时可请求客户推荐客户。

2) 一般外拨电话应注意事项

(1) 预先将电话内容整理好(以免届时遗漏信息或讲话混乱)；

(2) 电话接通后致以简单问候；

(3) 作自我介绍；

(4) 使用敬语；

(5) 说明自己要找的人的姓名：这时也可能理财师不找或不知道找具体的人，可简要说明要找的部门或电话事由；

(6) 确定对方为要找的人并致以简单的问候；

(7) 按事先准备的 1、2、3…事由逐条简述；

(8) 确认对方是否明白或是否记录清楚；

(9) 致谢语、再见语；

(10) 等对方放下电话后，自己再轻轻放下。

四、金融产品服务推荐流程与话术

1. 产品卖点总结方法

1) SPACED 法

总结产品卖点时，不论有形还是无形，都可以从安全、性能或外观等几方面去概括，即 SPACED 法，如图 8-2 所示。

• *Safety*	安全/安定	风险属性
• *Performance*	性能/绩效	收益特性
• *Appearance*	外观形象	历史业绩/公司品牌
• *Comfortability*	舒适/方便	客服内容
• *Economy*	经济/节省	费率
• *Durability*	耐用/持续	业绩的可持续性

图 8-2 产品卖点总结——SPACED 法则

2) SCORE 法

结合金融行业的特殊性，提出有针对性的金融产品服务卖点总结 SCORE 法，即任何金融产品或服务卖点可以从如下几方面概括：

(1) 安全性(Safety)，会不会亏损、有无风险；

(2) 灵活性(Control)，取钱或兑现问题；

(3) 规范性(Order)，规范操作、管理问题，如每日公布净值、每月邮寄对账单、资金托管在银行等；

(4) 回报(Results)，收益率；

(5) 其他一些特殊的卖点或优势(EtC.)，如有奖销售或费率优惠。

2．产品服务推荐的流程

1) FABE 简介

FABE 法则是指销售人员运用产品的特征 F(Feature)和优势 A(Advantage)作为支持，把产品的利益 B(Benefit)和潜在顾客的需求联系起来，详细介绍所销售的产品如何满足潜在顾客的需求，并用"证据"E(Evidence)来说服顾客。

2) FABE 产品服务推介法使用原则

FABE 产品服务推介法使用原则有：①巧妙引导、激发需求；②突出核心价值、展示亮点；③强调利益、因客而异；④罗列证据、反复证明。

【例 8.3·多选题】FABE 产品服务推介法使用原则有( )。

　　A．巧妙引导、激发需求

　　B．突出核心价值、展示亮点

　　C．言简意赅

　　D．强调利益、因客而异

　　E．罗列证据、反复证明

【答案】ABDE

【解析】FABE 法则是指销售人员运用产品的特征 F(Feature)和优势 A(Advantage)作为支持，把产品的利益 B(Benefit)和潜在顾客的需求联系起来，详细介绍所销售的产品如何满足潜在顾客的需求，并用"证据"E(Evidence)来说服顾客。在使用 FABE 法则时，理财师需要遵循以下四个原则：①巧妙引导、激发需求；②突出核心价值、展示亮点；③强调利益、因客而异；④罗列证据、反复证明。

【过关练习】

一、单选题(下列选项中只有一项最符合题目的要求)

1．男士着装三色原则是指( )。

　　A．男士在正式场合穿着西服套装时，全身颜色尽量多于三种

　　B．男士在正式场合穿着西服套装时，全身颜色尽量限制在三种之内

　　C．男士在正式场合穿着西服套装时，全身颜色尽量等于三种

　　D．三色原则中"三"是泛指，只要颜色不要过于多就可以

【答案】B

【解析】三色原则是指男士在正式场合穿着西服套装时，全身颜色尽量限制在三种之内，否则就会显得不伦不类，失之于庄重。

2．下列不属于成功沟通做法的是( )。

A．角色互换　　B．鼓励发言　　C．仔细倾听　　D．不懂就问

【答案】D

【解析】沟通一定是双向的，它不仅包括说也包括听。成功的沟通，应该能做到下列三点：角色互换、鼓励发言、仔细倾听。

3．( )是指研究如何合理、有效地组织、运用时间资源，以达到工作和生活的目标。

A．时间管理　　B．工作计划　　C．生活计划　　D．日常管理

【答案】A

【解析】时间管理是指研究如何合理、有效地组织、运用时间资源，以达到工作和生活的目标。时间管理是日常事务中执行的一种有目标的可靠的工作技巧，关键是合理有效地利用可以支配的时间。

4．下列哪一项不是理财师日常生活中时间管理小技巧？( )

A．创造良好的办公桌环境　　　　B．养成及时高效的邮件处理习惯

C．进退得宜地处理社交事项　　　　D．有效利用成块时间

【答案】D

【解析】在理财师实际工作中，常常会有许多外在因素和内在因素影响着理财师的时间管理行为。良好的习惯养成将有助于减少时间管理不良现象的发生。日常工作中理财师可以使用的时间管理小技巧包括：①创造良好的办公桌环境；②养成及时高效的邮件处理习惯；③进退得宜地处理社交事项；④有效利用零散时间。

5．创造干净整洁的办公桌环境的方法不包括下列哪一项？( )

A．尽量保持桌面整洁，只留正在做的事情的相关文件

B．工作中经常要用到的用品应容易取得

C．每一件物品摆放的位置不是固定不变的，根据方便随时调整

D．定期处理不需要的文件，避免东西的无谓增加

【答案】C

【解析】办公桌就是每个职业人的第一战场，是时间管理的行为标志。维持办公桌环境干净整洁、井然有序有助于提高工作效率，增加工作专注度。创造干净整洁的办公桌环境的方法包括但不限于：①尽量保持桌面整洁，只留正在做的事情的相关文件；②工作中经常要用到的用品应容易取得；③每一件物品应摆放在固定的位置，用完之后即刻归于原位；④定期处理不需要的文件，避免东西的无谓增加。

二、多选题(下列选项中有两项或两项以上符合题目要求)

1．理财师在与客户交往中( )，能为客户留下较好的第一印象。

A．声情并茂，避免呆板表情

B．举止优雅

C．诚信为本、遵守时间

D．体现教养与阅历的服饰

E．说话时稍高音量、慎选内容、礼貌用语

【答案】ABCD

【解析】一个人的仪表在社会交往过程中是构成第一印象的主要因素，理财师的仪容仪表会影响别人对理财师专业能力和任职资格的判断。一般而言，影响个人形象的因素有：①仪表——仪表者外观；②表情——第二语言，此时无声胜有声；③风度——优雅的举止；④服饰——教养与阅历的最佳写照；⑤谈吐语言——低音量、慎选内容、礼貌用语；⑥待人接物——诚信为本、遵守时间。

2．下列关于握手动作，描述正确的有(　　)。

A．身体前趋，右臂向前伸出，与身体略呈五六十度的角度，目视对方

B．手掌心微向左上，拇指前指，目视对方，四指并拢，虎口相对，全掌相握

C．握手的力度，热烈而有力，代表信心、热情、勇气和责任心

D．握手的时间，轻摇3～4下，整个过程超过5秒

E．握手可双手握手以表热情

【答案】ABC

【解析】D项，握手的时间，轻摇3～4下，整个过程不超过5秒；E项，不可滥用双手。

3．着装的"TOP"原则指的是(　　)。

A．Time(时间)　　　B．Objective(目的)　　　C．Place(场合)

D．Tidy(整齐)　　　E．Order(规范)

【答案】ABC

【解析】着装的"TOP"原则包括：①Time(时间)：着装也分春夏秋冬，比如秋冬季节穿件夏天穿的凉爽短袖肯定不合时宜；②Objective(目的)：第一次与VIP客户见面，着装应该比较正式一点，这样显得专业和尊重，男女朋友约会与老朋友会面着装也应有区别；③Place(场合)：约见客户和闲暇逛街对着装的选择肯定有所不同。

4．下列关于交谈礼仪，做法正确的有(　　)。

A．表情认真　　　B．目不转睛地盯着对方的眼睛

C．动作配合　　　D．语言合作

E．谈话温和委婉

【答案】ACDE

【解析】B项，交谈时双方目光接触应该占总的交谈过程的一半以上，但并不意味着应该目不转睛地盯着对方的眼睛，这样会让对方感到不舒服。

5．下列哪些属于及时高效的邮件处理习惯？(　　)

A．接收邮件时，实行三"R"政策，即read(阅读)，respond(回复)和remove(清理)

B．收到邮件提醒即查阅处理，养成及时处理邮件的好习惯

C．对于需要保留的邮件及时进行分类，并放在规定的文件夹内

D．使用有意义的标题，邮件简明扼要

E．不要忘记电话

【答案】ACDE

【解析】B项，要限制每天处理邮件的次数，这样可以更加专注、更有创造性、更为

集中地处理既定工作。同时，尽量避免在工作时处理私人邮件。

三、判断题(请对下列各题的描述做出判断，正确的用 A 表示，错误的用 B 表示)

1．银行理财师首先应该是一名给广大客户提供保值增值服务的专业人士，然后才能逐步成长为称职或合格的一线业务人员。(   )

【答案】B

【解析】银行理财师和保险、证券等行业的理财师一样，首先应该是一名称职或合格的一线业务人员，然后才能逐步成长为给广大客户提供保值增值服务的专业人士。

2．理财师与客户会面时，握手要面带笑容、不要用力，目视对方、稍事寒暄。(   )

【答案】B

【解析】理财师与客户会面时，握手要面带笑容、稍许用力，目视对方、稍事寒暄。

3．理财师造访生客时，落座在座椅前 2/3 处，不得靠倚椅背。(   )

【答案】B

【解析】理财师造访生客时，落座在座椅前 1/3 处；造访熟客时，可落座在座椅前 2/3 处，不得靠倚椅背。

4．二八定律指的是把 80%的时间放在 20%最紧急的事情上。(   )

【答案】B

【解析】二八定律适用于生活工作中的很多事情。在工作上，理财师应当集中时间精力去完成重要艰巨的工作，即把 80%的时间放在 20%最重要的事情上。

5．理财师在开展业务时可以完全用 E-mail 代替电话。(   )

【答案】B

【解析】E-mail 有它的优势，但有时电话可以产生一对一亲自接触的效果，并能及时收到反馈，对推动特定事项进展能有更高的效率。

第九章　相关法律法规解读

【考查内容】

本章的主要考查内容有：

通过 15 份法律文件，主要考查与个人理财业务相关的具体法律法规条款规定。

【备考方法】

本章内容比较多，大部分都需要考生理解记忆，历年真题中常有涉及本章内容的考点，考生在备考过程中需要格外注意。在平常学习的过程中，应当反复练习，熟练掌握本章内容，在理解的基础上去记忆，避免混淆。同时考生应当反复练习历年真题中涉及的考点，做到熟能生巧。

【框架结构】

相关法律法规解读

- 商业银行个人理财业务管理暂行办法
- 商业银行个人理财业务风险管理指引
- 关于商业银行开展个人理财业务风险提示的通知
- 关于调整商业银行个人理财业务管理有关规定的通知
- 关于进一步规范商业银行个人理财业务有关问题的通知
- 关于印发《银行与信托公司业务合作指引》的通知
- 关于进一步规范商业银行个人理财业务报告管理有关问题的通知
- 关于进一步规范商业银行个人理财业务投资管理有关问题的通知
- 关于进一步规范银信合作有关事项的通知
- 关于规范银信理财合作业务有关事项的通知
- 关于进一步规范银信理财合作业务的通知
- 商业银行理财产品销售管理办法
- 关于进一步加强商业银行理财业务风险管理有关问题的通知
- 中国银监会关于规范商业银行理财业务投资运作有关问题的通知
- 中国银监会关于完善银行理财业务组织管理体系有关事项的通知

【核心讲义】

一、商业银行个人理财业务管理暂行办法(中国银行业监督管理委员会令 2005 年第 2 号)

第一条　为加强商业银行个人理财业务活动的管理，促进个人理财业务健康有序发展，依据《中华人民共和国银行业监督管理法》《中华人民共和国商业银行法》等有关法律法规，制定本办法。

第二条　本办法所称个人理财业务，是指商业银行为个人客户提供的财务分析、财务规划、投资顾问、资产管理等专业化服务活动。

第三条　商业银行开展个人理财业务，应遵守法律、行政法规和国家有关政策规定。商业银行不得利用个人理财业务，违反国家利率管理政策进行变相高息揽储。

第四条　商业银行应按照符合客户利益和风险承受能力的原则，审慎尽责地开展个人理财业务。

第五条　商业银行开展个人理财业务，应建立相应的风险管理体系和内部控制制度，严格实行授权管理制度。

第六条　中国银行业监督管理委员会依照本办法及有关法律法规对商业银行个人理财业务活动实施监督管理。

第七条　商业银行个人理财业务按照管理运作方式不同，分为理财顾问服务和综合理财服务。

第八条　理财顾问服务，是指商业银行向客户提供的财务分析与规划、投资建议、个人投资产品推介等专业化服务。

商业银行为销售储蓄存款产品、信贷产品等进行的产品介绍、宣传和推介等一般性业务咨询活动，不属于前款所称理财顾问服务。

在理财顾问服务活动中，客户根据商业银行提供的理财顾问服务管理和运用资金，并承担由此产生的收益和风险。

第九条　综合理财服务，是指商业银行在向客户提供理财顾问服务的基础上，接受客户的委托和授权，按照与客户事先约定的投资计划和方式进行投资和资产管理的业务活动。

在综合理财服务活动中，客户授权银行代表客户按照合同约定的投资方向和方式，进行投资和资产管理，投资收益与风险由客户或客户与银行按照约定方式承担。

【例 9.1·单选题】下列对综合理财服务的表述，错误的是(　　)。[2014 年下半年真题]

　　A．综合理财服务中，商业银行可以自行决定投资方式

　　B．私人银行业务属于综合理财服务中的一种

　　C．综合理财服务中，银行可以让客户承担一部分风险

　　D．与理财顾问服务相比，综合理财服务更强调个性化

【答案】A

【解析】根据《商业银行个人理财业务管理暂行办法》第九条的规定，综合理财服务是指商业银行在向客户提供理财顾问服务的基础上，接受客户的委托和授权，按照与客户事先约定的投资计划和方式进行投资和资产管理的业务活动。

第十条　商业银行在综合理财服务活动中，可以向特定目标客户群销售理财计划。

理财计划是指商业银行在对潜在目标客户群分析研究的基础上，针对特定目标客户群开发设计并销售的资金投资和管理计划。

第十一条　按照客户获取收益方式的不同，理财计划可以分为保证收益理财计划和非保证收益理财计划。

第十二条　保证收益理财计划，是指商业银行按照约定条件向客户承诺支付固定收益，银行承担由此产生的投资风险，或银行按照约定条件向客户承诺支付最低收益并承担相关风险，其他投资收益由银行和客户按照合同约定分配，并共同承担相关投资风险的理财计划。

【例9.2·单选题】某银行最近推出一项理财计划，该计划的理财期限为6个月(如未提前终止)，此银行在提前终止日或理财到期日将按照年收益率的5.25%向投资者支付理财收益。则据此推断该理财计划属于(　　)。[2014年下半年真题]

A．非保证收益理财计划　　　　B．非保本浮动收益理财计划
C．保证收益理财计划　　　　　D．保本浮动收益理财计划

【答案】C

【解析】根据《商业银行个人理财业务管理暂行办法》第十二条的规定，保证收益理财计划是指商业银行按照约定条件向客户承诺支付固定收益，银行承担由此产生的投资风险，或银行按照约定条件向客户承诺支付最低收益并承担相关风险，其他投资收益由银行和客户按照合同约定分配，并共同承担相关投资风险的理财计划。

第十三条　非保证收益理财计划可以分为保本浮动收益理财计划和非保本浮动收益理财计划。

第十四条　保本浮动收益理财计划是指商业银行按照约定条件向客户保证本金支付，本金以外的投资风险由客户承担，并依据实际投资收益情况确定客户实际收益的理财计划。

第十五条　非保本浮动收益理财计划是指商业银行根据约定条件和实际投资收益情况向客户支付收益，并不保证客户本金安全的理财计划。

第十六条　商业银行应建立健全个人理财业务管理体系，明确个人理财业务的管理部门，针对理财顾问服务和综合理财服务的不同特点，分别制定理财顾问服务和综合理财服务的管理规章制度，明确相关部门和人员的责任。

第十七条　商业银行应区分理财顾问服务与一般性业务咨询活动，按照防止误导客户或不当销售的原则制定个人理财业务人员的工作守则与工作规范。

商业银行个人理财业务人员，应包括为客户提供财务分析、规划或投资建议的业务人员，销售理财计划或投资性产品的业务人员，以及其他与个人理财业务销售和管理活动紧密相关的专业人员。

第十八条　商业银行应建立健全综合理财服务的内部控制和定期检查制度，保证综合理财服务符合有关法律、法规及银行与客户的约定。

第十九条　商业银行应对理财计划的研发、定价、风险管理、销售、资金管理运用、账务处理、收益分配等方面进行全面规范，建立健全有关规章制度和内部审核程序，严格内部审查和稽核监督管理。

第二十条　商业银行应配备与开展的个人理财业务相适应的理财业务人员，保证个人

理财业务人员每年的培训时间不少于 20 小时。

商业银行应详细记录理财业务人员的培训方式、培训时间及考核结果等，未达到培训要求的理财业务人员应暂停从事个人理财业务活动。

第二十一条　商业银行开展个人理财业务，应与客户签订合同，明确双方的权利与义务，并根据业务需要签署必要的客户委托授权书和其他代理客户投资所必须的法律文件。

第二十二条　商业银行销售的理财计划中包括结构性存款产品的，其结构性存款产品应将基础资产与衍生交易部分相分离，基础资产应按照储蓄存款业务管理，衍生交易部分应按照金融衍生产品业务管理。

第二十三条　商业银行不得将一般储蓄存款产品单独当作理财计划销售，或者将理财计划与本行储蓄存款进行强制性搭配销售。

第二十四条　保证收益理财计划或相关产品中高于同期储蓄存款利率的保证收益，应是对客户有附加条件的保证收益。商业银行不得无条件向客户承诺高于同期储蓄存款利率的保证收益率。

商业银行不得承诺或变相承诺除保证收益以外的任何可获得收益。

第二十五条　商业银行向客户承诺保证收益的附加条件，可以是对理财计划期限调整、币种转换等权利，也可以是对最终支付货币和工具的选择权利等。商业银行使用保证收益理财计划附加条件所产生的投资风险应由客户承担。

【例 9.3 · 单选题】下列关于商业银行理财产品(计划)监管要求的表述，错误的是(　　)。[2013 年下半年真题]

A．商业银行不得将一般储蓄存款产品单独当作理财计划销售

B．商业银行不得承诺或变相承诺除保证收益以外的任何可获得收益

C．商业银行使用保证收益理财计划附加条件所产生的投资风险应由银行承担

D．商业银行不得将理财计划与本行储蓄存款进行强制性搭配销售

【答案】C

【解析】根据《商业银行个人理财业务管理暂行办法》第二十五的规定，商业银行向客户承诺保证收益的附加条件，可以是对理财计划期限调整、币种转换等权利，也可以是对最终支付货币和工具的选择权利等。商业银行使用保证收益理财计划附加条件所产生的投资风险应由客户承担。

第二十六条　商业银行应根据理财计划或相关产品的风险状况，设置适当的期限和销售起点金额。

第二十七条　商业银行销售理财计划汇集的理财资金，应按照理财合同约定管理和使用。

商业银行除对理财计划所汇集的资金进行正常的会计核算外，还应为每一个理财计划制作明细记录。

第二十八条　在理财计划的存续期内，商业银行应向客户提供其所持有的所有相关资产的账单，账单应列明资产变动、收入和费用、期末资产估值等情况。账单提供应不少于两次，并且至少每月提供一次。商业银行与客户另有约定的除外。

第二十九条　商业银行应按季度准备理财计划各投资工具的财务报表、市场表现情况及相关材料，相关客户有权查询或要求商业银行向其提供上述信息。

【例 9.4·单选题】下列关于商业银行个人理财业务的表述，错误的是(   )。[2014 年下半年真题]

  A. 在理财计划存续期间，商业银行应向客户提供其所持有的相关资产的账单，账单提供应不少于两次，并且至少每月提供一次

  B. 商业银行应在理财计划终止时，或理财计划投资收益分配时，向客户提供理财计划投资、收益的详细情况报告

  C. 商业银行除对理财计划所汇集的资金进行正常的会计核算外，还应为每一个理财计划制作明细记录

  D. 商业银行应按月准备理财计划各投资工具的财务报表、市场表现情况及相关材料

【答案】D

【解析】根据《商业银行个人理财业务管理暂行办法》第二十九条的规定，商业银行应按季度准备理财计划各投资工具的财务报表、市场表现情况及相关材料，相关客户有权查询或要求商业银行向其提供上述信息。

第三十条　商业银行应在理财计划终止时，或理财计划投资收益分配时，向客户提供理财计划投资、收益的详细情况报告。

第三十一条　商业银行应根据个人理财业务的性质，按照国家有关法律法规的规定，采用适宜的会计核算和税务处理方法。

现行法律法规没有明确规定的，商业银行应积极与有关部门进行沟通，并就所采用的会计核算和税务处理方法，制定专门的说明性文件，以备有关部门检查。

第三十二条　商业银行开展个人理财业务，可根据相关规定向客户收取适当的费用，收费标准和收费方式应在与客户签订的合同中明示。

商业银行根据国家有关政策的规定，需要统一调整与客户签订的收费标准和收费方式时，应将有关情况及时告知客户；除非在相关协议中另有约定，商业银行根据业务发展和投资管理情况，需要对已签订的收费标准和收费方式进行调整时，应获得客户同意。

第三十三条　商业银行开展个人理财业务，涉及金融衍生产品交易和外汇管理规定的，应按照有关规定获得相应的经营资格。

第三十四条　商业银行开展个人理财服务，发现客户有涉嫌洗钱、恶意逃避税收管理等违法违规行为的，应按照国家有关规定及时向相关部门报告。

第三十五条　商业银行开展个人理财业务，应建立相应的风险管理体系，并将个人理财业务的风险管理纳入商业银行风险管理体系之中。

商业银行的个人理财业务风险管理体系应覆盖个人理财业务面临的各类风险，并就相关风险制定有效的管控措施。

第三十六条　商业银行开展个人理财业务，应进行严格的合规性审查，准确界定个人理财业务所包含的各种法律关系，明确可能涉及的法律和政策问题，研究制定相应的解决办法，切实防范法律风险。

第三十七条　商业银行利用理财顾问服务向客户推介投资产品时，应了解客户的风险偏好、风险认知能力和承受能力，评估客户的财务状况，提供合适的投资产品由客户自主选择，并应向客户解释相关投资工具的运作市场及方式，揭示相关风险。

商业银行应妥善保存有关客户评估和顾问服务的记录，并妥善保存客户资料和其他文件资料。

第三十八条 商业银行应制定理财计划或产品的研发设计工作流程，制定内部审批程序，明确主要风险以及应采取的风险管理措施，并按照有关要求向监管部门报送。

第三十九条 商业银行应对理财计划的资金成本与收益进行独立测算，采用科学合理的测算方式预测理财投资组合的收益率。

商业银行不得销售不能独立测算或收益率为零或负值的理财计划。

第四十条 商业银行理财计划的宣传和介绍材料，应包含对产品风险的揭示，并以醒目、通俗的文字表达；对非保证收益理财计划，在与客户签订合同前，应提供理财计划预期收益率的测算数据、测算方式和测算的主要依据。

第四十一条 商业银行应对理财计划设置市场风险监测指标，建立有效的市场风险识别、计量、监测和控制体系。

商业银行将有关市场监测指标作为理财计划合同的终止条件或终止参考条件时，应在理财计划合同中对相关指标的定义和计算方式作出明确解释。

第四十二条 商业银行开展个人理财业务，在进行相关市场风险管理时，应对利率和汇率等主要金融政策的改革与调整进行充分的压力测试，评估可能对银行经营活动产生的影响，制定相应的风险处置和应急预案。

商业银行不应销售压力测试显示潜在损失超过商业银行警戒标准的理财计划。

【例9.5·多选题】商业银行开展个人理财业务，在进行相关市场风险管理时，应对利率和汇率等主要金融政策的改革与调整的措施有( )。[2014年下半年真题]

    A．制定相应的风险处置预案

    B．进行充分的压力测试

    C．制定相应的应急预案

    D．继续销售潜在损失超过银行警戒标准的理财计划

    E．评估可能对银行经营活动产生的影响

【答案】ABCE

【解析】根据《商业银行个人理财业务管理暂行办法》第四十二条的规定，商业银行开展个人理财业务，在进行相关市场风险管理时，应对利率和汇率等主要金融政策的改革与调整进行充分的压力测试，评估可能对银行经营活动产生的影响，制定相应的风险处置和应急预案。

第四十三条 商业银行应当制定个人理财业务应急计划，并纳入商业银行整体业务应急计划体系之中，保证个人理财服务的连续性、有效性。

第四十四条 个人理财业务涉及金融衍生产品交易或者外汇管理规定的，商业银行应按照有关规定建立相应的管理制度和风险控制制度。

第四十五条 商业银行开展个人理财业务实行审批制和报告制。

第四十六条 商业银行开展以下个人理财业务，应向中国银行业监督管理委员会申请批准：

(一)保证收益理财计划；

(二)为开展个人理财业务而设计的具有保证收益性质的新的投资性产品；

(三)需经中国银行业监督管理委员会批准的其他个人理财业务。

第四十七条　商业银行在申请需要批准的个人理财业务之前，应就有关业务方案与中国银行业监督管理委员会或其派出机构进行会谈，分析说明相关业务资源配备的情况、对主要风险的认识和相应的管理措施等，并应根据中国银行业监督管理委员会或其派出机构的意见对有关业务方案进行修改。

第四十八条　商业银行开展需要批准的个人理财业务应具备以下条件：

(一)具有相应的风险管理体系和内部控制制度；

(二)有具备开展相关业务工作经验和知识的高级管理人员、从业人员；

(三)具备有效的市场风险识别、计量、监测和控制体系；

(四)信誉良好，近两年内未发生损害客户利益的重大事件；

(五)中国银行业监督管理委员会规定的其他审慎性条件。

第四十九条　商业银行申请需要批准的个人理财业务，应向中国银行业监督管理委员会报送以下材料(一式三份)：

(一)由商业银行负责人签署的申请书；

(二)拟申请业务介绍，包括业务性质、目标客户群以及相关分析预测；

(三)业务实施方案，包括拟申请业务的管理体系、主要风险及拟采取的管理措施等；

(四)商业银行内部相关部门的审核意见；

(五)中国银行业监督管理委员会要求的其他文件和资料。

第五十条　中资商业银行(不包括城市商业银行、农村商业银行)开办需要批准的个人理财业务，应由其法人统一向中国银行业监督管理委员会申请，由中国银行业监督管理委员会审批。

外资独资银行、合资银行、外国银行分行开办需要批准的个人理财业务，应按照有关外资银行业务审批程序的规定，报中国银行业监督管理委员会审批。

城市商业银行、农村商业银行开办需要批准的个人理财业务，应由其法人按照有关程序规定，报中国银行业监督管理委员会或其派出机构审批。

【例 9.6·判断题】目前所有商业银行开办需要批准的个人理财业务，应由其法人按照有关程序规定，报中国银监会或其派出机构审批。(　　)[2014 年上半年真题]

【答案】B

【解析】根据《商业银行个人理财业务管理暂行办法》第五十条的规定，①中资商业银行(不包括城市商业银行、农村商业银行)开办需要批准的个人理财业务，应由其法人统一向中国银行业监督管理委员会申请，由中国银行业监督管理委员会审批。②外资独资银行、合资银行、外国银行分行开办需要批准的个人理财业务，应按照有关外资银行业务审批程序的规定，报中国银行业监督管理委员会审批。③城市商业银行、农村商业银行开办需要批准的个人理财业务，应由其法人按照有关程序规定，报中国银行业监督管理委员会或其派出机构审批。

第五十一条　商业银行开展其他个人理财业务活动，不需要审批，但应按照相关规定及时向中国银行业监督管理委员会或其派出机构报告。

第五十二条　商业银行在销售不需要审批的理财计划之前，应向中国银行业监督管理委员会或其派出机构报告。商业银行最迟应在销售理财计划前 10 日，将以下资料按照有关业务报告的程序规定报送中国银行业监督管理委员会或其派出机构：

(一)理财计划拟销售的客户群，以及相关分析说明；

(二)理财计划拟销售的规模，资金成本与收益测算，以及相关计算说明；

(三)拟销售理财计划的对外介绍材料和宣传材料；

(四)中国银行业监督管理委员会要求的其他材料。

第五十三条　中资商业银行的分支机构可以根据其总行的授权开展相应的个人理财业务。外资银行分支机构可以根据其总行或地区总部等的授权开展相应的个人理财业务。

商业银行的分支机构在开展相关个人理财业务之前，应持其总行(地区总部等)的授权文件，按照有关规定，向所在地中国银行业监督管理委员会派出机构报告。

第五十四条　商业银行个人理财业务人员应满足以下资格要求：

(一)对个人理财业务活动相关法律法规、行政规章和监管要求等，有充分的了解和认识；

(二)遵守监管部门和商业银行制定的个人理财业务人员职业道德标准或守则；

(三)掌握所推介产品或向客户提供咨询顾问意见所涉及产品的特性，并对有关产品市场有所认识和理解；

(四)具备相应的学历水平和工作经验；

(五)具备相关监管部门要求的行业资格；

(六)具备中国银行业监督管理委员会要求的其他资格条件。

【例 9.7·单选题】关于商业银行的理财工作人员必须具备下列资格要求，其中错误的是(　　)。[2014 年上半年真题]

　　A．具备相应的学历水平和工作经验

　　B．对个人理财业务活动相关法律法规、行政规章和监管要求等，有充分的了解和认识

　　C．理财业务人员每年的培训时间应不少于 50 小时，并取得相应理财师职称

　　D．遵守监管部门和商业银行制定的个人理财业务人员职业道德标准或守则

【答案】C

【解析】根据《商业银行个人理财业务管理暂行办法》第五十四条的规定，商业银行个人理财业务人员应满足以下资格要求：①对个人理财业务活动相关法律法规、行政规章和监管要求等，有充分的了解和认识；②遵守监管部门和商业银行制定的个人理财业务人员职业道德标准或守则；③掌握所推介产品或向客户提供咨询顾问意见所涉及产品的特性，并对有关产品市场有所认识和理解；④具备相应的学历水平和工作经验；⑤具备相关监管部门要求的行业资格。另，根据上述《办法》第二十条的规定，商业银行应配备与开展的个人理财业务相适应的理财业务人员，保证个人理财业务人员每年的培训时间不少于 20小时。

第五十五条　中国银行业监督管理委员会将根据个人理财业务发展与监管的需要，组织、指导个人理财业务人员的从业培训和考核。

有关要求和考核办法，由中国银行业监督管理委员会另行规定。

第五十六条　中国银行业监督管理委员会及其派出机构可以根据个人理财业务发展与监管的实际需要，按照相应的监管权限，组织相关调查和检查活动。

对于以下事项，中国银行业监督管理委员会及其派出机构可以采用多样化的方式进行

调查：

(一)商业银行从事产品咨询、财务规划或投资顾问服务业务人员的专业胜任能力、操守情况，以及上述服务对投资者的保护情况；

(二)商业银行接受客户的委托和授权，按照与客户事先约定的投资计划和方式进行资产管理的业务活动，客户授权的充分性与合规性，操作程序的规范性，以及客户资产保管人员和账户操作人员职责的分离情况等；

(三)商业银行销售和管理理财计划过程中对投资人的保护情况，以及对相关产品风险的控制情况。

第五十七条　商业银行应按季度对个人理财业务进行统计分析，并于下一季度的第一个月内，将有关统计分析报告(一式三份)报送中国银行业监督管理委员会。

第五十八条　商业银行对个人理财业务的季度统计分析报告，应至少包括以下内容：

(一)当期开展的所有个人理财业务简介及相关统计数据；

(二)当期推出的理财计划简介，理财计划的相关合同、内部法律审查意见、管理模式(包括会计核算和税务处理方式等)、销售预测及当期销售和投资情况；

(三)相关风险监测与控制情况；

(四)当期理财计划的收益分配和终止情况；

(五)涉及的法律诉讼情况；

(六)其他重大事项。

第五十九条　商业银行应在每一会计年度终了编制本年度个人理财业务报告。个人理财业务年度报告，应全面反映本年度个人理财业务的发展情况，理财计划的销售情况、投资情况、收益分配情况，以及个人理财业务的综合收益情况等，并附年度报表。

年度报告和相关报表(一式三份)，应于下一年度的2月底前报中国银行业监督管理委员会。

第六十条　商业银行个人理财业务的统计指标、统计方式，有关报表的编制，以及相关信息和报表报告的披露等，由中国银行业监督管理委员会另行规定。

第六十一条　商业银行开展个人理财业务有下列情形之一的，银行业监督管理机构可依据《中华人民共和国银行业监督管理法》第四十七条的规定和《金融违法行为处罚办法》的相关规定对直接负责的董事、高级管理人员和其他直接责任人员进行处理，构成犯罪的，依法追究刑事责任：

(一)违规开展个人理财业务造成银行或客户重大经济损失的；

(二)未建立相关风险管理制度和管理体系，或虽建立了相关制度但未实际落实风险评估、监测与管控措施，造成银行重大损失的；

(三)泄露或不当使用客户个人资料和交易信息记录造成严重后果的；

(四)利用个人理财业务从事洗钱、逃税等违法犯罪活动的；

(五)挪用单独管理的客户资产的。

【例 9.8·单选题】商业银行开展个人理财业务若存在违法违规行为，应由(　　)依据相应的法律法规予以行政处罚。[2014年下半年真题]

　　A．中国银行业协会

　　B．中国证券监督管理委员会

C．中国人民银行

    D．中国银行业监督管理委员会

【答案】D

【解析】根据《商业银行个人理财业务管理暂行办法》第六十一条的规定，商业银行开展个人理财业务存在违法违规行为的，银行业监督管理机构可依据《银行业监督管理法》第四十七条的规定和《金融违法行为处罚办法》的相关规定对直接负责的董事、高级管理人员和其他直接责任人员进行处理，构成犯罪的，依法追究刑事责任。

第六十二条　商业银行开展个人理财业务有下列情形之一的，由银行业监督管理机构依据《中华人民共和国银行业监督管理法》的规定实施处罚：

(一)违反规定销售未经批准的理财计划或产品的；

(二)将一般储蓄存款产品作为理财计划销售并违反国家利率管理政策，进行变相高息揽储的；

(三)提供虚假的成本收益分析报告或风险收益预测数据的；

(四)未按规定进行风险揭示和信息披露的；

(五)未按规定进行客户评估的。

第六十三条　商业银行开展个人理财业务的其他违法违规行为，由银行业监督管理机构依据相应的法律法规予以处罚。

第六十四条　商业银行违反审慎经营规则开展个人理财业务，或利用个人理财业务进行不公平竞争的，银行业监督管理机构应依据有关法律法规责令其限期改正；逾期未改正的，银行业监督管理机构依据有关法律法规可以采取下列措施：

(一)暂停商业银行销售新的理财计划或产品；

(二)建议商业银行调整个人理财业务管理部门负责人；

(三)建议商业银行调整相关风险管理部门、内部审计部门负责人。

第六十五条　商业银行开展个人理财业务有下列情形之一，并造成客户经济损失的，应按照有关法律规定或者合同的约定承担责任：

(一)商业银行未保存有关客户评估记录和相关资料，不能证明理财计划或产品的销售是符合客户利益原则的；

(二)商业银行未按客户指令进行操作，或者未保存相关证明文件的；

(三)不具备理财业务人员资格的业务人员向客户提供理财顾问服务、销售理财计划或产品的。

【例9.9·多选题】商业银行违反审慎经营规则开展个人理财业务，银行业监督管理机构责令其限期改正，逾期未改正的，银行业监督管理机构依据有关法律法规可以采取的措施有(　　)。[2014年下半年真题]

    A．建议商业银行调整负责相关业务的高管

    B．建议商业银行调整相关风险管理部门、内部审计部门负责人

    C．暂停商业银行销售新的理财计划或产品

    D．建议商业银行调整个人理财业务管理部门负责人

    E．暂停商业银行理财业务办理资格

【答案】BCD

【解析】根据《商业银行个人理财业务管理暂行办法》第六十四条的规定，商业银行违反审慎经营规则开展个人理财业务，或利用个人理财业务进行不公平竞争的，银行业监督管理机构应依据有关法律法规责令其限期改正；逾期未改正的，银行业监督管理机构依据有关法律法规可以采取下列措施：①暂停商业银行销售新的理财计划或产品；②建议商业银行调整个人理财业务管理部门负责人；③建议商业银行调整相关风险管理部门、内部审计部门负责人。

第六十六条　本办法中的"日"指工作日，"月"指日历"月"。

第六十七条　农村合作银行、城市信用社、农村信用社等其他银行业金融机构开展个人理财业务，参照本办法执行。

第六十八条　本办法由中国银行业监督管理委员会负责解释。

第六十九条　本办法自 2005 年 11 月 1 日起施行。

二、商业银行个人理财业务风险管理指引(银监发〔2005〕63 号)

第一条　为加强商业银行个人理财业务的监管，提高商业银行个人理财业务风险管理水平，依据《中华人民共和国银行业监督管理法》《中华人民共和国商业银行法》等相关法律法规和行政规章，制定本指引。

第二条　商业银行应根据本指引及自身业务发展战略、风险管理方式和所开展的个人理财业务特点，制定更加具体和有针对性的内部风险管理制度和风险管理规程，建立健全个人理财业务风险管理体系，并将个人理财业务风险纳入商业银行整体风险管理体系之中。

第三条　商业银行应当对个人理财业务实行全面、全程风险管理。个人理财业务的风险管理，既应包括商业银行在提供个人理财顾问服务和综合理财服务过程中面临的法律风险、操作风险、声誉风险等主要风险，也应包括理财计划或产品包含的相关交易工具的市场风险、信用风险、操作风险、流动性风险以及商业银行进行有关投资操作和资产管理中面临的其他风险。

第四条　商业银行对各类个人理财业务的风险管理，都应同时满足个人理财顾问服务相关风险管理的基本要求。

第五条　商业银行应当具备与管控个人理财业务风险相适应的技术支持系统和后台保障能力，以及其他必要的资源保证。

第六条　商业银行应当制定并落实内部监督和独立审核措施，合规、有序地开展个人理财业务，切实保护客户的合法权益。

第七条　商业银行应建立个人理财业务的分析、审核与报告制度，并就个人理财业务的主要风险管理方式、风险测算方法与标准，以及其他涉及风险管理的重大问题，积极主动地与监管部门沟通。

第八条　商业银行接受客户委托进行投资操作和资产管理等业务活动，应与客户签订合同，确保获得客户的充分授权。商业银行应妥善保管相关合同和各类授权文件，并至少每年重新确认一次。

第九条　商业银行应当将银行资产与客户资产分开管理，明确相关部门及其工作人员在管理、调整客户资产方面的授权。对于可以由第三方托管的客户资产，应交由第三方托管。

第十条　商业银行应当保存完备的个人理财业务服务记录，并保证恰当地使用这些记录。

除法律法规另有规定，或经客户书面同意外，商业银行不得向第三方提供客户的相关资料和服务与交易记录。

第十一条　商业银行的董事会和高级管理层应当充分了解个人理财顾问服务可能对商业银行法律风险、声誉风险等产生的重要影响，密切关注个人理财顾问服务的操作风险、合规性风险等风险管控制度的实际执行情况，确保个人理财顾问服务的各项管理制度和风险控制措施体现了解客户和符合客户最大利益的原则。

第十二条　商业银行高级管理层应充分认识建立银行内部监督审核机制对于降低个人理财顾问服务法律风险、操作风险和声誉风险等的重要性，应至少建立个人理财业务管理部门内部调查和审计部门独立审计两个层面的内部监督机制，并要求内部审计部门提供独立的风险评估报告，定期召集相关人员对个人理财顾问服务的风险状况进行分析评估。

【例 9.10·多选题】商业银行高级管理层至少应建立哪些层面的个人理财业务内部监督机制？(　　)[2014 年下半年真题]

A．银监会的监管通道　　　　　　B．审计部门独立审计
C．管理部门内部调查　　　　　　D．对外信息披露
E．外部审计

【答案】BC

【解析】根据《商业银行个人理财业务风险管理指引》第十二条的规定，商业银行高级管理层应充分认识建立银行内部监督审核机制对于降低个人理财顾问服务法律风险、操作风险和声誉风险等的重要性，应至少建立个人理财业务管理部门内部调查和审计部门独立审计两个层面的内部监督机制，并要求内部审计部门提供独立的风险评估报告，定期召集相关人员对个人理财顾问服务的风险状况进行分析评估。

第十三条　商业银行个人理财业务管理部门应当配备必要的人员，对本行从事个人理财顾问服务的业务人员操守与胜任能力、个人理财顾问服务操作的合规性与规范性、个人理财顾问服务品质等进行内部调查和监督。

第十四条　个人理财业务管理部门的内部调查监督，应在审查个人理财顾问服务的相关记录、合同和其他材料等基础上，重点检查是否存在错误销售和不当销售情况。

个人理财业务管理部门的内部调查监督人员，应采用多样化的方式对个人理财顾问服务的质量进行调查。销售每类理财计划时，内部调查监督人员都应亲自或委托适当的人员，以客户的身份进行调查。

【例 9.11·单选题】个人理财业务管理部门的内部调查监督，应重点检查(　　)的情况。[2014 年上半年真题]

A．理财产品销售人员的资格　　　B．是否存在错误销售和不当销售
C．销售业绩是否达标　　　　　　D．业务记录是否齐全

【答案】B

【解析】根据《商业银行个人理财业务风险管理指引》第十四条的规定，个人理财业务管理部门的内部调查监督，应在审查个人理财顾问服务的相关记录、合同和其他材料等

基础上，重点检查是否存在错误销售和不当销售情况。

第十五条 商业银行的内部审计部门对个人理财顾问服务的业务审计，应制定审计规范，并保证审计活动的独立性。

第十六条 商业银行开展个人理财顾问服务，应根据不同种类个人理财顾问服务的特点，以及客户的经济状况、风险认知能力和承受能力等，对客户进行必要的分层，明确每类个人理财顾问服务适宜的客户群体，防止由于错误销售损害客户利益。

第十七条 商业银行应在客户分层的基础上，结合不同个人理财顾问服务类型的特点，确定向不同客户群提供个人理财顾问服务的通道。

第十八条 商业银行应当充分认识到不同层次的客户、不同类型的个人理财顾问服务和个人理财顾问服务的不同渠道所面临的主要风险，制定相应的具有针对性的业务管理制度、工作规范和工作流程。相关制度、规范和流程应当突出重点风险的管理，清晰明确，具有较高的可操作性。

第十九条 商业银行应当根据有关规定建立健全个人理财业务人员资格考核与认定、继续培训、跟踪评价等管理制度，保证相关业务人员具备必要的专业知识、行业经验和管理能力，充分了解所从事业务的有关法律法规和监管规章，理解所推介产品的风险特性，遵守职业道德。

第二十条 商业银行应当明确个人理财业务人员与一般产品销售和服务人员的工作范围界限，禁止一般产品销售人员向客户提供理财投资咨询顾问意见、销售理财计划。客户在办理一般产品业务时，如需要银行提供相关个人理财顾问服务，一般产品销售和服务人员应将客户移交理财业务人员。

如确有需要，一般产品销售和服务人员可以协助理财业务人员向客户提供个人理财顾问服务，但必须制定明确的业务管理办法和授权管理规则。

第二十一条 商业银行从事财务规划、投资顾问和产品推介等个人理财顾问服务活动的业务人员，以及相关协助人员，应了解所销售的银行产品、代理销售产品的性质、风险收益状况及市场发展情况等。

第二十二条 商业银行向客户提供财务规划、投资顾问、推介投资产品服务，应首先调查了解客户的财务状况、投资经验、投资目的，以及对相关风险的认知和承受能力，评估客户是否适合购买所推介的产品，并将有关评估意见告知客户，双方签字。

第二十三条 对于市场风险较大的投资产品，特别是与衍生交易相关的投资产品，商业银行不应主动向无相关交易经验或经评估不适宜购买该产品的客户推介或销售该产品。

客户主动要求了解或购买有关产品时，商业银行应向客户当面说明有关产品的投资风险和风险管理的基本知识，并以书面形式确认是客户主动要求了解和购买产品。

第二十四条 客户评估报告认为某一客户不适宜购买某一产品或计划，但客户仍然要求购买的，商业银行应制定专门的文件，列明商业银行的意见、客户的意愿和其他的必要说明事项，双方签字认可。

【例 9.12·单选题】商业银行应当明确个人理财业务人员与一般产品销售和服务人员的工作范围界限，禁止一般产品销售人员向客户提供( )。[2013年下半年真题]

　A．理财投资咨询顾问意见、销售理财计划

　B．业务咨询服务

C．业务办理服务

    D．业务引导和办理

【答案】A

【解析】根据《商业银行个人理财业务风险管理指引》第二十条的规定，商业银行应当明确个人理财业务人员与一般产品销售和服务人员的工作范围界限，禁止一般产品销售人员向客户提供理财投资咨询顾问意见、销售理财计划。客户在办理一般产品业务时，如需要银行提供相关个人理财顾问服务，一般产品销售和服务人员应将客户移交理财业务人员。

    第二十五条　商业银行在向客户说明有关投资风险时，应使用通俗易懂的语言，配以必要的示例，说明最不利的投资情形和投资结果。

    第二十六条　个人理财业务人员对客户的评估报告，应报个人理财业务部门负责人或经其授权的业务主管人员审核。

    审核人员应着重审查理财投资建议是否存在误导客户的情况，避免部分业务人员为销售特定银行产品或银行代理产品对客户进行了错误销售和不当销售。

    第二十七条　对于投资金额较大的客户，评估报告除应经个人理财业务部门负责人审核批准外，还应经其他相关部门或者商业银行主管理财业务的负责人审核。审核的权限，应根据产品特性和商业银行风险管理的实际情况制定。

    第二十八条　商业银行应当建立个人理财顾问服务的跟踪评估制度，定期对客户评估报告或投资顾问建议进行重新评估，并向客户说明有关评估情况。

【例9.13·单选题】下列关于理财顾问服务的表述，正确的是(　　)。[2014年下半年真题]

    A．财务顾问服务是商业银行向客户推荐理财产品的服务

    B．理财顾问需定期对已制定的财务规划进行检视

    C．银行理财顾问服务是从客户关系管理上寻求利润最大化

    D．理财顾问服务第一步是对客户资产现状进行分析

【答案】B

【解析】根据《商业银行个人理财业务风险管理指引》第二十八条规定，商业银行应当建立个人理财顾问服务的跟踪评估制度，定期对客户评估报告或投资顾问建议进行重新评估，并向客户说明有关评估情况。

    第二十九条　商业银行向客户提供的所有可能影响客户投资决策的材料，商业银行销售的各类投资产品介绍，以及商业银行对客户投资情况的评估和分析等，都应包含相应的风险揭示内容。风险揭示应当充分、清晰、准确，确保客户能够正确理解风险揭示的内容。

    商业银行通过理财服务销售的其他产品，也应进行明确的风险揭示。

    第三十条　商业银行提供个人理财顾问服务业务时，要向客户进行风险提示。风险提示应设计客户确认栏和签字栏。客户确认栏应载明以下语句，并要求客户抄录后签名：

    "本人已经阅读上述风险提示，充分了解并清楚知晓本产品的风险，愿意承担相关风险。"

    第三十一条　商业银行应当保证配置足够的资源支持所开展的个人理财顾问服务，并向客户提供有效的服务渠道。

商业银行应制定相关制度接受并及时处理客户投诉。

第三十二条 商业银行的董事会和高级管理层应当充分了解和认识综合理财服务的高风险性，建立健全综合理财服务的内部管理与监督体系、客户授权检查与管理体系和风险评估与报告体系，并及时对相关体系的运行情况进行检查。

第三十三条 商业银行应定期对内部风险监控和审计程序的独立性、充分性、有效性进行审核和测试，商业银行内部监督部门应向董事会和高级管理层提供独立的综合理财业务风险管理评估报告。

第三十四条 商业银行应综合分析所销售的投资产品可能对客户产生的影响，确定不同投资产品或理财计划的销售起点。

保证收益理财计划的起点金额，人民币应在 5 万元以上，外币应在 5000 美元(或等值外币)以上；其他理财计划和投资产品的销售起点金额应不低于保证收益理财计划的起点金额，并依据潜在客户群的风险认识和承受能力确定。

【例 9.14·单选题】就目前而言，商业银行销售的保证收益理财计划的起点金额，人民币应在____以上，外币应在____以上。(   )[2013 下半年真题]

A．5 万元；5000 美元　　　　　　B．5 万元；8000 美元

C．10 万元；8000 美元　　　　　　D．10 万元；5000 美元

【答案】A

【解析】根据《商业银行个人理财业务风险管理指引》第三十四条的规定，商业银行应综合分析所销售的投资产品可能对客户产生的影响，确定不同投资产品或理财计划的销售起点。保证收益理财计划的起点金额，人民币应在 5 万元以上，外币应在 5000 美元(或等值外币)以上；其他理财计划和投资产品的销售起点金额应不低于保证收益理财计划的起点金额，并依据潜在客户群的风险认识和承受能力确定。

第三十五条 商业银行应当建立必要的委托投资跟踪审计制度，保证商业银行代理客户的投资活动符合与客户的事先约定。

未经客户书面许可，商业银行不得擅自变更客户资金的投资方向、范围或方式。

第三十六条 商业银行的董事会和高级管理层应根据商业银行的经营战略、风险管理能力和人力资源状况等，慎重研究决定商业银行是否销售以及销售哪些类型的理财计划。

第三十七条 商业银行在销售任何理财计划时，应事前对拟销售的理财计划进行全面的风险评估，制定主要风险的管控措施，并建立分级审核批准制度。

第三十八条 商业银行的董事会或高级管理层应根据本行理财计划的发展策略、资本实力和管理能力，确定本行理财计划所能承受的总体风险程度，并明确每个理财计划所能承受的风险程度。

可承受的风险程度应当是量化指标，可以与商业银行的资本总额相联系，也可以与个人理财业务收入等其他指标相联系。

第三十九条 商业银行的董事会或高级管理层应确保理财计划的风险管理能够按照规定的程序和方法实施，并明确划分相关部门或人员在理财计划风险管理方面的权限与责任，建立内部独立审计监督机制。

第四十条 商业银行的董事会或高级管理层应当根据理财计划及其所包含的投资产品的性质、销售规模和投资的复杂程度，针对理财计划面临的各类风险，制定清晰、全面的

风险限额管理制度，建立相应的管理体系。

理财计划涉及的有关交易工具的风险限额，同时应纳入相应的交易工具的总体风险限额管理。

第四十一条　商业银行应采用多重指标管理市场风险限额，市场风险的限额可以采用交易限额、止损限额、错配限额、期权限额和风险价值限额等。但在所采用的风险限额指标中，至少应包括风险价值限额。

【例 9.15·多选题】商业银行应采用多重指标管理市场风险限额，市场风险的限额可以采用( )等指标。[2013 年下半年真题]

A．风险价值限额　　　　B．交易限额　　　　C．期权限额
D．错配限额　　　　　　E．止损限额

【答案】ABCDE

【解析】根据《商业银行个人理财业务风险管理指引》第四十一条的规定，商业银行应采用多重指标管理市场风险限额，市场风险的限额可以采用交易限额、止损限额、错配限额、期权限额和风险价值限额等，但在所采用的风险限额指标中，至少应包括风险价值限额。

第四十二条　商业银行除应制定银行总体可承受的市场风险限额外，还应当按照风险管理权限，制定不同的交易部门和交易人员的风险限额，并确定每一理财计划或产品的风险限额。

第四十三条　商业银行对信用风险限额的管理，应当包括结算前信用风险限额和结算信用风险限额。

结算前信用风险限额可采用传统信贷业务信用额度的计算方式，根据交易对手的信用状况计算；结算信用风险限额应根据理财计划所涉及的交易工具的实际结算方式计算。

第四十四条　商业银行可根据实际业务情况确定流动性风险限额的管理，但流动性风险限额应至少包括期限错配限额，并应根据市场风险和信用风险可能对银行流动性产生的影响，制定相应的限额指标。

第四十五条　商业银行的各相关部门都应当在规定的限额内进行交易，任何突破限额的交易都应当按照有关内部管理规定事先审批。对于未事先审批而突破交易限额的交易，应予以记录并调查处理。

第四十六条　商业银行对相关风险的评估测算，应当按照有关规定采用适宜、有效的方法，并应保证相关风险评估测算的一致性。

第四十七条　商业银行应清楚划分相关业务运作部门的职责，采取充分的隔离措施，避免利益冲突可能给客户造成的损害。

理财计划风险分析部门、研究部门应当与理财计划的销售部门、交易部门分开，保证有关风险评估分析、市场研究等的客观性。

第四十八条　商业银行应当将负责理财计划或产品相关交易工具的交易人员，与负责银行自营交易的交易人员相分离，并定期检查、比较两类交易人员的交易状况。

第四十九条　理财计划的内部监督部门和审计部门应当独立于理财计划的运营部门，适时对理财计划的运营情况进行监督检查和审计，并直接向董事会和高级管理层报告。

第五十条　商业银行应当充分、清晰、准确地向客户提示综合理财服务和理财计划的

风险。对于保证收益理财计划和保本浮动收益理财计划，风险提示的内容应至少包括以下语句：

"本理财计划有投资风险，您只能获得合同明确承诺的收益，您应充分认识投资风险，谨慎投资。"

第五十一条　对于非保本浮动收益理财计划，风险提示的内容应至少包括以下语句：

"本理财计划是高风险投资产品，您的本金可能会因市场变动而蒙受重大损失，您应充分认识投资风险，谨慎投资。"

第五十二条　商业银行开展个人理财业务涉及代理销售其他金融机构的投资产品时，应对产品提供者的信用状况、经营管理能力、市场投资能力和风险处置能力等进行评估，并明确界定双方的权利与义务，划分相关风险的承担责任和转移方式。

第五十三条　商业银行应要求提供代销产品的金融机构提供详细的产品介绍、相关的市场分析报告和风险收益测算报告。

第五十四条　商业银行提供的理财产品组合中如包括代理销售产品，应对所代理的产品进行充分的分析，对相关产品的风险收益预测数据进行必要地验证。商业银行应根据产品提供者提供的有关材料和对产品的分析情况，按照审慎原则重新编写有关产品介绍材料和宣传材料。

第五十五条　商业银行个人理财业务部门销售商业银行原有产品时，应当要求产品开发部门提供产品介绍材料和宣传材料。

个人理财业务部门认为有必要对以上材料进行重新编写时，应注意所编写的相关材料应与原有产品介绍和宣传材料保持一致。

第五十六条　商业银行根据理财业务发展需要研发的新投资产品的介绍和宣传材料，应当按照内部管理有关规定经相关部门审核批准。

第五十七条　商业银行在编写有关产品介绍和宣传材料时，应进行充分的风险揭示，提供必要的举例说明，并根据有关管理规定将需要报告的材料及时向中国银行业监督管理委员会报告。

【例 9.16·多选题】商业银行在编写有关产品介绍和宣传材料时，应做的工作包括（　　）。[2014 年下半年真题]

A. 根据规定及时将有关材料向银行监管部门报告

B. 进行充分的风险揭示

C. 尽量劝导客户

D. 提供必要的举例说明

E. 承诺最低收益率

【答案】ABD

【解析】根据《商业银行个人理财业务风险管理指引》第五十七条的规定，商业银行在编写有关产品介绍和宣传材料时，应进行充分的风险揭示，提供必要的举例说明，并根据有关管理规定将需要报告的材料及时向中国银行业监督管理委员会报告。

第五十八条　商业银行研发新的投资产品，应当制定产品开发审批程序与规范，在进行任何新的投资产品开发之前，都应当就产品开发的背景、可行性、拟销售的潜在目标客户群等进行分析，并报董事会或高级管理层批准。

第五十九条　新产品的开发应当编制产品开发报告，并经各相关部门审核签字。产品开发报告应详细说明新产品的定义、性质与特征，目标客户及销售方式，主要风险及其测算和控制方法，风险限额，风险控制部门对相关风险的管理权力与责任，会计核算与财务管理方法，后续服务，应急计划等。

第六十条　商业银行应当建立新产品风险的跟踪评估制度，在新产品推出后，对新产品的风险状况进行定期评估。

第六十一条　本指引中个人理财业务的定义与分类、适用范围等，与《商业银行个人理财业务管理暂行办法》相同。

第六十二条　本指引中数值所称"以上"，包括本数。

第六十三条　本指引由中国银行业监督管理委员会负责解释。

第六十四条　本指引自 2005 年 11 月 1 日起施行。

三、关于商业银行开展个人理财业务风险提示的通知(银监办发 〔2006〕157 号)

各银监局，各国有商业银行、股份制商业银行：

最近，因客户对个人理财产品(计划)投诉而引发的商业银行声誉风险和法律风险不断加大，理财资金投资对象逐步扩大和理财产品结构复杂化导致的市场风险、操作风险和策略风险也呈现上升的态势。现就各商业银行开展个人理财业务所面临的声誉风险、法律风险、市场风险、操作风险和策略风险等风险加以提示，并提出以下要求。

(一)理财产品(计划)的名称应恰当反映产品属性，避免使用带有诱惑性、误导性和承诺性的称谓。商业银行在为理财产品(计划)(尤其是非保证收益型理财产品(计划))命名时，应避免使用蕴含潜在风险或易引发争议的模糊性语言。

【例 9.17·多选题】理财产品(计划)的命名应遵循的要求有(　　)。[2014 年下半年真题]

  A．恰当反映产品属性

  B．避免使用蕴含潜在风险的模糊性语言

  C．避免使用带有诱惑性、误导性和承诺性的称谓

  D．避免使用易引发争议的模糊性语言

  E．应使用针对特定目标客户群体的语言

【答案】ABCD

【解析】根据《关于商业银行开展个人理财业务风险提示的通知》的规定，理财产品(计划)的名称应恰当反映产品属性，避免使用带有诱惑性、误导性和承诺性的称谓。商业银行在为理财产品(计划)(尤其是非保证收益型理财产品(计划))命名时，应避免使用蕴含潜在风险或易引发争议的模糊性语言。

(二)理财产品(计划)的设计应强调合理性。商业银行应按照审慎经营原则，设计符合整体经营策略的理财产品(计划)。应做好充分的市场调研工作，细分客户群，针对不同目标客户群体的特点，设计相应的理财产品(计划)。同时，理财产品(计划)的设计应尊重和保护金融消费者的权益，特别是知晓理财产品(计划)风险特征的权益。

(三)理财产品(计划)的风险揭示应充分、清晰和准确。商业银行向客户提供的所有可能影响客户投资决策的材料以及对客户投资情况的评估和分析等,都应按照《商业银行个人理财业务管理暂行办法》(简称《办法》)规定,包含相应的风险揭示内容,并以通俗的语言和适当的举例对各种风险进行解释。

(四)高度重视理财营销过程中的合规性管理。商业银行应禁止理财业务人员将理财产品(计划)当作一般储蓄产品,进行大众化推销;禁止理财业务人员误导客户购买与其风险认知和承受能力不相符合的理财产品(计划);严肃处理利用有意隐瞒或歪曲理财产品(计划)重要风险信息等欺骗手段销售理财产品(计划)的业务人员。商业银行应对现有理财产品的广告或宣传材料的内容、形式和发布渠道进行一次全面的合规性审核,并将审核和整改结果报告监管机构。

(五)严格进行客户评估,妥善保管理财业务相关记录。商业银行在开展理财业务时,应按照"了解你的客户"原则对客户的财务状况、风险认知和承受能力等进行充分了解和评估,并按照《办法》要求,将有关评估意见告知客户,双方签字确认。同时,商业银行还应定期跟踪和了解原有客户评估状况的变化情况,妥善保存有关客户评估和顾问服务的记录,及时纠正或停止对不恰当的客户进行的产品销售或推销行为。

(六)加强对理财业务市场风险的管理。商业银行应在对理财产品(计划)的市场变化做出科学合理预测的基础上,进行相应的资金成本和收益测算,并据此明确产品(计划)的期限及产品(计划)期限内有关市场风险的监测和管控措施,严格按照"成本可算、风险可控"的原则设计开发产品。商业银行不得销售无市场分析预测、无产品(计划)期限、无风险管控预案的理财产品(计划)。

(七)采取有效方式及时告知客户重要信息。商业银行在与客户签订合同时,应明确约定与客户联络和信息传递的方式,明确相关信息的披露方式,以及在信息传递过程中各方的责任,避免使客户因未及时获知信息而错过资金使用和再投资的机会。

(八)妥善处理客户投诉,减少投诉事件的发生。商业银行应设置并向客户告知理财业务的投诉电话,指定专门的人员或部门及时处理客户投诉。同时,商业银行应建立客户投诉的登记、统计制度,对客户投诉情况进行研究分析。对于客户投诉较多的理财业务环节和理财产品(计划),商业银行应制定切实有效的解决措施,加以改正。

(九)严格理财业务人员的管理。商业银行应按照《商业银行个人理财业务风险管理指引》的要求,建立健全个人理财业务人员资格考核、继续培训、跟踪评价等管理制度。对于频繁被客户投诉、投诉事实经查实的理财业务人员,应将其调离理财业务岗位,情节严重的应予以纪律处分。

(十)努力提升综合竞争力,避免理财业务的不公平竞争。商业银行应大力提高产品创新和服务创新能力,以富有特色的产品(计划)、个性化服务和差别化营销,提升客户的满意度和忠诚度,杜绝利用搭配销售和捆绑销售进行高息揽存等不公平竞争。

(十一)其他银行业金融机构开展理财业务,亦应遵照本风险提示中的各项要求执行。
请各银监局将本通知转发至辖内有关银行业金融机构,并提出必要的监管要求。

四、关于调整商业银行个人理财业务管理有关规定的通知(银监办发〔2007〕241号)

各银监局,各国有商业银行、股份制商业银行:

2005年9月,中国银监会发布了《商业银行个人理财业务管理暂行办法》(中国银监会令2005年第2号,简称《办法》)。《办法》实施以来,商业银行积极开展个人理财业务,推动产品创新,加强风险管理,取得了明显成效。为进一步规范和促进理财业务的发展,现对商业银行个人理财业务管理的有关规定做出以下调整。

(一)根据《国务院关于第四批取消和调整行政审批项目的决定》(国发〔2007〕33号)的有关规定,取消原《办法》中对商业银行发行保证收益性质的理财产品需要向中国银监会申请批准的相关规定,改为实行报告制。

(二)随着我国银行业开放的不断扩大,相关规章制度发生了变化,为使《办法》与相关规章制度更好地衔接,原《办法》中规定商业银行开展个人理财业务向中国银监会报告时,应最迟在发售理财产品前10日将相关资料报送中国银监会或其派出机构,现改为商业银行应在发售理财产品后5日内将相关资料报送中国银监会或其派出机构。

(三)理财产品存续期内,如发生重大收益波动、异常风险事件、重大产品赎回、意外提前终止和客户集中投诉等情况,各商业银行应及时报告中国银监会或其派出机构。理财产品存续期结束后,各商业银行应对产品收益实现情况、发生的风险和处置情况,以及客户满意度等做出后评价,并将产品评价报告报送中国银监会或其派出机构。

请各银监局将此通知转发至辖内城市商业银行、农村商业银行和外资银行等有关银行业金融机构。

五、关于进一步规范商业银行个人理财业务有关问题的通知(银监办发〔2008〕47号)

各银监局,各国有商业银行、股份制商业银行:

为规范和促进商业银行个人理财业务健康有序发展,中国银监会于2005年9月发布了《商业银行个人理财业务管理暂行办法》(简称《办法》)和《商业银行个人理财业务风险管理指引》(简称《指引》)。近年来,商业银行个人理财业务规模不断扩大,理财产品不断创新,但与此同时,部分商业银行未有效加强理财业务的管理,少数商业银行未按照《办法》和《指引》的有关规定和要求开展理财业务,出现了产品设计管理机制不健全,客户评估流于形式,风险揭示不到位,信息披露不充分,理财业务人员误导销售和投诉处理机制不完善等问题。为进一步规范商业银行个人理财市场秩序,促进商业银行个人理财业务持续健康发展,现就有关问题通知如下。

(一)履行代客资产管理角色,健全产品设计管理机制。

商业银行应本着符合客户利益和风险承受能力的原则,按照《办法》第二十四条关于保证收益类产品设计、《办法》第三十八条和《指引》第五十八条关于产品研发设计工作流程、《办法》第三十九条关于成本与收益测算、《指引》第三十四条关于起点金额设置、

《指引》第五十九条关于编制产品开发报告的规定，根据客户分层和目标客户群的需求，审慎、合规地开发设计理财产品。

商业银行为理财产品命名时，不得使用带有诱惑性、误导性和承诺性的称谓和蕴含潜在风险或易引发争议的模糊性语言。

商业银行不得销售无市场分析预测和无定价依据的理财产品。

商业银行应根据理财产品的风险状况和潜在客户群的风险偏好和风险承受能力，设置适当的销售起点金额，理财产品的销售起点金额不得低于5万元人民币(或等值外币)。

商业银行开展综合理财服务时，应通过自主设计开发理财产品，代理客户进行投资和资产管理，不得以发售理财产品名义变相代销境外基金或违反法律法规规定的其他境外投资理财产品。

【例9.18·单选题】一般来说，商业银行在设计理财产品的过程中，应遵循(　　)。[2014年下半年真题]

A．高效益原则
B．风险和收益匹配原则
C．效益最大化原则
D．低风险原则

【答案】B

【解析】根据《关于进一步规范商业银行个人理财业务有关问题的通知》的规定，商业银行应本着符合客户利益和风险承受能力的原则，审慎、合规地开发设计理财产品。理财产品的风险和收益应该匹配。

(二)建立客户评估机制，切实做好客户评估工作。

商业银行应按照《办法》第三十七条和《指引》第二十二条、第二十三条、第二十四条关于客户评估方式，《指引》第二十六条、第二十七条关于客户评估报告审核，以及《指引》第二十八条关于更新客户评估的规定，切实做好客户评估工作。

商业银行在向客户销售理财产品前，应按照"了解你的客户"原则，充分了解客户的财务状况、投资目的、投资经验、风险偏好、投资预期等情况，建立客户资料档案。同时，应建立客户评估机制，针对不同的理财产品设计专门的产品适合度评估书，对客户的产品适合度进行评估，并由客户对评估结果进行签字确认。对于与股票相关或结构较为复杂的理财产品，商业银行尤其应注意选择科学、合理的评估方法，防止错误销售。

商业银行对理财客户进行的产品适合度评估应在营业网点当面进行，不得通过网络或电话等手段进行客户产品适合度评估。

(三)规范产品宣传材料，加强产品宣传与营销活动的合规性管理。

商业银行应按照《办法》第四十条和《指引》第二十九条、第五十七条关于宣传资料和风险揭示的规定，合规宣传和营销理财产品，加强风险揭示。

商业银行理财产品的宣传和介绍材料中应全面反映产品的重要特性和与产品有关的重要事实，在首页最醒目位置揭示风险，说明最不利的投资情形和投资结果，对于无法在宣传和介绍材料中提供科学、准确的测算依据和测算方式的理财产品，不得在宣传和介绍材料中出现"预期收益率"或"最高收益率"字样。

商业银行理财产品的宣传和介绍材料中如含有对某项业务或产品以往业绩的描述或未来业绩的预测，应指明所引用的期间和信息的来源，并提示以往业绩和未来业绩的预测并不是产品最终业绩的可靠依据，不得将以往业绩和未来业绩的预测作为业务宣传的最重要内容。

【例 9.19·判断题】对于无法在宣传和介绍材料中提供科学、准确的测算依据和测算方式的理财产品，不得在宣传和介绍材料中出现"预期收益率"或"最高收益率"字样。( )[2013 年下半年真题]

【答案】正确

【解析】根据《关于进一步规范商业银行个人理财业务有关问题的通知》的规定，商业银行理财产品的宣传和介绍材料中应全面反映产品的重要特性和与产品有关的重要事实，在首页最醒目位置揭示风险，说明最不利的投资情形和投资结果。对于无法在宣传和介绍材料中提供科学、准确的测算依据和测算方式的理财产品，不得在宣传和介绍材料中出现"预期收益率"或"最高收益率"字样。

(四)充分履行银行责任，切实做好信息披露。

商业银行应按照《办法》第二十八条、第二十九条、第三十条关于银行向客户提供理财产品账单、市场表现情况报告、收益情况报告，以及第四十条关于银行向客户提供收益测算依据的规定，做好信息披露，充分保障客户金融信息知情权。

商业银行应按照《办法》的要求，定期向客户提供理财产品账单(产品存续期不足一个月的除外)，与客户另有约定的，提供账单的频度和账单中所包含的信息量应不低于《办法》的要求。

商业银行在与客户签订合同时，应明确约定与客户联络和信息传递的方式，以及在信息传递过程中双方的责任，确保客户及时获取信息，避免导致客户因未及时获知信息而错过资金使用和再投资的机会。

商业银行在未与客户约定的情况下，在网站公布产品相关信息而未确认客户已经获取该信息，不能视为其向客户进行了信息披露。

(五)建立客户投诉处理机制，妥善处理客户投诉。

商业银行应按照《办法》第三十一条规定，制定客户投诉处理制度，接受并及时处理客户投诉。

商业银行应建立全面、透明、方便和快捷的客户投诉处理机制。客户投诉处理机制应至少包括处理投诉的流程、回复的安排、调查的程序及补偿或赔偿机制。

商业银行应为客户提供合理的投诉途径，确保客户了解投诉的途径、方法及程序，采用统一的标准，公平和公正地处理投诉。

商业银行应配备足够的资源，确保客户投诉处理机制有效执行。

(六)严格理财业务人员管理，提高理财从业人员素质。

商业银行应按照《办法》第二十条关于理财业务人员培训和第五十六条关于理财业务人员的资格，《指引》第十九条关于建立理财业务人员管理制度和第二十条关于区分理财业务人员与一般产品销售人员的规定，加强理财业务人员的管理。

商业银行应建立理财从业人员持证上岗管理制度，完善理财业务人员的处罚和退出机制，加强对理财业务人员的持续专业培训和职业操守教育，要建立问责制，对发生多次或较严重误导销售的业务人员，及时取消其相关从业资格，并追究管理负责人的责任。

【例 9.20·单选题】根据监管机构的相关规定，商业银行应建立理财从业人员( )管理制度，完善理财业务人员的准入机制。[2014 年下半年真题]

A．持证上岗　　　B．风险评估　　　C．绩效激励　　　D．业务考核

【答案】A

【解析】根据银监会《关于进一步规范商业银行个人理财业务有关问题的通知》的规定，商业银行应建立理财从业人员持证上岗管理制度，完善理财业务人员的处罚和退出机制，加强对理财业务人员的持续专业培训和职业操守教育，要建立问责制，对发生多次或较严重误导销售的业务人员，及时取消其相关从业资格，并追究管理负责人的责任。

(七)各银行业金融机构接到《通知》后，应立即根据《办法》《指引》和本通知的有关要求，开展个人理财业务自查，限期改正自查出的问题，并于 2008 年 5 月 30 日前将自查和整改情况报告报送中国银监会业务创新监管协作部，并抄报银监会相关监管部门和银监会属地监管派出机构。

(八)各银监局接到本通知后，应立即组织开展商业银行理财业务暗访，按照商业银行理财业务暗访调查清单(见附件)的内容对辖区商业银行理财业务开展调查，于 2008 年 4 月 30 日前将调查报告报送中国银监会业务创新监管协作部。

(九)银监会将于近期对商业银行个人理财业务开展专项检查或抽查，对于商业银行自查中未发现或者自查后未改正的问题，将根据《办法》第六十四条的有关规定暂停商业银行理财业务，或责令商业银行调整个人理财业务相关部门负责人。

请各银监局将此通知转发至辖内城市商业银行、农村商业银行和外资银行等有关银行业金融机构。

六、银行与信托公司业务合作指引

第一条　为规范银行与信托公司开展业务合作的经营行为，引领银行、信托公司依法创新，促进银信合作健康、有序发展，保护银信合作相关当事人的合法权益，根据《中华人民共和国银行业监督管理法》《中华人民共和国商业银行法》和《中华人民共和国信托法》等法律，以及银行、信托公司的有关监管规章，制定本指引。

第二条　银行、信托公司在中华人民共和国境内开展业务合作，适用本指引。

第三条　本指引所称银行，包括中华人民共和国境内依法设立的商业银行、农村合作银行、城市信用合作社、农村信用合作社等吸收公众存款的金融机构以及政策性银行。

本指引所称信托公司是指中华人民共和国境内依法设立的主要经营信托业务的金融机构。

第四条　银行、信托公司开展业务合作，应当遵守国家宏观政策、产业政策和环境保护政策等要求，充分发挥银行和信托公司的各自优势，平等协商、互惠互利、公开透明、防范风险，实现合作双方的优势互补和双赢。

第五条　中国银监会对银行、信托公司开展业务合作实施监督管理。

第六条　本指引所称银信理财合作，是指银行将理财计划项下的资金交付信托，由信托公司担任受托人并按照信托文件的约定进行管理、运用和处分的行为。

第七条　银信理财合作应当符合以下要求：

(一)坚持审慎原则，遵守相关法律法规和监管规定；

(二)银行、信托公司应各自独立核算，并建立有效的风险隔离机制；

(三)信托公司应当勤勉尽责独立处理信托事务，银行不得干预信托公司的管理行为；

(四)依法、及时、充分披露银信理财的相关信息；

(五)中国银监会规定的其他要求。

第八条　银行、信托公司应当建立与银信理财合作相适应的管理制度，包括但不限于业务立项审批制度、合规管理和风险管理制度、信息披露制度等，并建立完善的前、中、后台管理系统。

第九条　银行开展银信理财合作，应当有清晰的战略规划，制定符合本行实际的合作战略并经董事会或理事会通过，同时遵守以下规定：

(一)严格遵守《商业银行个人理财业务管理暂行办法》等监管规定；

(二)充分揭示理财计划风险，并对客户进行风险承受度测试；

(三)理财计划推介中，应明示理财资金运用方式和信托财产管理方式；

(四)未经严格测算并提供测算依据和测算方式，理财计划推介中不得使用"预期收益率"、"最高收益率"或意思相近的表述；

(五)书面告知客户信托公司的基本情况，并在理财协议中载明其名称、住所等信息；

(六)银行理财计划的产品风险和信托投资风险相适应；

(七)每一只理财计划至少配备一名理财经理，负责该理财计划的管理、协调工作，并于理财计划结束时制作运行效果评价书；

(八)依据监管规定编制相关理财报告并向客户披露。

第十条　信托公司开展银信理财合作，应当和银行订立信托文件，并遵守以下规定：

(一)严格遵守《信托公司管理办法》、《信托公司集合资金信托计划管理办法》等监管规定；

(二)认真履行受托职责，严格管理信托财产；

(三)为信托财产开立信托财产专户，并将信托财产与固有财产分别管理、分别记账；

(四)每一只银信理财合作产品至少配备一名信托经理；

(五)按照信托文件约定向银行披露信托事务处理情况。

第十一条　信托公司应自己履行管理职责。出现信托文件约定的特殊事由需要将部分信托事务委托他人代为处理的，信托公司应当于事前十个工作日告知银行并向监管部门报告；应自行向他人支付代理费用，对他人代为处分的行为承担责任。

第十二条　信托公司开展银信理财合作，可以将理财资金进行组合运用，组合运用应事先明确运用范围和投资策略。

第十三条　银行开展银信理财合作，应当按照现有法律法规的规定和理财协议约定，及时、准确、充分、完整地向客户披露信息，揭示风险。

信托公司开展银信理财合作，应当按照现有法律法规的规定和信托文件约定，及时、准确、充分、完整地向银行披露信息，揭示风险。

第十四条　信托公司除收取信托文件约定的信托报酬外，不得从信托财产中谋取任何利益。信托终止后，信托公司应当将信托财产及其收益全部转移给银行。

银行按照理财协议收取费用后，应当将剩余的理财资产全部向客户分配。

第十五条　银行和信托公司开展信贷资产证券化合作业务，应当遵守以下规定：

(一)符合《信贷资产证券化试点管理办法》、《金融机构信贷资产证券化试点监督管理办法》等规定；

(二)拟证券化信贷资产的范围、种类、标准和状况等事项要明确，且与实际披露的资产信息相一致。信托公司可以聘请中介机构对该信贷资产进行审计；

(三)信托公司应当自主选择贷款服务机构、资金保管机构、证券登记托管机构，以及律师事务所、会计师事务所、评级机构等其他为证券化交易提供服务的机构，银行不得代为指定；

(四)银行不得干预信托公司处理日常信托事务；

(五)信贷资产实施证券化后，信托公司应当随时了解信贷资产的管理情况，并按规定向资产支持证券持有人披露。贷款服务机构应按照约定及时向信托公司报告信贷资产的管理情况，并接受信托公司核查。

第十六条 信托公司委托银行代为推介信托计划的，信托公司应当向银行提供完整的信托文件，并对银行推介人员开展推介培训；银行应向合格投资者推介，推介内容不应超出信托文件的约定，不得夸大宣传，并充分揭示信托计划的风险，提示信托投资风险自担原则。

银行接受信托公司委托代为推介信托计划，不承担信托计划的投资风险。

第十七条 信托公司可以与银行签订信托资金代理收付协议。

代理收付协议应明确界定信托公司与银行的权利义务关系，银行只承担代理信托资金收付责任，不承担信托计划的投资风险。

第十八条 信托财产为资金的，信托公司应当按照有关规定，在银行开立信托财产专户。银行为信托资金开立信托财产专户时，应要求信托公司提供相关开户材料。

第十九条 信托公司设立信托计划，应当选择经营稳健的银行担任保管人。受托人、保管人的权利义务关系，应当遵守《信托公司集合资金信托计划管理办法》的有关规定。

第二十条 信托公司可以将信托财产投资于金融机构股权。

信托公司将信托财产投资于与自身存在关联关系的金融机构的股权时，应当以公平的市场价格进行，并逐笔向中国银监会报告。

第二十一条 银行、信托公司开展银信合作业务过程中，可以订立协议，为对方提供投资建议、财务分析与规划等专业化服务。

第二十二条 银行、信托公司开展业务合作，应当制定合作伙伴的选择标准，并在各自职责范围内建立相应的风险管理体系，完善风险管理制度。

第二十三条 银行、信托公司开展业务合作，应当各自建立产品研发、营销管理、风险控制等部门间的分工与协作机制。

第二十四条 银行应当根据客户的风险偏好、风险认知能力和承受能力，为客户提供与其风险承受力相适应的理财服务。

信托公司发现信托投资风险与理财协议约定的风险水平不适应时，应当向银行提出相关建议。

第二十五条 银信合作过程中，银行、信托公司应当注意银行理财计划与信托产品在时点、期限、金额等方面的匹配。

第二十六条 银行不得为银信理财合作涉及的信托产品及该信托产品项下财产运用对象等提供任何形式担保。

第二十七条　信托公司投资于银行所持的信贷资产、票据资产等资产的，应当采取买断方式，且银行不得以任何形式回购。

第二十八条　银行以卖断方式向信托公司出售信贷资产、票据资产等资产的，事先应通过发布公告、书面通知等方式，将出售信贷资产、票据资产等资产的事项，告知相关权利人。

第二十九条　在信托文件有效期内，信托公司发现作为信托财产的信贷资产、票据资产等资产在入库起算日不符合信托文件约定的范围、种类、标准和状况，可以要求银行予以置换。

第三十条　信托公司买断银行所持的信贷资产、票据资产等资产的，应当为该资产建立相应的档案，制定完整的资产清收和管理制度，并依据有关规定进行资产风险分类。

信托公司可以委托银行代为管理买断的信贷、票据资产等资产。

【例 9.21·判断题】信托公司买断银行的信贷资产、票据资产的，不得委托银行代为管理所买断的信贷、票据资产等资产。(　　)

【答案】错误

【解析】根据《银行与信托公司业务合作指引》第三十条的规定，信托公司买断银行所持的信贷资产、票据资产等资产的，应当为该资产建立相应的档案，制定完整的资产清收和管理制度，并依据有关规定进行资产风险分类。信托公司可以委托银行代为管理买断的信贷、票据资产等资产。

第三十一条　银行、信托公司进行业务合作应该遵守关联交易的相关规定，并按规定进行信息披露。

第三十二条　中国银监会依法对银行、信托公司开展业务合作实施现场检查和非现场监管，可以要求银行、信托公司提供相关业务合作材料，核对双方账目，保障客户的合法权益。

第三十三条　中国银监会依法对银行、信托公司开展业务合作中违法违规行为进行处罚。

七、关于进一步规范商业银行个人理财业务报告管理有关问题的通知(银监办发〔2009〕172 号)

各银监局，各国有商业银行、股份制商业银行，邮政储蓄银行：

随着商业银行个人理财业务的发展，理财业务的风险特性日益复杂，为进一步加强商业银行个人理财业务的监督管理，现就商业银行个人理财业务报告管理的有关问题通知如下。

(一)商业银行发售理财计划实行报告制。

(二)商业银行应最迟在发售理财计划(包括总行管理以及总行授权分行管理的理财计划)前10日，统一由其法人机构将以下材料按照有关规定向负责法人机构监管的银监会监管部门或属地银监局(以下称银监会或其派出机构)报告：

1. 理财计划的可行性评估报告，主要内容包括：产品基本特性、目标客户群、拟销售的时间和规模、拟销售的地区、产品投向、投资组合安排、银行资金成本与收益测算、含有预期收益率的理财计划的收益测算方式和测算依据、产品风险评估管控措施等。

2．内部相关部门审核文件。

3．商业银行就理财计划对投资管理人、托管人、投资顾问等相关方的尽职调查文件。

4．商业银行就理财计划与投资管理人、托管人、投资顾问等相关方签署的法律文件。

5．理财计划的销售文件，包括产品协议书、产品说明书、风险揭示书、客户评估书等需要客户进行签字确认的销售文件。

6．理财计划的宣传材料，包括银行营业网点、银行官方网站和银行委托第三方网站向客户提供的产品宣传材料，以及通过各种媒体投放的产品广告等。

7．报告材料联络人的具体联系方式。

8．中国银监会及其派出机构要求的其他材料。

(三)商业银行应由主管个人理财业务的高级管理人员对理财计划的报告材料进行审核批准后，报送银监会或其派出机构。

(四)商业银行应确保报告材料的真实性和完整性。对于报告材料不齐全或者不符合形式要求的，商业银行应按照银监会或其派出机构的要求进行补充报送或调整后重新报送。

(五)商业银行分支机构应最迟在开始发售理财计划后 5 个工作日内，将以下材料按照有关规定向当地银监会派出机构报告：

1．法人机构理财计划发售授权书。

2．理财计划的销售文件，包括产品协议书、产品说明书、风险揭示书、客户评估书等需要客户进行签字确认的销售文件。

3．理财计划的宣传材料，包括银行营业网点、银行官方网站和银行委托第三方网站向客户提供的产品宣传材料，以及通过各种媒体投放的产品广告等。

4．报告材料联络人的具体联系方式。

5．中国银监会及其派出机构要求的其他材料。

6．商业银行应在理财计划销售文件和宣传材料中提供全面、完整的理财计划相关信息，进行充分的销售前信息披露，并以通俗的文字表达，确保客户能够以相关信息为基础，结合自身的财务状况、风险承受能力和投资预期等作出正确的投资决策。

7．从即日起取消《关于调整商业银行个人理财业务管理有关规定的通知》(银监办发〔2007〕241 号)第二条的规定。

请各银监局将本通知转发至辖内银监分局和相关银行业金融机构。

八、关于进一步规范商业银行个人理财业务投资管理有关问题的通知 (银监发〔2009〕65 号)

各银监局，各国有商业银行、股份制商业银行，邮政储蓄银行：

为进一步规范商业银行个人理财业务的投资管理活动，促进理财业务健康有序发展，针对商业银行个人理财业务发展的实际情况，依据《商业银行个人理财业务管理暂行办法》(简称《办法》)等相关监管法律法规，现就商业银行个人理财业务投资管理有关问题通知如下：

(一)商业银行开展个人理财业务应严格遵守国家法律法规，以及《办法》的有关规定，审慎尽职地对销售理财产品汇集的资金(简称理财资金)进行科学有效地投资管理。

(二)商业银行应按照符合客户利益和风险承受能力的原则,建立健全相应的内部控制和风险管理制度体系,并定期或不定期检查相关制度体系和运行机制,保障理财资金投资管理的合规性和有效性。

(三)商业银行应在充分分析宏观经济与金融市场的基础上,确定理财资金的投资范围和投资比例,合理进行资产配置,分散投资风险。

(四)商业银行应坚持审慎、稳健的原则对理财资金进行投资管理,不得投资于可能造成本金重大损失的高风险金融产品,以及结构过于复杂的金融产品。

(五)商业银行应科学合理地进行客户分类,根据客户的风险承受能力提供与其相适应的理财产品。商业银行应将理财客户划分为有投资经验客户和无投资经验客户,并在理财产品销售文件中标明所适合的客户类别;仅适合有投资经验客户的理财产品的起点金额不得低于10万元人民币(或等值外币),不得向无投资经验客户销售。

【例9.22·单选题】根据银监会2009年颁布的个人理财业务投资管理的相关规定,仅适合有投资经验客户的理财产品的起点金额不得低于(　　)万元人民币或等值外币。[2010年下半年真题]

　　　A. 50　　　　　　B. 20　　　　　　C. 10　　　　　　D. 5

【答案】C

【解析】商业银行应科学合理地进行客户分类,根据客户的风险承受能力提供与其相适应的理财产品。商业银行应将理财客户划分为有投资经验客户和无投资经验客户,并在理财产品销售文件中标明所适合的客户类别;仅适合有投资经验客户的理财产品的起点金额不得低于10万元人民币(或等值外币),不得向无投资经验客户销售。

(六)商业银行应尽责履行信息披露义务,向客户充分披露理财资金的投资方向、具体投资品种以及投资比例等有关投资管理信息,并及时向客户披露对投资者权益或者投资收益等产生重大影响的突发事件。

(七)商业银行应将理财业务的投资管理纳入总行的统一管理体系之中,实行前、中、后台分离,加强日常风险指标监测和内控管理。

(八)商业银行可以独立对理财资金进行投资管理,也可以委托经相关监管机构批准或认可的其他金融机构对理财资金进行投资管理。

商业银行委托其他金融机构对理财资金进行投资管理,应对其资质和信用状况等作出尽职调查,并经过高级管理层核准。

(九)商业银行发售理财产品,应按照企业会计准则(2006)第23号"金融资产转移"及其他相关规定,对理财资金所投资的资产逐项进行认定,将不符合转移标准的理财资金所投资的资产纳入表内核算,并按照自有同类资产的会计核算制度进行管理,对资产方按相应的权重计算风险资产,计提必要的风险拨备。

(十)商业银行发售理财产品,应委托具有证券投资基金托管业务资格的商业银行托管理财资金及其所投资的资产。

(十一)理财资金用于投资固定收益类金融产品,投资标的市场公开评级应在投资级以上。

(十二)理财资金用于投资银行信贷资产,应符合以下要求:

1. 所投资的银行信贷资产为正常类。

2. 商业银行应独立或委托其他商业银行担任所投资银行信贷资产的管理人，并确保不低于管理人自营同类资产的管理标准。

(十三)理财资金用于发放信托贷款，应符合以下要求：

1. 遵守国家相关法律法规和产业政策的要求。

2. 商业银行应对理财资金投资的信托贷款项目进行尽职调查，比照自营贷款业务的管理标准对信托贷款项目作出评审。

(十四)理财资金用于投资单一借款人及其关联企业银行贷款，或者用于向单一借款人及其关联企业发放信托贷款的总额不得超过发售银行资本净额的 10%。

(十五)理财资金用于投资公开或非公开市场交易的资产组合，商业银行应具有明确的投资标的、投资比例及募集资金规模计划，应对资产组合及其项下各项资产进行独立的尽职调查与风险评估，并由高级管理层核准评估结果后，在理财产品发行文件中进行披露。

(十六)理财资金用于投资金融衍生品或结构性产品，商业银行或其委托的境内投资管理人应具备金融机构衍生品交易资格，以及相适应的风险管理能力。

(十七)理财资金用于投资集合资金信托计划，其目标客户的选择应参照《信托公司集合资金信托计划管理办法》对于合格投资者的规定执行。

(十八)理财资金不得投资于境内二级市场公开交易的股票或与其相关的证券投资基金。理财资金参与新股申购，应符合国家法律法规和监管规定。

(十九)理财资金不得投资于未上市企业股权和上市公司非公开发行或交易的股份。

(二十)对于具有相关投资经验，风险承受能力较强的高资产净值客户，商业银行可以通过私人银行服务满足其投资需求，不受本通知第十八条和第十九条限制。

(二十一)理财资金投资于境外金融市场，除应遵守本通知相关规定外，应严格遵守《商业银行代客境外理财业务管理暂行办法》和《关于调整商业银行代客境外理财业务境外投资范围的通知》(银监办发〔2007〕114 号)等相关监管规定。严禁利用代客境外理财业务变相代理销售在境内不具备开展相关金融业务资格的境外金融机构所发行的金融产品。严禁利用代客境外理财业务变相代理不具备开展相关金融业务资格的境外金融机构在境内拓展客户或从事相关类似活动。

(二十二)商业银行因违反上述规定，或因相关责任人严重疏忽，造成客户重大经济损失，监管部门将依据《银行业监督管理法》的有关规定，追究发售银行高级管理层、理财业务管理部门以及相关风险管理部门、内部审计部门负责人的相关责任，暂停该机构发售新的理财产品。

本通知自发布之日起生效。请各银监局将本通知转发至辖内银监分局和相关银行业金融机构。

九、关于进一步规范银信合作有关事项的通知(银监发〔2009〕111 号)

各银监局，各政策性银行、国有商业银行、股份制商业银行，邮政储蓄银行，银监会直接监管的信托公司：

为进一步规范商业银行与信托公司业务合作行为，促进银信合作健康、有序发展，保护相关当事人的合法权益，并引导信托公司以受人之托、代人理财为本发展自主管理类信托业务，实现内涵式增长，现将银信合作业务有关问题通知如下。

(一)信托公司在银信合作中应坚持自主管理原则，提高核心资产管理能力，打造专属产品品牌。

自主管理是指信托公司作为受托人，在信托资产管理中拥有主导地位，承担产品设计、项目筛选、投资决策及实施等实质管理和决策职责。

(二)银信合作业务中，信托公司作为受托人，不得将尽职调查职责委托给其他机构。

在银信合作受让银行信贷资产、票据资产以及发放信托贷款等融资类业务中，信托公司不得将资产管理职能委托给资产出让方或理财产品发行银行。信托公司将资产管理职责委托给其他第三方机构的，应提前十个工作日向监管部门事前报告。

(三)商业银行应在向信托公司出售信贷资产、票据资产等资产后的十个工作日内，书面通知债务人资产转让事宜，保证信托公司真实持有上述资产。

(四)商业银行应在向信托公司出售信贷资产、票据资产等资产后的十五个工作日内，将上述资产的全套原始权利证明文件或者加盖商业银行有效印章的上述文件复印件移交给信托公司，并在此基础上办理抵押品权属的重新确认和让渡。如移交复印件的，商业银行须确保上述资产全套原始权利证明文件的真实与完整，如遇信托公司确须提供原始权利证明文件的，商业银行有义务及时提供。

信托公司应接收商业银行移交的上述文件材料并妥善保管。

(五)银信合作理财产品不得投资于理财产品发行银行自身的信贷资产或票据资产。

(六)银信合作产品投资于权益类金融产品或具备权益类特征的金融产品的，商业银行理财产品的投资者应执行《信托公司集合资金信托计划管理办法》第六条确定的合格投资者标准，即投资者需满足下列条件之一：

1. 单笔投资最低金额不少于 100 万元人民币的自然人、法人或者依法成立的其他组织；

2. 个人或家庭金融资产总计在其认购时超过 100 万元人民币，且能提供相关财产证明的自然人；

3. 个人收入在最近三年内每年收入超过 20 万元人民币或者夫妻双方合计收入在最近三年内每年收入超过 30 万元人民币，且能提供相关财产证明的自然人。

(七)银信合作产品投资于权益类金融产品或具备权益类特征的金融产品，且聘请第三方投资顾问的，应提前十个工作日向监管部门事前报告。

(八)银信合作产品投资于政府项目的，信托公司应全面了解地方财政收支状况、对外负债及或有负债情况，建立并完善地方财力评估、授信制度，科学评判地方财政综合还款能力；禁止向出资不实、无实际经营业务和存在不良记录的公司开展投融资业务。

(九)对于银信合作业务中存在两个(含)以上信托产品间发生交易的复杂结构产品，信托公司应按照《信托公司管理办法》有关规定向监管部门事前报告。

(十)信托公司应加强产品研发和投资管理团队建设，积极开发适应市场需求的信托产品，切实提高自主管理能力，为商业银行高端客户提供专业服务，积极推动银信合作向高端市场发展。

(十一)银信合作业务中，各方应在确保风险可控的情况下有序竞争。相关行业协会可视情形制定行业标准和自律公约，维护良好市场秩序。

二〇〇九年十二月十四日

十、关于规范银信理财合作业务有关事项的通知(银监发〔2010〕72号)

各银监局,各政策性银行、国有商业银行、股份制商业银行,邮政储蓄银行,银监会直接监管的信托公司:

为促进商业银行和信托公司理财合作业务规范、健康发展,有效防范银信理财合作业务风险,现将银信理财合作业务有关要求通知如下:

(一)本通知所称银信理财合作业务,是指商业银行将客户理财资金委托给信托公司,由信托公司担任受托人并按照信托文件的约定进行管理、运用和处分的行为。上述客户包括个人客户(包括私人银行客户)和机构客户。

商业银行代为推介信托公司发行的信托产品不在本通知规范范围之内。

(二)信托公司在开展银信理财合作业务过程中,应坚持自主管理原则,严格履行项目选择、尽职调查、投资决策、后续管理等主要职责,不得开展通道类业务。

(三)信托公司开展银信理财合作业务,信托产品期限均不得低于一年。

(四)商业银行和信托公司开展融资类银信理财合作业务,应遵守以下原则。

1. 自本通知发布之日起,对信托公司融资类银信理财合作业务实行余额比例管理,即融资类业务余额占银信理财合作业务余额的比例不得高于 30%。上述比例已超标的信托公司应立即停止开展该项业务,直至达到规定比例要求。

2. 信托公司信托产品均不得设计为开放式。上述融资类银信理财合作业务包括但不限于信托贷款、受让信贷或票据资产、附加回购或回购选择权的投资、股票质押融资等类资产证券化业务。

(五)商业银行和信托公司开展投资类银信理财合作业务,其资金原则上不得投资于非上市公司股权。

(六)商业银行和信托公司开展银信理财合作业务,信托资金同时用于融资类和投资类业务的,该信托业务总额应纳入本通知第四条第(一)项规定的考核比例范围。

(七)对本通知发布以前约定和发生的银信理财合作业务,商业银行和信托公司应做好以下工作:

1. 商业银行应严格按照要求将表外资产在今、明两年转入表内,并按照 150%的拨备覆盖率要求计提拨备,同时大型银行应按照 11.5%、中小银行按照 10%的资本充足率要求计提资本。

2. 商业银行和信托公司应切实加强对存续银信理财合作业务的后续管理,及时做好风险处置预案和到期兑付安排。

3. 对设计为开放式的非上市公司股权投资类、融资类或含融资类业务的银行理财产品和信托公司信托产品,商业银行和信托公司停止接受新的资金申购,并妥善处理后续事宜。

(八)鼓励商业银行和信托公司探索业务合作科学模式和领域。信托公司的理财要积极落实国家宏观经济政策,引导资金投向有效益的新能源、新材料、节能环保、生物医药、信息网络、高端制造产业等新兴产业,为经济发展模式转型和产业结构调整做出积极贡献。

(九)本通知自发布之日起实施。

请各银监局将本通知转发至辖内银监分局及有关银行业金融机构。

十一、关于进一步规范银信理财合作业务的通知(银监发〔2011〕7号)

各银监局，各政策性银行、国有商业银行、股份制商业银行，邮政储蓄银行，银监会直接监管的信托公司：

为进一步防范银信理财合作业务风险，促进商业银行和信托公司理财合作业务健康发展，结合《中国银监会关于规范银信理财合作业务有关事项的通知》(银监发〔2011〕72号，简称《通知》)有关规定，现就有关事项通知如下：

(一)各商业银行应当按照《通知》要求在2011年底前将银信理财合作业务表外资产转入表内。各商业银行应当在2011年1月31日前向银监会或其省级派出机构报送资产转表计划，原则上银信合作贷款余额应当按照每季至少25%的比例予以压缩。

(二)对商业银行未转入表内的银信合作信托贷款，各信托公司应当按照10.5%的比例计提风险资本。

(三)信托公司信托赔偿准备金低于银信合作不良信托贷款余额150%或低于银信合作信托贷款余额2.5%的，信托公司不得分红，直至上述指标达到标准。

(四)各银监局应当严格按照上述要求督促商业银行资产转表、信托公司压缩银信合作信托贷款业务。

各单位收到本通知后要立即按上述要求抓紧落实。

二〇一一年一月十三日

十二、商业银行理财产品销售管理办法(银监会令〔2011〕5号)

《商业银行理财产品销售管理办法》已经中国银行业监督管理委员会第109次主席会议通过。现予公布，自2012年1月1日起施行。

第一条　为规范商业银行理财产品销售活动，促进商业银行理财业务健康发展，根据《中华人民共和国银行业监督管理法》、《中华人民共和国商业银行法》及其他相关法律、行政法规，制定本办法。

第二条　本办法所称商业银行理财产品(简称理财产品)销售是指商业银行将本行开发设计的理财产品向个人客户和机构客户(以下统称客户)宣传推介、销售、办理申购、赎回等行为。

第三条　商业银行开展理财产品销售活动，应当遵守法律、行政法规等相关规定，不得损害国家利益、社会公共利益和客户合法权益。

第四条　中国银监会及其派出机构依照相关法律、行政法规和本办法等相关规定，对理财产品销售活动实施监督管理。

第五条　商业银行销售理财产品，应当遵循诚实守信、勤勉尽责、如实告知原则。

第六条　商业银行销售理财产品，应当遵循公平、公开、公正原则，充分揭示风险，保护客户合法权益，不得对客户进行误导销售。

第七条　商业银行销售理财产品，应当进行合规性审查，准确界定销售活动包含的法律关系，防范合规风险。

第八条　商业银行销售理财产品，应当做到成本可算、风险可控、信息充分披露。

第九条　商业银行销售理财产品，应当遵循风险匹配原则，禁止误导客户购买与其风险承受能力不相符合的理财产品。风险匹配原则是指商业银行只能向客户销售风险评级等于或低于其风险承受能力评级的理财产品。

第十条　商业银行销售理财产品，应当加强客户风险提示和投资者教育。

第十一条　本办法所称宣传销售文本分为两类。

一是宣传材料，指商业银行为宣传推介理财产品向客户分发或者公布，使客户可以获得的书面、电子或其他介质的信息，包括：

(一)宣传单、手册、信函等面向客户的宣传资料；

(二)电话、传真、短信、邮件；

(三)报纸、海报、电子显示屏、电影、互联网等以及其他音像、通讯资料；

(四)其他相关资料。

二是销售文件，包括：理财产品销售协议书、理财产品说明书、风险揭示书、客户权益须知等；经客户签字确认的销售文件，商业银行和客户双方均应留存。

第十二条　商业银行应当加强对理财产品宣传销售文本制作和发放的管理，宣传销售文本应当由商业银行总行统一管理和授权，分支机构未经总行授权不得擅自制作和分发宣传销售文本。

【例 9.23·单选题】商业银行应当加强对理财产品宣传销售文本制作和发放的管理，宣传销售文本应当由商业银行(　　)统一管理和授权，分支机构未经总行授权不得擅自制作和分发宣传销售文本。[2014 年下半年真题]

　　A．省级分行　　　B．总行　　　C．市级分行　　　D．区域分行

【答案】B

【解析】根据《商业银行理财产品销售管理办法》第十二条的规定，商业银行应当加强对理财产品宣传销售文本制作和发放的管理，宣传销售文本应当由商业银行总行统一管理和授权，分支机构未经总行授权不得擅自制作和分发宣传销售文本。

第十三条　理财产品宣传销售文本应当全面、客观反映理财产品的重要特性和与产品有关的重要事实，语言表述应当真实、准确和清晰，不得有下列情形：

(一)虚假记载、误导性陈述或者重大遗漏；

(二)违规承诺收益或者承担损失；

(三)夸大或者片面宣传理财产品，违规使用安全、保证、承诺、保险、避险、有保障、高收益、无风险等与产品风险收益特性不匹配的表述；

(四)登载单位或者个人的推荐性文字；

(五)在未提供客观证据的情况下，使用"业绩优良"、"名列前茅"、"位居前列"、"最有价值"、"首只"、"最大"、"最好"、"最强"、"唯一"等夸大过往业绩的表述；

(六)其他易使客户忽视风险的情形。

第十四条　理财产品宣传销售文本只能登载商业银行开发设计的该款理财产品或风险等级和结构相同的同类理财产品过往平均业绩及最好、最差业绩，同时应当遵守下列规定：

(一)引用的统计数据、图表和资料应当真实、准确、全面，并注明来源，不得引用未经

核实的数据；

(二)真实、准确、合理地表述理财产品业绩和商业银行管理水平；

(三)在宣传销售文本中应当明确提示，产品过往业绩不代表其未来表现，不构成新发理财产品业绩表现的保证。如理财产品宣传销售文本中使用模拟数据的，必须注明模拟数据。

第十五条　理财产品宣传销售文本提及第三方专业机构评价结果的，应当列明第三方专业评价机构名称及刊登或发布评价的渠道与日期。

第十六条　理财产品宣传销售文本中出现表达收益率或收益区间字样的，应当在销售文件中提供科学、合理的测算依据和测算方式，以醒目文字提醒客户，"测算收益不等于实际收益，投资须谨慎"。如不能提供科学、合理的测算依据和测算方式，则理财产品宣传销售文本中不得出现产品收益率或收益区间等类似表述。向客户表述的收益率测算依据和测算方式应当简明、清晰，不得使用小概率事件夸大产品收益率或收益区间，误导客户。

第十七条　理财产品宣传材料应当在醒目位置提示客户，"理财非存款、产品有风险、投资须谨慎"。

第十八条　理财产品销售文件应当包含专页风险揭示书，风险揭示书应当使用通俗易懂的语言，并至少包含以下内容：

(一)在醒目位置提示客户，"理财非存款、产品有风险、投资须谨慎"；

(二)提示客户，"如影响您风险承受能力的因素发生变化，请及时完成风险承受能力评估"；

(三)提示客户注意投资风险，仔细阅读理财产品销售文件，了解理财产品具体情况；

(四)本理财产品类型、期限、风险评级结果、适合购买的客户，并配以示例说明最不利投资情形下的投资结果；

(五)保证收益理财产品风险揭示应当至少包含以下表述："本理财产品有投资风险，只能保证获得合同明确承诺的收益，您应充分认识投资风险，谨慎投资"；

(六)保本浮动收益理财产品的风险揭示应当至少包含以下表述："本理财产品有投资风险，只保障理财资金本金，不保证理财收益，您应当充分认识投资风险，谨慎投资"；

(七)非保本浮动收益理财产品的风险揭示应当至少包含以下内容：本理财产品不保证本金和收益，并根据理财产品风险评级提示客户可能会因市场变动而蒙受损失的程度，以及需要充分认识投资风险，谨慎投资等内容；

(八)客户风险承受能力评级，由客户填写；

(九)风险揭示书还应当设计客户风险确认语句抄录，包括确认语句栏和签字栏；确认语句栏应当完整载明的风险确认语句为："本人已经阅读风险揭示，愿意承担投资风险"，并在此语句下预留足够空间供客户完整抄录和签名确认。

第十九条　理财产品销售文件应当包含专页客户权益须知，客户权益须知应当至少包括以下内容：

(一)客户办理理财产品的流程；

(二)客户风险承受能力评估流程、评级具体含义以及适合购买的理财产品等相关内容；

(三)商业银行向客户进行信息披露的方式、渠道和频率等；

(四)客户向商业银行投诉的方式和程序；

(五)商业银行联络方式及其他需要向客户说明的内容。

【例 9.24·多选题】商业银行理财产品销售文件应当包含专页客户权益须知，应当至少包括下列哪些内容？(   )[2013 年下半年真题]

      A．商业银行向客户进行信息披露的方式、渠道和频率等

      B．客户办理理财产品的流程

      C．客户向商业银行投诉的方式和程序

      D．风险提示内容

      E．客户风险承受能力评估流程、评级具体含义以及适合购买的理财产品等相关内容

【答案】ABCE

【解析】根据《商业银行理财产品销售管理办法》第十九条的规定，理财产品销售文件应当包含专页客户权益须知，客户权益须知应当至少包括以下内容：①客户办理理财产品的流程；②客户风险承受能力评估流程、评级具体含义以及适合购买的理财产品等相关内容；③商业银行向客户进行信息披露的方式、渠道和频率等；④客户向商业银行投诉的方式和程序；⑤商业银行联络方式及其他需要向客户说明的内容。

第二十条　理财产品销售文件应当载明投资范围、投资资产种类和各投资资产种类的投资比例，并确保在理财产品存续期间按照销售文件约定比例合理浮动。市场发生重大变化导致投资比例暂时超出浮动区间且可能对客户预期收益产生重大影响的，应当及时向客户进行信息披露。商业银行根据市场情况调整投资范围、投资品种或投资比例，应当按照有关规定进行信息披露后方可调整；客户不接受的，应当允许客户按照销售文件的约定提前赎回理财产品。

第二十一条　理财产品销售文件应当载明收取销售费、托管费、投资管理费等相关收费项目、收费条件、收费标准和收费方式。销售文件未载明的收费项目，不得向客户收取。商业银行根据相关法律和国家政策规定，需要对已约定的收费项目、条件、标准和方式进行调整时，应当按照有关规定进行信息披露后方可调整；客户不接受的，应当允许客户按照销售文件的约定提前赎回理财产品。

第二十二条　商业银行应当按照销售文件约定及时、准确地进行信息披露；产品结束或终止时的信息披露内容应当包括但不限于实际投资资产种类、投资品种、投资比例、销售费、托管费、投资管理费和客户收益等。理财产品未达到预期收益的，应当详细披露相关信息。

第二十三条　理财产品名称应当恰当反映产品属性，不得使用带有诱惑性、误导性和承诺性的称谓以及易引发争议的模糊性语言。理财产品名称中含有拟投资资产名称的，拟投资该资产的比例须达到该理财产品规模的 50%(含)以上；对挂钩性结构化理财产品，名称中含有挂钩资产名称的，需要在名称中明确所挂钩标的资产占理财资金的比例或明确是用本金投资的预期收益挂钩标的的资产。

第二十四条　商业银行应当采用科学、合理的方法对拟销售的理财产品自主进行风险评级，制定风险管控措施，进行分级审核批准。理财产品风险评级结果应当以风险等级体现，由低到高至少包括五个等级，并可根据实际情况进一步细分。

第二十五条　商业银行应当根据风险匹配原则在理财产品风险评级与客户风险承受能力评估之间建立对应关系；应当在理财产品销售文件中明确提示产品适合销售的客户范围，

并在销售系统中设置销售限制措施。

第二十六条　商业银行对理财产品进行风险评级的依据应当包括但不限于以下因素：

(一)理财产品投资范围、投资资产和投资比例；

(二)理财产品期限、成本、收益测算；

(三)本行开发设计的同类理财产品过往业绩；

(四)理财产品运营过程中存在的各类风险。

第二十七条　商业银行应当对客户风险承受能力进行评估，确定客户风险承受能力评级，由低到高至少包括五级，并可根据实际情况进一步细分。

第二十八条　商业银行应当在客户首次购买理财产品前在本行网点进行风险承受能力评估。风险承受能力评估依据至少应当包括客户年龄、财务状况、投资经验、投资目的、收益预期、风险偏好、流动性要求、风险认识以及风险损失承受程度等。商业银行对超过65岁(含)的客户进行风险承受能力评估时，应当充分考虑客户年龄、相关投资经验等因素。商业银行完成客户风险承受能力评估后应当将风险承受能力评估结果告知客户，由客户签名确认后留存。

第二十九条　商业银行应当定期或不定期地采用当面或网上银行方式对客户进行风险承受能力持续评估。超过一年未进行风险承受能力评估或发生可能影响自身风险承受能力情况的客户，再次购买理财产品时，应当在商业银行网点或其网上银行完成风险承受能力评估，评估结果应当由客户签名确认；未进行评估，商业银行不得再次向其销售理财产品。

第三十条　商业银行应当制定本行统一的客户风险承受能力评估书。商业银行应当在客户风险承受能力评估书中明确提示，如客户发生可能影响其自身风险承受能力的情形，再次购买理财产品时应当主动要求商业银行对其进行风险承受能力评估。

第三十一条　商业银行为私人银行客户和高资产净值客户提供理财产品销售服务应当按照本办法规定进行客户风险承受能力评估。私人银行客户是指金融净资产达到600万元人民币及以上的商业银行客户；商业银行在提供服务时，由客户提供相关证明并签字确认。高资产净值客户是满足下列条件之一的商业银行客户：

(一)单笔认购理财产品不少于100万元人民币的自然人；

(二)认购理财产品时，个人或家庭金融净资产总计超过100万元人民币，且能提供相关证明的自然人；

(三)个人收入在最近三年每年超过20万元人民币或者家庭合计收入在最近三年内每年超过30万元人民币，且能提供相关证明的自然人。

【例9.25·单选题】下面(　　)不是高净值客户。[2014年下半年真题]

(1)　小王单笔认购理财产品150万元人民币

(2)　小李购买理财产品时，出示120万元个人储蓄存款证明

(3)　小张提供了最近三年的收入证明，每年不低于20万元

(4)　小赵提供了最近三年每年28万元的家庭收入证明

　　A．小王　　B．小张　　　C．小赵　　　D．小李

【答案】C

【解析】根据《商业银行理财产品销售管理办法》第三十一条的规定，高资产净值客户是满足下列条件之一的商业银行客户：①单笔认购理财产品不少于100万元人民币的自

然人；②认购理财产品时，个人或家庭金融净资产总计超过 100 万元人民币，且能提供相关证明的自然人；③个人收入在最近三年每年超过 20 万元人民币或者家庭合计收入在最近三年内每年超过 30 万元人民币，且能提供相关证明的自然人。

第三十二条　商业银行分支机构理财产品销售部门负责人或经授权的业务主管人员应当定期对已完成的客户风险承受能力评估书进行审核。

第三十三条　商业银行应当建立客户风险承受能力评估信息管理系统，用于测评、记录和留存客户风险承受能力评估内容和结果。

第三十四条　商业银行不得销售无市场分析预测、无风险管控预案、无风险评级、不能独立测算的理财产品，不得销售风险收益严重不对称的含有复杂金融衍生工具的理财产品。

第三十五条　商业银行不得无条件向客户承诺高于同期存款利率的保证收益率。高于同期存款利率的保证收益，应当是对客户有附加条件的保证收益。商业银行向客户承诺保证收益的附加条件可以是对理财产品期限调整、币种转换等权利，也可以是对最终支付货币和工具的选择权利等，承诺保证收益的附加条件所产生的投资风险应当由客户承担，并应当在销售文件中明确告知客户。商业银行不得承诺或变相承诺除保证收益以外的任何可获得收益。

第三十六条　商业银行不得将存款单独作为理财产品销售，不得将理财产品与存款进行强制性搭配销售。商业银行不得将理财产品作为存款进行宣传销售，不得违反国家利率管理政策变相高息揽储。

第三十七条　商业银行从事理财产品销售活动，不得有下列情形：

(一)通过销售或购买理财产品方式调节监管指标，进行监管套利；

(二)将理财产品与其他产品进行捆绑销售；

(三)采取抽奖、回扣或者赠送实物等方式销售理财产品；

(四)通过理财产品进行利益输送；

(五)挪用客户认购、申购、赎回资金；

(六)销售人员代替客户签署文件；

(七)中国银监会规定禁止的其他情形。

第三十八条　商业银行应当根据理财产品风险评级、潜在客户群的风险承受能力评级，为理财产品设置适当的单一客户销售起点金额。风险评级为一级和二级的理财产品，单一客户销售起点金额不得低于 5 万元人民币；风险评级为三级和四级的理财产品，单一客户销售起点金额不得低于 10 万元人民币；风险评级为五级的理财产品，单一客户销售起点金额不得低于 20 万元人民币。

第三十九条　商业银行不得通过电视、电台渠道对具体理财产品进行宣传。通过电话、传真、短信、邮件等方式开展理财产品宣传时，如客户明确表示不同意，商业银行不得再通过此种方式向客户开展理财产品宣传。

第四十条　商业银行通过本行网上银行销售理财产品时，应当遵守本办法第二十八条规定。销售过程应有醒目的风险提示，风险确认不得低于网点标准，销售过程应当保留完整记录。

第四十一条　商业银行通过本行电话银行销售理财产品时，应当遵守本办法第二十八条规定。销售人员应当是具有理财从业资格的银行人员，销售过程应当使用统一的规范用语，妥善保管客户信息，履行相应的保密义务。商业银行通过本行电话银行向客户销售理财产品应当征得客户同意，明确告知客户销售的是理财产品，不得误导客户。销售过程的风险确认不得低于网点标准，销售过程应当录音并妥善保存。

第四十二条　商业银行销售风险评级为四级(含)以上理财产品时，除非与客户书面约定，否则应当在商业银行网点进行。

【例9.26·单选题】商业银行销售风险评级为(　　)及以上的理财产品时，除非与客户书面约定，否则应当在商业银行网点进行。[2014年下半年真题]

A．3级　　　　B．5级　　　　C．2级　　　　D．4级

【答案】D

【解析】根据《商业银行理财产品销售管理办法》第四十二条的规定，商业银行销售风险评级为四级(含)以上理财产品时，除非与客户书面约定，否则应当在商业银行网点进行。

第四十三条　商业银行向私人银行客户销售专门为其设计开发的理财产品或投资组合时，双方应当签订专门的理财服务协议，销售活动可按服务协议约定方式进行，但应当确保销售过程符合相关法律法规规定。

第四十四条　商业银行向机构客户销售理财产品不适用本办法有关客户风险承受能力评估、风险确认语句抄录的相关规定，但应当确保销售过程符合相关法律法规及本办法其他条款规定。商业银行向机构客户销售专门为其设计开发的理财产品，双方应当签订专门的理财服务协议，销售活动可以按服务协议约定方式执行，但应当确保销售过程符合相关法律法规规定。

第四十五条　对于单笔投资金额较大的客户，商业银行应当在完成销售前将包括销售文件在内的认购资料至少报经商业银行分支机构销售部门负责人审核或其授权的业务主管人员审核；单笔金额标准和审核权限，由商业银行根据理财产品特性和本行风险管理要求制定。已经完成销售的理财产品销售文件，应至少报经商业银行分支机构理财产品销售部门负责人或其授权的业务主管人员定期审核。

第四十六条　客户购买风险较高或单笔金额较大的理财产品，除非双方书面约定，否则商业银行应当在划款时以电话等方式与客户进行最后确认；如果客户不同意购买该理财产品，商业银行应当遵从客户意愿，解除已签订的销售文件。风险较高和单笔金额较大的标准，由商业银行根据理财产品特性和本行风险管理要求制定。

第四十七条　商业银行不得将其他商业银行或其他金融机构开发设计的理财产品标记本行标识后作为自有理财产品销售。商业银行代理销售其他商业银行理财产品应当遵守本办法规定，进行充分的风险审查并承担相应责任。

第四十八条　商业银行应当建立异常销售的监控、记录、报告和处理制度，重点关注理财产品销售业务中的不当销售和误导销售行为，至少应当包括以下异常情况：

(一)客户频繁开立、撤销理财账户；

(二)客户风险承受能力与理财产品风险不匹配；

(三)商业银行超过约定时间进行资金划付；

(四)其他应当关注的异常情况。

第四十九条　本办法所称销售人员是指商业银行面向客户从事理财产品宣传推介、销

售、办理申购和赎回等相关活动的人员。

第五十条　销售人员除应当具备理财产品销售资格以及相关法律法规、金融、财务等专业知识和技能外，还应当满足以下要求：

(一)对理财业务相关法律、法规和监管规定等有充分了解和认识；

(二)遵守监管部门和商业银行制定的理财业务人员职业道德标准或守则；

(三)掌握所宣传销售的理财产品或向客户提供咨询顾问意见所涉及理财产品的特性，对有关理财产品市场有所认识和理解；

(四)具备相应的学历水平和工作经验；

(五)具备监管部门要求的行业资格。

【例 9.27·多选题】商业银行理财产品销售人员除应当具备理财产品销售资格以及相关法律法规、金融、财务等专业的知识和技能外，还应当满足下列哪些要求?(　　)[2013年下半年真题]

    A．具备监管部门要求的行业资格

    B．具备相应的学历水平和工作经验

    C．对理财业务相关法律、法规和监管规定等有充分了解和认识

    D．掌握所宣传销售的理财产品或向客户提供咨询顾问意见所涉及理财产品的特征，对有关理财产品市场有所认识和理解

    E．遵守监管部门和商业银行制定的理财业务人员职业道德标准或守则

【答案】ABCDE

【解析】根据《商业银行理财产品销售管理办法》第五十条的规定，销售人员除应当具备理财产品销售资格以及相关法律法规、金融、财务等专业知识和技能外，还应当满足以下要求：①对理财业务相关法律、法规和监管规定等有充分了解和认识；②遵守监管部门和商业银行制定的理财业务人员职业道德标准或守则；③掌握所宣传销售的理财产品或向客户提供咨询顾问意见所涉及理财产品的特性，对有关理财产品市场有所认识和理解；④具备相应的学历水平和工作经验；⑤具备监管部门要求的行业资格。

第五十一条　销售人员从事理财产品销售活动，应当遵循以下原则：

(一)勤勉尽职原则。销售人员应当以对客户高度负责的态度执业，认真履行各项职责。

(二)诚实守信原则。销售人员应当忠实于客户，以诚实、公正的态度、合法的方式执业，如实告知客户可能影响其利益的重要情况和理财产品风险评级情况。

(三)公平对待客户原则。在理财产品销售活动中发生分歧或矛盾时，销售人员应当公平对待客户，不得损害客户合法权益。

(四)专业胜任原则。销售人员应当具备理财产品销售的专业资格和技能，胜任理财产品销售工作。

第五十二条　销售人员在向客户宣传销售理财产品时，应当先做自我介绍，尊重客户意愿，不得在客户不愿或不便的情况下进行宣传销售。

第五十三条　销售人员在为客户办理理财产品认购手续前，应当遵守本办法规定，特别注意以下事项：

(一)有效识别客户身份；

(二)向客户介绍理财产品销售业务流程、收费标准及方式等；

(三)了解客户风险承受能力评估情况、投资期限和流动性要求;

(四)提醒客户阅读销售文件,特别是风险揭示书和权益须知;

(五)确认客户抄录了风险确认语句。

第五十四条 销售人员从事理财产品销售活动,不得有下列情形:

(一)在销售活动中为自己或他人牟取不正当利益,承诺进行利益输送,通过给予他人财物或利益,或接受他人给予的财物或利益等形式进行商业贿赂;

(二)诋毁其他机构的理财产品或销售人员;

(三)散布虚假信息,扰乱市场秩序;

(四)违规接受客户全权委托,私自代理客户进行理财产品认购、申购、赎回等交易;

(五)违规对客户做出盈亏承诺,或与客户以口头或书面形式约定利益分成或亏损分担;

(六)挪用客户交易资金或理财产品;

(七)擅自更改客户交易指令;

(八)其他可能有损客户合法权益和所在机构声誉的行为。

第五十五条 商业银行应当向销售人员提供每年不少于20小时的培训,确保销售人员掌握理财业务监管政策、规章制度,熟悉理财产品宣传销售文本、产品风险特性等专业知识。培训记录应当详细记载培训要求、方式、时间及考核结果等,未达到培训要求的销售人员应当暂停从事理财产品销售活动。

第五十六条 商业银行应当建立健全销售人员资格考核、继续培训、跟踪评价等管理制度,不得对销售人员采用以销售业绩作为单一考核和奖励指标的考核方法,并应当将客户投诉情况、误导销售以及其他违规行为纳入考核指标体系。商业银行应当对销售人员在销售活动中出现的违规行为进行问责处理,将其纳入本行人力资源评价考核系统,持续跟踪考核。对于频繁被客户投诉、查证属实的销售人员,应当将其调离销售岗位;情节严重的应当按照本办法规定承担相应法律责任。

【例 9.28·单选题】根据《商业银行理财产品销售管理办法》,商业银行应当建立健全销售人员资格考核、继续培训、(   )等管理制度。[2015年上半年真题]

A. 实践指导   B. 定期交流   C. 跟踪分析   D. 跟踪评价

【答案】D

【解析】根据《商业银行理财产品销售管理办法》第五十六条规定,商业银行应当建立健全销售人员资格考核、继续培训、跟踪评价等管理制度,不得对销售人员采用以销售业绩作为单一考核和奖励指标的考核方法,并应当将客户投诉情况、误导销售以及其他违规行为纳入考核指标体系。

第五十七条 商业银行董事会和高级管理层应当充分了解理财产品销售可能存在的合规风险、操作风险、法律风险、声誉风险等,密切关注理财产品销售过程中各项风险管控措施的执行情况,确保理财产品销售的各项管理制度和风险控制措施体现充分了解客户和符合客户利益的原则。

第五十八条 商业银行应当明确规定理财产品销售的管理部门,根据国家有关法律法规及销售业务的性质和自身特点建立科学、透明的理财产品销售管理体系和决策程序,高效、严谨的业务运营系统,健全、有效的内部监督系统,以及应急处理机制。

第五十九条 商业银行应当建立包括理财产品风险评级、客户风险承受能力评估、销售活动风险评估等在内的科学严密的风险管理体系和内部控制制度，对内外部风险进行识别、评估和管理，规范销售行为，确保将合适的产品销售给合适的客户。

第六十条　商业银行应当建立健全符合本行情况的理财产品销售授权控制体系，加强对分支机构的管理，有效控制分支机构的销售风险。授权管理应当至少包括：

(一)明确规定分支机构的业务权限；

(二)制定统一的标准化销售服务规程，提高分支机构的销售服务质量；

(三)统一信息技术系统和平台，确保客户信息的有效管理和客户资金安全；

(四)建立清晰的报告路线，保持信息渠道畅通；

(五)加强对分支机构的监督管理，采取定期核对、现场核查、风险评估等方式有效控制分支机构的风险。

第六十一条　商业银行应当建立理财产品销售业务账户管理制度，确保各类账户的开立和使用符合法律法规和相关监管规定，保障理财产品销售资金的安全和账户的有序管理。

第六十二条　商业银行应当制定理财产品销售业务基本规程，对开户、销户、资料变更等账户类业务，认购、申购、赎回、转换等交易类业务做出规定。

第六十三条　商业银行应当建立全面、透明、快捷和有效的客户投诉处理体系，具体应当包括：

(一)有专门的部门受理和处理客户投诉；

(二)建立客户投诉处理机制，至少应当包括投诉处理流程、调查程序、解决方案、客户反馈程序、内部反馈程序等；

(三)为客户提供合理的投诉途径，确保客户了解投诉的途径、方法及程序，采用本行统一标准，公平和公正地处理投诉；

(四)向社会公布受理客户投诉的方式，包括电话、邮件、信函以及现场投诉等并公布投诉处理规则；

(五)准确记录投诉内容，所有投诉应当保留记录并存档，投诉电话应当录音；

(六)评估客户投诉风险，采取适当措施，及时妥善处理客户投诉；

(七)定期根据客户投诉总结相关问题，形成分析报告，及时发现业务风险，完善内控制度。

第六十四条　商业银行应当依法建立客户信息管理制度和保密制度，防范客户信息被不当使用。

第六十五条　商业银行应当建立文档保存制度，妥善保存理财产品销售环节涉及的所有文件、记录、录音等相关资料。

第六十六条　商业银行应当具备与管控理财产品销售风险相适应的技术支持系统和后台保障能力，尽快建立完整的销售信息管理系统，设置必要的信息管理岗位，确保销售管理系统安全运行。

第六十七条　商业银行应当建立和完善理财产品销售质量控制制度，制定实施内部监督和独立审核措施，配备必要的人员，对本行理财产品销售人员的操守资质、服务合规性和服务质量等进行内部调查和监督。内部调查应当采用多样化的方式进行。对理财产品销售质量进行调查时，内部调查监督人员还应当亲自或委托适当的人员，以客户身份进行调查。

内部调查监督人员应当在审查销售服务记录、合同和其他材料等基础上，重点检查是否存在不当销售的情况。

第六十八条　中国银监会及其派出机构根据审慎监管要求，对商业银行理财产品销售活动进行非现场监管和现场检查。

第六十九条　商业银行销售理财产品实行报告制。报告期间，不得对报告的理财产品开展宣传销售活动。商业银行总行或授权分支机构开发设计的理财产品，应当由商业银行总行负责报告，报告材料应当经商业银行主管理财业务的高级管理人员审核批准。商业银行总行应当在销售前10日，将以下材料向中国银监会负责法人机构监管的部门或属地银监局报告(外国银行分行参照执行)：

(一)理财产品的可行性评估报告，主要内容包括：产品基本特性、目标客户群、拟销售时间和规模、拟销售地区、理财资金投向、投资组合安排、资金成本与收益测算、含有预期收益率的理财产品的收益测算方式和测算依据、产品风险评估及管控措施等；

(二)内部审核文件；

(三)对理财产品投资管理人、托管人、投资顾问等相关方的尽职调查文件；

(四)与理财产品投资管理人、托管人、投资顾问等相关方签署的法律文件；

(五)理财产品销售文件，包括理财产品销售协议书、理财产品说明书、风险揭示书、客户权益须知等；

(六)理财产品宣传材料，包括银行营业网点、银行官方网站和银行委托第三方网站向客户提供的理财产品宣传材料，以及通过各种媒体投放的产品广告等；

(七)报告材料联络人的具体联系方式；

(八)中国银监会及其派出机构要求的其他材料。商业银行向机构客户和私人银行客户销售专门为其开发设计的理财产品不适用本条规定。

第七十条　商业银行分支机构应当在开始发售理财产品之日起 5 日内，将以下材料向所在地中国银监会派出机构报告：

(一)总行理财产品发售授权书；

(二)理财产品销售文件，包括理财产品协议书、理财产品说明书、风险揭示书、客户权益须知等；

(三)理财产品宣传材料，包括银行营业网点、银行官方网站和银行委托第三方网站向客户提供的产品宣传材料，以及通过各种媒体投放的产品广告等；

(四)报告材料联络人的具体联系方式；

(五)中国银监会及其派出机构要求的其他材料。商业银行向机构客户和私人银行客户销售专门为其开发设计的理财产品不适用本条规定。

第七十一条　商业银行应当确保报告材料的真实性和完整性。报告材料不齐全或者不符合形式要求的，应当按照中国银监会或其派出机构的要求进行补充报送或调整后重新报送。

第七十二条　商业银行理财业务有下列情形之一的，应当及时向中国银监会或其派出机构报告：

(一)发生群体性事件、重大投诉等重大事件；

(二)挪用客户资金或资产；

(三)投资交易对手或其他信用关联方发生重大信用违约事件，可能造成理财产品重大亏损；

(四)理财产品出现重大亏损；

(五)销售中出现的其他重大违法违规行为。

第七十三条　商业银行应当根据中国银监会的规定对理财产品销售进行月度、季度和年度统计分析，报送中国银监会及其派出机构。商业银行应当在每个会计年度结束时编制本年度理财业务发展报告，应当至少包括销售情况、投资情况、收益分配、客户投诉情况等，于下一年度2月底前报送中国银监会及其派出机构。

第七十四条　商业银行违反本办法规定开展理财产品销售的，中国银监会或其派出机构责令限期改正，情节严重或者逾期不改正的，中国银监会或其派出机构可以区别不同情形，根据《中华人民共和国银行业监督管理法》第三十七条规定采取相应监管措施。

第七十五条　商业银行开展理财产品销售业务有下列情形之一的，由中国银监会或其派出机构责令限期改正，除按照本办法第七十四条规定采取相关监管措施外，还可以并处二十万以上五十万元以下罚款；涉嫌犯罪的，依法移送司法机关：

(一)违规开展理财产品销售造成客户或银行重大经济损失的；

(二)泄露或不当使用客户个人资料和交易记录造成严重后果的；

(三)挪用客户资产的；

(四)利用理财业务从事洗钱、逃税等违法犯罪活动的；

(五)其他严重违反审慎经营规则的。

第七十六条　商业银行违反法律、行政法规以及国家有关银行业监督管理规定的，中国银监会或其派出机构除依照本办法第七十四条和第七十五条规定处理外，还可以区别不同情形，按照《中华人民共和国银行业监督管理法》第四十八条规定采取相应监管措施。

第七十七条　本办法中的"日"指工作日。

第七十八条　农村合作银行、城市信用社、农村信用社等其他银行业金融机构开展理财产品销售业务，参照本办法执行。

第七十九条　本办法由中国银监会负责解释。

第八十条　本办法自2012年1月1日起施行。

十三、关于进一步加强商业银行理财业务风险管理有关问题的通知 (银监发〔2011〕91号)

各银监局，各政策性银行、国有商业银行、股份制商业银行，邮政储蓄银行：

为促进商业银行理财业务的规范、健康、可持续发展，现就进一步加强理财业务风险管理的有关事项通知如下：

(一)商业银行开展理财业务，应严格遵守"成本可算、风险可控、信息充分披露"的原则；不符合该原则的理财产品不得销售。

(二)商业银行应确保理财产品募集资金进行投资的真实性与合法性，不得发行和销售无真实投资、无测算依据、无充分信息披露的理财产品；不得通过发行短期和超短期、高收益的理财产品变相高息揽储，在月末、季末变相调节存贷比等监管指标，进行监管套利；

应重点加强对期限在一个月以内的理财产品的信息披露和合规管理，杜绝不符合监管规定的产品。

监管机构要加强对理财产品的审核，及时否决不符合监管规定的理财产品。

(三)商业银行应充分披露理财产品的相关信息，不得笼统地规定各类资产的投资比例为0至100%，应当载明各类投资资产的具体种类和比例区间。

商业银行应通过事前、事中、事后的持续性披露，不断提高理财产品的透明度；所有针对个人客户发行的理财产品，产品相关的事前、事中、事后信息均应在总行的官方网站上予以充分披露，私人银行客户与银行另有约定的除外。

(四)商业银行应公平对待客户，在销售文件中明确告知客户以下内容：

1．产品的募集期和起始期；

2．产品结束时的清算期。

商业银行不得故意拖延理财产品的清算期，理财产品到期后应及时完成清算。

(五)商业银行应加强内部管理，做好对每个理财计划的单独核算和规范管理，并遵守以下要求：

1．对每个理财计划所汇集的资金进行规范的会计核算；

2．为每个理财计划制作明细记录，覆盖资金募集、投资过程、各类标的资产的明细、到期清算的全过程；

3．为每个理财计划建立托管的明细账；

4．每个理财计划对应的投资组合实现单独管理；

5．计划终止时，应准确地计算每个理财计划单独兑现的收益。

(六)商业银行在开展银信理财合作业务时，应严格遵守银信理财合作的各项相关规定。

商业银行应按照"实质重于形式"的原则，依法合规地开展金融创新，不得通过理财业务规避审慎监管政策，变相调节资本充足率、存贷比、拨备覆盖率等各项监管指标，进行监管套利。

(七)商业银行应严格按照企业会计准则的相关规定，对本行资金所投资的理财产品中包含的信贷资产(包括贷款和票据融资)纳入表内核算，并按照自有信贷资产的会计核算制度进行管理，计算相应的存贷比等监管指标，按相应的权重计算风险资产，计提必要的风险拨备。

(八)商业银行开展理财业务应与国家宏观调控政策保持一致，不得进入国家法律、政策规定的限制性行业和领域。

(九)商业银行应加强对理财业务的审计，对于每一种类型的理财计划，每季度应至少随机抽取一个理财计划进行全面审计。

(十)各级监管机构要加强对理财业务的非现场监管分析和现场检查，严格查处各种违规行为。

针对理财业务中的各种违规情形，一经发现，监管机构要采取必要的监管措施，要求商业银行停止销售，并可依据《中华人民共和国银行业监督管理法》的有关规定，责令其暂停理财业务，给予相应处罚，并追究相关人员的责任。

(十一)农村合作银行、城市信用社、农村信用社等其他银行业金融机构开展理财业务，参照本通知执行。

(十二)本通知自发布之日起施行。

银行业金融机构应按本通知的各项要求在 30 日之内及时完成整改。整改后，不能按本通知要求依法合规开展理财业务的，暂停发行和销售新的理财产品。

请各银监局将本通知转发辖内银监分局和各银行业金融机构。

十四、中国银监会关于规范商业银行理财业务投资运作有关问题的通知(银监发〔2013〕8 号)

各银监局，各政策性银行、国有商业银行、股份制商业银行，邮政储蓄银行：

近期，商业银行理财资金直接或通过非银行金融机构、资产交易平台等间接投资于"非标准化债权资产"业务增长迅速。一些银行在业务开展中存在规避贷款管理、未及时隔离投资风险等问题。为有效防范和控制风险，促进相关业务规范健康发展，现就有关事项通知如下：

(一)非标准化债权资产是指未在银行间市场及证券交易所市场交易的债权性资产，包括但不限于信贷资产、信托贷款、委托债权、承兑汇票、信用证、应收账款、各类受(收)益权、带回购条款的股权性融资等。

(二)商业银行应实现每个理财产品与所投资资产(标的物)的对应，做到每个产品单独管理、建账和核算。单独管理是指对每个理财产品进行独立的投资管理；单独建账是指为每个理财产品建立投资明细账，确保投资资产逐项清晰明确；单独核算指对每个理财产品单独进行会计账务处理，确保每个理财产品都有资产负债表、利润表、现金流量表等财务报表。

对于本通知印发之前已投资的达不到上述要求的非标准化债权资产，商业银行应比照自营贷款，按照《商业银行资本管理办法(试行)》要求，于 2013 年底前完成风险加权资产计量和资本计提。

(三)商业银行应向理财产品投资人充分披露投资非标准化债权资产情况，包括融资客户和项目名称、剩余融资期限、到期收益分配、交易结构等。理财产品存续期内所投资的非标准化债权资产发生变更或风险状况发生实质性变化的，应在 5 日内向投资人披露。

(四)商业银行应比照自营贷款管理流程，对非标准化债权资产投资进行投前尽职调查、风险审查和投后风险管理。

(五)商业银行应当合理控制理财资金投资非标准化债权资产的总额，理财资金投资非标准化债权资产的余额在任何时点均以理财产品余额的 35%与商业银行上一年度审计报告披露总资产的 4%之间孰低者为上限。

(六)商业银行应加强理财投资合作机构名单制管理，明确合作机构准入标准和程序、存续期管理、信息披露义务及退出机制。商业银行应将合作机构名单于业务开办 10 日前报告监管部门。本通知印发前已开展合作的机构名单应于 2013 年 4 月底前报告监管部门。

(七)商业银行代销代理其他机构发行的产品投资于非标准化债权资产或股权性资产的，必须由商业银行总行审核批准。

(八)商业银行不得为非标准化债权资产或股权性资产融资提供任何直接或间接、显性或隐性的担保或回购承诺。

(九)商业银行要持续探索理财业务投资运作的模式和领域，促进业务规范健康发展。

(十)商业银行应严格按照上述各项要求开展相关业务，达不到上述要求的，应立即停止相关业务，直至达到规定要求。

(十一)各级监管机构要加强监督检查，发现商业银行违反本通知相关规定的，应要求其立即停止销售相关产品，并依据《中华人民共和国银行业监督管理法》相关规定实施处罚。

(十二)本通知自印发之日起实施。

农村合作银行、信用社等其他银行业金融机构开展相关业务的，参照本通知执行。

十五、中国银监会关于完善银行理财业务组织管理体系有关事项的通知(银监发〔2014〕35号)

各银监局，开发银行，各国有商业银行、股份制商业银行，邮政储蓄银行：

为进一步规范银行理财业务发展，完善理财业务组织管理体系，现就有关事项通知如下。

(一)银行业金融机构(简称银行)应按照单独核算、风险隔离、行为规范、归口管理等要求开展理财业务事业部制改革，设立专门的理财业务经营部门，负责集中统一经营管理全行理财业务。

(二)单独核算是指理财业务经营部要作为独立的利润主体，建立单独的会计核算、统计分析和风险调整后的绩效考评体系。理财业务经营部同时要对每只银行理财产品分别单独建立明细账，单独核算，并应覆盖表内外的所有理财产品。

(三)风险隔离是指理财业务与信贷等其他业务相分离，建立符合理财业务特点的独立条线风险控制体系；同时实行自营业务与代客业务相分离；银行理财产品与银行代销的第三方机构理财产品相分离；银行理财产品之间相分离；理财业务操作与银行其他业务操作相分离。

1. 理财业务与信贷业务相分离是指理财产品的资金来源和资金运用相对应，独立于银行信贷业务；本行信贷资金不得为本行理财产品提供融资和担保；理财业务应回归资产管理业务的本质。

2. 自营业务与代客业务相分离是指自营业务与代客业务分别开立独立账户；分别建立相应的风险管理流程和内控制度；代客理财资金不得用于本行自营业务，不得通过理财产品期限设置、会计记账调整等方式调节监管指标。

3. 银行理财产品与银行代销的第三方机构理财产品相分离是指银行销售上述两类产品时应有相互独立的准入、考核、推介和销售制度等；代销第三方机构产品时必须采用产品发行机构制作的宣传推介材料和销售合同，不得出现代销机构的标识。

4. 银行理财产品之间相分离是指本行理财产品之间不得相互交易，不得相互调节收益。

5. 理财业务操作与银行其他业务操作相分离是指银行开展理财业务服务应有独立的运作流程、业务凭证、销售文本、销售管理信息系统；应有获得业务资质的专门理财人员；应在营业场所(包括网上银行等)设立有明显标识的服务区域。

(四)行为规范是指银行开展理财业务应符合以下行为规范要求。

1. 销售行为规范。销售行为规范是指银行必须严格落实监管要求，不得提供含有刚性兑付内容的理财产品介绍；不得销售无市场分析预测、无风险管控预案、无风险评级、不能独立测算的理财产品；不得销售风险收益严重不对称的含有复杂金融衍生工具的理财产品；不得使用小概率事件夸大产品收益率或收益区间；不得以不正当竞争手段推销理财产品；不得代客户签署文件；不得挪用客户资金；不得将其他银行或金融机构开发设计的理财产品标记本行标识后作为自有理财产品销售。

银行应在销售文件的醒目位置提示客户"理财非存款、产品有风险、投资须谨慎"；应制定专页的风险提示书和专页的客户权益须知，内容应包含产品类型、产品风险评级及适合购买的客户评级，应示例说明最不利投资情形和结果，应对客户风险承受能力进行评估，并抄录风险确认语句等，应明确客户向银行投诉的方式和程序；应在销售文件中载明理财产品的投资范围、投资资产种类和比例，以及合理的浮动区间；应载明收取各种费用的条件、方式和收取标准，未载明的收费项目不得向客户收取；销售文本中出现收益率或收益区间字样的，应当在销售文件中提供科学、合理的测算依据和测算方式，并提示客户"预测收益不等于实际收益，投资须谨慎"；对弱势客户进行风险承受能力评估时，应当充分考虑客户年龄、相关投资经验等因素；应按照理财产品的五级风险评级和客户风险承受能力五级评估相匹配的原则，将合适的产品卖给合适的客户。

2. 投资行为规范。一是审慎尽责地管理投资组合；二是建立投资资产的全程跟踪评估机制，及时处置重大市场变化；三是充分评估资产组合可能发生的流动性风险，建立流动性风险管理的应急预案；四是代表投资者利益行使法律权利或者实施其他法律行为。

3. 运营行为规范。一是及时、准确地在全国银行业理财信息登记系统上进行信息报送，并对所报送理财信息的准确性承担相应责任；二是做到理财产品全流程的信息充分披露，强化事前、事中和事后的持续性披露；三是建立专门的理财业务会计制度；四是建立独立的理财业务管理信息系统；五是对每只理财产品开立托管账户；六是合理设置理财产品的募集期和清算期；七是建立独立的托管机制。

4. 归口管理是指银行总行应设立专门的部门负责理财业务的经营活动，建立集中统一管理本行理财业务、制定各项规章制度的机制，具体包括：理财产品的研发设计、投资运作、成本核算、风险管理、合规审查、产品发行、销售管理、数据系统、信息报送等。

(六)理财业务事业部制应具备以下特征：

1. 在授权范围内拥有独立的经营决策权，在经营管理上有较强的自主性；

2. 有单独明晰的风险识别、计量、分类、评估、缓释和条线管理制度体系；

3. 拥有一定的人、财、物资源支配权，可根据业务发展需要自主配置资源；

4. 拥有一定的人员聘用权，建立相对独立的人员考核机制及激励机制。

(七)银行开展理财业务经营活动应符合以下审慎监管要求：

1. 主要监管指标符合监管要求；

2. 具有良好的信息技术系统，能够支持事业部的规范运营与银行理财产品的单独核算；

3. 制定了理财业务风险监测指标和风险限额，并已建立完善单独的会计核算和条线内部控制体系；

4. 有符合相应资质且具有丰富从业经验的从业人员和专家团队；

5. 在全国银行业理财信息登记系统中及时、准确地报送理财产品信息，无重大错报、漏报、瞒报等行为；

6. 银行业监管法规规定的其他审慎要求。

(八)银行开展理财业务销售活动应按照风险匹配的原则,严格区分一般个人客户、高资产净值客户和私人银行客户,进行理财产品销售的分类管理,提供适应不同类型客户投资需求和风险承受能力的产品,严格风险自担。

对于一般个人客户,银行只能向其提供货币市场和固定收益类等低风险、收益稳健的理财产品;银行在对高资产净值客户和私人银行客户进行充分的风险评估后,可以向其提供各类风险等级的理财产品。

(九)银行应将理财业务风险纳入全行风险管理体系管理,并对理财业务事业部风险管理的健全性和有效性承担最终责任。

(十)银行可积极探索建立理财业务的风险缓释机制,增强风险抵御能力,促进理财业务平稳健康发展,依法保护投资者利益,防范系统性和区域性金融风险。

(十一)银监会及其派出机构按照法人属地监管原则推动银行理财业务事业部制改革。

(十二)银监会及其派出机构根据审慎监管要求,综合运用现场检查及非现场监管等监管措施,按照理财业务相关监管规定,对银行理财业务的运营情况进行理财业务年度监管评估,并将年度监管评估结果纳入对银行的年度监管评价,作为机构监管评级的重要依据。

(十三)银行应于2014年7月底前向银监会及其派出机构报告已有理财业务开展情况以及事业部制改革的规划和时间进度,并于2014年9月底前完成理财业务事业部制改革;未按时完成理财业务事业部制改革的银行,监管部门将采取相应审慎监管措施。

(十四)银行违反上述规定开展理财业务的,银监会及其派出机构将按照违反审慎经营规则进行查处。

(十五)农村合作银行、农村信用社等其他银行业金融机构进行事业部制改革,依照本通知执行。中国进出口银行、中国农业发展银行、外国银行分行开展理财业务参照本通知执行。

【过关练习】

一、单选题(下列选项中只有一项最符合题目的要求)

1. 商业银行应按照符合( )的原则,审慎尽责地开展个人理财业务。

A. 银行与客户双赢   B. 客户利益与风险承受能力

C. 本银行利润最大化   D. 高风险高收益

【答案】B

【解析】《商业银行个人理财业务管理暂行办法》第四条规定,商业银行应按照符合客户利益和风险承受能力的原则,审慎尽责地开展个人理财业务。

2. 商业银行向客户销售理财产品,应按照( )原则,建立客户资料档案。

A. 了解产品风险   B. 了解你的客户

C. 了解产品投资   D. 了解理财产品

【答案】B

【解析】根据《关于进一步规范商业银行个人理财业务有关问题的通知》的规定,商业银行在向客户销售理财产品前,应按照"了解你的客户"原则,充分了解客户的财务状况、投资目的、投资经验、风险偏好、投资预期等情况，建立客户资料档案。

3．在个人理财顾问服务的风险管理中，(　　)应提供独立的风险评估报告，并定期召集相关人员对个人理财顾问服务的风险状况进行分析与评估。

    A．内部审计部门　　　　　　B．外部审计部门

    C．会计部门　　　　　　　　D．业务部门

【答案】A

【解析】根据《商业银行个人理财业务风险管理指引》第十二条的规定，商业银行高级管理层应充分认识建立银行内部监督审核机制对于降低个人理财顾问服务法律风险、操作风险和声誉风险等的重要性，应至少建立个人理财业务管理部门内部调查和审计部门独立审计两个层面的内部监督机制，并要求内部审计部门提供独立的风险评估报告，定期召集相关人员对个人理财顾问服务的风险状况进行分析评估。

4．客户和某商业银行签订了非保本浮动收益理财计划合约，则(　　)。

    A．该银行根据约定条件保证客户的收益

    B．该银行根据约定条件保证客户的收益率

    C．该银行根据约定条件不保证客户的本金和收益

    D．该银行根据约定条件保证客户的本金安全

【答案】C

【解析】根据《商业银行个人理财业务管理暂行办法》第十五条规定，非保本浮动收益理财计划是指商业银行根据约定条件和实际投资收益情况向客户支付收益，并不保证客户本金安全的理财计划。

5．按照有关规定，商业银行未要求理财人员的(　　)。

    A．从业经验　　　　　　　　B．职业操守

    C．行业资格　　　　　　　　D．年龄

【答案】D

【解析】根据《商业银行个人理财业务管理暂行办法》第五十四条的规定，商业银行个人理财业务人员资格要求包括：①对个人理财业务活动相关法律法规、行政规章和监管要求等，有充分的了解和认识；②遵守监管部门和商业银行制定的个人理财业务人员职业道德标准或守则；③掌握所推介产品或向客户提供咨询顾问意见所涉及产品的特性，并对有关产品市场有所认识和理解；④具备相应的学历水平和工作经验；⑤具备相关监管部门要求的行业资格；⑥具备中国银行业监督管理委员会要求的其他资格条件。

二、多选题(下列选项中有两项或两项以上符合题目要求)

1．小张作为某银行的理财顾问，下列做法正确的有(　　)。

    A．向客户严先生推荐某理财产品时，根据评估结果严先生不适合购买该产品，小张坚决不让严先生办理此业务

    B．银行推出某衍生品理财产品，小张向有股票投资经验的李先生推荐该产品，未进行风险揭示

    C．向每位客户介绍产品时，小张都进行风险揭示

    D．根据评估客户王先生不适合某理财产品，但是王先生坚持要购买该产品，小张

直接让客户购买该产品

　　E．推荐理财产品之前，小张对客户情况进行调研和评估

　　【答案】CE

　　【解析】AD两项，根据《商业银行个人理财业务风险管理指引》第二十四条规定，客户评估报告认为某一客户不适宜购买某一产品或计划，但客户仍然要求购买的，商业银行应制定专门的文件，列明商业银行的意见、客户的意愿和其他的必要说明事项，双方签字认可。B项，根据《商业银行个人理财业务风险管理指引》第二十九条规定，商业银行向客户提供的所有可能影响客户投资决策的材料，商业银行销售的各类投资产品介绍，以及商业银行对客户投资情况的评估和分析等，都应包含相应的风险揭示内容。风险揭示应当充分、清晰、准确，确保客户能够正确理解风险揭示的内容。

　　2．商业银行个人理财业务管理部门应当配备必要的人员，对本行从事个人理财顾问服务的(　　)等进行内部调查和监督。

　　A．业务员的品德

　　B．业务人员操守与胜任能力

　　C．操作的合法性

　　D．操作的合规性与规范性

　　E．个人理财顾问服务品质

　　【答案】BDE

　　【解析】根据《商业银行个人理财业务风险管理指引》第十三条规定，商业银行个人理财业务管理部门应当配备必要的人员，对本行从事个人理财顾问服务的业务人员操守与胜任能力、个人理财顾问服务操作的合规性与规范性、个人理财顾问服务品质等进行内部调查和监督。

　　3．下列属于商业银行高资产净值客户的有(　　)。

　　A．单笔认购理财产品最低金额不少于100万元人民币的自然人

　　B．认购理财产品时，个人或家庭金融资产总计超过100万元人民币，且能提供相关证明的自然人

　　C．个人收入在最近三年内每年收入超过20万元人民币或者夫妻双方合计收入在最近三年内每年收入超过30万元人民币，且能提供相关收入证明的自然人

　　D．金融净资产达到600万元人民币及以上的商业银行客户

　　E．理财产品的起点金额不得低于10万元人民币(或等值外币)的客户

　　【答案】ABC

　　【解析】根据《商业银行理财产品销售管理办法》第三十一条的规定，高资产净值客户是满足下列条件之一的商业银行客户：①单笔认购理财产品不少于100万元人民币的自然人；②认购理财产品时，个人或家庭金融净资产总计超过100万元人民币，且能提供相关证明的自然人；③个人收入在最近三年每年超过20万元人民币或者家庭合计收入在最近三年内每年超过30万元人民币，且能提供相关证明的自然人。D项属于私人银行客户。

　　4．银行在销售下列哪些理财计划后要承担全部或部分风险？(　　)

　　A．最低收益理财计划　　　　　　　　B．固定收益理财计划

　　C．非保本浮动收益理财计划　　　　　D．保本浮动收益理财计划

E．最高收益理财计划

【答案】ABD

【解析】AB 两项均属于保证收益理财计划，根据《商业银行个人理财业务管理暂行办法》第十二条规定，保证收益理财计划是指商业银行按照约定条件向客户承诺支付固定收益，银行承担由此产生的投资风险，或银行按照约定条件向客户承诺支付最低收益并承担相关风险，其他投资收益由银行和客户按照合同约定分配，并共同承担相关投资风险的理财计划。D 项，根据《商业银行个人理财业务管理暂行办法》第十四条的规定，保本浮动收益理财计划是指商业银行按照约定条件向客户保证本金支付，本金以外的投资风险由客户承担，并依据实际投资收益情况确定客户实际收益的理财计划。

5．在管理理财计划时，商业银行应按照管理部门的要求，做到(　　)。

　　A．商业银行销售的理财计划中包括结构性存款产品的，其结构性存款产品应将基础资产与衍生交易部分合并计算

　　B．商业银行除对理财计划所汇集的资金进行正常的会计核算外，还应为每一个理财计划制作明细记录

　　C．商业银行开展个人理财业务，可根据相关规定向客户收取适当的费用

　　D．商业银行应在理财计划终止或理财计划投资收益分配时，向客户提供理财计划投资、收益的详细情况报告

　　E．商业银行销售的理财计划中包括结构性存款产品的，其基础资产应按照储蓄存款业务管理，衍生交易部分应按照金融衍生品业务管理

【答案】BCDE

【解析】A 项，根据《商业银行个人理财业务管理暂行办法》第二十二条规定，商业银行销售的理财计划中包括结构性存款产品的，其结构性存款产品应将基础资产与衍生交易部分相分离，基础资产应按照储蓄存款业务管理，衍生交易部分应按照金融衍生产品业务管理。

三、判断题(请对下列各题的描述做出判断，正确的用 A 表示，错误的用 B 表示)

1．对商业银行未转入表内的银信合作信托贷款，各信托公司应当按照 5.5% 的比例计提风险资本。(　　)

【答案】B

【解析】根据《关于进一步规范银信理财合作业务的通知》的规定，对商业银行未转入表内的银信合作信托贷款，各信托公司应当按照 10.5% 的比例计提风险资本。

2．在理财顾问服务中，商业银行与客户共同分享收益、分担风险。(　　)

【答案】B

【解析】根据《商业银行个人理财业务管理暂行办法》第八条的规定，在理财顾问服务活动中，客户根据商业银行提供的理财顾问服务管理和运用资金，并承担由此产生的收益和风险。

3．商业银行应保证个人理财业务人员每年的培训时间不少于 20 个小时。(　　)

【答案】A

【解析】根据《商业银行个人理财业务管理暂行办法》第二十条规定，商业银行应配

备与开展的个人理财业务相适应的理财业务人员，保证个人理财业务人员每年的培训时间不少于 20 小时。商业银行应详细记录理财业务人员的培训方式、培训时间及考核结果等，未达到培训要求的理财业务人员应暂停从事个人理财业务活动。

4. 商业银行只需对理财计划所汇集的资金进行正常的会计核算，不用再为每一个理财计划制作明细记录。(   )

【答案】B

【解析】根据《商业银行个人理财业务管理暂行办法》第二十七条的规定，商业银行销售理财计划汇集的理财资金，应按照理财合同约定管理和使用。商业银行除对理财计划所汇集的资金进行正常的会计核算外，还应为每一个理财计划制作明细记录。

5. 商业银行在开展理财业务活动中，若发现客户有洗钱、恶意逃避税收管理等行为的，可以直接冻结其理财账户的资金。(   )

【答案】B

【解析】根据《商业银行个人理财业务管理暂行办法》第三十四条的规定，商业银行开展个人理财服务，发现客户有涉嫌洗钱、恶意逃避税收管理等违法违规行为的，应按照国家有关规定及时向相关部门报告。

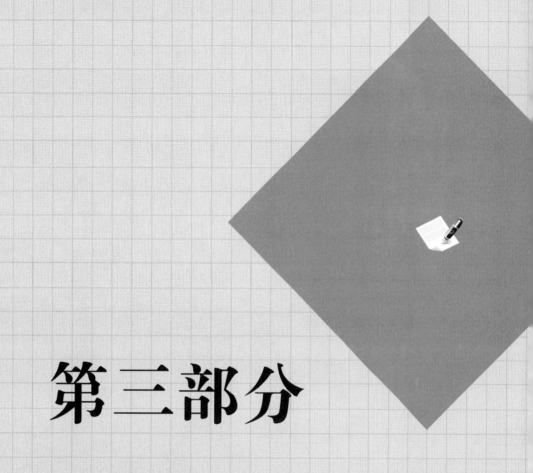

第三部分

历年真题及详解

2015 年下半年银行业专业人员职业资格

考试《个人理财(初级)》真题

一、单选题(共 90 题，每小题 0.5 分，共 45 分，下列选项中只有一项最符合题目要求，不选、错选均不得分。)

1. 用现金偿还债务与用现金购买股票反映在资产负债表上的相同变化是(　　)。
   A. 都不改变资产负债表中的项目　　B. 净资产都不变
   C. 总资产都不变　　　　　　　　　D. 资产负债率都不变

2. 假定某投资者欲在 3 年后获得 133 100 元，年投资收益率为 10%，那么他现在需要投资(　　)元。
   A. 93 100　　　　B. 100 310　　　　C. 103 100　　　　D. 100 000

3. 交易类外汇产品是指个人可以通过外汇账户买卖外汇获得(　　)。
   A. 本币价差收益　　　　　　　　　B. 外币利息
   C. 本币利息　　　　　　　　　　　D. 外汇价差收入

4. 商业银行应采取多重指标管理理财业务的市场风险限额，但在采用的风险限额指标中，至少应包括(　　)。
   A. 风险价值限额　　　　　　　　　B. 止损限额
   C. 错配限额　　　　　　　　　　　D. 交易限额

5. 关于制定理财规划方案，下列表述错误的是(　　)。
   A. 理财方案可以是单项理财目标的规划，也可以是涵盖客户所有主要理财目标的综合理财规划方案，两者的选择主要是由理财师决定的
   B. 家庭收支或债务规划、风险管理规划、教育投资规划都属于单项理财规划方案
   C. 综合理财规划方案注重各个目标规划的合理平衡、财务资源配置，整体设计和组合，才是真正符合客户做到一生收支平衡的理财规划方案
   D. 税收筹划、投资规划、退休养老规划、财产传承规划都属于单项理财规划方案

6. 某客户每年年初在银行存入一笔 20 万元资金，购买一年期理财产品，次年到期时，客户将所有资金的本利和继续购买理财产品，持续 10 年。假设理财产品预期年化收益率都不变，为 6%。10 年后，客户在银行的资金为(　　)万元。
   A. 240　　　　　B. 337　　　　　C. 264　　　　　D. 279

7. 下列不属于客户常规性收入的是(　　)。
   A. 捐赠收入　　　　　　　　　　　B. 工资
   C. 银行存款利息　　　　　　　　　D. 资金和津贴

8. 根据《证券投资基金销售管理办法》第五十九条，基金销售机构在销售基金和相关产品的过程中，应当坚持(　　)原则，注重根据投资人的风险承受能力销售不同风险等级的产品，把合适的产品销售给合适的基金投资人。
   A. 投资人利益优先　　　　　　　　B. 诚实守信
   C. 保守秘密　　　　　　　　　　　D. 专业胜任

9. 章女士购买债券，在名义利率相同的情况下，下列对其比较有利的复利计息期是( )。

    A. 1年   B. 半年   C. 1月   D. 1季

10. 对于投保人来说，下列不属于保险产品功能的是( )。

    A. 融通资金   B. 转移风险，分摊损失

    C. 补偿损失   D. 赚取保费收入

11. 债券型理财产品的目标客户主要为( )较低的投资者。

    A. 安全性要求   B. 风险承受能力

    C. 流动性要求   D. 预期收益

12. 下列有关股票与债券特征的比较，表述错误的是( )。

    A. 普通股票所有者可以参与公司决策，债券持有者通常无此权利

    B. 股票没有期限，债券通常有确定的到期日

    C. 股票不具有偿还性，而债券一般情况下应偿还本金

    D. 股票的收益一定比债券的收益高

13. 两款理财产品，风险评级相同：A 款，半年期，预期年化收益率 6%，到期本息继续再投资同款产品；B 款，一年期，预期年化收益率 6.05%。则两款理财产品预期有效(实际)年化收益率( )。

    A. 两者无法比较   B. A 款更高

    C. A 款和 B 款相同   D. B 款更高

14. 某银行代理销售 A 货币基金，客户经理可以从银行代理销售取得的手续费中提取 20%的业绩奖。从业人员小张的客户刘伟的投资组合中已经包括了 200 万元的货币市场基金，占其投资组合比重为 40%。小张为了增加业绩，建议刘伟再购买 150 万元 A 基金。根据银行业从业人员职业操守，小张的行为( )。

    A. 违反了遵纪守法准则   B. 违反了公平公正准则

    C. 违反了勤勉正直守信   D. 违反了专业胜任准则

15. 个人在面临教育费用、赡养费用及养老费用三大财务考验的同时，还要还清各种中长期债务，这属于个人生命周期的( )。

    A. 建立期   B. 高原期   C. 稳定期   D. 维持期

16. 在日常理财顾问服务中，下列属于个人资产负债表中的短期负债的是( )。

    A. 信用卡消费额   B. 房地产投资贷款

    C. 住房贷款   D. 教育贷款

17. 在一定期限内，时间间隔相同、不间断、金额不相等但每期增长率相等、方向相同的一系列现金流是( )。

    A. 期初年金   B. 永续年金

    C. 增长型年金   D. 期末年金

18. 在理财规划实施过程中，为解决客户当期现金流不足的问题，可采取的理财措施是( )。

    A. 申购投资基金   B. 以信用卡预支现金

    C. 退出人寿保险合同   D. 向银行申请长期贷款

19．(　　)的核心是建立应急基金，保障个人和状态的稳定性。

    A．税收规划　　　B．现金规划　　　C．保险规划　　　D．投资规划

20．信托业务来源于(　　)。

    A．美国　　　　　B．意大利　　　　C．英国　　　　　D．中国

21．在理财产品销售过程中，下列属于错误销售行为的是(　　)。

    A．产品说明书中须由客户亲自抄录的内容由客户亲笔抄录

    B．所有的销售凭证包括风险评估报告由客户本人亲自填写并签字确认

    C．客户拟购买的产品风险评级与客户风险承受能力相匹配

    D．采取抽奖、礼品赠送等方式销售理财产品

22．某客户从银行贷款了一笔资金，贷款利率为 6%，约定按年本利平均摊还，每年年初还 20 万元，持续 10 年，假设贷款利率不变，则银行向该客户发放(　　)万元贷款。

    A．156　　　　　B．170　　　　　C．147　　　　　D．140

23．下列理财顾问服务所不能提供的功能是(　　)。

    A．资产管理　　　　　　　　　B．投资咨询

    C．理财产品推介　　　　　　　D．财务规划

24．如果名义利率是 5%，通货膨胀率为 7%，那么实际利率约为(　　)。

    A．5%　　　　　B．12%　　　　　C．2%　　　　　D．−2%

25．从理财业务的客户准入角度来说，下列表述错误的是(　　)。

    A．客户不得利用理财业务洗钱，将犯罪所得及其收益用来购买理财产品

    B．客户应当确保提供的身份证件真实、合法

    C．银行无须审查客户的资金来源是否合法

    D．银行应根据理财产品的风险属性，确定不同投资产品或理财计划的销售起点

26．使现金流的现值之和等于零的利率，即净现值等于 0 的贴现率，则对其称谓不正确的是(　　)。

    A．内部收益率　　　　　　　　B．内部回报率(IRR)

    C．净现值率　　　　　　　　　D．内部报酬率

27．根据《合同法》的规定，当订立合同双方对格式条款有两种以上的解释时，应该(　　)处理。

    A．作出利于提供格式条款一方的解释

    B．作出不利于提供格式条款一方的解释

    C．按照通常理解予以解释

    D．按照字面理解予以解释

28．银行个人理财业务人员可以(　　)。

    A．与其他银行个人理财业务人员交换各自客户信息

    B．通过参加学术研讨会进行业内信息交流与合作

    C．与其他银行个人理财业务人员交换各自部门的具体发展规划

    D．以某些间接方式损害同业信誉

29．李先生将 1000 元存入银行，银行的年利率是 5%，按照单利计算，5 年后能取到的总额为(　　)元。

A. 1250   B. 1200   C. 1276   D. 1050

30. 根据代理权产生的依据不同对代理进行分类,其中不包含( )。

    A. 委托代理   B. 指定代理   C. 法定代理   D. 合同代理

31. 客户在办理一般产品业务时,如需要银行提供个人理财顾问服务,一般产品销售和服务人员应( )。

    A. 积极地为其办理

    B. 将客户转交理财业务人员

    C. 在理财业务人员配合下为其办理

    D. 在理财业务人员指导下为其办理

32. 商业银行开展理财顾问服务时,下列做法错误的是( )。

    A. 引导客户购买符合自身风险承受能力的理财产品

    B. 建立个人理财顾问服务的跟踪评估制度,定期对客户评估报告或投资顾问建议进行重新评估

    C. 向无衍生产品投资经验的客户推介或销售衍生产品

    D. 按照符合客户利益和风险承受能力的原则,审慎尽责地开展个人理财业务

33. 外汇储蓄账户内外汇汇出境外当日累计等值( )万美元以下(含)的,凭本人有效身份证件在银行办理,超过上述金额的,凭经常项目项下有交易额的真实性凭证办理。

    A. 5   B. 10   C. 3   D. 1

34. 证券发行可以通过公募和私募两种方式进行,其中,公募发行的特征是( )。

    A. 事先确定特定的发行对象,向社会公开

    B. 发行公司只对特定的发行对象

    C. 虽然事先不确定特定的发行对象,但是不向社会广大投资者公开

    D. 事先不确定特定的发行对象,向社会广大投资者公开

35. 下列机构中属于金融市场交易中介的是( )。

    A. 证券承销商   B. 律师事务所

    C. 信用评级机构   D. 会计师事务所

36. 下列基金中流动性和安全性都较高的是( )。

    A. 货币市场基金   B. 债券市场基金

    C. 混合型基金   D. 股票市场基金

37. 下列关于开放式基金有关规定的表述,错误的是( )。

    A. 基金申购采取"已知价"原则,以申购日期基金份额净值为基础计算申购份额

    B. 基金认购的有效份额按认购金额扣除相应费用后除以基金份额面值来计算

    C. 对于基金赎回业务,注册登记人一般按"先进先出"原则处理

    D. 基金分红有现金分红和红利再投资两种形式

38. 终值利率因子(FVIF)也称为复利终值系数,与时间、利率关系为( )。

    A. 与时间呈正比关系,与利率呈反比关系

    B. 正比关系,时间越长、利率越高、终值则越大

    C. 与时间呈反比关系,与利率呈正比关系

    D. 反比关系,时间越长、利率越高、终值则越小

39. 结构性理财产品是指运用金融工程技术,将( )组合在一起而形成的一种新型金融商品。

    A. 固定收益产品与衍生金融产品   B. 股权产品与固定收益产品

    C. 衍生金融产品与大宗商品   D. 固定收益产品与大宗商品

40. 就"价格优先、时间优先"的证券交易的证券交易竞价机制中,在同一时间内,下列表述正确的是( )。

    A. 无论是买入还是卖出,报价越低的越先成交

    B. 如果是买入,报价越低越先成交;如果是卖出,报价越高越先成交

    C. 无论是买入还是卖出,报价越高的越先成交

    D. 如果是买入,报价越高越先成交;如果是卖出,报价越低越先成交

41. 根据《个人外汇管理办法》第二十七条,个人外汇账户按账户性质可划分为( )。

    A. 外汇结算账户、外汇储蓄账户和经常项目账户

    B. 经常项目账户、资本项目账户和外汇储蓄账户

    C. 外汇结算账户、经常项目账户和资本项目账户

    D. 外汇结算账户、资本项目账户和外汇储蓄账户

42. 做预算控制时,下列属于短期可控制预算的是( )。

    A. 房贷本息支出   B. 个人所得税支出

    C. 旅游支出   D. 续期保险费支出

43. 下列关于合同订立的表述,错误的是( )。

    A. 当事人订立合同,应当具有相应的民事权利能力和民事行为能力

    B. 当事人在订立合同过程中知悉的商业秘密,无论合同是否成立,不得泄露或者不正当地使用

    C. 当事人订立合同,有书面形式、口头形式和其他形式

    D. 当事人必须本人订立合同,不得代理

44. 在商业银行个人理财业务中,客户和银行的关系是( )。

    A. 信托关系   B. 供销关系

    C. 信贷关系   D. 委托代理关系

45. 理财师对客户家庭信息进行整理后,需要对客户家庭财务现状进行分析,其主要分析的内容不包括( )。

    A. 资产负债结构分析   B. 投资组合分析

    C. 收入结构分析   D. 支出结构分析

46. 商业银行在代理销售投资性保险产品时,应在( )进行销售。

    A. 所有网点

    B. 设有理财服务区,理财室的网点或网上银行渠道

    C. 设有理财专柜的网点和网上银行渠道

    D. 设有理财服务区、理财室或理财专柜以上层级(含)网点

47. 某增长型永续年金明年将分红 1.30 元,并将以 5%的速度增长下去,年贴现率为 10%,那么该年金的现值是( )元。

    A. 25   B. 30   C. 26   D. 20

48．由公司发行的，投资者在一定时期内可选择一定条件转换成公司股票的公司债券是(　　)。

　　A．可转换债券　　　　　　　　　B．偿还基金债券

　　C．可赎回债券　　　　　　　　　D．永续债券

49．下列与黄金相关的业务不可以在银行办理的是(　　)。

　　A．黄金 T+D　　　　　　　　　　B．黄金挂钩理财产品

　　C．黄金实物　　　　　　　　　　D．黄金典当

50．张女士分期购买一辆汽车，每年年末支付 10 000 元，分 5 次付清，假设年利率为5%，则该项分期付款相当于现在一次性支付(　　)元。

　　A．55 265　　　　B．43 259　　　　C．43 295　　　　D．55 256

51．超过(　　)未进行风险承受能力评估或发生可能影响自身风险承受能力情况的客户，再次购买理财产品时，应当在商业银行网点或其网上银行完成风险承受能力评估，评估结果应当由客户签名确认。

　　A．三年　　　　　B．半年　　　　C．两年　　　　D．一年

52．商业银行须向购买理财产品的客户及时披露(　　)。

　　A．预期收益型理财产品每日价格波动

　　B．对理财产品投资收益产生重大影响的突发事件

　　C．每日市场波动情况

　　D．宏观经济政策

53．房贷险的第一受益人是(　　)。

　　A．贷款银行　　　B．业主　　　　C．房产商　　　　D．保险公司

54．关于家庭资产负债表的表述，正确的是(　　)。

　　A．可以显示一个时点的家庭资产与负债状况

　　B．可以显示一个时点的家庭现金流量状况

　　C．可以显示一段时间的家庭资产与负债状况

　　D．可以显示一段时间的家庭收支状况

55．金融市场常被称为资金的"蓄水池"和国民经济的"晴雨表"。这两种说法分别指出了金融市场的(　　)。

　　A．集聚功能和资源配置功能　　　B．集聚功能和反映功能

　　C．调节功能和资源配置功能　　　D．调节功能和反映功能

56．下列不属于金融期货的是(　　)。

　　A．石油期货　　　　　　　　　　B．日元期货

　　C．香港恒生指数期货　　　　　　D．美国长期国库券期货

57．一般而言，由于(　　)的存在，未来的 1 元钱更有价值。

　　A．通货紧缩　　　　　　　　　　B．心理认知

　　C．货币时间价值　　　　　　　　D．经济增长

58．下列各类市场中不属于货币市场组成部分的是(　　)。

　　A．回购市场　　　　　　　　　　B．同业拆借市场

　　C．股票市场　　　　　　　　　　D．票据市场

59．关于债券的风险，下列表述错误的是（　　）。

A．信用风险可以用发行者的信用等级来衡量

B．附息债券的息票率是固定的，所以不存在利率风险

C．债券的再投资风险是指用利息投资所获得的收益率的不确定性

D．公司债券存在信用风险

60．根据《民法通则》的规定，下列可以从事个人理财业务的主体是（　　）。

A．十岁以上的未成年人　　　　　　B．十岁以下的未成年人

C．限制民事行为能力的监护人　　　D．不能辨别自己行为的人

61．一般而言，下列关于债券的表述，错误的是（　　）。

A．债券价格与市场利率反向变动，当利率上涨时，债券价格下跌

B．公司债券的违约风险一般可通过信用评级表示

C．当市场利率上升时，投资债券的再投资收益下降

D．发生通货膨胀时，投资债券的利息收入和本金的购买力都会受到不同程度的影响

62．认为个人是在相当长的时间内计划他的消费和储蓄行为的，在整个生命周期内实现消费和储蓄的最佳配置的理论是（　　）。

A．货币的时间价值理论　　　　　　B．风险偏好理论

C．生命周期理论　　　　　　　　　D．投资组合理论

63．A方案在3年中每年年初付款500元，B方案在3年中每年年末付款500元，若利率为10%，则第三年年末两个方案的终值相差约（　　）元。

A．348　　　　　B．105　　　　　C．505　　　　　D．166

64．商业银行应本着（　　）的原则，开发设计理财产品。

A．风险最小化　　　　　　　　　　B．符合客户利益和风险承受能力

C．效益最大化　　　　　　　　　　D．收入最大化

65．下列关于投连险产品的表述，正确的是（　　）。

A．保单持有人无法获得分红

B．投资风险由客户和保险人共同承担

C．保费中的投资保费由保险人的投资专家进行运作

D．投资保费的投资收益归客户和保险人共同所有

66．小李在2009年4月13日购买H银行理财计划100万元，4月16日工作时间卖出，4月13日至4月16日每天的年收益率（已扣除管理费用，卖出当天不计收益）如下表所示，那么该理财计划此期间理财收益为（　　）元。

表1　当日年化收益率表

4月13日	4月14日	4月15日	4月16日
0.95%	1.35%	1.95%	2.10%

A．147.95　　　　B．116.4　　　　C．176.39　　　　D．173.97

67．期初年金现值与期末年金现值的换算关系是（　　）。

A．期初年金现值等于期末年金现值的$(1+r)$倍

B．期初年金现值等于期末年金现值

C．期初年金现值等于期末年金现值的 1/(1+r)倍

D．期初年金现值与期末年金现值的换算关系不成立

68．信托业务中的受益人(　　)。

A．可以是受托人一人　　　　　　　B．可以是委托人一人

C．不可以是委托人本人　　　　　　D．只能是自然人

69．用来说明在过去一段时间内个人的现金收入和支出情况的财务报表是(　　)。

A．未来资产负债报表　　　　　　　B．收支储蓄表

C．现金流量表　　　　　　　　　　D．资产负债表

70．基金认购采用(　　)的原则。

A．金额认购、金融发行　　　　　　B．金额认购、面额发行

C．面额认购、面额发行　　　　　　D．面额认购、金融发行

71．下列各项年金中，只有现值没有终值的年金是(　　)。

A．即付年金　　　B．先付年金　　　C．永续年金　　　D．普通年金

72．某项目初始投资 10000 元，年利率 8%，期限为 1 年。每季度付息一次，按复利计算则其 1 年后本息和为(　　)元。(取最近似值)

A．10 479　　　B．10 800　　　C．10 360　　　D．10 824

73．下列关于个人财务报表的表述，错误的是(　　)。

A．资产负债表显示了客户全部资产状况，是进行财务规划和投资组合的基础

B．资产负债表可描述在一定时期内客户资产负债结构的变化情况

C．现金流量表可描述在过去的一段时间内，个人的现金收入和支出情况

D．红利、利息收入、人寿保险现金价值累计及资本利得应列入现金流量表

74．下列属于客户财务信息的是(　　)。

A．收支情况　　　　　　　　　　　B．风险承受能力

C．社会地位　　　　　　　　　　　D．年龄

75．根据 F．莫迪利安尼等人的家庭生命周期理论，不适合处于家庭成长期的投资人的理财策略是(　　)。

A．保持资产的流动性，投资部分期货型基金

B．适当投资债券型基金

C．拒绝合理使用银行信贷工具

D．适当投资股票等高成长性产品

76．时间价值既是资源稀缺性的体现也是人类心理认知的反应，表现在信用货币体制下，一般而言，当前所持有的货币比未来等额的货币具有(　　)的价值。

A．不能确定　　　B．同等　　　　C．更高　　　　D．更低

77．理财产品的合规销售可以有效减少银行和客户之间的纠纷。理财产品在进行合规销售时，不合规的是(　　)。

A．对于保证收益理财产品，风险提示的内容应至少包括"本理财计划有投资风险，您只能获得合同明确承诺的收益，您应充分认识投资风险，谨慎投资"

B．不主动向衍生产品相关交易经验或经评估不适宜购买该产品的客户推介或销售

C. 充分、清晰、准确地向客户提示理财产品风险

D. 在编写有关产品介绍和宣传材料时，不进行风险揭示

78. 保险规划最主要的功能是( )。

A. 风险转移　　B. 合理避税　　C. 节省开支　　D. 创造收益

79. 与保险人订立保险合同，并按照保险合同负有支付保险费义务的人是指( )。

A. 被保险人　　B. 保险代理人　　　C. 投保人　　　D. 受益人

80. 商业银行开展个人理财业务若存在违法违规行为，应由( )依据相应的法律法规予以行政处罚。

A. 中国银行业协会　　　　　　　　B. 中国证券监督管理委员会

C. 中国人民银行　　　　　　　　　D. 中国银行业监督管理委员会

81. 基金和管理人、代销机构应当建立健全档案管理制度，保管基金份额持有人的开户资料和与销售业务有关的资料的保存期不得少于( )年。

A. 20　　　　　B. 10　　　　　C. 15　　　　　D. 5

82. 商业银行应当加强对理财产品宣传销售文本制作和发放的管理，宣传销售文本应当由商业银行( )统一管理和授权，分支机构未经总行授权不得擅自制作和分发宣传销售文本。

A. 省级分行　　B. 总行　　　　C. 市级分行　　D. 区域分行

83. 下列有关货币时间价值的表述错误的是( )。

A. 收益率是决定一笔货币在未来增值程度的关键因素

B. 单利的计算始终以最初的本金为计算收益的基数，而复利则以本金和利息为基数计算

C. 时间的长短是影响金钱时间价值的首要因素，时间越长，金钱的时间价值越明显

D. 通货膨胀率是使货币购买力变化的正向因素

84. 理财师的工作流程六个步骤依次是( )。

(1) 执行理财规划方案

(2) 收集、整理和分析客户的家庭财务状况

(3) 制订理财规划方案

(4) 后续跟踪服务

(5) 明确客户的理财目标

(6) 接触客户，建立信任关系

A. (3)、(4)、(6)、(2)、(5)、(1)　　B. (3)、(2)、(6)、(1)、(5)、(4)

C. (6)、(2)、(5)、(3)、(2)、(4)　　D. (6)、(2)、(3)、(5)、(2)、(4)

85. 下列表述中，适用开放式基金的有____个，适于描述封闭式基金的有____个。( )

(1) 基金的资金规模具有可变性

(2) 在证券交易所按市场价买卖

(3) 可采取现金分红和再投资分红

(4) 可随时购买或赎回

(5) 固定额度，一般不能再增加发行

(6) 单位资产净值于每个开放日进行公告

A. 3；3　　　　B. 4；2　　　　C. 2；4　　　　D. 2；3

86. 下列关于 ETF 基金特征的表述，错误的是(　　)。

A. 可在交易所挂牌买卖　　　　　B. 投资者可以现金申购赎回

C. 基本上是指数型基金　　　　　D. 本质上是开放式基金

87. 目前我国个人结汇和境内个人购汇的年度总额为每人每年等值(　　)万美元。

A. 8　　　　B. 2　　　　C. 10　　　　D. 5

88. 小陈是一名从业人员，赵先生是他多年的客户。赵先生生活富裕，在中国大陆经营一家小型企业，同时在我国香港、台湾地区和北美都有收入来源。小陈在自己没有取得会计资格的前提下，主动为赵先生提供跨国避税和企业会计方面的服务。请问，小陈的做法违反了(　　)原则。

A. 正直守信　　B. 勤勉尽职　　C. 专业胜任　　D. 客观公正

89. 商业银行销售风险评级为(　　)以上理财产品时，除非与客户书面约定，否则应当在商业银行网点进行。

A. 二级(含)　　B. 三级(含)　　C. 一级(含)　　D. 四级(含)

90. 下列关于黄金投资的特点，表述错误的是(　　)。

A. 抗系统风险的能力强　　　　　B. 具有内在价值和实用性

C. 收益和股票市场的收益正相关　　D. 受国际市场影响大且存在一定流动性

二、多选题(共 40 题，每小题 1 分，共 40 分，下列选项中有两项或两项以上符合题目要求，多选、少选、错选均不得分。)

1. 一般情况下，房地产投资具有下列(　　)的特点。

A. 财务杠杆效应　　　　　　　B. 变现性较好

C. 价值升值效应　　　　　　　D. 受政策环境、市场环境和法律环境的影响较大

E. 变现性较差

2. 一般而言，风险偏好属于保守型的客户往往会选择(　　)等产品。

A. 存款　　　　　　　　　　　B. 保本型理财产品

C. 投资连结险　　　　　　　　D. 股票型基金

E. 货币型基金

3. 货币之所以具有时间价值，因为有下列(　　)因素。

A. 投资有风险，需要提供风险补偿

B. 货币用于投资即可产生正值回报

C. 通货膨胀可能造成货币贬值

D. 货币可以满足当前消费或用于投资产品回报，货币占用具有机会成本

E. 货币具有收藏价值

4. 下面关于 LOF 的表述，正确的有(　　)。

A. LOF 的申购赎回必须以一揽子股票换取基金份额或者以基金份额换回一篮子股票

B. 深圳交易所已经开通的基金场内申购赎回，在场内认购的 LOF 无须办理转托管手续，可直接抛出

C. LOF 兼具封闭式基金交易方便、交易成本较低和开放式基金价格贴近净值的优点

D．在指定网点申购的基金份额若要上网抛出，须办理一定的转托管手续

E．可在指定网点申购与赎回，也可在交易所买卖该基金

5．下列关于年金的表述，正确的有(　　)。

A．年金是指一定期间内每期相等金额的收付款项

B．向租房者每月收取的固定租金属于年金形式

C．等额本息分期偿还贷款属于年金形式

D．退休后每月固定从社保部门领取的等额养老金属于年金形式

E．年金额是指每次发生收支的金额

6．一般而言，下列属于货币市场特征的有(　　)。

A．流动性高　　　　　B．交易频繁　　　　　C．期限短

D．交易量巨大　　　　E．风险低，收益高

7．货币时间价值的主要参数有(　　)。

A．时间　　　　　　　B．利率　　　　　　　C．地点

D．终值　　　　　　　E．现值

8．保险兼业代理人从事保险代理业务，不得有(　　)等行为。

A．擅自变更保险条款，提高或降低保险费率

B．挪用或侵占保险费

C．代理再保险业务

D．兼做保险经纪业务

E．串通投保人、被保险人或受益人欺骗保险人

9．现金管理是对现金和流动资产的日常管理，其目的在于(　　)。

A．满足投资获利的需求　　　　　B．满足未来消费的需求

C．满足财富积累的需求　　　　　D．满足日常支出的需求

E．满足应急资金的需求

10．理财产品(计划)的命名应遵循的要求有(　　)。

A．恰当反映产品属性

B．避免使用蕴含潜在风险的模糊性语言

C．避免使用带有诱惑性、误导性和承诺性的称谓

D．避免使用易引发争议的模糊性语言

E．应使用针对特定目标客户群体的语言

11．下列关于股票的表述，正确的有(　　)。

A．股票是股份公司发行的有价证券

B．股票能够给持有者带来收益

C．股票表明投资者的投资份额及其权利和义务

D．股票的实质是公司的产权证明书

E．股票是一种债权凭证

12．信托的特点包括(　　)。

A．信托财产具有独立性　　　　B．受托人不承担无过失的损失风险

C．信托经营方式灵活、适应性强　　D．信托财产权利主体与利益主体相分离

E．信托管理具有连续性

13．期货交易的主要制度有(   )。

A．持仓限额制度 B．强行平仓制度 C．大户报告制度

D．保证金制度 E．逐日盯市制度

14．一般情况下，银行在进行客户关系管理时，将理财客户细分为(   )进行分层管理。

A．普通理财客户 B．重点客户 C．私人银行客户

D．潜在客户 E．财富管理客户

15．投资型保险产品的功能主要包括(   )。

A．投机功能 B．资金增值功能 C．套期保值功能

D．价格发现功能 E．基本保障功能

16．净现值(NPV)是指所有现金流(包括正现金流和负现金流在内)的现值之和。下列表述正确的有(   )。

A．净现值为负值，说明投资是亏损的

B．不能够以净现值判断投资是否能够获利

C．净现值为正值，说明投资能够获利

D．净现值为正值，说明投资是亏损的

E．净现值为负值，说明投资能够获利

17．一般来说，关于债券价格与其影响因素之间的关系，下列表述正确的有(   )。

A．债券价格与市场利率成反比 B．债券价格与票面利率成反比

C．债券价格与到期收益率成正比 D．债券价格与到期收益率成反比

E．债券价格与市场利率成正比

18．对于一个投资项目，下列表述正确的有(   )(其中，r 表示融资成本，IRR 表示内部报酬率)。

A．不能够以 r 和 IRR 的关系判断投资是否能够获利

B．如果 $r<$IRR，表明该项目无利可图 C．如果 $r>$IRR，表明该项目有利可图

D．如果 $r>$IRR，表明该项目无利可图 E．如果 $r<$IRR，表明该项目有利可图

19．客户甲在 A 银行某网点认购了由 B 基金管理有限公司发行的一只基金，下列表述正确的有(   )。

A．B 基金公司是基金管理人 B．客户甲是基金持有人

C．A 银行是基金管理人 D．A 银行是基金托管人

E．A 银行是基金受托人

20．下列金融工具中属于货币市场工具的有(   )。

A．短期政府债券 B．证券投资基金 C．商业票据

D．银行承兑汇票 E．短期企业债券

21．下列关于基金的前端收费与后端收费的表述，正确的有(   )。

A．某些基金甚至规定如果在持有基金超过一定期限后才卖出，后端收费的申购费可以完全免除

B．前端收费是指投资人在申购基金时缴纳申购费用，按投资资金划分费率

C．后端收费是指投资人在赎回时缴纳申购费率，以持有时间划分费率档次

D．前端收费与后端收费是针对申购费而言的，也适用于赎回费

E．前端收费与后端收费只是针对申购费而言的

22．关于货币的时间价值，下列表述正确的有(　　)。

A．折现率越低，终值复利因子就越大

B．现值与终值成比例关系

C．现值等于复利终值除以终值复利因子

D．终值复利因子等于现值复利因子的倒数

E．折现率越高，现值复利因子就越小

23．下列属于影响货币时间价值的主要因素有(　　)。

A．市场风险　　　　B．通货膨胀率　　　　C．资金额度

D．时间　　　　　　E．单利与复利

24．在理财产品的管理和运作过程中，投资顾问是指为商业银行理财产品所募集资金(如理财资金成立的信托财产)投资运作提供咨询服务、承担日常的投资运作管理的第三方机构，如(　　)等。

A．阳光私募基金　　B．信托公司　　　　C．证券公司

D．基金公司　　　　E．资产管理公司

25．QDII挂钩标的范围比较广，比较典型的有(　　)。

A．基金　　　　　　B．ETF　　　　　　C．LOF

D．外汇　　　　　　E．债券

26．家庭的生命周期包括(　　)。

A．家庭衰老期　　　B．家庭准备期　　　C．家庭成熟期

D．家庭形成期　　　E．家庭成长期

27．下列关于理财产品的表述，错误的是(　　)。

A．理财产品的名称可以具有一定的诱惑性以扩大销售

B．商业银行可以销售没有期限的理财产品

C．设计理财产品前应该做好客户细分

D．理财产品的名称应该反映产品的属性

E．理财产品风险揭示只要进行简单的列示即可

28．商业银行向客户提供财务规划、投资顾问、推介投资产品服务时，应首先调查了解客户的(　　)后，再评估客户是否适合购买所推介的产品，并将有关评估意见告知客户，双方签字。

A．兴趣爱好　　　　B．风险承受能力　　C．财务状况

D．投资目的　　　　E．投资经验

29．个人理财规划的执行需要具备一定的专业知识，并遵守相关的纪律，因此在个人理财规划执行过程中，客户需要接受专业人员的建议和帮助，这些专业人员包括(　　)。

A．税务师　　　　　B．投资顾问　　　　C．理财师

D．律师　　　　　　E．会计师

30．商业银行开展个人理财业务，在进行相关市场风险管理时，应对利率和汇率等主要金融政策的改革与调整的措施有(　　)。

A．制定相应的风险处置预案

B．进行充分的压力测试

C．制定相应的应急预案

D．继续销售潜在损失超过银行警戒标准的理财计划

E．评估可能对银行经营活动产生的影响

31．债券投资的风险因素包括(　　)。

A．利率风险　　　　B．违约风险　　　　　　C．提前偿付风险

D．再投资风险　　　E．赎回风险

32．将 5000 元现金存为银行定期存款，期限为 4 年，年利率为 6%。下列表述正确的是(　　)(取近似数值)。

A．若每季度付息一次，则 4 年后的本息和是 6345 元

B．以单利计算，4 年后的本利和是 6200 元

C．年连续复利是 5.87%

D．若每半年付息一次，则 4 年后的本息和是 6334 元

E．以复利计算，4 年后的本利和是 6312 元

33．在下列交易当事人中，(　　)具有在未来某一特定时间内按双方约定的价格交易一定数量某种金融资产的义务。

A．看涨期权买方　　　B．远期合约买方　　　　C．期货合约卖方

D．期货合约买方　　　E．看跌期权卖方

34．金融理财的几种计算工具各有其特点，下列描述正确的有(　　)。

A．专业理财软件：优点是功能齐全，附加功能多；缺点是局限性大，内容缺乏弹性

B．Excel 表格：优点是使用成本低，操作简单；缺点是局限性较大，需要电脑

C．复利与年金表：优点是简单，效率高；缺点是计算答案不够精准

D．复利与年金表：优点是计算精确；缺点是繁冗复杂，不便使用

E．财务计算器：优点是便于携带，精准；缺点是操作流程复杂，不易记住

35．商业银行应当在客户首次购买理财产品前在本行网点进行风险承受能力评估，评估依据主要包括(　　)。

A．客户年龄　　　　B．流动性要求　　　　　C．投资经验

D．风险认识　　　　E．财务状况

36．董老板打算投资 100 万元，希望在若干年后可以变成 200 万元，如果按照 72 法则估算，他需要选定(　　)的金融产品，可大致达到预期目标。

A．4.5%投资回报率，16 年期限　　　　B．4%投资回报率，17 年期限

C．3%投资回报率，24 年期限　　　　　D．6%投资回报率，12 年期限

E．8%投资回报率，9 年期限

37．与一般的银行储蓄存款相比，大额可转让定期存单的特点有(　　)。

A．利率可以是固定的或浮动的　　　　B．不能提前支取

C．不记名，可流通转让　　　　　　　D．面额较大，金额固定

E．收益率相对较低

38. 金融市场中介主要可分为交易中介和服务中介两类,下列属于交易中介的有( )。

A．证券经纪商　　　　　B．证券承销商　　　　　C．银行

D．会计师事务所　　　　E．交易所

39. 商业银行向客户承诺保证收益的附加条件,可以是( )。

A．收益率的调整　　　　　　　　　B．币种转换的调整

C．理财计划的期限调整　　　　　　D．最终支付货币的选择权

E．最终支付工具的选择权

40. 下面关于基金专户理财的表述,正确的有( )。

A．一对多专户每年开放期不得超过 5 个工作日

B．单个一对多账户每个客户门槛不低于 100 万元

C．基金专户理财又称基金管理公司独立账户资产管理业务,是基金管理公司向特定对象(主要机构客户和高端客户)提供的个性化财产管理服务

D．单个一对多账户人数上限为 200 人

E．一对多专户每年最多开放一次

三、判断题(共 15 题,每小题 1 分,共 15 分请对下列各题的描述做出判断,正确请选 A,错误请选 B。)

1. 《民法通则》以法人活动的性质为标准,将法人分为企业法人、机关法人、事业单位法人、社会团体法人。( )

A．正确　　　　　　　　B．错误

2. 同一动产上已设立抵押权或者质权,该动产又被留置的,留置权无效。( )

A．正确　　　　　　　　B．错误

3. 系统性风险不能通过组合投资实现风险分散;非系统性风险通常可以通过组合投资不同程度地得到分散。( )

A．正确　　　　　　　　B．错误

4. 凭证式国债不可以提前赎回。( )

A．正确　　　　　　　　B．错误

5. 市场发生重大变化导致组合投资理财产品投资比例超出浮动区间时应及时向客户披露。( )

A．正确　　　　　　　　B．错误

6. 信托贷款对银行和信托公司而言,都属于表内业务。( )

A．正确　　　　　　　　B．错误

7. 获得衍生品业务许可证的银行可以发行商品类挂钩产品。( )

A．正确　　　　　　　　B．错误

8. 永续年金既无现值也无终值。( )

A．正确　　　　　　　　B．错误

9. 对于银行代销产品,银行无须向客户揭示产品风险。( )

A．正确　　　　　　　　B．错误

10. 商业银行应针对理财顾问服务和综合理财服务的不同特点,分别制定理财顾问服

务和综合理财服务的管理规章制度。（　　）

    A．正确　　　　　　　　　　B．错误

11．基金认购是指投资者在基金存续期内基金开放日购买基金份额的行为。（　　）

    A．正确　　　　　　　　　　B．错误

12．客户在购买产品时，被要求抄写"本理财计划有投资风险，您只能获得合同明确承诺的收益，您应充分认识投资风险，谨慎投资"。客户表示不理解，认为只要签字就表明已经认可，为达成交易最终由客户经理代抄后，客户在语句下面签字。这种行为是合规的。（　　）

    A．正确　　　　　　　　　　B．错误

13．个人向外汇储蓄账户存入外币现钞当日累计等值 10000 美元以下(含)的，可以在银行柜台直接办理。（　　）

    A．正确　　　　　　　　　　B．错误

14．凭证式国债可以记名、挂失和上市流通。（　　）

    A．正确　　　　　　　　　　B．错误

15．房地产信托是指房地产拥有者将房地产委托给信托公司，由信托公司按照委托者的要求进行管理、处分和收益，信托公司再对该信托房地产进行租售或者委托专业物业公司进行物业经营，帮助投资者获取溢价或管理收益。（　　）

    A．正确　　　　　　　　　　B．错误

答案及详解

一、单选题(共 90 题，每小题 0.5 分，共 45 分，下列选项中只有一项最符合题目要求，不选、错选均不得分。)

1．【答案】B

【解析】在个人资产负债表上，净资产=资产-负债。如果用现金偿还债务，则资产减少，负债相应减少，净资产不变。若用现金购买股票，则资产不变，负债不变，净资产不变。

2．【答案】D

【解析】多期中的现值一般指在复利情况下投资者若要在连续几期后获得指定金额，现在需要投资的金额。计算多期中现值的公式为 $PV=FV/(1+r)^t$。其中，r 是利率，t 是投资时间，FV 是期末的价值；$1/(1+r)^t$ 是现值利率因子(PVIF)，也称复利现值系数。故该投资者现在需要投资的金额为：$PV=\dfrac{133\,100}{(1+10\%)^3}=100\,000$(元)。

3．【答案】D

【解析】我国与个人理财相关的外汇产品主要分为交易类产品和非交易类产品两大类。其中，交易类产品是个人通过外汇账户买卖外汇获得外汇价差收入的一种理财产品，此类理财产品对客户的素质要求比较高，不仅需要客户掌握外汇市场相关知识，还需要一定的交易技巧，此类理财产品以外汇实盘交易为主。

4．【答案】A

【解析】商业银行应采用多重指标管理市场风险限额，市场风险的限额可以采用交易限额、止损限额、错配限额、期权限额和风险价值限额等。但在所采用的风险限额指标中，至少应包括风险价值限额。

5. 【答案】A

【解析】理财规划方案可以是单项理财目标的规划，也可以是涵盖客户所有主要理财目标的综合理财规划方案，两者的选择主要是由客户愿意提供的信息和需求所决定。

6. 【答案】D

【解析】根据期初年金终的计算公式，可得 10 年后客户在银行的资金为：$FV=(C/r)\times[(1+r)^t-1]\times(1+r)=(200\,000/6\%)\times[(1+6\%)^{10}-1]\times(1+6\%)\approx279$(万元)。

7. 【答案】A

【解析】在预测客户的未来收入时，可以将收入分为常规性收入和临时性收入两类。常规性收入一般可以在上一年收入的基础上预测其变化率，如工资、奖金和津贴、股票和债券投资收益、银行存款利息和租金收入等。A 项为临时性收入。

8. 【答案】A

【解析】与理财产品销售类似，理财师需要将合适的基金产品推荐给合适的客户，根据风险匹配原则进行基金销售。《证券投资基金销售管理办法》第五十九条规定，基金销售机构在销售基金和相关产品的过程中，应当坚持投资人利益优先原则，注重根据投资人的风险承受能力销售不同风险等级的产品，把合适的产品销售给合适的基金投资人。

9. 【答案】C

【解析】单利始终以最初的本金为基数计算收益，而复利则以本金和利息为基数计息，从而产生利上加利、息上添息的收益倍增效应。在名义利率相同的情况下，计息频率越快，实际利率越大。

10. 【答案】D

【解析】保险产品的功能包括：①转移风险，分摊损失。投保人通过支付一定的保险费，可以将偶然的灾害事故或人身伤害事故造成的经济损失平均分摊给所有参加投保的人。②补偿损失。保险人通过将所收保费建立起保险基金，使基金资产保值增值，从而对少数成员遭受的损失给予经济补偿。③融通资金。对投保人来说，购买某些保险产品可以获得预期的保险金，因而保险实质上也属于投资范畴。D 项，赚取保费收入是对于保险人来说的保险产品功能。

11. 【答案】B

【解析】债券型理财产品是以国债、金融债和中央银行票据为主要投资对象的银行理财产品，也属于挂钩利率类理财产品。债券型理财产品的特点是产品结构简单、投资风险小、客户预期收益稳定，属于保守、稳健型产品。债券型理财产品的目标客户通常承受风险的能力较弱。

12. 【答案】D

【解析】一般情况下，相比债券，股票具有高风险、高收益的特征，但是股票收益取决于公司 ROE，而债券收益则与市场利率紧密相关，经营不佳、业绩低下的公司股票收益也可能低于较为稳定的债券收益。

13. 【答案】B

【解析】名义年利率 r 与有效年利率 EAR 之间的换算为：$\mathrm{EAR}=\left(1+\dfrac{r}{m}\right)^{m}-1$。其中，$r$ 是指名义年利率，EAR 是指有效年利率，m 指一年内复利次数。A 款理财产品有效(实际)年化收益率 $=\left(1+\dfrac{6\%}{2}\right)^{2}-1=6.09\% > 6.05\%$，故 A 款预期有效(实际)年化收益率更高些。

14. 【答案】B

【解析】我国金融机构的职业道德要求总结为：遵纪守法、保守秘密、正直守信、客观公正、勤勉尽职、专业胜任六项职业道德准则。其中，客观公正准则是指理财师要以自己的专业水准来判断，坚持客观性，不带任何个人感情。在理财业务开展过程中，公正对待每一位客户、委托人、合伙人或所在的机构。在提供服务过程中，不应受到经济利益、人情关系等影响，对可能发生的利益冲突要及时向有关方面披露。

15. 【答案】D

【解析】在维持期，个人开始面临财务的三大考验，分别是为子女准备教育费用、为父母准备赡养费用，以及为自己退休准备养老费用，同时在这一阶段还需还清所有中长期债务。因此，这一阶段是个人和家庭进行财务规划的关键期，既要通过提高劳动收入积累尽可能多的财富，更要善用投资工具创造更多财富；既要偿清各种中长期债务，又要为未来储备财富。这一时期，财务投资尤其是可获得适当收益的组合投资成为主要手段。

16. 【答案】A

【解析】短期负债也叫流动负债，是指将在 1 年(含 1 年)或者超过 1 年的一个营业周期内偿还的债务，包括短期借款、应付票据、应付账款、预收账款、应付工资、应付福利费、应付股利、应交税金、其他暂收应付款项、预提费用和一年内到期的长期借款等。BCD 三项均属于长期负债。

17. 【答案】C

【解析】增长型年金(等比增长型年金)是指在一定期限内，时间间隔相同、不间断、金额不相等但每期增长率相等、方向相同的一系列现金流。增长型年金终值的计算公式为：
$$FV = C \times (1+r)^{t-1} + C \times (1+g)(1+r)^{t-2} + C \times (1+g)^2(1+r)^{t-2} + ... + C \times (1+g)^{t-1}。$$

18. 【答案】B

【解析】为了控制费用与投资储蓄，银行从业人员应该建议客户在银行开立三种类型的账户：①定期投资账户，达到强迫储蓄的功能；②若有贷款本息要缴，则在贷款行开一个扣款账户，方便随时掌握贷款的本息交付状况；③开立信用卡账户，弥补临时性资金不足，减少低收益资金的比例。

19. 【答案】B

【解析】现金管理规划，是进行家庭或者个人日常的、日复一日的现金及现金等价物的管理。现金规划的核心是建立应急基金，保障个人和家庭生活质量和状态的持续性稳定，是针对家庭财务流动性的管理。

20. 【答案】C

【解析】信托业务虽然起源于英国，但现代信托制度却是在 19 世纪初传入美国后才得以快速发展壮大起来的。我国信托制度诞生于 20 世纪初，20 世纪 80 年代改革开放后得到真正发展。

21．【答案】D

【解析】根据《商业银行理财产品销售管理办法》第三十七条的规定，商业银行从事理财产品销售活动，不得有下列情形：①通过销售或购买理财产品方式调节监管指标，进行监管套利；②将理财产品与其他产品进行捆绑销售；③采取抽奖、回扣或者赠送实物等方式销售理财产品；④通过理财产品进行利益输送；⑤挪用客户认购、申购、赎回资金；⑥销售人员代替客户签署文件；⑦中国银监会规定禁止的其他情形。

22．【答案】A

【解析】期初年金指在一定时期内每期期初发生系列相等的收付款项，即现金流发生在当期期初，比如说生活费支出、教育费支出、房租支出等。期初年金的计算公式为：

$$PV_{BEG} = \frac{C}{R}\left[1 - \left(\frac{1}{1+r}\right)^T\right](1+r)$$

将题中的数值代入公式，可以得到银行向该客户发放的贷款额为：

$$PV = \frac{20}{6\%}\left[1 - \left(\frac{1}{1+6\%}\right)^{10}\right] \times (1+6\%) \approx 156(万元)$$

23．【答案】A

【解析】理财顾问服务是指商业银行向客户提供财务分析与规划、投资建议、个人投资产品推介等专业化服务。它是一种针对个人客户的专业化服务，区别于为销售储蓄存款、信贷产品等进行的产品介绍、宣传和推介等一般性业务咨询活动。

24．【答案】D

【解析】实际利率是指剔除通货膨胀率后储户或投资者得到利息回报的真实利率。其计算公式为：实际利率=名义利率-通货膨胀率=5%-7%=-2%。

25．【答案】C

【解析】商业银行在向客户销售理财产品前，应建立客户评估机制，针对不同的理财产品设计专门的产品适合度评估书，对客户的产品适合度进行评估，并由客户对评估结果进行签字确认。在理财业务中，客户应当确保其提供的身份证件真实、合法，不得使用伪造、变造的身份证明。另外，客户应当确保其资金来源合法，不得利用理财业务洗钱，不得将金融诈骗犯罪等犯罪所得及其收益用来购买理财产品。

26．【答案】C

【解析】内部回报率(IRR)，又称内部报酬率或者内部收益率，是指使现金流的现值之和等于零的利率，即净现值等于 0 的贴现率。其计算公式为：$NPV = \sum_{t=0}^{T}\frac{C_t}{(1+IRR)^t}$。对于一个投资项目，如果融资成本 r<IRR，表明该项目有利可图；相反地，如果 r>IRR，表明该项目无利可图。

27．【答案】B

【解析】格式条款是当事人为了重复使用而预先拟定，并在订立合同时未与对方协商的条款。采用格式条款订立合同的，对格式条款的理解发生争议的，应当按照通常理解予以解释。对格式条款有两种以上解释的，应当作出不利于提供格式条款一方的解释。格式条款和非格式条款不一致的，应当采用非格式条款。

28．【答案】B

【解析】AC两项，根据"商业保密与知识产权保护"准则，银行个人理财业务人员不应当泄漏本机构客户信息和本机构尚未公开的财务数据、重大战略决策以及新的产品研发等重大内部信息或商业秘密，部门的具体发展规划属于商业秘密；B项是同业人员之间正常的交流合作；D项，《银行业从业人员职业操守》中"互相尊重"准则要求：银行个人理财业务人员应当尊重同业人员，不得发表贬低、诋毁、损害同业人员及同业人员所在机构声誉的言论。

29．【答案】A

【解析】单利终值是指一定金额的本金按照单利计算若干期后的本利和。单利终值的计算公式为 $FV=PV\times(1+r\times n)$，故李先生 5 年后能取到的本利和为：$FV=1000\times(1+5\%\times5)=1250$(元)。

30．【答案】D

【解析】《民法通则》第六十四条规定，代理包括委托代理、法定代理和指定代理。

31．【答案】B

【解析】《商业银行个人理财业务风险管理指引》第二十条的规定，商业银行应当明确个人理财业务人员与一般产品销售和服务人员的工作范围界限，禁止一般产品销售人员向客户提供理财投资咨询顾问意见、销售理财计划。客户在办理一般产品业务时，如需要银行提供相关个人理财顾问服务，一般产品销售和服务人员应将客户移交理财业务人员。

32．【答案】C

【解析】《商业银行理财产品销售管理办法》第九条的规定，商业银行销售理财产品，应当遵循风险匹配原则，禁止误导客户购买与其风险承受能力不相符合的理财产品。风险匹配原则是指商业银行只能向客户销售风险评级等于或低于其风险承受能力评级的理财产品。C项，衍生产品风险较高，不应推介给无衍生产品投资经验的客户。

33．【答案】A

【解析】外汇储蓄账户内外汇汇出境外当日累计等值 5 万美元以下(含)的，凭本人有效身份证件在银行办理；超过上述金额的，凭经常项目项下有交易额的真实性凭证办理。手持外币现钞汇出当日累计等值 1 万美元以下(含)的，凭本人有效身份证件在银行办理；超过上述金额的，凭经常项目项下有交易额的真实性凭证、经海关签章的《中华人民共和国海关进境旅客行李物品申报单》或本人原存款银行外币现钞提取单据办理。

34．【答案】D

【解析】发行市场上，证券发行可以通过公募和私募两种方式进行。公募又称公开发行，是指事先不确定特定的发行对象，而是向社会广大投资者公开推销证券。私募又称非公开发行，是指发行公司只对特定的发行对象推销证券。

35．【答案】A

【解析】金融市场的中介大体分为两类：①交易中介，通过市场为买卖双方成交撮合，并从中收取佣金，包括银行、有价证券承销人、证券交易经纪人、证券交易所和证券结算公司等；②服务中介，这类机构本身不是金融机构，但却是金融市场上不可或缺的，如会计师事务所、律师事务所、投资顾问咨询公司和证券评级机构等。BCD 三项属于金融市场服务中介。

36．【答案】A

【解析】货币市场基金是指投资于货币市场上短期(一年以内，平均期限 120 天)有价证券的一种投资基金。这类产品安全性较高，收益稳定，深受保守型投资客户的欢迎。货币市场基金具有很强的流动性，收益高于同期银行活期，甚至高于中、短期定存，是银行储蓄的良好替代品。

37．【答案】A

【解析】A 项，基金交易实行三大原则："未知价"原则、"先进先出"原则、"金额申购、份额赎回"原则。其中，"未知价"原则是指投资者在买卖基金时，是按照交易当日的基金净值来计价的。而基金净值一般在第二天公布，所以，在交易时还不知道当日的基金净值是多少。投资者可以通过基金公司网站或相关报纸查询。

38．【答案】B

【解析】多期中的终值表示一定金额投资某种产品，并持续好几期，在最后一期结束后所获得的最终价值。计算多期中终值的公式为：$FV = PV \times (1+r)^t$，其中，PV 是期初的价值，r 是利率，t 是投资时间，$(1+r)^t$ 是终值利率因子(FVIF)，也称为复利终值系数。终值利率因子与利率、时间呈正比关系，时间越长，利率越高，终值则越大。

39．【答案】A

【解析】结构性理财产品是运用金融工程技术，将存款、零息债券等固定收益产品与金融衍生品(如远期、期权、掉期等)组合在一起而形成的一种金融产品。结构性理财产品的回报率通常取决于挂钩资产(挂钩标的)的表现。根据挂钩资产的属性，大致可以细分为外汇挂钩类、利率/债券挂钩类、股票挂钩类、商品挂钩类及混合类等。

40．【答案】D

【解析】证券交易遵循时间优先和价格优先的原则。时间优先的原则是指在买和卖的报价相同时，在时间序列上，按报价先后顺序依次成交。价格优先原则是指价格最高的买方报价与价格最低的卖方报价优先于其他一切报价而成交。

41．【答案】D

【解析】《个人外汇管理办法》第二十七条规定，个人外汇账户按主体类别区分为境内个人外汇账户和境外个人外汇账户；按账户性质区分为外汇结算账户、资本项目账户及外汇储蓄账户。

42．【答案】C

【解析】ABD 三项属于固定支出。

43．【答案】D

【解析】当事人订立合同，应当具有相应的民事权利能力和民事行为能力。当事人依法可以委托代理人订立合同。当事人在订立合同过程中知悉的商业秘密，无论合同是否成立，不得泄露或者不正当地使用。泄露或者不正当地使用该商业秘密给对方造成损失的，应当承担损害赔偿责任。当事人订立合同，有书面形式、口头形式和其他形式。法律、行政法规规定采用书面形式的，应当采用书面形式。当事人约定采用书面形式的，应当采用书面形式。

44．【答案】D

【解析】个人理财业务中客户委托商业银行理财，实质就是商业银行代理客户理财，客户和商业银行就是委托和代理关系。

45．【答案】B

【解析】对客户家庭信息进行整理后，接下来理财师需要分析客户家庭财务现状。主要的分析内容分为以下几个部分：①资产负债结构分析；②收入结构分析；③支出结构分析；④储蓄结构分析。综合家庭财务现状分析，主要是根据信息整理情况，提供家庭财务现状中以下几个方面的综合分析：①家庭流动性现状分析；②信用和债务管理现状分析；③收支储蓄现状分析；④资产结构、资产配置和投资现状分析；⑤家庭财务保障现状分析。

46．【答案】D

【解析】对于投资性保险产品，应在设有理财服务区、理财室或理财专柜以上层级(含)的网点进行销售，并强调建立保险公司尽职情况考评机制和后评价制度。

47．【答案】C

【解析】增长型永续年金是指在无限期内，时间间隔相同、不间断、金额不相等但每期增长率相等、方向相同的一系列现金流。(期末)增长型永续年金的现值计算公式($r>g$)为：

$PV = \dfrac{C}{r-g}$，其中，C 表示第一年现金流，g 表示每年固定增长比率，r 代表现金流的收益率或贴现率。将题中的数值代入，可以得出该年金的现值为：$PV = \dfrac{1.3}{10\%-5\%} = 26(元)$。

48．【答案】A

【解析】可转换债券是指其持有者可以在一定时期内按一定比例或价格将之转换成一定数量的另一种证券的证券。债券转换以后持有者的身份也相应发生改变，即公司的债权人转换为公司的股东。

49．【答案】D

【解析】银行代理贵金属业务种类有条块现货、金币、黄金基金、纸黄金。黄金 T+D 是黄金延期交收交易品种，可在银行办理注册开户。D 项，银行不办理黄金典当，相关业务需要去典当行进行。

50．【答案】C

【解析】该项分期付款的现金流的现值为：$10000/(1+5\%)^1+10000/(1+5\%)^2+10000/(1+5\%)^3+10000/(1+5\%)^4+10000/(1+5\%)^5=43295(元)$。

51．【答案】D

【解析】《商业银行理财产品销售管理办法》第二十九条规定，商业银行应当定期或不定期地采用当面或网上银行方式对客户进行风险承受能力持续评估。超过一年未进行风险承受能力评估或发生可能影响自身风险承受能力情况的客户，再次购买理财产品时，应当在商业银行网点或其网上银行完成风险承受能力评估，评估结果应当由客户签名确认；未进行评估，商业银行不得再次向其销售理财产品。

52．【答案】B

【解析】《关于进一步规范商业银行个人理财业务投资管理有关问题的通知》第六条规定，商业银行应尽责履行信息披露义务，向客户充分披露理财资金的投资方向、具体投资品种以及投资比例等有关投资管理信息，并及时向客户披露对投资者权益或者投资收益等产生重大影响的突发事件。

53．【答案】A

【解析】个人抵押商品住房保险(以下简称房贷险)，包含对抵押商品住房本身的家庭财产保险，也包括对借款人本人的借款人意外险。后者的基本操作模式是：房产商将商品房销售给需要贷款的业主，业主向银行申请贷款，银行要求业主将所购的房屋进行抵押，银行凭着房屋抵押借款合同给予贷款。为了避免因业主发生意外而丧失还款能力，从而失去抵押给银行的住房，业主向保险公司购买借款人意外险，将银行作为保单第一受益人，保险金额不高于银行抵押贷款余额，保险期间不长于抵押贷款期限。

54．【答案】A

【解析】客户信息的整理通常是针对定量信息，一般汇总为家庭资产负债表和收支储蓄表。通过资产负债表对客户家庭的资产负债进行分类、统计；通过家庭收支储蓄表对客户的收入、支出和储蓄结构、状况进行分类、统计。家庭资产负债表是一个时点报表，可以显示一个时点上家庭的资产与负债状况。

55．【答案】B

【解析】"资金的蓄水池"是指金融市场的集聚功能，即金融市场有引导众多分散的小额资金会聚成投入社会再生产的资金集合功能。金融市场常被看作国民经济的"晴雨表"和"气象台"，它是国民经济景气度指标的重要信号系统，这是金融市场的反映功能。

56．【答案】A

【解析】金融期货合约是指协议双方同意在约定的将来某个日期，按约定的条件买入或卖出一定标准数量的金融工具的标准化协议。金融期货一般分为三类，货币期货、利率期货和指数期货。金融期货作为期货中的一种，具有期货的一般特点，但与商品期货相比较，其合约标的物不是实物商品，而是传统的金融商品，如证券、货币、利率等。A 项，石油期货的标的物是石油，即实物商品，属于商品期货而不是金融期货。

57．【答案】A

【解析】通货膨胀率是使货币购买力缩水的反向因素，当通货紧缩存在时，货币购买力增强，未来一定量的货币比现在等量的货币更有价值。

58．【答案】C

【解析】根据市场中投资工具的不同，货币市场可分为同业拆借市场、票据贴现市场、可转让大额定期存单市场和回购市场等子市场。货币市场具有高流动性、低风险性等特征，是重要的理财工具市场。C 项，股票市场属于资本市场。

59．【答案】B

【解析】B 项，价格风险也叫利率风险，是指国债的市场利率变化对债券价格的影响。一般来说，债券价格与利率变化成反比，当利率上涨时，债券价格下跌。附息债券是指在债券券面上附有息票的债券，或是按照债券票面载明的利率及支付方式支付利息的债券。附息债券同样存在利率风险。

60．【答案】C

【解析】A 项，十周岁以上的未成年人是限制民事行为能力人，可以进行与其年龄、智力相适应的民事活动；其他民事活动由其法定代理人代理，或者征得其法定代理人的同意。B 项，不满十周岁的未成年人是无民事行为能力人，由其法定代理人代理民事活动。D 项，不能辨认自己行为的精神病人是无民事行为能力人，由其法定代理人代理民事活动。

61. 【答案】C

【解析】C 项，在投资者买入特定债券之后，如果市场利率下降，将导致债券价格上升，但同时再投资收益率下降；而当市场利率上升时，债券价格将下降，但再投资收益率上升。

62. 【答案】C

【解析】生命周期理论是由 F. 莫迪利安尼与 R. 布伦博格、A. 安多共同创建的。该理论指出：自然人是在相当长的期间内计划个人的储蓄消费行为，以实现生命周期内收支的最佳配置。也就是说，一个人将综合考虑其当期、将来的收支，以及可预期的工作、退休时间等诸多因素，并决定目前的消费和储蓄，以保证其消费水平处于预期的平稳状态，而不至于出现大幅波动。

63. 【答案】D

【解析】期初年金指在一定时期内每期期初发生系列相等的收付款，即现金流发生在当期期初。期末年金即现金流发生在当期期末。题中，A 方案属于期初年金，其终值的计算公式为：$FV_{BEG} = \frac{C}{r}[(1+r)^T - 1](1+r) = \frac{500[(1+10\%)^3 - 1]}{10\%} \times (1+10\%) = 1820.5(元)$；B 方案属于期末年金，其终值的计算公式为：$FV = \frac{C[(1+r)^T - 1]}{r} = \frac{500[(1+10\%)^3 - 1]}{10\%} = 1655(元)$。故第三年年末两个方案的终值相差约 166 元。

64. 【答案】B

【解析】商业银行应本着符合客户利益和风险承受能力的原则，按照《商业银行个人理财业务管理暂行办法》和《商业银行个人理财业务风险管理指引》中关于保证收益类产品设计、产品研发设计工作流程、成本与收益测算、起点金额设置、编制产品开发报告的规定，根据客户分层和目标客户群的需求，审慎、合规地开发设计理财产品。

65. 【答案】C

【解析】投资连结保险(以下简称投连险)，是一种寿险与投资相结合的新型寿险产品。根据中国保险监管机构的规定，投连险是指包含保险保障功能并至少在一个投资账户拥有一定资产价值的人身保险产品。投连险的投资账户必须是资产单独管理的资金账户。投保人可以选择其投资账户，也可以申请变更投资账户，但投资风险完全由投保人承担，未来投资收益具有一定的不确定性，有可能面临亏损。由于投资账户不承诺投资回报，保险公司在收取资产管理费后，将所有的投资收益归客户所有，充分利用专家理财的优势，客户在获得高收益的同时也承担投资损失的风险。

66. 【答案】B

【解析】该理财计划此期间理财收益为：(0.95%+1.35%+1.95%)÷365×1000 000 =116.4(元)。

67. 【答案】A

【解析】根据等值现金流发生的时间点的不同，年金可以分为期初年金和期末年金。期初年金指在一定时期内每期期初发生系列相等的收付款项，即现金流发生在当期期初。期末年金即现金流发生在当期期末。期初年金现值等于期末年金现值的$(1+r)$倍，即：$PV_{BEG} = PV_{END}(1+r)$。

68．【答案】B

【解析】《信托法》第四十三条规定，受益人是在信托中享有信托受益权的人。受益人可以是自然人、法人或者依法成立的其他组织。委托人可以是受益人，也可以是同一信托的唯一受益人。受托人可以是受益人，但不得是同一信托的唯一受益人。

69．【答案】C

【解析】现金流量表用于说明在过去一段时间内，个人的现金收入和支出情况。现金流量表只记录涉及实际现金流入和流出的交易。未来现金流量表用于预测客户未来的收入和预测客户未来的支出。

70．【答案】B

【解析】基金认购采用"金额认购、面额发行"的原则，即认购以金额申请，认购的有效份额按实际确认的认购金额在扣除相应的费用后，以基金份额面值为基准计算。

71．【答案】C

【解析】永续年金是指在无限期内，时间间隔相同、不间断、金额相等、方向相同的一系列现金流。比如优先股，它有固定的股利而无到期日，其股利可视为永续年金；未规定偿还期限的债券，其利息也可视为永续年金。

72．【答案】D

【解析】复利终值的计算公式为：$FV=PV\times(1+r)^{t}$，其中，PV 是期初的价值，r 是利率，t 是投资时间，$(1+r)^{t}$ 是终值利率因子(FVIF)，也称为复利终值系数。故该项目 1 年后的本息和为：$FV=10\,000\times\left(1+\dfrac{8\%}{4}\right)^{4}\approx10\,824(元)$。

73．【答案】B

【解析】资产负债表显示一个时点的资产和负债信息，包括该时点的资产和负债结构。客户的资产负债表显示了客户全部的资产负债状况。现金流量表用来说明在过去一段时期内，现金收入和支出的情况。

74．【答案】A

【解析】财务信息主要是指客户家庭的收支与资产负债状况，以及相关的财务安排(包括储蓄、投资、保险账户情况等)。财务信息是理财师制定客户个人财务规划的基础和根据，决定了客户的目标、期望是否合理，以及实现客户各项理财目标、人生规划的可能性和需要采取的相关措施，具体来说影响其理财方案、工具的路径、选择。财务信息是指客户当前的收支状况、财务安排以及这些情况的未来发展趋势等。

75．【答案】C

【解析】根据 F. 莫迪利安尼等人的家庭生命周期理论，在家庭成长期，子女教育金需求增加，购房、购车贷款仍保持较高需求，成员收入稳定，家庭风险承受能力进一步提升。因此，该阶段建议依旧保持资产流动性，并适当增加固定收益类资产，如债券基金、浮动收益类理财产品。

76．【答案】C

【解析】货币的时间价值是指货币在无风险的条件下，经历一定时间的投资和再投资而发生的增值，或者是货币在使用过程中由于时间因素而形成的增值，也被称为资金时间价值。时间价值既是资源稀缺性的体现也是人类心理认知的反应，表现在信用货币体制下，当前所持有的货币比未来等额的货币具有更高的价值。

77．【答案】D

【解析】D项，《商业银行个人理财业务风险管理指引》第五十七条规定，商业银行在编写有关产品介绍和宣传材料时，应进行充分的风险揭示，提供必要的举例说明，并根据有关管理规定将需要报告的材料及时向中国银行业监督管理委员会报告。

78．【答案】A

【解析】保险产品的功能有：①风险转移，损失分摊功能；②损失补偿；③资金融通。其中，风险转移是保险规划最主要、最基本的功能。

79．【答案】C

【解析】投保人是指与保险人订立保险合同，并按照保险合同负有支付保险费义务的人。投保人必须具备以下两个条件：①具备民事权利能力和民事行为能力；②承担支付保险费的义务。

80．【答案】D

【解析】商业银行开展个人理财业务有下列情形之一的，银行业监督管理机构可依据《银行业监督管理法》第四十七条的规定和《金融违法行为处罚办法》的相关规定对直接负责的董事、高级管理人员和其他直接责任人员进行处理，构成犯罪的，依法追究刑事责任：①违规开展个人理财业务造成银行或客户重大经济损失的；②未建立相关风险管理制度和管理体系，或虽建立了相关制度但未实际落实风险评估、监测与管控措施，造成银行重大损失的；③泄露或不当使用客户个人资料和交易信息记录造成严重后果的；④利用个人理财业务从事洗钱、逃税等违法犯罪活动的；⑤挪用单独管理的客户资产的。

81．【答案】C

【解析】《证券投资基金销售管理办法》第六十五条规定，基金销售机构应当建立健全档案管理制度，妥善保管基金份额持有人的开户资料和与销售业务有关的其他资料。客户身份资料自业务关系结束当年计起至少保存15年，与销售业务有关的其他资料自业务发生当年计起至少保存15年。

82．【答案】B

【解析】商业银行应当加强对理财产品宣传销售文本制作和发放的管理，宣传销售文本应当由商业银行总行统一管理和授权，分支机构未经总行授权不得擅自制作和分发宣传销售文本。宣传销售文本主要包括两类：①宣传材料，指商业银行为宣传推介理财产品向客户分发或者公布，使客户可以获得的书面、电子或其他介质的信息；②销售文件，包括理财产品销售协议书、理财产品说明书、风险揭示书、客户权益须知等。

83．【答案】D

【解析】货币时间价值的影响因素有：①时间；②收益率或通货膨胀率；③单利或复利。其中，收益率是决定货币在未来增值程度的关键因素，而通货膨胀率则是使货币购买力缩水的反向因素。

84．【答案】C

【解析】理财师的工作流程可以概括为如下六个方面：①接触客户，建立信任关系；②收集、整理和分析客户的家庭财务状况；③明确客户的理财目标；④制订理财规划方案；⑤理财规划方案的执行；⑥后续跟踪服务。

85．【答案】B

【解析】(1)(3)(4)(6)四项属于开放式基金的特点；(2)(5)两项属于封闭式基金的特点。

86．【答案】B

【解析】交易所上市基金(ETF)在本质上是开放式基金，与现有开放式基金没什么本质的区别。但其本身有三个鲜明特征：①可以在交易所挂牌买卖，投资者可以像交易单只股票、封闭式基金那样在证券交易所直接买卖 ETF 份额；②ETF 基本是指数型开放式基金，与现有的指数型开放式基金相比，其最大优势在于，它在交易所挂牌，交易非常便利；③申购赎回有自己的特色，投资者只能用与指数对应的一揽子股票申购或者赎回 ETF，而不是现有开放式基金的以现金申购赎回。

87．【答案】D

【解析】《个人外汇管理办法实施细则》第二条规定，对个人结汇和境内个人购汇实行年度总额管理。年度总额分别为每人每年等值 5 万美元。国家外汇管理局可根据国际收支状况，对年度总额进行调整。

88．【答案】C

【解析】理财师必须具备良好的专业素养，并且时刻保证专业知识的再学习和再提升，以实现自身的专业知识与时俱进，保证自己成为一名合格胜任的理财师。同时，通过不断的再学习、再教育，不断进行工作总结与反思，以拥有更加丰富的实战经验，更好地为客户提供专业化的理财服务，用专业的眼光和手段帮助客户实现理财目标。题中，小陈尚未取得会计资格就为赵先生提供避税及会计服务，违反了专业胜任原则。

89．【答案】D

【解析】《商业银行理财产品销售管理办法》第四十二条规定，商业银行销售风险评级为四级(含)以上理财产品时，除非与客户书面约定，否则应当在商业银行网点进行。

90．【答案】C

【解析】黄金的收益和股票市场的收益不相关甚至负相关，这个特性通常使其成为投资组合中的一个重要的分散风险的组合资产。

二、多选题(共 40 题，每小题 1 分，共 40 分，下列选项中有两项或两项以上符合题目要求，多选、少选、错选均不得分。)

1．【答案】ACDE

【解析】房地产投资的特点包括：①价值升值效应，很多情况下，房地产升值对房地产回报率的影响要大大高于年度净现金流的影响；②财务杠杆效应，房地产投资的吸引力来自高财务杠杆率的使用；③变现性相对较差，房地产投资品单位价值高，且无法转移，其流动性较弱，特别是在市场不景气时期变现难度更大；④政策风险，房地产价值受政策环境、市场环境和法律环境等因素的影响较大。

2．【答案】ABE

【解析】保守型客户往往对于投资风险的承受能力很低，选择一项产品或投资工具首先要考虑是否能够保本，然后才考虑追求收益，因此，这类客户往往选择国债、存款、保本型理财产品、货币与债券基金等低风险、低收益的产品。C 项，投资连结保险适合于具有理性的投资理念、追求资产高收益同时又具有较高风险承受能力的投保人。D 项，60%以上的基金资产投资于股票的，为股票基金，具有高风险、高收益的特征，保守型客户一般不会选择股票型基金。

3．【答案】ACD

【解析】货币的时间价值是指货币在无风险的条件下，经历一定时间的投资和再投资而发生的增值，或者是货币在使用过程中由于时间因素而形成的增值，也被称为资金时间价值。货币之所以具有时间价值，主要是因为以下三点：①现在持有的货币可以用作投资，从而获得投资回报；②货币的购买力会受到通货膨胀的影响而降低；③未来的投资收入预期具有不确定性。

4．【答案】BCDE

【解析】LOF 的申购、赎回都是基金份额与现金的交易，可在代销网点进行。LOF 发行结束后，投资者既可以在指定网点申购与赎回基金份额，也可以在交易所买卖该基金。不过如果投资者是在指定网点申购的基金份额，想要上网抛出，须办理一定的转托管手续；同样，如果是在交易所网上买进的基金份额，想要在指定网点赎回，也要办理一定的转托管手续。深圳证券交易所已经开通的基金场内申购赎回业务，在场内认购的 LOF 无须办理转托管手续，可直接抛出。LOF 兼具封闭式基金交易方便、交易成本较低和开放式基金价格贴近净值的优点，为交易所交易基金在中国现行法规下的变通品种，被称为中国特色的ETF。

5．【答案】ABCDE

【解析】年金(普通年金)是指在一定期限内，时间间隔相同、不间断、金额相等、方向相同的一系列现金流。比如，退休后每个月固定从社保部门领取的养老金就是一种年金，定期定额缴纳的房屋贷款月供、每个月进行定期定额购买基金的月投资额款、向租房者每月固定领取的租金等均可视为一种年金。年金通常用 PMT 表示。

6．【答案】ABCD

【解析】货币市场又称短期资金市场，是实现短期资金融通的场所。一般是指专门融通短期资金和交易期限在一年以内(包括一年)的有价证券市场。货币市场的特征有以下几点：①低风险、低收益；②期限短、流动性高；③交易量大、交易频繁。

7．【答案】ABDE

【解析】货币的时间价值是指货币在无风险的条件下，经历一定时间的投资和再投资而发生的增值，或者是货币在使用过程中由于时间因素而形成的增值，也被称为资金时间价值。时间价值的基本参数有：①现值、②终值、③时间、④利率(或通货膨胀率)。

8．【答案】ABCDE

【解析】保险兼业代理人从事保险代理业务，不得有下列行为：①擅自变更保险条款，提高或降低保险费率；②利用行政权力、职务或职业便利强迫、引诱投保人购买指定的保单；③使用不正当手段强迫、引诱或者限制投保人、被保险人投保或转换保险人；④串通投保人、被保险人或受益人欺骗保险人；⑤对其他保险机构、保险代理机构作出不正确的或误导性的宣传；⑥代理再保险业务；⑦挪用或侵占保险费；⑧兼做保险经纪业务；⑨中国保监会认定的其他损害保险人、投保人和被保险人利益的行为。

9．【答案】ABDE

【解析】现金管理是对现金和流动资产的日常管理。其目的在于：①满足日常的、周期性支出的需求；②满足应急资金的需求；③满足未来消费的需求；④满足财富积累与投资获利的需求。

10．【答案】ABCD

【解析】理财产品(计划)的名称应恰当反映产品属性，避免使用带有诱惑性、误导性和承诺性的称谓。商业银行在为理财产品(计划)(尤其是非保证收益型理财产品(计划))命名时，应避免使用蕴涵潜在风险或易引发争议的模糊性语言。

11．【答案】ABCD

【解析】股票是由股份公司发行的、表明投资者投资份额及其权利和义务的所有权凭证，是一种能够给持有者带来收益的有价证券，其实质是公司的产权证明书。股票是一种权益性工具，因此，股票市场又被称为权益市场。

12．【答案】ABCDE

【解析】信托的特点除了 ABCDE 五项外，还有：①信托是以信任为基础的财产管理制度；②信托利益分配、损益计算遵循实绩原则；③信托具有融通资金的职能。

13．【答案】ABCDE

【解析】期货交易的主要制度有：①保证金制度。在期货交易中，任何交易者必须按照其所买卖期货合约价值的一定比例(通常为 5%～10%)缴纳资金，用于结算和保证履约。②每日结算制度，又称"逐日盯市制度"。每日交易结束，交易所按当日结算价结算所有合约的盈亏、交易保证金及手续费、税金等费用，对应收应付的款项同时划转，相应增加或减少会员的结算准备金。③持仓限额制度。交易所规定会员或客户可以持有的、按单边计算的某一合约投机头寸的最大数额。④大户报告制度，是与持仓限额制度紧密相关的防范大户操纵市场价格、控制市场风险的制度。⑤强行平仓制度。当会员、客户违规时，交易所会对有关持仓实行强制平仓。

14．【答案】ACE

【解析】银行往往根据客户类型(主要是资产规模)进行理财业务分类。理财业务可分为理财业务(服务)、财富管理业务(服务)和私人银行业务(服务)三个层次，银行为不同客户提供不同层次的理财服务。

15．【答案】BE

【解析】投资型保险产品的最大特点就是将保险的基本保障功能和资金增值的功能结合起来，其给付的保险金由两部分组成：①风险保障金，当合同规定的保险事故发生时，保险公司即按照事先约定的标准给付保险金；②投资收益，收益水平取决于投资账户中资产价值总额的高低，这部分的保障水平通常无法事先确定，具有不确定性。

16．【答案】AC

【解析】净现值(NPV)是指所有现金流(包括正现金流和负现金流在内)的现值之和。净现值为正值，说明投资能够获利，净现值为负值，说明投资是亏损的。其计算公式为：

$$NPV = \sum_{t=0}^{T} \frac{C_t}{(1+r)^t}$$，对于一个投资项目，如果 NPV>0，表明该项目在 r 的回报率要求下是可行的，且 NPV 越大，投资收益越高。相反地，如果 NPV<0，表明该项目在 r 的回报率要求下是不可行的。

17．【答案】AD

【解析】一般来说，债券价格与到期收益率成反比。债券价格越高，从二级市场上买入债券的投资者所得到的实际收益率越低；反之则相反。债券的市场交易价格同市场利率成反比。市场利率上升，债券持有人变现债券的市场交易价格下降；反之则相反。

18．【答案】DE

【解析】内部回报率(IRR)，又称内部报酬率或者内部收益率，是指使现金流的现值之和等于零的利率，即净现值等于 0 的贴现率。其计算公式为：$NPV = \sum_{t=0}^{T} \dfrac{C_t}{(1+IRR)^t}$，其中 r 表示融资成本。对于一个投资项目，如果 r<IRR，表明该项目有利可图；相反地，如果 r>IRR，表明该项目无利可图。

19．【答案】ABD

【解析】A 项，基金管理人是负责基金发起设立与经营管理的专业性机构、通常由证券公司，信托投资公司或其他机构等发起成立，具有独立法人地位。B 项，基金持有人是指持有基金单位或基金股份的自然人和法人，也就是基金的投资者，是基金受益凭证的持有者。D 项，《中华人民共和国证券投资基金法》第三十三条规定，基金托管人由依法设立的商业银行或者其他金融机构担任。

20．【答案】ACD

【解析】货币市场工具包括政府发行的短期政府债券、商业票据、可转让的大额定期存单以及货币市场共同基金等。这些交易工具可以随时在市场上出售变现。证券投资基金、短期企业债券属于资本市场工具。

21．【答案】ABC

【解析】前端收费是在申购时就支付申购费，而后端收费是在赎回基金时才支付。后端收费的形式是费率随着持有基金时间的增长而递减，某些基金甚至规定如果能在持有基金超过一定期限后才卖出，后端收费可以完全免除。

22．【答案】BCE

【解析】从计算多期终现值的公式 $PV = \dfrac{FV}{(1+r)^t}$ 可以看出，现值与终值正相关，其中，$(1+r)^t$ 是终值复利因子，折现率越高，终值复利因子就越高，$\dfrac{1}{(1+r)^t}$ 是现值复利因子，折现率越高，现值贴现因子越低。

23．【答案】BDE

【解析】货币的时间价值是指货币在无风险的条件下，经历一定时间的投资和再投资而发生的增值，或者是货币在使用过程中由于时间因素而形成的增值，也被称为资金时间价值。货币时间价值的影响因素有：①时间；②收益率或通货膨胀率；③单利与复利。

24．【答案】ABCDE

【解析】投资顾问是指为商业银行理财产品所募集资金(如理财资金成立的信托财产)投资运作提供咨询服务、承担日常的投资运作管理的第三方机构，如基金公司、阳光私募基金公司、资产管理公司、证券公司和信托公司等。

25．【答案】AB

【解析】QDII 即合格境内机构投资者，它是在一国境内设立，经中国有关部门批准从事境外证券市场的股票、债券等有价证券业务的证券投资基金。QDII挂钩标的范围比较广，比较典型的有：①基金；②交易所上市基金(ETF)。

26．【答案】ACDE

【解析】生命周期理论认为：自然人在相当长的期间内计划个人的储蓄消费行为，以实现生命周期内收支的最佳配置。生命周期分家庭和个人生命周期两种，其中，家庭的生命周期一般可分为：形成期、成长期、成熟期以及衰老期四个阶段。

27．【答案】ABE

【解析】《关于商业银行开展个人理财业务风险提示的通知》规定，理财产品(计划)的名称应恰当反映产品属性，避免使用带有诱惑性、误导性和承诺性的称谓。理财产品(计划)的设计应强调合理性。商业银行应按照审慎经营原则，设计符合整体经营策略的理财产品(计划)。应做好充分的市场调研工作，细分客户群，针对不同目标客户群体的特点，设计相应的理财产品(计划)。理财产品(计划)的风险揭示应充分、清晰和准确。商业银行不得销售无市场分析预测、无产品(计划)期限、无风险管控预案的理财产品(计划)。

28．【答案】BCDE

【解析】客户是商业银行个人理财业务的服务对象，也是商业银行个人理财服务的最终评判者。在提供个人理财服务过程中，业务人员要了解客户需求，并根据客户的需求提供相应的理财服务。《商业银行个人理财业务风险管理指引》第二十二条规定，商业银行向客户提供财务规划、投资顾问、推介投资产品服务，应首先调查了解客户的财务状况、投资经验、投资目的，以及对相关风险的认知和承受能力，评估客户是否适合购买所推介的产品，并将有关评估意见告知客户，双方签字。

29．【答案】BCDE

【解析】理财规划方案是一个复杂的整体性方案，理财师虽然通常是理财专家，但也不可能做到面面俱到，因此多数情况下单靠理财师自身难以完成全部方案的实施工作。方案实施计划必然涉及许多其他领域的专业人士，如保险经纪人、律师和会计师、证券公司的投资顾问、房产中介、移民留学顾问等；有时方案实施过程中还需要客户家人一起参与。

30．【答案】ABCE

【解析】商业银行开展个人理财业务，在进行相关市场风险管理时，应对利率和汇率等主要金融政策的改革与调整进行充分的压力测试，评估可能对银行经营活动产生的影响，制定相应的风险处置和应急预案。

31．【答案】ABCDE

【解析】债券投资的风险因素有价格风险、再投资风险、违约风险、赎回风险、提前偿付风险和通货膨胀风险。价格风险也叫利率风险，是指国债的市场利率变化对债券价格的影响。一般来说，债券价格与利率变化成反比，当利率上涨时，债券价格下跌。

32．【答案】ABDE

【解析】A项，若每季度付息一次，4年后的本息和$=5000\times\left(1+\dfrac{6\%}{4}\right)^{16}=6345$(元)；B项，以单利计算，4年后的本利和$=5000\times(1+6\%\times4)=6200$(元)；C项，年连续复利$=\ln(1+6\%)\times100\%=5.83\%$；D项，若每半年付息一次，4年后的本息和$=5000\times\left(1+\dfrac{6\%}{2}\right)^{8}$

$=6334$(元)；E 项，以复利计算，4 年后的本利和$=5000\times(1+6\%)^4=6312$(元)。

33．【答案】BCDE

【解析】A 项，期权买方在未来某一特定的时间内按买卖双方约定的价格，购买或出售一定数量某种金融资产的权利，但没有必须购买或出售的义务。

34．【答案】ABCE

【解析】理财师应该熟练掌握一到两种工具或方法。几种计算工具或方法的优劣势比较如表 2 所示。

表 2　金融理财工具比较

工具名称	优　点	缺　点
复利与年金表	简单，效率高	计算答案不够精准
财务计算器	便于携带，精准	操作流程复杂，不易记住
Excel 表格	使用成本低，操作简单	局限性较大，需要电脑
专业理财软件	功能齐全，附加功能多	局限性大，内容缺乏弹性

35．【答案】ABCDE

【解析】商业银行应当在客户首次购买理财产品前在本行网点对其进行风险承受能力评估。风险承受能力评估依据至少应当包括客户年龄、财务状况、投资经验、投资目的、收益预期、风险偏好、流动性要求、风险认识以及风险损失承受程度等。

36．【答案】ACDE

【解析】金融学上的 72 法则是用作估计一定投资额倍增或减半所需要的时间的方法，即用 72 除以收益率或通胀率就可以得到固定一笔投资(钱)翻番或减半所需的时间。A 项，以 4.5%的投资回报率，需要 72/4.5=16 年，资产可以翻番；B 项，以 4%的投资回报率，需要 72/4=18 年,资产可以翻番；C 项，以 3%的投资回报率，需要 72/3=24 年，资产可以翻番；D 项，以 6%的投资回报率，需要 72/6=12 年，资产可以翻番；E 项，以 8%的投资回报率，需要 72/8=9 年，资产可以翻番。

37．【答案】ABCD

【解析】大额可转让定期存单市场是银行大额可转让定期存单发行和买卖的场所，大额可转让定期存单(CDs)是银行发行的有固定面额、可转让流通的存款凭证。大额可转让定期存单的特点：①不记名；②金额较大；③利率有固定的，也有浮动的，一般比同期限的定期存款的利率高；④不能提前支取，但是可以在二级市场上流通转让。

38．【答案】ABCE

【解析】在资金融通的过程中，中介在资金的供给者和需求者之间起着媒介或桥梁的作用。金融市场的中介大体分为两类：交易中介和服务中介。其中，交易中介通过市场为买卖双方进行成交撮合，并从中收取佣金，包括银行、有价证券承销人、证券交易经纪人、证券交易所和证券结算公司等。

39．【答案】BCDE

【解析】商业银行不得无条件向客户承诺高于同期存款利率的保证收益率；高于同期存款利率的保证收益，应当是对客户有附加条件的保证收益。商业银行向客户承诺保证收益的附加条件可以是对理财产品期限调整、币种转换等权利，也可以是对最终支付货币和工具的选择权利等，承诺保证收益的附加条件所产生的投资风险应当由客户承担，并应当在销售文件中明确告知客户。商业银行不得承诺或变相承诺除保证收益以外的任何可获得收益。

40．【答案】ABCDE

【解析】基金专户理财又称基金管理公司独立账户资产管理业务，是基金管理公司向特定对象(主要是机构客户和高端个人客户)提供的个性化财产管理服务。"一对多"专户理财通俗来说是指多个客户把钱汇总在一个账户交给基金公司专业团队打理。根据证监会公布的基金"一对多"合同内容与格式准则，单个"一对多"账户人数上限为 200 人，每个客户准入门槛不得低于 100 万元，每年至多开放一次，开放期原则上不得超过 5 个工作日。"一对多"由公募基金公司中的专户团队管理，但准入要求与私募基金更接近。

三、判断题(共 15 题，每小题 1 分，共 15 分，请对下列各题的描述做出判断，正确请选 A，错误请选 B。)

1．【答案】A

【解析】《民法通则》第三十六条规定，法人是具有民事权利能力和民事行为能力，依法独立享有民事权利和承担民事义务的组织。《民法通则》以法人活动的性质为标准，将法人分为企业法人、机关法人、事业单位法人和社会团体法人。

2．【答案】B

【解析】《物权法》第二百三十九条规定，同一动产上已设立抵押权或者质权，该动产又被留置的，留置权人优先受偿。

3．【答案】A

【解析】系统性风险是由那些影响整个投资市场的风险因素所引起的，这些因素包括经济周期、国家宏观经济政策的变动等。这类风险影响所有投资资产变量的可能值，因此不能通过分散投资相互抵消或者削弱，因此又称为不可分散风险。非系统性风险是一种与特定公司或行业相关的风险，通过分散投资，非系统性风险能被降低；而且，如果分散是充分有效的，这种风险还能被消除，因此，又称为可分散风险。

4．【答案】B

【解析】凭证式国债是一种国家储蓄债，可记名、挂失，以"凭证式国债收款凭证"记录债权，不能上市流通，从购买之日起计息。在持有期内，持券人如遇特殊情况需要提取现金，可以到购买网点提前兑取。提前兑取时，除偿还本金外，利息按实际持有天数及相应的利率档次计算，经办机构按兑付本金收取手续费。

5．【答案】A

【解析】《商业银行理财产品销售管理办法》第二十条规定，理财产品销售文件应当载明投资范围、投资资产种类和各投资资产种类的投资比例,并确保在理财产品存续期间按照销售文件约定比例合理浮动。市场发生重大变化导致投资比例暂时超出浮动区间且可能对客户预期收益产生重大影响的,应当及时向客户进行信息披露。

6.【答案】B

【解析】信托贷款对银行和信托公司而言属于其表外业务。

7.【答案】A

【解析】2005年12月,银监会允许获得衍生品业务许可证的银行发行股票类挂钩产品和商品挂钩产品,为中国银行业理财产品的大发展提供了制度上的保证。

8.【答案】B

【解析】永续年金是指在无限期内,时间间隔相同、不间断、金额相等、方向相同的一系列现金流。(期末)永续年金现值的公式为:$PV = \dfrac{C}{r}$。故永续年金有现值,但没有终值。

9.【答案】B

【解析】银行在代销产品时,应准确地向客户说明产品特点,并详细揭示产品投资风险,在说明产品特点和揭示产品投资风险时,为增进客户对产品的正确理解,建议用明确的手势或线条突出说明书中对应的文字内容,指导客户加以关注。

10.【答案】A

【解析】商业银行应建立健全个人理财业务管理体系,明确个人理财业务的管理部门,针对理财顾问服务和综合理财服务的不同特点,分别制定理财顾问服务和综合理财服务的管理规章制度,明确相关部门和人员的责任。

11.【答案】B

【解析】基金申购是指投资者在基金存续期内的基金开放日申请购买基金份额的行为。

12.【答案】B

【解析】根据《商业银行个人理财业务风险管理指引》第三十条规定,商业银行提供个人理财顾问服务业务时,要向客户进行风险提示。风险提示应设计客户确认栏和签字栏。客户确认栏应载明以下语句,并要求客户抄录后签名:"本人已经阅读上述风险提示,充分了解并清楚知晓本产品的风险,愿意承担相关风险"。

13.【答案】B

【解析】个人外币现钞存入外汇储蓄账户,单笔或当日累计在5000美元以下(含)允许携带外币现钞入境免申报金额之下的,可以在银行直接办理;单笔或当日累计存钞超过上述金额的,凭本人有效身份证件、携带外币现钞入境申报单或本人原存款金融机构外币现钞提取单据在银行办理。

14.【答案】B

【解析】凭证式国债是一种国家储蓄债,可记名、挂失,以"凭证式国债收款凭证"记录债权,不能上市流通,从购买之日起计息。在持有期内,持券人如遇特殊情况需要提取现金,可以到购买网点提前兑取。提前兑取时,除偿还本金外,利息按实际持有天数及相应的利率档次计算,经办机构按兑付本金的2‰收取手续费。

15.　【答案】A

　　【解析】房地产的投资方式包括房地产购买、房地产租赁和房地产信托。其中，房地产信托是指房地产拥有者将该房地产委托给信托公司，由信托公司按照委托者的要求进行管理、处分和收益，信托公司再对该信托房地产进行租售或委托专业物业公司进行物业经营，帮助投资者获取溢价或管理收益。

第四部分

考前预测及详解

银行业专业人员职业资格考试《个人理财(初级)》
考前预测(一)

一、单选题(共 90 题，每小题 0.5 分，共 45 分，下列选项中只有一项最符合题目要求，不选、错选均不得分。)

1. 下列关于客户需求调查相关说法不正确的是(　　)。
    A. 理财业务的出发点是客户需求
    B. 商业银行一般会根据客户的资产规模对客户进行分层
    C. 商业银行不需要对既定的理财投资方案进行跟踪
    D. 商业银行调查的信息包括客户群对理财产品收益率的要求

2. 在商业银行综合理财服务活动中，投资和资产管理方式是(　　)。
    A. 客户根据银行提供的信息进行投资和资产管理
    B. 银行根据自身情况决定投资方向和投资方式并进行投资和资产管理
    C. 客户授权银行代表客户按照合同约定的投资方向和方式进行投资和资产管理
    D. 银行为客户提供投资方向和投资方式，由客户自己进行投资和资产管理

3. 下列国内机构中，无法提供理财服务的是(　　)。
    A. 基金公司　　　B. 保险公司　　　C. 信托公司　　　D. 律师事务所

4. 关于个人理财业务，下列说法不正确的是(　　)。
    A. 个人理财业务的发展与市场条件没有很大的联系
    B. 金融市场是理财的基本环境，利率市场化、浮动汇率制度、低利率环境和波动性市场有利于个人理财业务的发展
    C. 大众需求是理财服务的持续驱动力，从单一的某一类产品的需求到整体支持，精通产品设计、风险管理和市场营销的跨行业人才是开展个人理财业务必不可少的宝贵资源
    D. 经济的复苏和社会财富的积累为个人理财业务的发展提供了市场条件

5. 下列对我国金融机构尤其是银行理财师的职业道德要求概括不正确的是(　　)。
    A. 假如理财师并非主观原因或故意造成的错误，那么此情形与正直守信原则相违背
    B. 理财师在为客户提供专业理财服务时，应当遵守正直守信原则
    C. 理财师不要以诱导或夸大事实等方式销售，不要因为个人的利益而损害客户利益
    D. 正直守信原则不容忍任何欺骗行为

6. 理财规划师了解、分析客户的能力不包括(　　)。
    A. 掌握接触客户、取得客户信赖的方法
    B. 收集、整理客户信息
    C. 客户分类和了解、分析客户需求
    D. 投资理财产品选择、组合和理财规划

7. 甲与乙订立合同，规定甲应于 1997 年 8 月 1 日交货，乙应于同年 8 月 7 日付款，7 月底，甲发现乙财产状况恶化，无支付货款的能力，并有确凿证据，遂提出终止合同，但乙未允许。基于上述因素，甲于 8 月 1 日未按约定交货。依据合同法原则，下列表述最恰

当的是(　　)。

    A. 甲应按合同约定交货，但乙不支付货款可追究违约责任

    B. 甲无权不按合同约定交货，但可以仅先交付部分货物

    C. 甲有权不按合同约定交货，除非乙提供了相应的担保

    D. 甲有权不按合同约定交货，但可以要求乙提供相应的担保

8. 下列关于保本类理财产品说法错误的是(　　)。

    A. 投资者投资于保本基金并不等于将资金作为存款存放在银行或者存款类金融机构

    B. 存在收益损失风险

    C. 不存在本金损失风险

    D. 保本基金可以在保本期间开放申购

9. 基金宣传推介材料中可以登载的是(　　)。

    A. 第三方专业机构的评价结果，但应当列明第三方专业机构的名称及评价日期

    B. 基金管理人管理的刚成立不足六个月的基金业绩

    C. 其他单位或个人的推荐性文字

    D. 预测该基金的投资业绩

10. 下列哪项不是与货币市场相关的理财产品？(　　)

    A. 货币市场基金　　　　　　　　B. 证券投资基金

    C. 商业银行人民币理财产品　　　D. 信托产品

11. 商业银行在个人理财业务中，超越客户的授权从事业务且没有经过客户追认的，其民事责任(　　)。

    A. 由客户承担，商业银行承担连带责任

    B. 完全由客户承担

    C. 由商业银行承担，客户承担连带责任

    D. 完全由商业银行承担

12. 下列关于债券特征的描述，错误的是(　　)。

    A. 安全性是指债券持有人的收益相对固定，并且一定可按期收回投资

    B. 收益性是指债券能为投资者带来一定的收入，即债权投资的报酬

    C. 偿还性是指债券有规定的偿还期限，债务人必须按期向债权人支付利息和偿还本金

    D. 流动性是指债券持有人可按自己的需要和市场的实际状况，灵活地转让债券

13. 在进行另类资产投资时，需要承担的风险不包括(　　)。

    A. 投机风险

    B. 小概率事件并非不可能事件

    C. 损失即高亏的极端风险

    D. 提前终止的风险

14. 根据代理权产生的根据不同而将代理分类，其中不包含(　　)。

    A. 委托代理　　　B. 法定代理　　　C. 合同代理　　　D. 指定代理

15. 目前，国际间最典型的市场基准利率是(　　)。

    A. 新加坡同业拆放利率(SIBOR)　　　B. 伦敦银行同业拆借利率(LIBOR)

C．纽约同业拆放利率(NIBOR) D．香港同业拆放利率(HIBOR)

16．金融期权合约所规定的期权买方在行使权利时遵循的价格是(   )。

A．现货价格 B．期权价格 C．执行价格 D．市场价格

17．下列关于外汇市场的说法，错误的是(   )。

A．外汇市场具有促进国际金融市场的交易活动，调节外汇余缺的功能

B．银行与客户之间进行的外汇交易，银行可以从中获得差价收益

C．在外汇市场上，外汇的买卖方式是公开的报价和竞价

D．如果某种外汇兑换本币汇率高于预期值，中央银行就会从商业银行购入该种外币，推动该汇率上升

18．下列不属于债券型理财产品特点的是(   )。

A．产品结构简单 B．投资风险小

C．客户预期收益较高 D．市场认知度高

19．下列关于金融市场的描述，错误的是(   )。

A．金融资产进行交易的有形场所

B．以金融资产为交易对象

C．包含了金融资产的交易机制，以及交易后的清算和结算机制

D．反映了金融资产供应者和需求者之间的供求关系

20．下列对股票和债券特征的比较，不正确的是(   )。

A．股票的期限是不确定的，债券通常有确定的到期日

B．普通股票所有者可以参与公司决策，债券持有者则通常无此权利

C．股票不具有偿还性，而债券到期时发行人必须偿还债券本息

D．股票和债券都是权益证券

21．以下关于保险费的描述错误的是(   )。

A．保险费的数额同保险金额的大小成正比

B．保险费率的高低和保险期限的长短成反比

C．缴纳保险费是被保险人的义务

D．保险费由保险金额、保险费率和保险期限构成

22．当股票价格波动幅度非常大时，下列哪个期权投资组合策略的获利可能性比较高？(   )

A．买入看涨期权和买入看跌期权 B．卖出看涨期权和卖出看跌期权

C．卖出看涨期权和买入看跌期权 D．买入看涨期权和卖出看跌期权

23．下列关于债券市场在个人理财中运用的说法，错误的是(   )。

A．国内银行代理的债券主要包括政府债券、金融债券、公司债券等数种，人们可以根据自身的实际情况选择债券投资品种

B．在债券投资中，相对而言，国债因其具有安全性、流通性、收益性俱佳等特点，因而往往被称为"金边债券"

C．一般情况下，由金融机构发行的金融债券，同期同档债券的利率略比国债等政府债券要高

D．一些商业银行开发了大量的与债券相关的理财产品，这些产品具有风险相对较

高、收益稳定的特征

24. 下列关于看涨期权和看跌期权的说法，正确的是(　　)。

　　A. 若预期某种标的资产的未来价格会下跌，应该购买其看涨期权

　　B. 若看涨期权的执行价格高于当前标的资产价格，应当执行该看涨期权

　　C. 看跌期权持有者可以在期权执行价格高于当前标的资产价格与期权费之和时执行期权，获得一定的收益

　　D. 看涨期权和看跌期权的区别在于期权到期日不同

25. 下列基金中，投资对象常常是风险较大的金融产品的是(　　)。

　　A. 成长型基金　　　　　　　　　　B. 收入型基金

　　C. 公司型基金　　　　　　　　　　D. 契约型基金

26. 人身保险新型产品与传统保障型产品的区别，在于此类产品的保费中含有(　　)。

　　A. 投资保费　　　B. 风险保费　　　C. 纯保费　　　D. 附加保费

27. 保险原则是在保险发展的过程中逐渐形成并被人们公认的基本原则，下列不属于保险相关原则的是(　　)。

　　A. 保险利益原则　　　　　　　　　B. 转移风险原则

　　C. 近因原则和最大诚信原则　　　　D. 损失补偿原则

28. 居民为市场提供资金的方式通常有直接和间接两种，下列属于间接方式的是(　　)。

　　A. 通过基金为市场提供资金　　　　B. 通过资产管理计划为市场提供资金

　　C. 通过养老金为市场提供资金　　　D. 通过存款为市场提供资金

29. 下列关于金融期权要素的说法，错误的是(　　)。

　　A. 基础资产，或称标的资产，是期权合约中规定的双方买卖的资产，不包括期货合同

　　B. 期权的买方，是购买期权的一方，支付期权费，并获得权利的一方，也称期权的多头

　　C. 执行价格，是期权合约所规定的、期权买方在行使权利时所实际执行的价格

　　D. 到期日，是期权合约规定的期权行使的最后有效日期，又叫行权日

30. 在出售证券时，与购买者约定到期买回证券的方式是指(　　)。

　　A. 证券发行　　　B. 证券承销　　　C. 互换交易　　　D. 回购协议

31. 下列选项中，不符合期货交易制度的是(　　)。

　　A. 交易者按照其买卖期货合约价值缴纳一定比例的保证金

　　B. 交易所每周结算所有合约的盈亏

　　C. 会员持有的按单边计算的某一合约投机头寸存在最大限额

　　D. 当会员、客户违规时，交易所会对有关持仓实行强制平仓

32. 保险人通过将所收的保费建立起保险基金，使基金资产保值增值，从而对少数成员遭受的损失给予经济补偿是保险产品(　　)功能的体现。

　　A. 风险转移　　　B. 损失分摊　　　C. 损失补偿　　　D. 资金融通

33. 关于金融互换，下列说法不正确的是(　　)。

　　A. 金融互换市场是交易金融互换的市场

　　B. 金融互换涉及两个当事人

C. 相互交换等值现金流

D. 金融互换是通过银行进行的场外交易

34. 下列收藏品中，最适合普通投资者进行投资的是( )。

A. 名家字画　　B. 唐宋古董　　C. 古代玉器　　D. 邮票

35. 下列选项中，不属于成长型基金与收入型基金差异的是( )。

A. 投资目的不同　　　　　　B. 投资工具不同

C. 资金分布不同　　　　　　D. 投资者地位不同

36. 下列不属于无民事行为能力人的是( )。

A. 婴儿　　　　　　　　　　B. 8岁上二年级的小红

C. 13岁的身体残疾者小明　　D. 不能辨认自己行为的精神病人

37. 下列关于股票价格指数的说法，不正确的是( )。

A. 通常以算术平均数表示

B. 是股票市场总体或局部动态的综合反映

C. 是用以反映股票市场价格总体变动状况的重要指标

D. 简称股价指数

38. 公司发行债券前需要评级公司的评级，A级公司具有( )特征。

A. 偿还债务能力极强，基本不受不利经济环境的影响，违约风险极低

B. 偿还债务能力较强，较易受不利经济环境的影响，违约风险较低

C. 偿还债务的能力很强，受不利经济环境的影响不大，违约风险很低

D. 偿还债务能力一般，受不利经济环境影响较大，违约风险一般

39. 从本质上说，回购协议是一种( )。

A. 以证券为抵押品的抵押贷款　　B. 融资租赁

C. 信用贷款　　　　　　　　　　D. 金融衍生品

40. 金融市场的客体是金融市场的交易对象。下列属于金融市场客体的是( )。

A. 会计师事务所　　　　　　B. 居民个人

C. 金融工具　　　　　　　　D. 金融机构

41. 下列关于股票市场的说法，错误的是( )。

A. 股票市场是股票发行和流通的场所，也可以说是指对已发行的股票进行买卖和转让的场所

B. 股票的交易都是通过股票市场来实现的

C. 股票市场可以分为一级市场、二级市场

D. 一级市场也称为股票交易市场，二级市场也称为股票发行市场

42. 根据《个人外汇管理办法》的规定，以下说法正确的是( )。

A. 个人外汇业务按照交易性质，分为境内与境外个人外汇业务

B. 个人外汇业务按照交易主体，分为经常项目和资本项目个人外汇业务

C. 个人外汇账户按主体类别，区分为境内与境外个人外汇账户

D. 个人外汇账户资金性质，分为经常项目和资本项目账户

43. 下列关于黄金投资的特点，表述错误的是( )。

A. 抗系统风险的能力强　　　　B. 具有内在价值和实用性

C．收益和股票市场的收益正相关　　D．受国际市场影响大且存在一定流动性

44．下列关于为理财产品设置适当的单一客户销售起点金额的说法错误的是(　　)。

    A．风险评级为一级和二级的理财产品，单一客户销售起点金额不得低于 5 万元人民币

    B．风险评级为三级和四级的理财产品，单一客户销售起点金额不得低于 10 万元人民币

    C．风险评级为五级的理财产品，单一客户销售起点金额不得低于 30 万元人民币

    D．风险评级为五级的理财产品，单一客户销售起点金额不得低于 20 万元人民币

45．对于中长期债券而言，债券货币收益的购买力有可能随着物价的上涨而下降，从而使债券的实际收益率降低，这是债券的(　　)。

    A．赎回风险　　　B．再投资风险　　　C．通货膨胀风险　　　D．价格风险

46．下列关于结构性理财产品的表述，错误的是(　　)。

    A．将非固定收益产品与金融衍生品组合在一起

    B．股票挂钩类理财产品又称联动式投资产品

    C．回报率通常取决于挂钩资产(挂钩标的)的表现

    D．根据挂钩资产的属性，大致可以细分为外汇挂钩类、利率/债券挂钩类、股票挂钩类、商品挂钩类及混合类等

47．当事人之间订立有关设立、变更、转让和消灭不动产物权的合同，合同生效日为(　　)。

    A．合同成立日　　　　　　　　　　B．办理物权登记日

    C．合同成立次日　　　　　　　　　D．办理物权登记次日

48．与普通的保障型保险产品相比，人身保险新型产品的特点不包括(　　)。

    A．不兼顾基本保障功能和资金增值功能

    B．给付的保险金包括风险保障金和投资收益两部分

    C．保单持有人可以根据资金运用情况享受分红

    D．保费中含有投资保费

49．个人投资者 A 想将自己一笔数额为 3000 元的闲置资金短期投资于金融市场。现知 A 厌恶风险，对收益并无特别要求，则 A 最适合投资于(　　)。

    A．股票市场　　　　　　　　　　　B．商业票据市场

    C．货币市场基金　　　　　　　　　D．大额可转让定期存单市场

50．一般而言，下列属于人民币理财产品特点的是(　　)。

    A．低收益、低风险　　　　　　　　B．期限不固定，收益波动较大

    C．高收益、高风险　　　　　　　　D．期限固定，收益稳定

51．下列关于基金销售人员资格的描述，错误的是(　　)。

    A．商业银行、证券公司、期货公司、保险机构、证券投资咨询机构负责基金销售业务的部门取得基金从业资格的人员不得低于该部门员工人数的 1/2

    B．负责基金销售业务的部门管理人员取得基金从业资格，熟悉基金销售业务，并具备从事基金业务 2 年以上或者在其他相关金融机构 5 年以上的工作经历

    C．公司主要分支机构基金销售业务负责人均已取得基金从业资格

　　D．商业银行、证券公司、期货公司、保险机构、证券投资咨询机构负责基金销售业务的部门取得基金从业资格的人员不得低于该部门员工人数的 1/3

52．银监会在借鉴境外理财监管法规经验，吸收现行规定中关于(　　)环节的相关规定，并结合商业银行理财业务最新发展情况等因素的基础上正式发布了《商业银行理财产品销售管理办法》。

　　A．销售管理　　　B．设计管理　　　C．推介管理　　　D．兑付管理

53．一般来说，FOF 的投资标的主要是(　　)。

　　A．股票　　　　　B．基金　　　　　C．债券　　　　　D．银行理财计划

54．金融市场为市场参与者提供分散风险的可能，下列属于其实现方式的是(　　)。

　　A．保险机构出售保险单　　　　　　B．金融市场的自发调节

　　C．政府实施的主动调节　　　　　　D．引导资金合理流动

55．(　　)是资金需求者和供给者之间的纽带。

　　A．金融机构　　　B．中央银行　　　C．企业　　　　　D．政府及政府机构

56．下列关于保险市场在个人理财中的运用，说法错误的是(　　)。

　　A．保险产品可以帮助人们解决疾病、意外事故所致的经济困难等问题

　　B．很多保险产品能为客户带来稳定的保险金收入

　　C．个人保险已经成为个人理财的一个重要组成部分

　　D．目前具有储蓄投资功能的保险产品受到越来越多个人客户的青睐

57．下列不属于商业银行代理业务的是(　　)。

　　A．代理销售保险产品业务　　　　　B．代理销售基金业务

　　C．代理国债业务　　　　　　　　　D．代理股票买卖业务

58．QDII 基金挂钩类理财产品的挂钩标的主要为基金或(　　)。

　　A．交易所上市基金　　　　　　　　B．开放式基金

　　C．封闭式基金　　　　　　　　　　D．指数型基金

59．(　　)是直接以现金的形式将盈余分配给保单持有人。

　　A．现金红利　　　B．增额红利　　　C．派发新股　　　D．其他

60．以下融资方式中，不属于直接融资方式的是(　　)。

　　A．公司发行股票

　　B．公司在支付货款时使用商业汇票

　　C．发行国库券

　　D．储户向银行存款，银行将其贷给资金短缺的企业

61．对于即将退休的投资人，适合金融理财师推荐的投资组合是(　　)。

　　A．投机股+房产信托基金+黄金

　　B．绩优股+指数型股票型基金+外币交易

　　C．定存+公债+票券+保本投资型产品

　　D．认股权证+小型股票基金+期货

62．下列说法中，错误的是(　　)。

　　A．可赎回债券降低了投资者的交易成本

　　B．提前偿付是一种本金偿付额超过预定分期本金偿付额的偿付方式

  C．违约风险又称信用风险，是债券发行者不能按照约定的期限和金额偿还本金及支付利息的风险

  D．债券的到期时间越长，利率风险越大

63．某基金为了应对投资者随时可能的赎回，而必须持有一定量现金，则该基金属于（ ）。

  A．开放式基金 B．公募基金 C．国际基金 D．成长型基金

64．根据概率和收益的权衡，风险厌恶者在投资时通常会选择（ ）。

  A．50%的概率得 2000 元，50%的概率得 0 元

  B．30%的概率得 2000 元，70%的概率得 0 元

  C．20%的概率得 2000 元，80%的概率得 0 元

  D．1000 元的确定收益

65．赵先生今年 32 岁，妻子 30 岁，儿子两岁。家庭年收入 10 万元，支出 6 万元，有存款 20 万元，有购房计划。从家庭生命周期和赵先生的生涯规划来看，金融理财师为其家庭的规划架构重点是（ ）。

  A．赵先生的生涯阶段属于稳定期，这个时期对于未来的生涯规划应该有明确的方向，是否专项管理岗位，是否可以自行创业当老板，在该阶段都应该定案

  B．赵先生的生涯阶段属于成长期，应该既在职进修充实自己，同时又拟定职业生涯计划，确定以后的工作方向，目标是使家庭收入稳定增加

  C．赵先生的家庭处在家庭成熟期，在支出方面子女教育抚养负担将逐渐增加，但同时随着收入的提高也应增加储蓄额，来应对此时多数家庭会有的购房计划和购车计划

  D．赵先生的家庭处在家庭形成期，年轻可承受较高的投资风险

66．下列家庭生命周期各阶段，投资组合中债券比重最高的一般为（ ）。

  A．夫妻 25～35 岁时   B．夫妻 30～55 岁时

  C．夫妻 50～60 岁时   D．夫妻 60 岁以后

67．根据年龄层可以把生涯规划比照家庭生命周期分为 6 个阶段，理财活动侧重于偿还房贷、筹集教育金的是（ ）。

  A．建立期 B．稳定期 C．维持期 D．高原期

68．个人生命周期中探索期的主要理财活动是（ ）。

  A．偿还房贷，筹教育金   B．量入节出，存自备款

  C．求学深造，提高收入   D．收入增加，筹退休金

69．关于现值和终值，下列说法错误的是（ ）。

  A．随着复利计算频率的增加，实际利率增加，现金流量的现值增加

  B．期限越长，利率越高，终值就越大

  C．货币投资的时间越早，在一定时期期末所积累的金额就越高

  D．利率越低或年金的期间越长，年金的现值越大

70．政府计划为某贫困山村提供 20 年的教育补助，每年年底支付，第一年为 15 万元，并在以后每年增长 5%，贴现率为 10%，那么这项教育补助计划的现值为（ ）万元。

  A．157 B．171 C．182 D．216

71. 某人希望在 5 年后取得本利和 1 万元,用于支付一笔款项。若按单利计算,利率为 5%。那么,他现在应存入(　　)元。

  A. 8000   B. 9000   C. 9500   D. 9800

72. 6 年分期付款购物,每年年初付 200 元,设银行利率为 10%,该项分期付款相当于购价为(　　)元的一次现金支付。

  A. 958.16   B. 1018.20   C. 1200.64   D. 1354.32

73. 市场利率会对经济各方面产生影响,下列说法错误的是(　　)。

  A. 市场基准利率是金融资产定价的基础

  B. 当市场利率提高时,可以适当增加银行存款

  C. 市场利率的提高会促进房地产市场扩大投资

  D. 市场利率的提高会导致债券的价格下降

74. 赵先生由于资金宽裕可向朋友借出 200 万元,甲、乙、丙、丁四个朋友计息方式各有不同,赵先生应该选择(　　)。

  A. 甲:年利率 15%,每年计息一次

  B. 乙:年利率 14.7%,每季度计息一次

  C. 丙:年利率 14.3%,每月计息一次

  D. 丁:年利率 14%,连续复利

75. 随着复利次数的增加,同一个名义年利率求出的有效年利率也会不断_____,但增加的速度越来越_____。(　　)

  A. 增加;慢   B. 增加;快   C. 降低;慢   D. 降低;快

76. 假定汪先生当前投资某项目,期限为 3 年,第一年年初投资 10 万元,第二年年初又追加投资 5 万元,年收益率为 10%,那么他在 3 年内每年年末至少收回(　　)元才是盈利的。

  A. 33 339   B. 43 333   C. 58 489   D. 44 386

77. 下列选项中,属于客户信息中的定性信息的是(　　)。

  A. 家庭的收支情况   B. 资产和负债

  C. 现有投资情况   D. 金钱观

78. 下列关于商业银行销售理财产品应遵循的原则,说法错误的是(　　)。

  A. 应当遵循诚实守信、勤勉尽责、如实告知原则

  B. 应当遵循公平、公开、公正原则,充分揭示风险,保护客户合法权益,不得对客户进行误导销售

  C. 在特殊情况下,商业银行可以向客户销售风险评级略高于客户风险承受能力评级的理财产品

  D. 商业银行销售理财产品,应当加强客户风险提示和投资者教育

79. 下列关于退休规划,表述正确的是(　　)。

  A. 投资应当非常保守   B. 对收入和费用应乐观估计

  C. 规划期应当在五年左右   D. 计划开始不宜太迟

80. 投资规划中,进行资产配置的目标是(　　)。

  A. 风险最小化   B. 风险和收益的平衡

C. 收益最大化   D. 效用最大化

81. 风险厌恶者更倾向于下列选择中的(   )。

    A. 确定的 4000 美元损失

    B. 80%的可能损失 6000 美元，20%的可能无损失

    C. 确定的 4000 美元收入

    D. 80%的可能获得 6000 美元，20%的可能获得 0 美元

82. 下列(   )的银行理财产品资金可以投资于国内股票二级市场。

    A. QDII 客户   B. 零售银行客户

    C. 一般客户   D. 私人银行客户

83. (   )是家庭消费开支规划的一项核心内容。

    A. 住房消费计划   B. 债务管理

    C. 汽车消费计划   D. 现金管理

84. 下列关于税务规划的表述错误的是(   )。

    A. 税务规划目的是充分利用税法提供的优惠与待遇差别，以减轻税负，达到整体税后利润、收入最大化。

    B. 理财师的工作重心是财务资源综合规划服务

    C. 能够实现客户的各项财务目标、财务自由

    D. 是税务会计师的工作

85. 理财师要以自己的专业水准来判断，坚持客观性，不带任何个人感情。这体现了(   )的职业道德准则。

    A. 正直守信   B. 客观公正   C. 勤勉尽职   D. 专业胜任

86. 按照 4E 标准要求，理财师资格认证的首要环节是(   )。

    A. 考试   B. 教育   C. 工作经验   D. 职业道德

87. 关于违约责任，下列说法错误的是(   )。

    A. 违约责任的承担形式包括违约金责任

    B. 违约责任是指当事人违反合同义务所应该承担的民事责任，主要表现为民事责任

    C. 我国《合同法》规定违约责任的一般构成要件是违约

    D. 违约责任的承担形式有强制履行

88. 不属于当事人一方有权请求法院变更或撤销的情形是(   )。

    A. 因重大误解订立合同的

    B. 一方以欺诈、胁迫的手段订立合同，损害对方利益的

    C. 使对方在违背真实意愿的情形下订立合同的

    D. 一方以欺诈、胁迫的手段订立合同，损害国家利益的

89. 以下选项中，(   )不属于无效合同。

    A. 一方以欺诈、胁迫的手段使对方在违背真实意愿的情形下订立的合同

    B. 恶意串通损害第三人利益的合同

    C. 以合法的形式掩盖非法目的的合同

    D. 违反行政法规的强制性规定的合同

90．甲为未成年人，其父母以甲的名义购买了一套房屋。甲与其父母在该法律行为中的关系为(　　)。

  A．代理   B．信托   C．委托   D．行纪

二、多选题(共 40 题，每小题 1 分，共 40 分，下列选项中有两项或两项以上符合题目的要求，多选、少选、错选均不得分。)

1．下列属于理财师职业特征的是(　　)。

  A．顾问性   B．综合性   C．长期性

  D．专业性   E．投机性

2．国外有人把合格理财师综合素质要求或标准概括为 5 个方面，用 5Cs 代表，其内容主要包括(　　)。

  A．坚持以客户为中心   B．沟通交流能力

  C．协调能力   D．专业水平

  E．高尚的职业操守

3．下列对合格理财师的标准说法正确的有(　　)。

  A．合格理财规划师需要具备过硬的"本领"或职业素养

  B．符合"4E"认证标准，一般来说理财从业人员就可以持证上岗，成为一名理财师

  C．只需"持证"就是一个合格理财规划师

  D．合格理财师的标准可以概括为三点：品德、服务和职业操守

  E．国外有人把对合格理财师综合素质要求或标准概括为 5 个方面，用 5Cs 代表

4．下列哪些内容可以出质？(　　)

  A．汇票、本票   B．建筑物   C．仓单

  D．生产设备   E．可以转让的股权

5．依据《商业银行理财产品销售管理办法》的有关规定，下列属于商业银行理财产品宣传材料的有(　　)。

  A．有关理财产品介绍的电影、互联网资料

  B．有关理财产品的短信、邮件

  C．有关理财产品的研究机构发表的评论

  D．有关理财产品的宣传单、手册

  E．有关理财产品的报纸、海报、电子显示屏

6．商业银行开展个人理财业务，涉及(　　)，应按照有关规定获得相应的经营资格。

  A．金融衍生产品交易   B．基金交易   C．期货交易

  D．股票交易   E．外汇管理规定

7．一般而言，下列关于期权的表述正确的有(　　)。

  A．美式期权允许期权持有者在期权到期日前的任何时间行权

  B．对于期权购买者来说，欧式期权比美式期权更有利

  C．欧式期权只允许期权持有者在期权到期日行权

  D．期权的买方为了得到一项权利，需要向卖方支付一笔期权费

E．看涨期权是指期权卖方向买方出售基础资产的权利

8．一般来说，股票的特征包括(　　)。

      A．返还性   B．流通性   C．收益性

      D．稳定性   E．风险性

9．结构性理财产品的主要类型包括(　　)。

      A．新股挂钩型   B．股票挂钩型   C．外汇挂钩型

      D．指数挂钩型   E．商品挂钩型

10．关于封闭式基金，下列表述正确的有(　　)。

      A．在存续期限内不能直接赎回，可以通过上市交易

      B．在基金管理公司或银行等机构网点销售

      C．采用现金方式进行分红

      D．无须提取准备金，能充分运用资金

      E．固定份额，一般不能再增加发行

11．目前在商业银行所代理的寿险险种中，占据市场主流的险种为(　　)。

      A．投连险   B．分红险   C．万能险

      D．房贷险   E．家庭财产险

12．家庭生命周期中家庭成熟期阶段会产生的财务状况有(　　)。

      A．收入增加而支出稳定，在子女上学前储蓄逐步增加

      B．支出随成员固定而趋于稳定，但子女上大学后学杂费用负担重

      C．可积累的资产达到巅峰，要逐步降低投资风险

      D．收入达到巅峰，支出可望降低

      E．收入以薪酬为主

13．关于理财的经济目标和人生价值目标，下列说法正确的有(　　)。

      A．客户的理财需求往往比较明确，理财师不需要通过过多的询问和引导就能够清晰地了解

      B．商业银行在为客户做理财规划时，只需要考虑客户理财的经济目标，没有必要关注其背后的精神追求

      C．客户的经济目标是具体的，可用金钱来衡量的，理财师可以帮助客户通过科学的规划来实现

      D．经济目标是客户实现人生价值目标的基础

      E．不同年纪的客户和不同性别的客户，在理财目标上侧重点不一样

14．关于利率和年金现值与终值的关系，下列说法不正确的有(　　)。

      A．在不考虑其他条件的情况下，利率与年金终值反方向变化

      B．在不考虑其他条件的情况下，利率与年金现值同方向变化

      C．在不考虑其他条件的情况下，利率与年金现值反方向变化

      D．在不考虑其他条件的情况下，利率与年金终值同方向变化

15．在计息期一定的情况下，下列关于利率与现值、终值系数的说法正确的有(　　)。

      A．当利率大于零，年金现值系数一定都大于1

      B．当利率大于零，年金终值系数一定都大于1

C. 当利率大于零，复利终值系数一定都大于 1

D. 当利率大于零，复利现值系数一定都小于 1

E. 当利率大于零，复利终值系数一定都小于 1

16. 下列说法不正确的有(   )。

A. 增长型年金终值的计算公式为 $FV = \dfrac{C(1+r)^t}{r-g}\left[1-\left(\dfrac{1+g}{1+r}\right)^t\right]$

B. 生活费支出、教育费支出和房贷支出都属于期初年金

C. (期初)增长型永续年金的现值计算公式($r>g$)为 $PV = \dfrac{C}{r-g}$

D. NPV 越大说明投资收益越高

E. 内部回报率是投资者预期可以得到的收益率

17. 理财目标确定的原则有(   )。

A. 理财目标要具体明确   B. 理财目标必须是可以量化和检验的

C. 理财目标必须具备合理性和可行性   D. 实事求是

E. 符合客户意愿

18. 理财规划一般包括(   )。

A. 教育规划   B. 就业规划   C. 投资规划

D. 移民规划   E. 退休养老规划

19. 进行退休生活合理规划的内容主要有(   )。

A. 工作生涯设计   B. 退休后理想生活的设计

C. 退休养老成本计算   D. 退休后的收入来源估计

E. 储蓄、投资计划

20. 商业银行应建立全面、透明、方便和快捷的投资者投诉处理机制，投资者投诉处理机制包括(   )。

A. 处理投诉的流程

B. 客户集中投诉情况下，及时报告监管部门及其派出机构

C. 补偿或赔偿机制

D. 回复的安排

E. 调查的程序

21. 商业银行开展需要批准的个人理财业务应具备的基本条件有(   )。

A. 具备有效的市场风险识别、计量、监测和控制体系

B. 信誉良好，近一年内未发生损害客户利益的重大事件

C. 具备良好的个人理财业务产品创新能力

D. 具有相应的风险管理体系和内部控制制度

E. 有具备开展相关业务工作经验和知识的高级管理人员、从业人员

22. 个人外汇账户按主体类别可区分为(   )。

A. 境内个人外汇账户   B. 境外个人外汇账户

C. 外汇结算账户   D. 资本项目账户

E. 外汇储蓄账户

23. 个人独资企业需具备的条件包括(   )。

    A. 投资人为一个自然人

    B. 有合法的企业名称

    C. 有投资人申报的出资

    D. 有固定的生产经营场所和必要的生产经营条件

    E. 有必要的从业人员

24. 债务人或者第三人有权处分的可以抵押的财产有(   )。

    A. 建筑物和其他土地附着物   B. 建设用地使用权

    C. 土地所有权   D. 正在建造的建筑物

    E. 宅基地土地使用权

25. 下列关于合伙企业和合伙人的表述,正确的有(   )。

    A. 合伙企业包括普通合伙企业和有限合伙企业

    B. 普通合伙企业由普通合伙人组成

    C. 有限合伙企业由普通合伙人和有限合伙人组成

    D. 普通合伙人对合伙企业债务承担无限连带责任

    E. 有限合伙人以其认缴的出资额为限对合伙企业债务承担责任

26. 下列符合基金销售人员资格及相关要求的有(   )。

    A. 建设银行具有基金从业资格的人员不少于 30 人

    B. 城商行具有基金从业资格的人员不少于 20 人

    C. 邮政储蓄银行具有基金从业资格的人员不少于 20 人

    D. 农商行以及期货公司等具有基金从业资格的人员不少于 20 人

    E. 保险代理公司具有基金从业资格的人员不少于 10 人

27. 下列关于保险的相关要素的表述,正确的有(   )。

    A. 投保人可以是自然人也可以是法人

    B. 被保险人有权随时更改受益人,且不必事先通知保险人

    C. 如果被保险人未指定受益人,保险金作为被保险人的遗产,由保险人依照《中华人民共和国继承法》的规定履行给付保险金的义务

    D. 在财产保险中,被保险人一般是被保险财产的所有者,当发生保险事故后,享有赔偿请求权

    E. 人身保险的被保险人,就是以其生命或身体为保险标的,并以其生存、死亡、疾病或伤害为保险事故的人

28. 下列关于银行承兑汇票特点的论述,正确的有(   )。

    A. 票据的主债务人是银行

    B. 票据以银行信用为基础,信用风险较低

    C. 可以拿票据到中央银行办理再贴现,灵活性好

    D. 出票人是第一债务人

    E. 持有银行承兑汇票的商业银行,在资金短缺时,应当要求出票人承兑

29. 境外主要股票价格指数包括(   )。

    A. 道琼斯股票价格平均指数   B. 标准普尔股票价格指数

C. NASDAQ 综合指数　　　　　D.《金融时报》股票价格指数

E. 恒生股票价格指数

30. 债券市场的功能包括(　　)。

A. 是资源有效配置的重要渠道

B. 实现了价格发现功能

C. 能够反映企业经营实力和财务状况

D. 是中央银行对金融进行宏观调控的重要场所

E. 是进行套期保值、规避风险的重要场所

31. 在期货交易中,应当强行平仓的情形包括(　　)。

A. 会员结算准备金余额小于零,并未能在规定时限内补足

B. 持仓量超出其限仓规定

C. 因违规受到交易所强行平仓处罚

D. 根据交易所的紧急措施应予强行平仓

E. 会员、客户的现金流出现问题

32. 以下契约方中,(　　)拥有在未来某一特定时间内按双方约定的价格,购进或卖出一定数量的某种金融资产的义务。

A. 看涨期权多头　　　　　B. 看跌期权多头

C. 远期合约多头　　　　　D. 期货合约多头

E. 期货合约空头

33. 设立私募基金或者推荐有限合伙时,对投资人数及数额的要求包括(　　)。

A. 以有限责任公司和有限合伙制企业募资的,投资人数不得超过 50 人

B. 以股份有限公司形式募资的,投资人数不得超过 200 人

C. 以有限责任公司和有限合伙制企业募资的,投资人数不得超过 100 人

D. 自然人投资者投资数额不得低于 100 万元

E. 自然人投资者投资数额不得低于 200 万元

34. 下列关于有限合伙人转让合伙企业的出资的表述,正确的有(　　)。

A. 对有限合伙人转让合伙企业的出资进行一定的约束,目的是保证有限合伙制私募股权基金的稳定性

B. 有限合伙人转让合伙企业的出资可以分为自行转让和委托转让两种形式

C. 自行转让的手续费费率较高

D. "自行转让"是指有限合伙人自行寻找受让方,由普通合伙人审核并协助办理过户的方式

E. "委托转让"是指有限合伙人委托普通合伙人寻找受让方,并由普通合伙人协助办理过户的方式

35. 下列关于贵金属投资交易风险的描述,错误的有(　　)。

A. 贵金属现货延期交收交易业务具有低保证金和高杠杆比例的投资特点,可能导致快速的盈利或亏损

B. 建仓的方向与行情的波动相反,会造成较大的亏损

C. 根据亏损的程度,投资者必须无条件随时追加保证金

D．未追加保证金则其持仓将会被强行平仓

E．投资者必须承担由被强行平仓造成的全部损失

36．在理财方案执行过程中，专业理财师应遵循的原则有( )。

A．了解原则   B．平等原则   C．诚信原则

D．自愿原则   E．连续性原则

37．专业理财师以书面的形式向客户提交理财规划方案——理财规划书，并当面对理财规划方案的内容进行完整详细的介绍时，需要注意下列哪些事项？( )

A．使用通俗易懂的语言使得客户清楚地了解理财规划书的内容和方案建议

B．对各类假设情况、一些概念名词和(面临不确定情况时的)选择决定要具体说明

C．给客户足够的时间消化并理解理财规划书的内容和建议

D．建议客户和家人讨论理财规划书的内容和建议

E．必要时根据客户的反馈对理财规划书进行进一步修改，然后再与客户沟通、确认

38．电话沟通时的注意事项包括( )。

A．正确使用敬语

B．对容易造成误会的同音字和词要特别注意咬字清楚

C．接听电话，语言要简练、清楚、明了，不要拖泥带水、浪费客户时间，引起对方反感

D．接听或拨打电话时，无论对方是熟人或是陌生人，尽量少开玩笑或使用幽默语言

E．拨错电话号码时直接挂线重拨

39．下列哪几项肢体语言传达的是"认可"的信息？( )

A．轻松、微笑，直接且柔和的目光接触，积极与富有情感的语调

B．双臂放松，一般不再交叉，双腿交叉叠起并朝向你

C．迷茫或者困惑，躲避的目光，伴随着疑问或者中性的语调

D．双手摆动或手上拿着笔等物品不停地摆弄

E．双臂交叉并紧紧抱在胸前

40．商业银行理财产品销售行为是指商业银行将本行开发设计的理财产品向个人客户和机构客户( )的行为。

A．宣传推介   B．销售   C．办理申购

D．赎回   E．回购

三、判断题(共 15 题，每小题 1 分，共 15 分，正确的选 A，错误的选 B；不选、错选均不得分。)

1．非银行金融机构不得提供个人理财服务。( )

A．正确   B．错误

2．理财业务可分为理财业务、财富管理业务和私人银行业务三个层次，理财业务、财富管理业务和私人银行业务之间有明确的行业统一分界。( )

A．正确　　　　　　B．错误

3．境外个人可以随意购买境内权益类和固定收益类金融产品。（　　）

A．正确　　　　　　B．错误

4．保险兼业代理人可以代理再保险业务。（　　）

A．正确　　　　　　B．错误

5．在我国，公民是指具有中华人民共和国国籍，享有中华人民共和国法律规定的权利并履行法律规定义务的自然人。在个人理财活动中，个人客户一般是指公民。（　　）

A．正确　　　　　　B．错误

6．在多样化需求推动和电子交易系统支持下，国际金融市场中的场内与场外交易方式出现交叉融合趋势。（　　）

A．正确　　　　　　B．错误

7．互换合约的交易双方，任何一方都可以自行选择执行合约，也可更改或终止合约。（　　）

A．正确　　　　　　B．错误

8．在通常情况下，信托资金不可以提前支取。（　　）

A．正确　　　　　　B．错误

9．银行货币型理财产品流动性很强，这些金融工具的市场价格与利率高度相关，因此属于利率挂钩类理财产品。（　　）

A．正确　　　　　　B．错误

10．将客户按消费行为分类的方法是主要从企业自身利益出发，更多基于产品销售而非为客户提供专业化的服务。（　　）

A．正确　　　　　　B．错误

11．理财师在客户填写开户资料的环节不仅要了解并与客户建立关系，更需要尽快完成开户和理财产品的推荐。（　　）

A．正确　　　　　　B．错误

12．货币的时间价值是指未来获得的一定量货币比当前持有的等量货币具有更高的价值。（　　）

A．正确　　　　　　B．错误

13．若通货膨胀率为零，那么可以断言现在的 1 元钱与 i 年后的 1 元钱的经济价值是一样的。（　　）

A．正确　　　　　　B．错误

14．综合理财规划方案分类主要包括家庭收支或债务规划、风险管理规划、税收筹划、投资规划、退休养老规划、教育投资规划、财产传承规划等。（　　）

A．正确　　　　　　B．错误

15．商业银行应保证个人理财业务人员每年的培训时间不少于 20 个小时。（　　）

A．正确　　　　　　B．错误

答案及详解

一、单选题(共 90 题，每小题 0.5 分，共 45 分，下列选项中只有一项最符合题目要求，不选、错选均不得分。)

1. 【答案】C

【解析】理财规划服务需根据客户的财务状况等以及其他重要因素变化提供动态性的方案建议，在这个过程中会发生诸多情况，同时理财目标有长期、中期和短期性的，没有一成不变的。所以，理财师必须充分了解客户，不间断跟踪、评估和修正客户的理财方案、投资建议。

2. 【答案】C

【解析】综合理财服务是指商业银行在向客户提供理财顾问服务的基础上，接受客户的委托和授权，按照与客户事先约定的投资计划和方式进行投资和资产管理的业务活动。

3. 【答案】D

【解析】除银行外，证券公司、基金公司、信托公司、保险公司以及一些独立的投资理财公司(如第三方理财公司等)等其他金融机构也为个人客户提供理财服务。ABC 三项均属于金融机构。

4. 【答案】A

【解析】在《商业银行个人理财业务管理暂行办法》和《商业银行个人理财业务风险管理指引》下发后，伴随着金融市场和经济环境的进一步变化，个人理财业务进入了迅速扩展时期，客户对理财的需求日益增长，商业银行理财产品销售规模和品种种类都迅猛增加。

5. 【答案】A

【解析】理财师在为客户提供专业理财服务时，应当遵守正直守信原则，即踏踏实实地为客户提供相应的理财服务，不要以诱导或夸大事实等方式销售，不要因为个人的利益而损害客户利益。假如理财师并非主观原因或故意造成的错误，那么此情形与正直守信原则并不违背。但是，正直守信原则不容忍任何欺骗行为，要求理财师不仅要遵循职业道德准则的文字，更重要的是把握职业道德准则的理念和灵魂。

6. 【答案】D

【解析】了解、分析客户的能力，包括掌握接触客户、取得客户信赖的方法，收集、整理客户信息，客户分类和了解、分析客户需求等工作。

7. 【答案】C

【解析】不安抗辩权是指当事人互负债务，有先后履行顺序的，先履行的一方有确切证据证明对方有下列情形之一的，可以中止履行：①经营状况严重恶化；②转移财产、抽逃资金，以逃避债务；③丧失商业信誉；④有丧失或者可能丧失履行债务能力的其他情形。当事人没有确切证据中止履行的，应当承担违约责任。

8. 【答案】C

【解析】C 项，根据《证券投资基金销售管理办法》第四十四条的规定，基金宣传材料中推介保本基金的，应当充分揭示保本基金的风险，说明投资者投资于保本基金并不等于将资金作为存款存放在银行或者存款类金融机构，并说明保本基金在极端情况下仍然存在本金损失的风险。

9．【答案】A

【解析】根据《证券投资基金销售管理办法》第三十五条的规定，基金宣传推介材料必须真实、准确，与基金合同、基金招募说明书相符，不得有下列情形：①虚假记载、误导性陈述或者重大遗漏；②预测基金的证券投资业绩；③违规承诺收益或者承担损失；④诋毁其他基金管理人、基金托管人或基金销售机构，或者其他基金管理人募集或管理的基金；⑤夸大或者片面宣传基金，违规使用安全、保证、承诺、保险、避险、有保障、高收益、无风险等可能使投资人认为没有风险的或者片面强调集中营销时间限制的表述；⑥登载单位或者个人的推荐性文字；⑦中国证监会规定的其他情形。

10．【答案】B

【解析】近年来，很多金融机构推出了一些与货币市场相关的理财产品，如货币市场基金、商业银行人民币理财产品、信托产品等。B项属于资本市场理财产品。

11．【答案】D

【解析】根据民事代理制度，没有代理权、超越代理权或者代理权终止后的行为，只有经过被代理人的追认，被代理人才承担民事责任。未经追认的行为，由行为人承担民事责任。因此，本题中，在没有经过客户追认的情况下，民事责任完全由商业银行承担。

12．【答案】A

【解析】安全性是指债券持有人的收益相对固定，但是债券投资也存在风险，包括：①债务人不履行债务风险；②流通市场风险。

13．【答案】D

【解析】在进行另类资产投资时，除需承担传统的信用风险、市场风险和周期风险等风险外，还有如下几个方面的风险：①投机风险；②小概率事件并非不可能事件；③损失即高亏的极端风险；④另类资产损毁风险。

14．【答案】C

【解析】根据代理权产生的根据不同，代理可分为：①委托代理，委托代理人按照被代理人的委托行使代理权；②法定代理，法定代理人依照法律的规定行使代理权；③指定代理，指定代理人按照人民法院或者指定单位的指定行使代理权。

15．【答案】B

【解析】在国际货币市场上最典型，最有代表性的同业拆借利率是伦敦银行同业拆借利率(LIBOR)。

16．【答案】C

【解析】执行价格是指期权合约所规定的、期权买方在行使权利时所实际执行的价格。

17．【答案】D

【解析】中央银行认为该外币汇率高，应该向商业银行出售该种货币，促使汇率下降。

18．【答案】C

【解析】债券型理财产品的投资对象主要是国债、金融债和中央银行票据等信用等级高、流动性强、风险小的产品。因此，其投资风险较低，客户预期收益也不高，但是比较稳定，属于保守、稳健型产品。

19．【答案】A

【解析】金融市场是金融资产进行交易的有形和无形的"场所"。

20．【答案】D

【解析】股票具有永久性、收益性、流动性、风险性和参与性的特征，属于权益证券；债券具有偿还性、收益性、安全性和流动性的特征，属于债权证券。

21．【答案】B

【解析】保险费是投保人根据保险合同的有关规定，为被保险人或者受益人取得因约定保险事故发生所造成经济损失的补偿所预先支付的费用。保险费由保险金额、保险费率和保险期限构成。保险费的数额同保险金额的大小、保险费率的高低和保险期限的长短成正比，即保险金额越大，保险费率越高，保险期限越长，则保险费也就越多。缴纳保险费是被保险人的义务。

22．【答案】A

【解析】当股票价格波动幅度较大时，对于期权的买入方，不论执行看涨期权还是看跌期权都会带来无限大的收益，而损失的仅为放弃行权时的期权费。

23．【答案】D

【解析】D项，除了政府债券、金融债券、公司债券外，一些商业银行开发了大量的与债券相关的理财产品，这些产品具有风险相对较低、收益稳定的特征。

24．【答案】C

【解析】A项，若预期某种标的资产的未来价格会下跌，应该购买其看跌期权而不是看涨期权；B项，若看涨期权的执行价格高于当前标的资产价格，执行期权会形成亏损，不应执行；D项，看涨期权和看跌期权的区别在于权利性质不同，前者是买入的权利，后者是卖出的权利。

25．【答案】A

【解析】依据投资目标的不同，基金可划分为成长型基金和收入型基金。成长型基金的投资对象常常是风险较大的金融产品；收入型基金投资对象一般为风险较小、资本增值有限的金融产品。

26．【答案】A

【解析】在银保产品中，人身保险新型产品占据了重要地位。与传统保障型人身保险产品相比，该类产品的保险费中含有投资保费，这部分保费由保险人的投资专家进行运作，保单持有人可以根据资金运用情况获得有关投资收益并承担有关投资风险。

27．【答案】B

【解析】保险原则是在保险发展的过程中逐渐形成并被人们公认的基本原则，包括：①保险利益原则；②近因原则；③最大诚信原则；④损失补偿原则。

28．【答案】D

【解析】居民为市场提供资金的方式通常有两种：一种是直接方式，通过基金、资产管理计划、养老金等形式将资金注入市场；另一种是间接方式，通过存款方式将资金注入市场。

29．【答案】A

【解析】A 项金融期权的基础资产包括期货合同，此类期权为期货期权。

30.【答案】D

【解析】回购是指在出售证券时，与证券的购买商签订协议，约定在一定期限后按原价或约定价格购回所卖证券，从而获得及时可用资金的一种交易行为，从本质上说，回购协议是一种以证券为抵押品的抵押贷款。

31.【答案】B

【解析】期货交易的主要制度：①保证金制度；②每日结算制度，即每日交易结束，交易所按当日结算价结算所有合约的盈亏、交易保证金及手续费、税金等费用；③持仓限额制度；④大户报告制度；⑤强行平仓制度。

32.【答案】C

【解析】损失补偿功能是指保险人通过将所收保费建立起保险基金，使基金资产保值增值，从而对少数成员遭受的损失给予经济补偿。

33.【答案】B

【解析】金融互换市场是交易金融互换的市场。金融互换是两个或两个以上当事人，按照商定条件，在约定的时间内，相互交换等值现金流的合约。

34.【答案】D

【解析】邮票的收藏和投资同收藏艺术品、古玩相比较，其特点是较为平民化，每个人都可以根据自己的财力进行投资。ABC 三项价值一般都比较高，要求投资者具有相当的经济实力。

35.【答案】D

【解析】成长型基金与收入型投资基金的差异主要表现在：①投资目的不同；②投资工具不同；③资金分布不同；④派息情况不同。D 项，投资者地位不同是公司型基金和契约型基金的区别，前者的投资者可对公司决策发表意见，后者没有发言权。

36.【答案】C

【解析】不满十周岁的未成年人是无民事行为能力人，由他的法定代理人代理民事活动。不能辨认自己行为的精神病人是无民事行为能力人，由他的法定代理人代理民事活动。无民事行为能力人、限制民事行为能力人的监护人是他的法定代理人。

37.【答案】A

【解析】编制股票指数，通常以某个时点为基础，以基期的算术或加权平均股票价格为 100，用以后各时期的算术或加权平均股票价格与基期做比较，计算出该时期的指数。

38.【答案】B

【解析】A 项，是 AAA 级公司特征；C 项，是 AA 级公司特征；D 项，是 BBB 级公司特征。

39.【答案】A

【解析】回购是指在出售证券时，与证券的购买商签订协议，约定在一定期限后按原价或约定价格购回所卖证券，从而获得即时可用资金的一种交易行为。从本质上说，回购协议是一种以证券为抵押品的抵押贷款。

40.【答案】C

【解析】金融市场的客体是金融市场的交易对象，即金融工具，包括同业拆借、票据、债券、股票、外汇和金融衍生品等。

41．【答案】D

【解析】一般来说，股票市场可以分为一级市场、二级市场，一级市场也称为股票发行市场，二级市场也称为股票交易市场。

42．【答案】C

【解析】根据《个人外汇管理办法》第二条的规定，个人外汇业务按照交易主体区分为境内与境外个人外汇业务，按照交易性质区分为经常项目和资本项目个人外汇业务。

43．【答案】C

【解析】黄金的收益和股票市场的收益不相关甚至负相关，这个特性通常使它成为投资组合中的一个重要的分散风险的组合资产。

44．【答案】C

【解析】根据《商业银行理财产品销售管理办法》第三十八条的规定，风险评级为五级的理财产品，单一客户销售起点金额不得低于 20 万元人民币。

45．【答案】C

【解析】对于中长期债券而言，债券货币收益的购买力有可能随着物价的上涨而下降，从而使债券的实际收益率降低，这就是债券的通货膨胀风险。当发生通货膨胀时，投资者投资债券的利息收入和本金都会受到不同程度的价值折损。

46．【答案】A

【解析】结构性理财产品是运用金融工程技术，将存款、零息债券等固定收益产品与金融衍生品(如远期、期权、掉期等)组合在一起而形成的一种金融产品。结构性理财产品的回报率通常取决于挂钩资产(挂钩标的)的表现。根据挂钩资产的属性，大致可以细分为外汇挂钩类、利率/债券挂钩类、股票挂钩类、商品挂钩类及混合类等。

47．【答案】A

【解析】根据《物权法》第十五条的规定，当事人之间订立有关设立、变更、转让和消灭不动产物权的合同，除法律另有规定或者合同另有约定外，自合同成立时生效；未办理物权登记的，不影响合同效力。

48．【答案】A

【解析】与传统保障型人身保险产品相比，人身保险新型产品的保险费中含有投资保费，这部分保费由保险人的投资专家进行运作，保单持有人可以根据资金运用情况获得有关投资收益并承担有关投资风险。该类产品的最大特点就是将保险的基本保障功能和资金增值的功能结合起来。其给付的保险金由两部分组成：一部分是风险保障金，当合同规定的保险事故发生时，保险公司即按照事先约定的标准给付保险金；另一部分是投资收益，收益水平取决于公司经营水平、投资水平，具有不确定性。

49．【答案】C

【解析】货币市场基金是指投资于货币市场上短期(一年以内，平均期限 120 天)有价证券的一种投资基金。这类产品安全性较高，收益稳定，深受保守型投资客户的欢迎。A 项股票市场高风险，高收益，与投资者 A 的意愿相悖；B 项商业票据市场面额较大，主要投资者是大的商业银行、非金融公司、保险公司等机构投资者；D 项大额可转让定期存单市场金额较大，主要投资者是大企业和金融机构。

50. 【答案】D

【解析】近年来，很多金融机构推出了一些与货币市场相关的理财产品，如货币市场基金、商业银行人民币理财产品等。这类产品安全性较高，收益稳定，深受保守型投资客户的欢迎，大多投资期限固定，收益稳定，一般风险相对较低，适合有较大数额闲置资金的投资者购买。

51. 【答案】D

【解析】根据《证券投资基金销售管理办法》的规定，商业银行、证券公司、期货公司、保险机构、证券投资咨询机构负责基金销售业务的部门取得基金从业资格的人员不得低于该部门员工人数的1/2。

52. 【答案】A

【解析】借鉴境外理财监管法规经验，2011年8月28日，银监会公布了《商业银行理财产品销售管理办法》，在总结银监会过去有关理财产品销售管理相关规定的基础上，结合近年来理财业务出现的新情况，对理财产品销售业务流程及宣传销售文本提出了较多新的监管要求，并将取代原有理财业务监管文件中与其不一致的规定。

53. 【答案】B

【解析】FOF是一种专门投资于其他证券投资基金的基金，它并不直接投资股票或债券，其投资范围仅限于其他基金，通过持有其他证券投资基金而间接持有股票、债券等证券资产，它是结合基金产品创新和销售渠道创新的基金新品种。

54. 【答案】A

【解析】金融市场多元化的金融工具为投资者提供了分散风险的可能，如保险机构出售保险单，通过套期保值、组合投资的条件和机会，达到风险转移、风险分散等目的。

55. 【答案】A

【解析】金融机构是资金融通活动的重要中介机构，是资金需求者和供给者之间的纽带。金融机构包括商业银行和其他金融机构。

56. 【答案】B

【解析】B项，保险产品可以帮助人们解决死亡、疾病、意外事故等所致的经济困难等问题，同时，很多产品还能为客户带来不错的保险金收入，但并不是稳定的保险金收入。

57. 【答案】D

【解析】银行代理服务类业务是指银行在其渠道代理其他企业、机构组织的、不构成商业银行表内资产负债、给商业银行带来非利息收入的业务。银行代理理财产品类型比较多，其中包括基金、保险、国债、信托产品、贵金属以及券商资产管理计划等。D项属于证券公司经纪业务。

58. 【答案】A

【解析】QDII即合格境内机构投资者，它是在一国境内设立，经中国有关部门批准从事境外证券市场的股票、债券等有价证券业务的证券投资基金。QDII基金挂钩类理财产品的挂钩标的主要为基金或交易所上市基金。

59. 【答案】A

【解析】红利分配有两种方式，即现金红利和增额红利。现金红利是直接以现金的形式将盈余分配给保单持有人。增额红利是指整个保险期限内每年以增加保险金额的方式分配红利。

60. 【答案】D

【解析】直接融资是资金需求者通过发行股票、债券、票据等直接融资工具，向社会资金盈余方筹集资金。与此对应，间接融资市场上，资金的盈缺转移是通过银行等金融中介实现的，如储户通过储蓄存款方式向银行提供资金，银行通过贷款方式向资金短缺的企业提供贷款，实现资金的转移。

61. 【答案】C

【解析】一般来说，进入退休终老期后，主要的人生目标就是安享晚年，社会交际会明显减少，这一时期的主要理财任务就是稳健投资保住财产，合理消费以保障退休期间的正常支出。因此，这一时期的投资以安全为主要目标，保本是基本目标，投资组合应以固定收益投资工具为主，如各种债券、债券型基金、货币基金、储蓄等，因为债券本身具有还本付息的特征，风险小、收益稳定，而且一般债券收益率会高于通货膨胀率。

62. 【答案】A

【解析】赎回风险是附有赎回条款的债券所面临的特有风险，由于赎回价格的存在，附有赎回权的债券的潜在资本增值有限。同时，赎回债券增加了投资者的交易成本，从而降低了投资收益率。

63. 【答案】A

【解析】开放式基金随时面临赎回压力，须更注重流动性等风险的管理。进行长期投资会受到一定限制，必须保留足够应付投资者随时赎回要求的现金，不能将现金全部用于长期投资。

64. 【答案】D

【解析】风险厌恶型投资者对待风险态度消极，不愿为增加收益而承担风险，非常注重资金安全，极力回避风险；投资工具以安全性高的储蓄、国债、保险等为主。D 项相对于其他三项而言具有确定收益的特性，不用承担任何风险，因此，风险厌恶者将会选择确定的收益而不是承担风险。

65. 【答案】B

【解析】成长期特征是从子女幼儿期到子女经济独立，该阶段子女教育金需求增加，购房、购车贷款仍保持较高需求，成员收入稳定，家庭风险承受能力进一步提升。赵先生的家庭特征为儿子两岁，处在从子女出生到完成学业阶段，家庭收入稳定增加，故其生命周期阶段属于成长期。

66. 【答案】D

【解析】夫妻年龄 60 岁以后进入家庭衰老期，主要的人生目标就是安享晚年，社会交际会明显减少，建议该阶段应进一步提升资产安全性，将 80%以上的资产投资于储蓄及固定收益类理财产品，如各种债券等，同时购买长期护理类保险。

67. 【答案】B

【解析】成家立业之后，两人的事业开始进入稳定地上升阶段，收入有大幅度的提高，财富积累较多，为金融投资创造了条件，而且这一时期两人的工作、收入、家庭比较稳定，面临着未来的子女教育、父母赡养、养老退休三大人生重任，这时的理财任务是要尽可能多地储备资产、积累财富，未雨绸缪。稳定期的理财活动是偿还房贷、筹集教育金；投资工具是自用房产投资、股票、基金。

68. 【答案】C

【解析】探索期年龄层为15～24岁,在此期间求学深造、提高收入是最主要的理财活动,投资工具主要为活期、定期存款和基金定投。

69. 【答案】A

【解析】单利现值计算公式为 $V_0 = \dfrac{V_n}{(1+i \times n)}$,复利现值的计算公式为:$PV = \dfrac{FV}{(1+r)^t}$。在该公式中可以看到,现金流量与复利的计算频率呈反向关系,也就是说,随着复利计算频率的增加,现金流量的现值在减少。

70. 【答案】C

【解析】在一定期限内,时间间隔相同、不间断、金额不相等但每期增长率相等、方向相同的一系列现金流属于增长型年金,当 $r>g$ 或 $r<g$ 时,其现值计算公式为 $PV = \dfrac{C}{r-g}\left[1-\left(\dfrac{1+g}{1+t}\right)^t\right]$;当 $r=g$ 时,$PV = \dfrac{tC}{1+r}$。本题中 $C=15$,$t=20$,$r=10\%$,$g=5\%$,因此 $PV \approx 182$。

71. 【答案】A

【解析】根据单利现值计算公式,可得:

$$V_0 = \frac{V_n}{1+i \times n} = \frac{10\,000}{1+5\% \times 5} = 8000(\text{元})$$

72. 【答案】A

【解析】根据年金现值公式,可知:

$$PV_{期初} = \frac{C}{r} \times \left[1-\frac{1}{(1+r)^t}\right] \times (1+r) = \frac{200}{0.1} \times \left[1-\frac{1}{(1+0.1)^6}\right] \times (1+0.1) = 958.16(\text{元})$$

73. 【答案】C

【解析】由于利率水平是资金使用成本的反映,利率上升不仅带来开发成本的提高,也将提高房地产投资者的机会成本,因此会降低房地产的社会需求,导致房地产价格的下降。C项,利率上升会降低房地产的社会需求,减少房地产市场投资。

74. 【答案】B

【解析】当复利期间变得无限小时,相当于连续计算复利,被称为连续复利计算。在连续复利的情况下,计算终值的一般公式是:$FV = PV \times e^{rt}$。甲的有效年利率为15%;乙的有效年利率为 $(1+14.7\%/4)^4 - 1 = 15.53\%$;丙的有效年利率为 $(1+14.3\%/12)^{12} - 1 = 15.28\%$;丁的有效年利率为 $e^{0.14} - 1 = 15.03\%$。因为是贷款收益,所以赵先生选择有效年利率最高的B项。

75. 【答案】A

【解析】不同复利期间投资的年化收益率称为有效年利率(EAR)。名义年利率 r 与有效年利率 EAR 之间的换算即为:$EAR = \left(1+\dfrac{r}{m}\right)^m - 1$。其中,$r$ 是指名义年利率,EAR 是指有效年利率,m 指一年内复利次数。因此,随着复利次数的增加,有效年利率也会不断增加,但增加的速度越来越慢,当复利期间无限小时,相当于连续复利。

76. 【答案】C

【解析】普通年金 $A=PV÷\{(1/r)×[1-1/(1+r)^t]\}=[100\,000+50\,000÷(1+10\%)]÷\{(1/0.1)×[1-1/(1+0.1)^3]\}≈58\,489$(元)。

77. 【答案】D

【解析】客户信息包括定量信息和定性信息。定性信息包括：①家庭基本信息；②职业生涯发展状况；③家庭主要成员的情况，包括客户及其配偶的风险属性、性格特征、受教育程度、投资经验、人生观、财富观等，还包括子女的情况，如是否财务独立或者学程阶段等；④客户的期望和目标。金钱观是人生观的一部分，属于定性信息。

78. 【答案】C

【解析】商业银行销售理财产品，应当遵循风险匹配原则，禁止误导客户购买与其风险承受能力不相符合的理财产品。风险匹配原则，是指商业银行只能向客户销售风险评级等于或低于其风险承受能力评级的理财产品。

79. 【答案】D

【解析】D 项，退休养老收入来源包括：①社会养老保险；②企业年金；③个人储蓄投资。当前大多数退休人士退休后的收入来源主要为社会养老保险，部分人有企业年金收入，但这些财务资源远远不能满足客户退休后的生活品质要求。因此，理财师要建议客户尽早地进行退休养老规划，以投资、商业养老保险以及其他理财方式来补充退休后收入的不足。

80. 【答案】B

【解析】在专业理财服务中，理财师在投资规划中最重要的工作是根据客户的需求、风险属性，以及相关投资方法，按不同的比例把客户的资产科学地配置在不同的资产类别中，其中包括股票、债券、不动产、现金等，即资产配置。为客户制定根据其理财目标和自身情况的投资计划，并不是单纯地追求更高的投资收益，合理的投资规划是根据客户自身情况制订的风险与收益的平衡选择。

81. 【答案】C

【解析】风险厌恶型投资者对待风险态度消极，不愿为增加收益而承担风险，非常注重资金安全，极力回避风险。因而更愿意选择确定性的收入或损失，而相对于损失而言，投资者更偏好收入。

82. 【答案】D

【解析】根据《关于进一步规范商业银行个人理财业务投资管理有关问题的通知》的规定，理财资金不得投资于境内二级市场公开交易的股票或与其相关的证券投资基金。同时，该通知还指出，对于具有相关投资经验、风险承受能力较强的高资产净值客户，商业银行可以通过私人银行服务满足其投资需求，不受上述条款的限制。

83. 【答案】B

【解析】家庭消费支出规划主要包括住房消费计划、汽车消费计划以及信用卡与个人信贷消费规划等。家庭消费开支规划的一项核心内容是债务管理，涉及举债目的、借贷能力和借贷渠道、方式、条件等选择、规划。

84. 【答案】D

【解析】在理财行业蓬勃发展后，理财师的工作重心逐渐由早期的"投资顾问"服务转向包括"财务分析、财务规划"在内的财务资源综合规划服务，必要时理财师应该和会计师或专业税务顾问一道完成相关规划工作。

85．【答案】B

【解析】所谓客观公正就是理财师要以自己的专业水准来判断，坚持客观性，不带任何个人感情。在理财业务开展过程中，公正对待每一位客户、委托人、合伙人或所在的机构。

86．【答案】B

【解析】国内外各类专业理财证书基本都执行"4E"认证标准，"4E"由教育(Education)、考试(Examination)、工作经验(Experience)和职业道德(Ethics)四部分组成。按照 4E 标准要求，教育是理财师资格认证的首要环节。

87．【答案】B

【解析】违约责任是指当事人一方不履行合同债务或其履行不符合合同约定时，对另一方当事人所应承担的继续履行、采取补救措施或者赔偿损失等民事责任。违约责任的承担形式主要有：①违约金责任；②赔偿损失；③强制履行；④定金责任；⑤采取补救措施等。B 项违约责任主要表现为财产责任。

88．【答案】D

【解析】签订的合同有下列情形时，当事人一方有权请求人民法院或者仲裁机构变更或者撤销：①因重大误解订立的；②在订立合同时显失公平的；③一方以欺诈、胁迫的手段或者乘人之危，使对方在违背真实意愿的情形下订立的合同，受损害方有权请求人民法院或者仲裁机构变更或者撤销。D 项属于合同无效的情形。

89．【答案】A

【解析】根据《合同法》第五十二条的规定，有下列情形之一的，合同无效：①一方以欺诈、胁迫的手段订立合同，损害国家利益；②恶意串通，损害国家、集体或者第三人利益；③以合法形式掩盖非法目的；④损害社会公共利益；⑤违反法律、行政法规的强制性规定。A 项属于可撤销的合同，受损害方有权请求人民法院或者仲裁机构变更或者撤销。

90．【答案】A

【解析】代理是指代理人在代理权限内，以被代理人的名义实施民事法律行为。被代理人对代理人的代理行为，承担民事责任。题目中甲的父母和甲之间属于代理关系。

二、多选题(共 40 题，每小题 1 分，共 40 分，下列选项中有两项或两项以上符合题目的要求，多选、少选、错选均不得分。)

1．【答案】ABCD

【解析】理财师的职业特征有：①顾问性；②专业性；③综合性；④规范性；⑤长期性；⑥动态性。

2．【答案】ABCDE

【解析】国外有人把合格理财师综合素质要求或标准概括为 5 个方面，用 5Cs 代表，即坚持以客户为中心(Client)、沟通交流能力(Communication)、协调能力(Coordination)、专业水平(Competence)和高尚的职业操守(Commitment to Ethics)。

3．【答案】ABE

【解析】C 项，符合"4E"认证标准，一般来说，理财从业人员就可以持证上岗，成为一名理财师。但是，要成为一名合格的理财师，还需要具备过硬的"本领"或职业素养，"持证"只是基本要求；D 项，合格理财师的标准可以概括为三点：品德、服务和专业能力。

4.【答案】ACE

【解析】《物权法》第二百二十三条规定，债务人或者第三人有权处分的下列权利可以出质：①汇票、支票、本票；②债券、存款单；③仓单、提单；④可以转让的基金份额、股权；⑤可以转让的注册商标专用权、专利权、著作权等知识产权中的财产权；⑥应收账款；⑦法律、行政法规规定可以出质的其他财产权利。

5.【答案】ABCDE

【解析】《证券投资基金销售管理办法》对基金宣传推介材料的概念进行了界定，基金宣传推介材料是指为推介基金向公众分发或者公布，使公众可以普遍获得的书面、电子或者其他介质的信息，包括：①公开出版资料；②宣传单、手册、信函、传真、非指定信息披露媒体上刊发的与基金销售相关的公告等面向公众的宣传资料；③海报、户外广告；④电视、电影、广播、互联网资料、公共网站链接广告、短信及其他音像、通信资料；⑤中国证监会规定的其他材料。

6.【答案】AE

【解析】根据《商业银行个人理财业务管理暂行办法》第三十三条的规定，商业银行开展个人理财业务，涉及金融衍生产品交易和外汇管理规定的，应按照有关规定获得相应的经营资格。

7.【答案】ACD

【解析】B 项，对于期权购买者来说，美式期权比欧式期权更有利，因为美式期权购买者可以在期权有效期内根据市场价格的变化和自己的实际需要比较灵活地选择执行时间；E 项，看涨期权赋予了持有人在未来某一特定的时间内按买卖双方约定的价格，购买一定数量的某种金融资产的权利，买方只有权利，没有义务。

8.【答案】BCE

【解析】作为理财工具之一，股票投资具有高风险和高收益特征，需要投资者具有相关专业的理论基础、合理的仓位控制能力和较强的操作能力，对于专业能力欠缺且风险承受能力较低的客户来说，股票投资需要慎重选择。此外，股票本身并无价值，但是股票能像其他商品一样在市场上流通。

9.【答案】BCE

【解析】结构性理财产品是运用金融工程技术，将存款、零息债券等固定收益产品与金融衍生品(如远期、期权、掉期等)组合在一起而形成的一种金融产品。结构性理财产品的回报率通常取决于挂钩资产(即挂钩标的)的表现。根据挂钩资产的属性，结构性理财产品可分为外汇挂钩类、利率/债券挂钩类、股票挂钩类、商品挂钩类及混合类等。

10.【答案】ACDE

【解析】B 项，封闭式基金在证券交易所进行交易；开放式基金在基金管理公司或银行等代销机构网点交易，部分基金可以在交易所上市交易。

11.【答案】BC

【解析】银行主要代理的险种包括人身保险和财产保险。目前，占据市场主流的险种主要是人身保险新型产品中的分红险和万能险，这些产品大部分设计比较简单，标准化程度较高，在提供一定保障的同时兼有储蓄的投资功能。

12.【答案】CDE

【解析】家庭生命周期可分为形成期、成长期、成熟期和衰老期四个阶段，其中，家庭成熟期的特点是从子女经济独立到夫妻双方退休，其财务状况如下：①收支，收入以薪酬为主，支出随家庭成员减少而降低；②储蓄，收入处于巅峰阶段，支出相对较低，是储蓄增长的最佳时期；③资产，资产达到巅峰，降低投资风险；④房贷余额逐年减少，退休前结清所有大额负债。AB 两项为家庭成长期的财务状况。

13.【答案】CDE

【解析】A 项，客户的理财需求往往是潜在，或不明确的，这需要专业理财师在与客户接触沟通中，通过询问、启发和引导才能逐步了解、清晰和明确；B 项，为了全面深入准确地了解客户，从而制定出有针对性和有效的理财方案，理财师应该尝试了解客户经济目标背后的精神追求，或经济目标和人生价值目标之间的关系。

14.【答案】AB

【解析】(期末)年金现值的公式为：$PV = \dfrac{C}{r}\left[1 - \dfrac{1}{(1+r)^t}\right]$。(期末)年金终值的公式为：

$$FV = \dfrac{C[(1+r)^t - 1]}{r}。$$

15.【答案】BCD

【解析】计算多期中终值的公式为 $FV = PV \times (1+r)^t$，其中，PV 是期初的价值，r 是利率，t 是投资时间，$(1+r)^t$ 是复利终值系数。计算多期中现值的公式为 $PV = FV/(1+r)^t$，其中，r 是利率，t 是投资时间，FV 是期末的价值，$1/(1+r)^t$ 是复利现值系数。

16.【答案】ABCE

【解析】A 项，当 $r > g$ 或 $r < g$ 时，$FV = \dfrac{C(1+r)^t}{r-g}\left[1 - \left(\dfrac{1+g}{1+r}\right)^t\right]$，当 $r = g$ 时，$FV = tC(1+r)^{t-1}$；B 项，房贷支出的现金流发生在当期期末；C 项，应改为(期末)增长型永续年金；E 项，内部回报率是使现金流的现值之和等于零的利率。

17.【答案】ABCD

【解析】理财目标确定的原则除 ABCD 外还包括理财目标要有时限和先后顺序原则。E 项，受制于有限的财务资源，理财目标既不是客户"一厢情愿"的结果，也不是理财师随意确定的计划。

18.【答案】ACE

【解析】每个客户的情况和目标有所不同，其理财规划方案的组成部分也可能有较大差异，除了一些特别规划的项目外，理财规划方案一般包含以下基本规划：①家庭收支、债务规划；②风险管理规划；③退休养老规划；④教育规划；⑤投资规划；⑥税务筹划；⑦财富分配和传承规划等。

19.【答案】BCDE

【解析】制定退休养老规划的目的是保证客户在将来有自立、尊严、高品质的退休生活。退休规划的关键内容和注意事项之一，就是根据客户的财务资源对客户未来可以获得的退休生活进行合理规划，内容包括退休后理想生活的设计、退休养老成本计算和退休后的收入来源估计以及相应的储蓄、投资计划。

20．【答案】ACDE

【解析】根据《关于进一步规范商业银行个人理财业务有关问题的通知》的规定，商业银行应建立全面、透明、方便和快捷的投资者投诉处理机制，客户投诉处理机制至少应包括处理投诉的流程、回复的安排、调查的程序及补偿或赔偿机制。

21．【答案】ADE

【解析】根据《商业银行个人理财业务管理暂行办法》第四十八条的规定，商业银行开展需要批准的个人理财业务应具备以下条件：①具有相应的风险管理体系和内部控制制度；②有具备开展相关业务工作经验和知识的高级管理人员、从业人员；③具备有效的市场风险识别、计量、监测和控制体系；④信誉良好，近两年内未发生损害客户利益的重大事件；⑤中国银行业监督管理委员会规定的其他审慎性条件。

22．【答案】AB

【解析】根据《个人外汇管理办法》第二十七条的规定，个人外汇账户按主体类别区分为境内个人外汇账户和境外个人外汇账户；按账户性质区分为外汇结算账户、资本项目账户及外汇储蓄账户。

23．【答案】ABCDE

【解析】个人独资企业是按照《个人独资企业法》在中国境内设立的，由一个自然人投资，财产为投资个人所有，投资人以其个人财产对企业债务承担无限责任的经营实体。其中，与个人理财业务相关的重要法条包括：①投资人为一个自然人；②有合法的企业名称；③有投资人申报的出资；④有固定的生产经营场所和必要的生产经营条件；⑤有必要的从业人员。

24．【答案】ABD

【解析】根据《物权法》第一百八十条的规定，债务人或者第三人有权处分的下列财产可以抵押：①建筑物和其他土地附着物；②建设用地使用权；③以招标、拍卖、公开协商等方式取得的荒地等土地承包经营权；④生产设备、原材料、半成品、产品；⑤正在建造的建筑物；⑥交通运输工具；⑦法律、行政法规未禁止抵押的其他财产。CE两项属于不得抵押的财产。

25．【答案】ABCDE

【解析】根据《中华人民共和国合伙企业法》第二条的规定，本法所称合伙企业，是指自然人、法人和其他组织依照本法在中国境内设立的普通合伙企业和有限合伙企业。普通合伙企业由普通合伙人组成，合伙人对合伙企业债务承担无限连带责任。本法对普通合伙人承担责任的形式有特别规定的，从其规定。有限合伙企业由普通合伙人和有限合伙人组成，普通合伙人对合伙企业债务承担无限连带责任，有限合伙人以其认缴的出资额为限对合伙企业债务承担责任。

26．【答案】ABDE

【解析】根据《证券投资基金销售管理办法》的规定，国有银行、股份制商业银行、邮政储蓄银行、证券公司以及保险公司等具有基金从业资格的人员不少于30人，城商行、农商行以及期货公司等具有基金从业资格的人员不少于 20 人，独立销售机构、证券投资咨询机构、保险经纪公司以及保险代理公司等具有基金从业资格的人员不少于 10 人。此外，各基金销售机构还需满足开展基金销售业务的网点应有一名以上人员具备基金销售业务资质的要求。

27．【答案】ACDE

【解析】B 项，被保险人或者投保人可以变更受益人并书面通知保险人，投保人变更受益人时须经被保险人同意。

28．【答案】ABC

【解析】D 项，银行承兑汇票市场是以银行承兑汇票为交易对象的市场，银行对未到期的商业汇票予以承兑，以自己的信用为担保，成为票据的第一债务人，出票人只负第二责任；E 项，对于持有银行承兑汇票的商业银行，在资金短缺时，可以向中央银行办理再贴现或向其他商业银行办理转贴现。

29．【答案】ABCDE

【解析】境外主要股票价格指数有：道琼斯股票价格平均指数、标准普尔股票价格指数、NASDAQ 综合指数、《金融时报》股票价格指数、恒生股票价格指数和日经 225 股价指数等。

30．【答案】ABCD

【解析】债券市场的功能主要包括：①融资功能；②价格发现功能，由于债券价格的市场表现可以客观反映企业生产经营和财务状况的好坏，债券市场可以进一步反映企业经营实力和财务状况；③宏观调控功能。E 项描述的是期货市场的功能。

31．【答案】ABCD

【解析】当会员、客户违规时，交易所会对有关持仓实行强制平仓。强行平仓包括以下几种情形：①会员结算准备金余额小于零，并未能在规定时限内补足；②持仓量超出其限仓规定；③因违规受到交易所强行平仓处罚；④根据交易所的紧急措施应予强行平仓。

32．【答案】CDE

【解析】看涨(看跌)期权的多头，购买了看涨(看跌)期权，可以选择在对自己形势有利时行使期权，或在形势不利时放弃行使期权，他们拥有是否行使期权的权利，而非义务。远期合约、期货合约的买卖双方在签订合约后，就有完成合约的义务。

33．【答案】ABD

【解析】设立私募基金或者推荐有限合伙时，需要遵循法律法规向特定对象募集资金：首先，投资人数要符合法律规定，以有限责任公司和有限合伙制企业募资的，投资人数不得超过 50 人(以股份有限公司形式募资的，投资人数不得超过 200 人)；其次，要审查投资人是否存在用借贷或者他人委托的资金投资的情况，可通过要求投资人出具承诺函的形式进行审查确认；最后，投资人应当具有相应的风险承受能力，具体表现为对单个投资人的最低投资数额进行限制，如自然人投资者投资数额不得低于 100 万元人民币。

34．【答案】ABDE

【解析】自行转让的手续费费率较低，例如，可为所转让出资额的 1%，委托转让的手续费费率较高，例如，可为所转让出资额的 5%；通过收取一定转让手续费，可以控制有限合伙人频繁地转让对合伙企业的出资。

35．【答案】ABDE

【解析】投资者需要了解交易所的贵金属现货延期交收交易业务具有低保证金和高杠杆比例的投资特点，可能导致快速的盈利或亏损。若建仓的方向与行情的波动相反，会造成较大的亏损，根据亏损的程度，投资者必须有条件满足随时追加保证金的要求，否则其持仓将会被强行平仓，投资者必须承担由此造成的全部损失。

36．【答案】ACE

【解析】在理财方案执行过程中，专业理财师应遵循以下相应的原则，主要包括了解原则、诚信原则和连续性原则等。

37．【答案】ABCDE

【解析】除以上五项外，理财师需要注意的事项还包括：在介绍理财分析、建议时，要紧密结合客户的情况，把如何解决客户理财需求(目标)放在中心地位，避免产品宣传、推销的嫌疑；应多注意客户的反应和反馈，尽可能地鼓励客户多提问题，同时对客户的问题进行耐心的解释，自始至终让客户参与其中；如实告知客户方案实施中可能涉及的风险、方案实施成本、免责条款，以及规划方案中没有解决的遗留问题和需要其他专业人士协助解决的问题等。

38．【答案】ABCD

【解析】E项，对方拨错电话时，要耐心地告诉对方"对不起，您拨错电话号码了"，千万不要得理不饶人，造成客户不愉快；自己拨错了电话号码，一定要先道歉，然后再挂线重拨。

39．【答案】AB

【解析】CD两项描述的是犹豫的状态和表现；E项描述的是拒绝的状态和表现。

40．【答案】ABCD

【解析】根据《商业银行理财产品销售管理办法》第二条的规定，本办法所称商业银行理财产品(简称理财产品)销售，是指商业银行将本行开发设计的理财产品向个人客户和机构客户(统称客户)宣传推介、销售、办理申购、赎回等行为。

三、判断题(共15题，每小题1分，共15分，正确的选A，错误的选B；不选、错选均不得分。)

1．【答案】B

【解析】非银行金融机构除了通过自身渠道外，还可利用商业银行渠道向客户提供个人理财服务。

2．【答案】B

【解析】对于银行理财业务而言，由于客户分层和服务分类没有完全标准化，大多数银行根据自己的业务需求和客户发展目标划分客户标准，提供服务项目，因此，理财业务、财富管理业务和私人银行业务之间并没有明确的行业统一分界。

3．【答案】B

【解析】根据《个人外汇管理办法》第二十三条的规定，除国家另有规定外，境外个人不得购买境内权益类和固定收益类等金融产品。境外个人购买B股，应当按照国家有关规定办理。

4．【答案】B

【解析】保险兼业代理人，或称保险兼业代理机构，是指接受保险人的委托，在从事自身业务的同时，在保险人的授权范围内代为办理保险业务，并收取保险代理手续费的机构。保险兼业代理人从事保险代理业务，不得代理再保险业务。

5．【答案】A

【解析】公民，是指具有某一国家的国籍，根据该国的法律享有权利和承担义务的自然人。在个人理财业务中，个人客户一般是指公民(自然人)，且应当是有完全民事行为能力的自然人，以及无民事行为能力人、限制民事行为能力人的法定代理人。

6．【答案】A

【解析】在金融市场上，很多无形市场和有形市场是交叉叠合的。例如，目前金融工具在很大程度上都以电子化形态呈现，严格意义上的有形市场越来越小。传统意义上的交易所或柜台交易的金融工具在此环境中仅仅是无形市场的一个组成部分，有形市场的地位和含义也发生了较大的变化。

7．【答案】B

【解析】互换是两个对手之间的合约，如果没有双方的同意，互换合约是不能单方面更改或终止的。

8．【答案】A

【解析】在通常情况下，信托资金不可以提前支取。但如果合同有约定，则在信托合约生效后几个月，委托人(受益人)可以转让信托受益权。

9．【答案】A

【解析】货币型理财产品是投资于货币市场的银行理财产品。货币型理财产品投资的金融工具的市场价格与利率高度相关，因此属于挂钩利率类理财产品。货币型理财产品具有投资期短，资金赎回灵活，本金、收益安全性高等主要特点。

10．【答案】A

【解析】按消费行为分类与按外在属性分类类似，主要从企业自身利益或需要出发，更多基于产品销售而非专业化服务的需要，不要求对客户进行深入的了解。

11．【答案】B

【解析】一般情况下在开户时，客户比较容易接受填写和提供相关的信息(尤其作为开户流程的组成部分)，这时理财师不应该急于完成开户和理财产品的推荐，而应该把重点放在面前的客户了解和与其关系的建立上。否则，之后许多重要信息的采集会更加困难，也会引起客户多虑。

12．【答案】B

【解析】货币的时间价值，是指货币经历一定时间的投资(再投资)所增加的价值，或者是指货币在使用过程中由于时间因素而形成的增值，也被称为资金时间价值。

13．【答案】B

【解析】即使通货膨胀率为0，也不可以断言现在的1元钱与i年后的1元钱的经济价值是一样的，因为货币具有时间价值，影响货币时间价值的因素除了通货膨胀率还有其他因素，比如收益率等。

14．【答案】B

【解析】单项(目标)理财规划方案分类主要包括家庭收支或债务规划、风险管理规划、税收筹划、投资规划、退休养老规划、教育投资规划、财产传承规划等。

15．【答案】A

【解析】根据《商业银行个人理财业务管理暂行办法》第二十条的规定，商业银行应配备与开展的个人理财业务相适应的理财业务人员，保证个人理财业务人员每年的培训时间不少于20小时。商业银行应详细记录理财业务人员的培训方式、培训时间及考核结果等，未达到培训要求的理财业务人员应暂停从事个人理财业务活动。

银行业专业人员职业资格考试《个人理财(初级)》 考前预测(二)

一、单选题(共 90 题，每小题 0.5 分，共 45 分，下列选项中只有一项最符合题目要求，不选、错选均不得分。)

1．商业银行开始向客户提供专业化投资顾问和个人外汇理财服务是我国个人理财业务的萌芽阶段，该阶段是(   )。

    A．20 世纪 70 年代末到 80 年代   B．20 世纪 80 年代末到 90 年代

    C．20 世纪 90 年代到 21 世纪初   D．21 世纪以来

2．个人理财在国外的发展过程中，(   )通常被认为是个人理财业务的形成与发展时期。

    A．20 世纪 30 年代到 60 年代   B．20 世纪 60 年代到 70 年代

    C．20 世纪 60 年代到 80 年代   D．20 世纪 60 年代到 90 年代

3．个人理财最早在____兴起，首先在____发展成熟。(   )

    A．英国；英国   B．美国；美国

    C．美国；英国   D．英国；美国

4．下列关于商业银行个人理财业务，描述错误的是(   )。

    A．商业银行是个人理财业务的供给方

    B．商业银行是个人理财服务的提供商之一

    C．商业银行制定具体的个人理财业务标准、业务流程、业务管理办法

    D．商业银行一般利用非银行金融机构渠道向个人客户提供个人理财服务

5．关于理财规划服务涉及的内容，下列说法错误的是(   )。

    A．涉及财务、法律、投资   B．涉及保险、税务等

    C．不涉及债务管理   D．涉及家庭财务、非财务状况

6．从人才需求推动行业发展的角度看，支持个人理财业务发展的原因不包括(   )。

    A．大众自身缺乏必要的金融知识，难以制定适合自身特点的理财方案

    B．大众对于选定的金融工具很难正确应用，很难获得较好的投资收益或合理分散风险，必须借助专业金融人士的帮助

    C．专业金融机构和专业理财师在信息、设备、决策制定等方面有优势，且更具专业性，能为大众提供便利

    D．大众可以根据自身的知识储备和理财经验进行科学合理的金融产品选择和资产配置

7．下列关于商业银行理财产品(计划)监管要求的表述，错误的是(   )。

    A．商业银行不得将理财计划与本行储蓄存款进行强制性搭配销售

    B．商业银行不得将一般储蓄存款产品单独当作理财计划销售

    C．商业银行使用保证收益理财计划附加条件所产生的投资风险应由银行承担

D．商业银行不得承诺除保证收益以外的任何可获得收益

8．保险兼业代理人从事保险代理业务，应遵守国家的有关法律法规和行政规章，遵循（　　）原则。

  A．自愿、诚实信用   B．平等

  C．公平   D．利益最大化

9．对未取得基金代销业务资格、擅自开办基金销售业务的机构及其负责人，（　　）。

  A．责令改正，并处以警告、罚款 B．追究刑事责任

  C．撤销该机构   D．给予行政处分

10．下列关于代理的说法，错误的是（　　）。

  A．代理人实施民事法律行为是以被代理人的名义进行的

  B．法人也可以作为被代理人，通过代理人实施民事法律行为

  C．代理人在代理活动中不具有独立的法律地位

  D．双方当事人约定应当由本人实施的民事法律行为，不得代理

11．境外个人来华旅游，回国前将原兑换未用完的人民币兑回外汇，凭本人有效身份证件和原兑换水单办理，原兑换水单的兑回有效期为自兑换日起（　　）个月。

  A．3   B．6   C．12   D．24

12．普通合伙企业由普通合伙人组成，合伙人对合伙企业债务承担无限连带责任，关于普通合伙企业的说法不正确的是（　　）。

  A．有书面合伙协议

  B．必须有两个以上合伙人

  C．出资方式为货币、实物、知识产权、土地使用权或者其他财产权利

  D．有合伙企业的名称和生产经营场所

13．银行应通过外汇局指定的管理信息系统办理个人购汇和结汇业务，真实、准确录入相关信息，并将办理个人业务的相关材料至少保存（　　）年备查。

  A．7   B．5   C．3   D．2

14．2014年1月，个体工商户小王与小赵在民政局领取结婚证，约定在婚姻关系存续期间所得的财产归各自所有，因此经常受到他们的共同好友小蒋的嘲笑。2014年5月，小王因扩大经营向小蒋借款100万元，2015年小王破产。这100万元的债务应（　　）。

  A．由小王承担   B．由小王和小赵共同承担

  C．由小赵承担   D．小王负主要责任，小赵承担连带责任

15．下列会造成结构性产品浮动收益部分变化的是（　　）。

  A．央行公布的贷款基准利率 B．市场利率

  C．所挂钩标的资产的利息   D．所挂钩标的资产的表现

16．一般而言，下列关于房地产投资特点表述错误的是（　　）。

  A．房地产价值受政策环境、市场环境和法律环境等因素的影响较大

  B．房地产投资的风险比一般债券类理财产品风险低

  C．房地产投资的流动性比证券类产品低

  D．房地产投资通常具有财务杠杆效应

17．以下不属于债券市场功能的是（　　）。

A．融资功能　　　　　　　　B．价格发现功能

C．社会管理功能　　　　　　D．宏观调控功能

18．房地产投资活动与(　　)经济政策息息相关。

A．市场　　　　B．微观　　　　C．宏观　　　　D．计划

19．下列(　　　)不属于债券型理财产品资金的主要投向市场。

A．银行间债券市场　　　　　B．基金市场

C．国债市场　　　　　　　　D．企业债市场

20．另类投资可以采用(　　)策略，以实现以小博大的投资目的。

A．杠杆投资　　　B．卖空投资　　　C．买多投资　　　D．对冲投资

21．我国外汇挂钩类理财产品中，通常挂钩的一组或多组外汇的汇率大都依据(　　)
下午3时整，在路透社或彭博社相应的外汇展示页中的价格而厘定。

A．东京时间　　　B．巴黎时间　　　C．北京时间　　　D．纽约时间

22．国内银行在提供个人理财顾问服务业务时，一般会对投资者进行风险提示。假如A
银行推出债券型理财产品，则其应主要进行(　　　)提示。

A．汇率风险和利率风险　　　B．汇率风险和信用风险

C．市场风险和流动性风险　　D．流动性风险和再投资风险

23．下列不属于组合投资类理财产品的优点的是(　　)。

A．扩大了资金运用范围

B．产品期限覆盖面广

C．发行主体有充分的主动管理能力

D．信息透明度高

24．对于中长期债券而言，关于通货膨胀风险，下列说法错误的是(　　　)。

A．债券货币收益的购买力下降

B．债券的实际收益率降低

C．投资者投资债券的利息收入受到不同程度的价值折损

D．投资者本金不受影响

25．下列具有低风险、稳定收益、高流动性特征的基金是(　　　)。

A．股票型基金　　　　　　　B．债券型基金

C．混合型基金　　　　　　　D．货币市场基金

26．银行在其渠道代理其他企业、机构组织的、不构成商业银行表内资产负债业务，
给商业银行带来非利息收入的业务，这种业务是(　　)业务。

A．银行主营　　　　　　　　B．银行理财产品

C．银行代理服务类　　　　　D．其他

27．银行作为开放式基金的代销网点，充当的角色是(　　)。

A．基金托管人　　　　　　　B．基金投资者

C．基金管理人　　　　　　　D．基金代理人

28．下列关于封闭式基金的说法，不正确的是(　　)。

A．在我国，封闭式基金一般采用网上发行方式

B．投资者在存续期内可随时申购基金单位

C．所募集到的资金可以用于长期投资

D．基金的资金规模基本不变

29．开放式基金的交易价格主要由(　　)决定。

　　A．基金总资产　　　　B．供求关系　　　　C．基金净资产　　　　D．基金负债

30．下列关于基金销售机构收取费用的表述错误的是(　　)。

　　A．不得收取销售费用　　　　　　　　B．不得向投资人收取额外费用

　　C．不得对不同投资人适用不同费率　　D．收取销售费用

31．个人携带外币现钞出入境时，下列不符合外币现钞管理规定的做法是(　　)。

　　A．个人购汇提钞，单笔在规定允许携带外币现钞出境金额之下的，可以在银行直接办理

　　B．个人购汇提钞，单笔提钞超过规定允许携带外币现钞出境金额的，凭本人有效身份证件、提钞用途证明等材料在银行办理

　　C．个人外币现钞存入外汇储蓄账户，单笔在规定允许携带外币入境申报金额之下的，可以在银行直接办理

　　D．个人外币现钞存入外汇储蓄账户，单笔存钞超过规定允许携带外币入境申报金额的，凭本人有效身份证件、携带外币现钞入境申报单或本人原存款金融机构外币现钞提取单据在银行办理

32．保险合同不得通过系统自动核保现场出单，应将保单材料转至保险公司，经核保人员核保后，由保险公司出单的情形不包括(　　)。

　　A．年收入低于当地省级统计部门公布的最近一年度城镇居民人均可支配收入或农村居民人均纯收入

　　B．投保人年龄超过65周岁

　　C．期交产品投保人年龄超过60周岁

　　D．投保人年龄超过60周岁

33．当前国际黄金价格是以美元定价的，一般来说，黄金价格与美元呈(　　)关系。

　　A．负相关　　　　B．低相关　　　　C．正相关　　　　D．零相关

34．下列不属于商业银行中间业务的是(　　)。[2013年11月真题]

　　A．承销金融债券业务　　　　　　　B．代理买卖外汇业务

　　C．代理销售基金　　　　　　　　　D．银行间同业拆借业务

35．下列关于金融市场含义的说法，错误的是(　　)。

　　A．它是金融资产进行交易的有形和无形的"场所"

　　B．它反映了金融资产供应者和需求者之间的供求关系

　　C．它包含了金融资产的交易机制

　　D．它是筹集长期资金的场所

36．下列关于房地产特点的说法，错误的是(　　)。

　　A．位置固定性　　B．使用长期性　　C．无差异性　　D．保值增值性

37．下列关于另类理财产品的说法，不正确的是(　　)。

　　A．另类资产是指除传统股票、债券和现金之外的金融资产和实物资产

　　B．另类资产未来潜在的高增长也将会给投资者带来潜在的高收益

C. 部分另类资产发生亏损的可能性不大

D. 另类理财产品的信息透明度较高

38. 市场交易活动的集中性体现在(　　)。

A. 同种商品在不同市场将遵循一价原则

B. 金融市场交易的对象是货币、资金、信用以及其他金融工具

C. 在金融市场上，金融工具的交易是通过一些专业机构组织实现的

D. 一般来说，家庭或个人是资金的供给者，但在某些条件下也可能成为资金的需求者

39. 作为我国金融市场监管机构，以下(　　)属于证监会的职责。

A. 监督管理银行间同业拆借市场和银行间债券市场、外汇市场、黄金市场

B. 依照法律、行政法规制定并发布对银行业金融机构及其业务活动监督管理的规章、制度

C. 研究和拟定证券期货市场的方针政策、发展规划

D. 拟订保险业发展的方针政策，制订行业发展战略和规划

40. 一般情况下，各类基金的收益特征由高到低的排序依次是(　　)。

A. 货币市场型基金、混合型基金、债券型基金、股票型基金

B. 货币市场型基金、债券型基金、混合型基金、股票型基金

C. 股票型基金、债券型基金、混合型基金、货币市场型基金

D. 股票型基金、混合型基金、债券型基金、货币市场型基金

41. 下列不属于金融市场主体的是(　　)。

A. 金融工具　　　B. 金融机构　　　C. 资金供需者　　　D. 政府部门

42. 股票型基金属于(　　)资产。

A. 极高风险、极高收益　　　B. 中风险、中收益

C. 高风险、高收益　　　D. 低风险、低收益

43. 投资债券的收益不包括(　　)。

A. 长期持有债券，按照债券票面利率定期获得的利息收入

B. 在二级市场买入债券后一直持有到期兑付实现的损益

C. 长期持有债券，根据公司的盈利状况获得的分红

D. 持有债券期间买卖债券形成的资本利得收入

44. 下列投资产品中，较适合年轻的风险规避者投资的金融产品是(　　)。

A. 平衡型基金　　B. 未上市股票　　C. 上市高科技股票　　D. 债券

45. 注重基金的长期成长，强调为投资者带来经常性收益的是(　　)。

A. 收入型基金　　B. 指数型基金　　C. 成长型基金　　　D. 平衡型基金

46. 下列关于证券投资基金的说法，正确的是(　　)。

A. 由于进行专业管理、分散投资、规模经营等，证券投资基金可以被认为是无风险的

B. 证券投资基金可以通过有效的资产组合最大限度地降低系统风险

C. 投资基金按收益凭证是否可赎回分为开放式基金和封闭式基金

D. 基金托管人负责管理和运用基金资产

47．下列关于基金的特点，表述不正确的是(　　)。

A．基金通过进行规模经营，降低交易成本，从而获得规模收益

B．基金通过有效的资产组合降低投资风险

C．基金的投资收益全部归基金投资者所有

D．基金财产的保管由独立于基金管理人的基金托管人负责

48．下列关于各种特殊类型基金的说法，正确的是(　　)。

A．FOF 是一种专门投资于股票指数的基金

B．ETF 是一种跟踪"标的指数"变化的开放式基金，但其不能在交易所上市

C．LOF 的申购、赎回是基金份额与一揽子股票的交易

D．QDII 基金是指在一国境内设置、经批准可以在境外证券市场进行股票、债券等有价证券投资的基金

49．债券型基金以各类债券为主要投资对象，债券投资比重不得低于(　　)。

A．30%　　　　B．60%　　　　C．80%　　　　D．90%

50．既要获得一定的当期收入，又要追求组合资产的长期增值的基金是(　　)。

A．成长型基金　　B．平衡型基金　　C．收入型基金　　D．混合型基金

51．(　　)是由于市场利率变化使债券持有人再投资收益率受到影响所带来的风险。

A．利率风险　　　B．再投资风险　　C．赎回风险　　　D．通货膨胀风险

52．一般而言，按流动性从小到大的顺序排列正确的是(　　)。

A．公司债券→普通股票→国债　　　B．公司债券→国债→普通股票

C．普通股票→国债→公司债券　　　D．普通股票→公司债券→国债

53．保险产品是具有法律效应的合同，具有(　　)的特点，一旦签订保险合同，不能随意更改。

A．暂时性　　　　B．长期性　　　　C．永久性　　　　D．持续性

54．下列关于债券风险的说法，不正确的是(　　)。

A．当市场利率上升时，债券的市场交易价格下跌

B．在发生通货膨胀时，投资债券的利息收入和本金会受到不同程度的影响

C．一般通过信用评级表示公司债券的违约风险

D．当市场利率上升时，投资债券面临的再投资风险增加

55．对消费者的消费行为提供了全新的解释，指出个人在相当长的时间内计划他的消费和储蓄行为，在整个生命周期内实现消费的最佳配置的理论是(　　)。

A．马柯维茨投资组合理论　　　　B．资本资产定价模型

C．生命周期理论　　　　　　　　D．套利定价理论

56．可赎回债券往往规定有赎回保护期，常见的赎回保护期是发行后的(　　)年。

A．1～3　　　　B．3～5　　　　C．5～10　　　　D．10～15

57．根据弗里德曼等人的生命周期理论，个人在维持期的理财特征是(　　)。

A．自用房产投资　　　　　　B．理财寻求多元投资组合

C．固定收益投资　　　　　　D．进行股票、基金的投资

58．张勇夫妇明年将退休，三个子女均已研究生毕业并组建了家庭，且有丰厚的储蓄，两个人的支出也比较少。根据这些描述，他们处于生命周期的阶段是(　　)。

A. 家庭形成期   B. 家庭成长期

C. 家庭成熟期   D. 家庭衰老期

59. 按年龄层把生涯规划比照家庭生命周期分为六个阶段，其中最重要的理财活动是收入增加、筹退休金的时期是(　　)。

    A. 稳定期   B. 维持期   C. 高原期   D. 退休期

60. 高原期的理财活动包括(　　)。

    A. 量入节出、攒首付款   B. 收入增加、筹退休金

    C. 负担减轻、准备退休   D. 享受生活规划、遗产

61. 退休期属于个人生命周期的后半段，(　　)是最大支出。

    A. 购房   B. 子女教育费用

    C. 以储蓄险来累积资产   D. 医疗保健支出

62. 张自强是兴亚银行的金融理财师，他的客户王丽女士总是担心财富不够用，认为开源重于节流，量出为入，平时致力于财富的积累，有赚钱机会就要去投资。对于该客户的财富态度，金融理财师张自强不应该采取的策略为(　　)。

    A. 慎选投资标的，分散风险

    B. 评估开源渠道，提供建议

    C. 分析支出及储蓄目标，制定收入预算

    D. 根据收入及储蓄目标，制定支出预算

63. 按照不同的财富观对客户进行分类，下列哪项属于对挥霍者的描述？(　　)

    A. 量入为出，买东西会精打细算；从不向人借钱，也不用循环信用；有储蓄习惯，仔细分析投资方案

    B. 嫌弃铜臭味，不让金钱左右人生；命运论者，不担心财务保障；缺乏规划概念，不量出不量入

    C. 喜欢花钱的感觉，花的比赚的多；常常借钱或用信用卡循环额度；透支未来，冲动型消费者

    D. 讨厌处理钱的事也不求助专家；不借钱不用信用卡，理财单纯化；除存款外不做其他投资，烦恼少

64. 以下关于退休规划表述正确的是(　　)。

    A. 投资应当非常保守   B. 对收入和费用应乐观估计

    C. 规划期应当在五年左右   D. 计划开始不宜太迟

65. 下列对 KYC(Know Your Customer)描述错误的是(　　)。

    A. 是理财师提供专业化服务的重要内容和必备的工作步骤之一

    B. 包括全面收集、整理、分析与客户相关的信息

    C. 是作为专业人士的理财师其职业操守和监管部门所强调、要求做到的合格标准之一

    D. 了解客户对理财师工作影响不大

66. 根据马斯洛需求层次理论，下列哪一项属于爱和归属感的需求？(　　)

    A. 对呼吸、水、食物、睡眠、生理平衡等的需求

    B. 对人身安全、健康保障、财产所有性、道德保障、工作职位保障、家庭安全等

的需求

    C. 对友谊、爱情以及隶属关系等的需求

    D. 对道德、创造力、自觉性、问题解决能力、公正度等的需求

根据下述资料，回答67～68题。

某电器商城进行清仓大甩卖，宣称价值1万元的商品，采取分期付款的方式，3年结清，假设利率为12%的单利。

67. 该商品每月付款额为(　　)元。

    A. 369　　　　　　B. 374　　　　　　C. 378　　　　　　D. 381

68. 采用复利计算的实际年利率比12%高(　　)。

    A. 8.37%　　　　　B. 9.46%　　　　　C. 10.54%　　　　　D. 11.39%

69. 年金必须满足三个条件，但不包括(　　)。

    A. 每期的金额固定不变

    B. 流入流出方向固定

    C. 在所计算的期间内每期的现金流量必须连续

    D. 流入流出必须都发生在每期期末

70. 下列财务计算器的操作中，说法正确的是(　　)。

    A. 小数位数默认为显示小数点后两位数字，之后按 2ND . 可以调用为 FORMAT 功能，屏幕出现 DEC=2.00 的字样，若要更改为4位小数，则输入4，再按 ENTER ，则出现 DEC=4.0000，表示已更改成功，但每次开机都需要重置

    B. 数字重新输入按 OFF 键；若是一般计算需要重新设置，则按 2ND CPT 键调用 QUIT 功能，计算器显示 0.0000，退出到主界面

    C. CF 是输入现金流量计算 NPV 和 IRR 的功能键，它通常会存有上次输入的现金流量，如果需要清空，则必须进入 CF 后再按 2ND CE/C 键调用 CLR WORK 功能

    D. 清除数据与功能键中数据的清除相同

71. 下列公式中，属于期初年金现值公式的是(　　)。

    A. $PV = \dfrac{C}{r}$　　　　　　　　　　B. $PV = \dfrac{C}{r}\left[1 - \left(\dfrac{1}{1+r}\right)^{T}\right](1+r)$

    C. $PV = \dfrac{C}{r-g}$　　　　　　　　D. $PV = \dfrac{C}{r-g}\left[1 - \left(\dfrac{1+g}{1+t}\right)^{t}\right]$

72. 某企业拟建立一项基金计划，每年年初投入10万元，若利率为10%，5年后该项基金本利和将为(　　)元。

    A. 671 561　　　B. 564 100　　　C. 871 600　　　D. 610 500

73. 当个人和家庭由于某种意外的原因出现收支不平衡时，需要采取的必要措施是(　　)。

    A. 资产管理　　　B. 收入管理　　　C. 支出管理　　　D. 风险管理

74. 下列现金流量图中，符合年金概念的是(　　)。

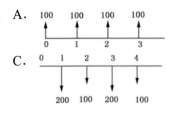

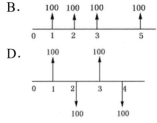

75. 假定某公司在未来每期支付的每股股息为 8 元，必要收益率为 10%，而当时股票价格为 65 元，每股股票净现值为(　　)元。

    A. 15　　　　　　B. 20　　　　　　C. 25　　　　　　D. 30

76. 下列关于税务规划的说法，不正确的是(　　)。

    A. 税务规划必须在法律规定的范围内进行

    B. 税务规划应充分利用税法提供的优惠与待遇差别，以减轻税负，达到整体税后利润、收入最大化

    C. 只能由理财师完成相关税务规划工作

    D. 必要时理财师应该和会计师或专业税务顾问一道完成相关税务的规划工作

77. 在收集客户家庭财务状况和生活状况信息时，专业理财师要做的是(　　)。

    A. 考虑自己是否会触犯客户的隐私

    B. 考虑客户会不会告诉自己

    C. 减少这方面的咨询

    D. 引导客户、了解其财务问题和涉及其家庭财务的信息

78. 下列因素中，(　　)不是定期评估的频率主要决定因素。

    A. 客户的投资金额和占比　　　　　B. 客户个人财务状况变化幅度

    C. 客户的投资风格　　　　　　　　D. 家庭人口结构

79. 促进国内个人理财业务迅速发展的来自银行内部的转型驱动力不包括(　　)。

    A. 商业银行的存贷利率差不断缩小

    B. 商业银行急需通过对资本消耗较小的中间业务来提高其核心竞争力

    C. 为了解决目前国内银行普遍存在的业务结构简单、趋同性强等问题

    D. 金融业界的激烈竞争使得个人业务更具发展动力

80. (　　)不是税务规划的目标。

    A. 减轻税负、财务目标、财务自由

    B. 达到整体税后利润

    C. 收入最大化

    D. 偷税漏税

81. 下列哪一项不属于影响电话效果的要素?(　　)

    A. 时间和空间的选择　　　　　　　B. 通话的态度

    C. 通话的内容　　　　　　　　　　D. 通话的时间

82. 下列不属于成功沟通做法的是(　　)。

    A. 角色互换　　　B. 鼓励发言　　　C. 仔细倾听　　　D. 不懂就问

83. 下列不属于国内外各类专业理财证书"4E"认证标准的是(　　)。

A．教育　　　　B．考试　　　　C．工作经验　　D．专业水平

84．理财师职业特征的(　　)特点，要求商业银行提供理财顾问服务应具有标准的服务流程、健全的管理体系、明确的管理部门、相应的管理规章制度以及明确的相关部门和人员的责任。

A．监督性　　　　B．综合性　　　　C．规范性　　　　D．严格性

85．银行理财人员不得将高风险级别理财产品推介给低风险承受能力的客户，即需遵循(　　)原则，只能向客户销售风险评级等于或低于其风险承受能力评级的理财产品。

A．风险匹配　　B．公平　　　　C．效用最大化　　　D．风险中性

86．下列哪项不属于免责事由？(　　)

A．自然火灾发生，导致不能继续履行合同

B．地震发生导致不能继续履行合同

C．山洪暴发导致不能继续履行合同

D．因故意或重大过失，造成对方财产损失的

87．下列将导致委托代理、法定代理或者指定代理都终止的情形是(　　)。

A．代理期间届满或者代理事务完成

B．被代理人取得或者恢复民事行为能力

C．被代理人取消委托或者代理人辞去委托

D．代理人丧失民事行为能力

88．投资者购买下列哪种理财计划时承担的风险最大？(　　)

A．保本浮动收益理财计划　　　　B．保证收益理财计划

C．非保本浮动收益理财计划　　　　D．固定收益理财计划

89．商业银行为客户进行风险评估时，评估结果认为某一客户不适宜购买某一产品，但客户仍坚持要购买的，则商业银行的理财顾问应(　　)。

A．让客户自行提供声明，供银行留存后允许客户购买

B．同意客户购买，对客户的意见未做特殊处理

C．向客户说明风险评估的意义，委婉拒绝客户的购买意愿

D．制定专门文件，列明商业银行的意见、客户的意愿和其他必要事项，双方签字认可

90．授权委托书授权不明的，关于责任承担下列说法中正确的是(　　)。

A．应当由被代理人向第三人承担民事责任

B．代理人和被代理人双方应当向第三人互负连带责任

C．被代理人应当向第三人承担民事责任，代理人负连带责任

D．代理人应当向第三人承担民事责任，被代理人负连带责任

二、多选题(共 40 题，每小题 1 分，共 40 分，下列选项中有两项或两项以上符合题目的要求，多选、少选、错选均不得分。)

1．下列属于国内个人理财业务迅速发展原因的有(　　)。

A．居民财富积累　　　　B．居民理财需求上升

C．居民理财技能提高　　　　D．投资理财工具日趋丰富

E．金融机构转型的客观需要

2．下列属于个人理财业务对商业银行产生积极作用的有(　　)。

A．商业银行个人理财业务的实质是商业银行现代服务方式，有利于提高客户的忠诚度，吸引高端客户，改善商业银行的客户结构

B．能够改善商业银行的资产负债结构，有效节约资本，使之满足资本充足率等监管要求

C．由各种产品组合而成的理财计划使各类金融业务之间的关系更为密切，为商业银行向多元化、全能化方向发展奠定了基础

D．有利于充分发挥商业银行现有的渠道和客户优势，从而拓展商业银行的创新发展空间

E．可以增加商业银行资产业务收入来源，提高银行的盈利水平

3．理财师在工作中涉及的法律包括(　　)。

A．《中华人民共和国合同法》　　　　B．《中华人民共和国商业银行法》

C．《商业银行理财销售管理办法》　　D．《中华人民共和国民法通则》

E．《保险兼业代理管理暂行办法》

4．根据《中华人民共和国合同法》的规定，承担合同违约责任的形式有(　　)。

A．定金责任　　B．违约金责任　　　C．赔偿损失　　D．强制履行

E．采取补救措施

5．根据《中华人民共和国民法通则》的规定，下列符合委托代理终止条件的有(　　)。
[2009 年 10 月真题]

A．代理人没有死亡但是丧失民事行为能力

B．代理人死亡

C．作为被代理人或代理人的法人终止

D．被代理人取消委托或者代理人辞去委托

E．代理期间届满或代理事务完成

6．以下对于采取格式条款订立合同的理解中正确的有(　　)。

A．格式条款是当事人为了重复使用而预先拟定的

B．格式条款是双方协商的条款

C．对格式条款有两种以上解释时，应按照不利于提供格式条款方的解释

D．格式条款和非格式条款不一致时，应当采用格式条款

E．提供格式条款一方免除其责任、加重对方责任、排除对方主要权利的，该条款无效

7．甲向乙借款而将自己的货物质押给乙，但乙将该批货物放置在露天环境里风吹日晒。在此情况下，法院对甲的请求给予支持的有(　　)。

A．因乙保管不善，请求解除质押关系

B．因乙保管不善，请求提前清偿债务返还质物

C．因乙保管不善，请求乙向有关机构提存该批货物

D．因乙保管不善，请求乙承担货物的损失

E．因乙保管不善，请求乙恢复原状

8. 夫妻在婚姻关系存续期间所得财产，归夫妻共同所有的包括(　　)。
　　A. 工资、奖金；　　　　　　　　B. 生产、经营的收益
　　C. 知识产权的收益　　　　　　　D. 继承或赠与所得的财产
　　E. 因身体受到伤害获得的医疗费、残疾人生活补助费等费用

9. 个人外汇账户及外币现钞管理中，应经国家外汇管理局核准的有(　　)。
　　A. 开立外国投资者投资专用账户　　B. 开立特殊目的的公司专用账户
　　C. 开立投资并购专用账户　　　　　D. 资本项目外汇账户内资金的境内划转
　　E. 资本项目外汇账户内的资金汇出境外

10. 个人外汇账户按账户性质可分为(　　)。
　　A. 境内个人外汇账户　　　　　　　B. 境外个人外汇账户
　　C. 外汇结算账户　　　　　　　　　D. 资本项目账户
　　E. 外汇储蓄账户

11. 保险产品具有的功能包括(　　)。
　　A. 节约开支　　　　B. 风险转移　　　　C. 减缓偿债压力
　　D. 流动性管理　　　E. 合理避税

12. 根据《中华人民共和国公司法》的规定，下列选项中可发行公司债券的有(　　)。
　　A. 有限责任公司　　B. 国有独资企业　　C. 国有控股企业
　　D. 股份有限公司　　E. 个人独资企业

13. 下列关于看跌期权执行价格的说法，正确的有(　　)。
　　A. 执行价格是看跌期权的权利金
　　B. 执行价格是看跌期权合约相对应的标的资产的市场价格
　　C. 期权买方有权利按此价格卖出相对应的标的资产
　　D. 期权买方有权利按此价格买入相对应的标的资产
　　E. 期权卖方有义务按此价格向买方卖出相对应的标的资产

14. 目前银行代理国债的种类包括(　　)。
　　A. 电子式储蓄国债　　B. 特种国债　　　　C. 凭证式国债
　　D. 建设国债　　　　　 E. 记账式国债

15. 成长型基金与收入型基金的区别体现在(　　)。
　　A. 成长型基金投资于资本市场，收入型基金投资于货币市场
　　B. 成长型基金重视基金的长期成长，强调为投资者带来经常性收益，收入型基金强调基金单位价格的增长，使投资者获得稳定的、最大化的当期收入
　　C. 成长型基金中现金持有量较小，收入型基金中现金持有量较大，注重分散风险
　　D. 成长型基金投资对象通常是风险较大的金融产品，收入型基金投资对象一般为风险较小、资本增值有限的金融产品
　　E. 成长型基金一般不会直接将股息分配给投资者，而是将股息再投资于市场；收入型基金一般按时派息给投资者

16. 下列关于个人生命周期中维持期的说法，正确的有(　　)。
　　A. 对应年龄为45～54岁
　　B. 家庭形态表现为子女上小学、中学

C．主要理财活动为收入增加、筹退休金

D．投资工具主要是活期存款、股票、基金定投

E．保险计划为养老险、投资型保险

17．以下选项中，电话沟通优势包括(　　)。

A．工作效率高、营销成本低　　　B．简便易行、有的放矢

C．计划性强、方便易行　　　　　D．有针对性地采集信息

E．容易量化、客户接受度高

18．理财师采用"电话沟通"方式了解客户时，应遵循的原则有(　　)。

A．以客户为中心，以了解客户并与其建立长期互信的关系为其提供专业化服务的前提

B．熟练掌握和应用与客户沟通、服务的技巧

C．在为客户提供理财服务时，应将产品销售和销售业绩的完成放在第一位

D．即使作出漂亮的理财规划书或有不错的产品推荐，理财师也需要善于沟通表达，成功有效地让客户了解和接受

E．牢记了解客户及其需求不是一时一地的事情，切不可急功近利，这是一项长期的工作

19．关于理财计算器，下列说法正确的有(　　)。

A．PMT 为年金

B．I/Y 为利率

C．默认值为显示小数点后两位数字，调用 FORMAT 功能更改显示的小数位数后，设置不会保持有效，开关机需要重置

D．按 2ND DATE 可调用计算器的 DATE 日期功能

E．若是一般计算需要重新设置，须按 2ND CPT 键调用 QUIT 功能，退出到主界面

20．下列关于理财工具的说法正确的有(　　)。

A．复利与年金表简单高效，但计算答案不够精准

B．财务计算器精准且携带便利，但操作流程复杂，不易记住

C．不同的理财工具都有其优劣势

D．专业理财软件功能齐全，内容富有弹性，但局限性大

E．Excel 表格使用成本低，操作简单

21．理财涉及客户的资金调用和调整成本，在这方面理财师应该注意把握好的原则有(　　)。

A．事先重复沟通

B．让客户有明确的预期

C．强调理财规划方案的整体性

D．在总体上把握方案执行进度效果

E．降低客户的资金成本、费率

22．以下属于财务目标内容的有(　　)。

A．个人兴趣爱好　　　B．保险规划　　　C．现金规划

D．职业生涯发展　　　E．投资规划

23．商业银行应当在客户首次购买理财产品前，在本行网点进行风险承受能力评估，风险承受能力评估的依据主要包括(   )。

    A．财务状况   B．风险认识   C．流动性要求

    D．投资经验   E．客户年龄

24．在个人理财投资管理中，商业银行应按照符合(   )原则，建立健全相应的内部控制和风险管理制度体系，并定期或不定期检查相关制度体系和运营机制，保障理财资金投资管理的合规性和有效性。

    A．客户利益   B．银行风险可控   C．客户风险承受能力

    D．银行效率优先   E．银行利益

25．银行在销售下列哪些理财计划后，要承担全部或部分风险?(   )

    A．最低收益理财计划   B．固定收益理财计划

    C．非保本浮动收益理财计划   D．保本浮动收益理财计划

    E．最高收益理财计划

26．关于个人外汇储蓄账户资金境内划转，下列符合规定办理的有(   )。

    A．本人账户间的资金划转，凭有效身份证件办理

    B．个人与其直系亲属账户资金划转，凭双方身份证件和直系亲属关系证明办理

    C．本人外汇结算账户与外汇储蓄账户间资金可以划转，但外汇储蓄账户向外汇结算账户的划款限于当日的对外支付，划转后可以结汇

    D．个人外汇提取现钞当日累计等值1万美元以下的，可以在银行直接办理

    E．个人向外汇储蓄账户存入外币现钞，当日累计1万美元以下的，可以在银行直接办理

27．商业银行开展理财产品销售业务有下列(   )情形的，由中国银监会或其派出机构责令限期改正，还可采取相关监管措施，并处20万元以上50万元以下罚款。

    A．违规开展理财产品销售造成客户或银行重大经济损失的

    B．泄露或不当使用客户个人资料和交易记录造成严重后果的

    C．挪用客户资产的

    D．利用理财业务从事洗钱、逃税等违法犯罪活动的

    E．其他严重违反审慎经营规则的

28．下列关于中国特色社会主义法律体系，说法正确的有(   )。

    A．以民法为统帅   B．以法律为主干

    C．行政法规是重要组成部分   D．地方性法规是重要组成部分

    E．由多个法律部门组成

29．合伙企业应当向合伙人的继承人退还被继承合伙人的财产份额的情形有(   )。

    A．继承人不愿意成为合伙人

    B．法律规定或者合伙协议约定合伙人必须具有相关资格，而该继承人未取得该资格

    C．合伙协议约定不能成为合伙人的其他情形

    D．合伙人的继承人为无民事行为能力人

    E．合伙人的继承人为限制民事行为能力人

30. 下列理财产品销售行为不符合规范的有( )。

    A. 将存款单独作为理财产品销售

    B. 将理财产品与存款进行强制性搭配销售

    C. 将理财产品作为存款进行宣传销售

    D. 违反国家利率管理政策进行变相高息揽储

    E. 因为营销指标的压力，加班加点

31. 下列关于电子式储蓄国债特点的描述，正确的有( )。

    A. 方便国债投资者、提高了国债发行效率

    B. 具有方便、灵活的优点

    C. 以电子方式记录债权

    D. 具有便捷性

    E. 需要投资者开立个人国债托管账户

32. 下列符合中小企业私募债发行、担保和评级要求的有( )。

    A. 发行规模不受净资产的40%的限制

    B. 需提交经具证券期货资格的事务所审计的最近两年财务报告

    C. 年均可分配利润不少于公司债券1年的利息

    D. 鼓励中小企业私募债采用担保发行，但不强制要求担保

    E. 对是否进行信用评级没有硬性规定

33. 下列有关家庭生命周期的描述，正确的有( )。

    A. 家庭形成期是从结婚到子女婴儿期

    B. 家庭成长期的特征是家庭成员数固定

    C. 家庭成熟期时事业发展和收入达到顶峰

    D. 家庭衰老期的收入以理财收入或移转性收入为主

    E. 家庭衰老期收入大于支出，储蓄逐步增加

34. 按照客户的人际风格，可以将其区分为( )。

    A. 猫头鹰型　　　　B. 鸽子型　　　　　C. 孔雀型

    D. 鸵鸟型　　　　　E. 老鹰型

35. 下列关于查表法，表述正确的有( )。

    A. 较为简便

    B. 比较适合初学者

    C. 理财师通过比对对应的两个参数，可以迅速地找到对应的系数

    D. 查表法的答案不够精确

    E. 查表法通常适用于大致的估算

36. 除了了解客户的基本信息和初步需求外，理财师需要坦诚地让客户对理财规划服务有所认识，包括( )。

    A. 解决财务问题的条件　　　　　　B. 解决财务问题的方法

    C. 了解、收集客户相关信息的必要性　　D. 如实告知客户自己的能力范围

    E. 理财规划服务行业的整体水平

37. 确定理财目标所遵循的 SMART 原则是指( )。

A．具体明确(Specific)　　　　B．可以量化和检验的(Measurable)

C．合理性和可行性(Attainable)　D．实事求是(Realistic)

E．有时限和先后顺序(Time-binding)

38．着装的"TOP"原则指的是(　　)。

A．Time(时间)　　B．Objective(目的)　　C．Place(场合)

D．Tidy(整齐)　　E．Oder(规范)

39．下列有关银行与信托公司开展的其他业务合作中，说法正确的是(　　)。

A．信托公司委托银行代为推介信托计划的，信托公司应当向银行提供完整的信托文件，并对银行推介人员开展推介培训

B．银行在推介信托计划过程中，不得做夸大宣传，应充分揭示信托计划风险，提醒客户风险自担

C．信托公司与银行签订的代理收付协议，应明确界定其与银行的权利义务关系，银行只承担代理信托资金收付责任，不承担计划的投资风险

D．信托财产为资金的，信托公司应当在银行开立信托财产专户

E．银行接受信托公司委托代为推介信托计划的，与信托公司共同承担计划的投资风险

40．下列关于信托公司开展银信理财合作的说法，正确的是(　　)。

A．信托公司可以将银信合作理财资金进行组合运用，但应当事先明确运用的范围和投资策略

B．信托公司应当按照现有法律法规的规定和信托文件的约定，及时、准确、充分、完整地向银行披露信息，揭示风险

C．信托终止后，信托公司应将信托财产及收益全部转移给客户

D．信托公司不得从信托财产中谋取除信托文件约定的信托报酬外的任何利益

E．银行按理财协议收取费用后，应将剩余的理财资产全部向客户分配

三、判断题(共15题，每小题1分，共15分，正确的选A，错误的选B；不选、错选均不得分。)

1．个人理财业务具有批量大、风险低、业务范围广、经营收益稳定等优势，在商业银行业务发展中占据着重要地位。(　　)

A．正确　　　　　　B．错误

2．商业银行在提供专业化服务时，表现出两种性质：一是顾问性质；二是受托性质。(　　)

A．正确　　　　　　B．错误

3．以基金份额、股权出质的，双方意思表示一致时合同即可成立。(　　)

A．正确　　　　　　B．错误

4．境内个人和境外个人外汇账户境内划转按跨境交易进行管理。(　　)

A．正确　　　　　　B．错误

5．股票价格指数是将某一基期股价与计算期的股价相比较的相对变化指数。(　　)

A．正确　　　　　　B．错误

6．债券型理财产品是以国债、金融债、公司债券和中央银行票据为主要投资对象的银行理财产品。（　　）

　　　　A．正确　　　　　　　　　　B．错误

7．外汇挂钩类理财产品的回报率取决于外汇的汇率走势。（　　）

　　　　A．正确　　　　　　　　　　B．错误

8．家庭形成期至家庭衰老期，随着客户年龄的增加，投资股票等风险资产的比重应逐步降低。（　　）

　　　　A．正确　　　　　　　　　　B．错误

9．在个人生命周期的高原期，主要以夫妻两人为主，以长期看护险、退休年金的保险计划为主。（　　）

　　　　A．正确　　　　　　　　　　B．错误

10．货币时间价值算式中，现金流应有负有正。（　　）

　　　　A．正确　　　　　　　　　　B．错误

11．按 2ND PMT 设置期初年金，如果屏幕显示 END，表示设置默认为期初年金。如果计算器的屏幕上出现小字显示的 BGN，就意味着计算器将用期初年金的模式进行计算。

　　　　A．正确　　　　　　　　　　B．错误

12．理财规划服务包括接触客户、收集客户信息、分析客户财务状况、制定理财方案、实施理财方案五个方面。（　　）

　　　　A．正确　　　　　　　　　　B．错误

13．商业银行的分支机构不能开展个人理财业务。（　　）

　　　　A．正确　　　　　　　　　　B．错误

14．商业银行应当建立个人理财顾问服务的跟踪评估制度，定期对客户评估报告或投资顾问建议进行重新评估，并向客户说明有关评估情况。（　　）

　　　　A．正确　　　　　　　　　　B．错误

15．理财计划按客户获取收益方式不同，或分为保证收益理财计划和非保证收益理财计划。（　　）

　　　　A．正确　　　　　　　　　　B．错误

答案及详解

一、单选题(共 90 题，每小题 0.5 分，共 45 分，下列选项中只有一项最符合题目要求，不选、错选均不得分。)

1．【答案】B

【解析】我国个人理财业务的发展阶段具体为：①20 世纪 80 年代末到 90 年代是我国个人理财业务的萌芽阶段；②21 世纪初到 2005 年是我国个人理财业务的形成时期；③2005 年 9 月《商业银行个人理财业务管理暂行办法》和《商业银行个人理财业务风险管理指引》下发后，伴随着金融市场和经济环境的进一步变化，我国个人理财业务进入了迅速扩展时期。

2．【答案】C

【解析】个人理财在国外的发展大致经历了以下几个阶段：①20世纪30年代到60年代的萌芽时期；②20世纪60年代到80年代的形成与发展时期；③20世纪90年代的成熟时期。

3．【答案】B

【解析】个人理财业务最早在美国兴起，并首先在美国发展成熟，其发展大致经历了萌芽时期、形成与发展时期、成熟时期三个阶段。

4．【答案】D

【解析】商业银行是个人理财业务的供给方，是个人理财服务的提供商之一。商业银行制定具体的业务标准、业务流程、业务管理办法，一般利用自身的渠道向个人客户提供个人理财服务。

5．【答案】C

【解析】理财规划服务涉及的内容非常广泛，它包括但不限于财务、法律、投资和债务管理、保险、税务等，理财师在作相关判断和规划时，还要求能够兼顾客户家庭财务、非财务状况以及不同时期变化的需求。

6．【答案】D

【解析】从人才需求推动行业发展的角度看，个人理财业务的发展有以下几点原因：①大众自身缺乏必要的金融知识，难以制定适合自身特点的理财方案，无法进行科学合理的金融产品选择和资产配置；②大众对于选定的金融工具很难正确应用，很难获得较好的投资收益或合理分散风险，必须借助专业金融人士的帮助；③专业金融机构和专业理财师在信息、设备、决策制定等方面占有优势，更具专业性，能为大众提供便利。

7．【答案】C

【解析】根据《商业银行理财产品销售管理办法》第三十五条的规定，商业银行不得无条件向客户承诺高于同期存款利率的保证收益率。高于同期存款利率的保证收益，应当是对客户有附加条件的保证收益。承诺保证收益的附加条件所产生的投资风险应当由客户承担，并应当在销售文件中明确告知客户。商业银行不得承诺或变相承诺除保证收益以外的任何可获得收益。由此可知C项错误，D项正确。AB两项内容可查阅上述《办法》第三十六条的规定。

8．【答案】A

【解析】保险兼业代理人从事保险代理业务应遵守国家的有关法律法规和行政规章，遵循自愿和诚实信用原则。保险兼业代理人在保险人授权范围内代理保险业务的行为所产生的法律责任，由保险人承担。

9．【答案】A

【解析】根据《证券投资基金销售管理办法》第九十条的规定，未取得基金代销业务资格，擅自开办基金销售业务的，责令改正，并处以警告、罚款；对直接负责的主管人员和其他直接责任人员，处以警告、罚款。

10．【答案】C

【解析】C项，代理的特征包括代理人在代理活动中具有独立的法律地位。根据《民法通则》第六十三条的规定，公民、法人可以通过代理人实施民事法律行为。代理人在代理权限内，以被代理人的名义实施民事法律行为。被代理人对代理人的代理行为，承担民事责任。依照法律规定或者按照双方当事人约定，应当由本人实施的民事法律行为，不得代理。

11．【答案】D

【解析】根据《个人外汇管理办法实施细则》第十三条的规定，境外个人经常项目原兑换未用完的人民币兑回外汇，凭本人有效身份证件和原兑换水单办理，原兑换水单的兑回有效期为自兑换日起24个月。

12．【答案】C

【解析】合伙人可以用货币、实物、知识产权、土地使用权或者其他财产权利出资，也可以用劳务出资。以劳务出资的，其评估办法由全体合伙人协商确定，并在合伙协议中载明。

13．【答案】B

【解析】根据《个人外汇管理办法》第六条的规定，银行应通过外汇局指定的管理信息系统办理个人购汇和结汇业务，真实、准确录入相关信息，并将办理个人业务的相关材料至少保存5年备查。

14．【答案】A

【解析】根据《物权法》第十九条的规定，夫妻对婚姻关系存续期间所得的财产约定归各自所有的，夫或妻一方对外所负的债务，第三人知道该约定的，以夫或妻一方所有的财产清偿。

15．【答案】D

【解析】结构性理财产品的回报率通常取决于挂钩资产(挂钩标的)的表现。

16．【答案】B

【解析】房地产投资的特点包括：①价值升值效应，很多情况下，房地产升值对房地产回报率的影响要大大高于年度净现金流的影响；②财务杠杆效应，房地产投资的吸引力来自高财务杠杆率的使用；③变现性相对较差，房地产投资品单位价值高，且无法转移，其流动性较弱，特别是在市场不景气时期变现难度更大；④政策风险，房地产价值受政策环境、市场环境和法律环境等因素的影响较大。

17．【答案】C

【解析】债券市场的功能主要包括：融资功能、价格发现功能、宏观调控功能。C项社会管理是保险市场的功能。

18．【答案】C

【解析】个人理财业务中，投资者在进行房地产投资时，应当对宏观和微观风险进行全面了解。房地产投资面临较大的政策风险，当经济过热，政府采取紧缩的宏观经济政策时，房地产业通常会步入下降周期，房地产价格降低，投资者面临资产损失的风险。

19．【答案】B

【解析】债券型理财产品资金主要投向银行间债券市场、国债市场和企业债市场。

20．【答案】A

【解析】对另类资产的投资称为另类投资，较传统投资而言，有两个方面的区别与联系：①交易策略上，除了采用传统投资的买进并持有策略外，为了规避资产深幅下跌风险，另类投资还可采用卖空策略；②操作方式上，传统投资的投资资金以本金作为最大约束上限，而另类投资则可以采用杠杆投资策略，从而实现以小博大的投资目的。

21．【答案】A

【解析】外汇挂钩类理财产品的回报率取决于一组或多组外汇的汇率走势，即挂钩标的是一组或多组外汇的汇率，如美元/日元，欧元/美元等。通常，挂钩的一组或多组外汇的汇率大都依据东京时间下午 3 时整在路透社或彭博社相应的外汇展示页中的价格而厘定。

22．【答案】A

【解析】目前，对于投资者而言，购买债券型理财产品面临的最大风险来自利率风险、汇率风险和流动性风险。

23．【答案】D

【解析】组合投资类理财产品的优势主要在于：①产品期限覆盖面广；②突破了单一投向理财产品负债期限和资产期限必须严格对应的缺陷，扩大了银行的资金运用范围和客户收益空间；③赋予发行主体充分的主动管理能力。D 项，组合投资类理财产品存在信息透明度不高的缺点。

24．【答案】D

【解析】对于中长期债券而言，债券货币收益的购买力有可能随着物价的上涨而下降，从而使债券的实际收益率降低，这就是债券的通货膨胀风险。当发生通货膨胀时，投资者投资债券的利息收入和本金都会受到不同程度的价值折损。

25．【答案】D

【解析】货币市场基金安全性较高，收益稳定，具有很强的流动性，收益高于同期银行活期，甚至高于中、短期定存，是银行储蓄的良好替代品。

26．【答案】C

【解析】银行代理服务类业务，是指银行在其渠道代理其他企业、机构组织的、不构成商业银行表内资产负债业务、给商业银行带来非利息收入的业务。近年来，随着我国经济的持续发展，商业银行业务更多地涉及代理销售投资产品及产品的售后服务，为投资者提供广阔的金融平台。

27．【答案】D

【解析】目前，我国商业银行共开展了几十种代理业务，其中包括基金、保险、国债、信托产品、贵金属以及券商资产管理计划等。银行作为开放式基金的代销网点，充当的就是基金代理人的角色。

28．【答案】B

【解析】封闭式基金的基金规模固定，有固定存续期限，投资者不可以随时提出购买或赎回申请，适合进行长期投资；开放式基金规模不固定，投资者在存续期内可随时申购基金单位。

29．【答案】C

【解析】开放式基金的交易价格主要取决于基金净资产份额；封闭式基金的交易价格主要取决于二级市场供求关系。

30．【答案】A

【解析】根据《证券投资基金销售管理办法》的规定，基金销售机构应当按照基金合同、招募说明书和基金销售服务协议的约定向投资人收取销售费用，并如实核算、记账；

未经基金合同、招募说明书、基金销售服务协议约定，不得向投资人收取额外费用；未经招募说明书载明并公告，不得对不同投资人适用不同费率。

31．【答案】B

【解析】根据《个人外汇管理办法》第三十四条的规定，个人购汇提钞或从外汇储蓄账户中提钞，单笔或当日累计在有关规定允许携带外币现钞出境金额之下的，可以在银行直接办理；单笔或当日累计提钞超过上述金额的，凭本人有效身份证件、提钞用途证明等材料向当地外汇局事前报备。

32．【答案】D

【解析】根据《中华人民共和国证券投资基金法》的规定，投保人存在以下情况的，向其销售的保险产品原则上应为保单利益确定的保险产品，且保险合同不得通过系统自动核保现场出单，应将保单材料转至保险公司，经核保人员核保后，由保险公司出单：①投保人填写的年收入低于当地省级统计部门公布的最近一年度城镇居民人均可支配收入或农村居民人均纯收入；②投保人年龄超过65周岁或期交产品投保人年龄超过60周岁。

33．【答案】A

【解析】通常情况下，美元是黄金的主要标价货币，如果美元汇率相对于其他货币贬值，则只有黄金的美元价格上升才能使黄金市场重新回到均衡，因而黄金价格与美元呈负相关关系。

34．【答案】D

【解析】发展代理理财产品业务，有利于充分利用银行的资源来发展中间业务，扩大收入来源。银行代理理财产品包括基金、保险、国债、信托产品、贵金属以及券商资产管理计划等。

35．【答案】D

【解析】D项，按照交易期限不同，金融市场可划分为货币市场和资本市场。货币市场又称短期资金市场，是实现短期资金融通的场所；资本市场是筹集长期资金的场所。

36．【答案】C

【解析】房地产与个人的其他资产相比有其自身的特点：位置固定性、使用长期性、影响因素多样性和保值增值性。

37．【答案】D

【解析】国内的银行理财产品已逐步涉及另类理财产品市场，但由于该类产品的投资群体多为私人银行客户，受限于私人银行业务的私密性，另类理财产品的信息透明度较低。

38．【答案】C

【解析】市场交易活动的集中性体现在：在金融市场上，金融工具的交易是通过一些专业机构组织实现的，通常有固定的交易场所和无形的交易平台。

39．【答案】C

【解析】目前，我国金融市场为分业监管，采用"一行三会"模式对不同领域进行分工监管。A项描述的是中国人民银行的职责；B项描述的是银监会的职责；D项描述的是保监会的职责。

40．【答案】D

【解析】影响基金类产品收益的因素主要有两个方面：一是来自基金的基础市场，即基金所投资的对象产品。二是来自基金自身的因素，如基金管理公司的资产管理与投资策略、基金管理人员的业务素质、道德水平等。一般而言，各类基金的收益特征由高到低的排序依次是：股票型基金、混合型基金、债券型基金和货币市场型基金。

41．【答案】A

【解析】金融市场的主体是指参与金融市场交易的当事人，包括企业、政府及政府机构、中央银行、金融机构、居民个人(家庭)。A 项属于金融市场的客体。

42．【答案】C

【解析】按照投资对象不同，基金可以分为股票型基金、债券型基金、混合型基金、货币市场基金。60%以上的基金资产投资于股票的，为股票基金，具有高风险、高收益的特征。

43．【答案】C

【解析】债券的收益主要来源于利息收益和价差收益：前者是债券投资者长期持有债券，按照债券票面利率定期获得的利息收入；后者是债券投资者买卖债券形成的价差收入或价差亏损，或在二级市场买入债券后一直持有到期，兑付实现的损益。C 项，持有股票，才有机会获得分红。

44．【答案】A

【解析】平衡型基金的资产构造既要获得一定的当期收入，又要追求组合资产的长期增值。对于年轻的风险规避者来说，BC 两项风险太大，不适合风险规避者投资；D 项安全性好，但是盈利性较差，不适合年轻的投资者。

45．【答案】C

【解析】A 项，收入型基金强调基金单位价格的增长，使投资者获取稳定的、最大化的当期收入；B 项，指数型基金强调跟踪某一指数，追求的是平均性的收益；D 项，平衡型基金既要获得一定的当期收入，又要追求组合资产的长期增值。

46．【答案】C

【解析】A 项，投资基金的风险包括系统性风险和非系统性风险，尽管基金通过组合投资分散非系统性风险，但无法消除系统性风险；B 项，证券投资基金可以通过有效的资产组合最大限度地降低非系统风险，而系统风险是不可分散风险；D 项，基金管理人负责管理和运用资产，基金托管人只负责保管基金资产。

47．【答案】C

【解析】基金具有利益共享、风险共担的特点。其中，利益共享指基金投资者是基金的所有者，基金的投资收益在扣除由基金承担的费用后，盈余全部归基金投资者所有，并根据投资者持有的基金份额进行分配。

48．【答案】D

【解析】A 项，FOF 是一种专门投资于其他证券投资基金的基金，它并不直接投资股票或债券，其投资范围仅限于其他基金；B 项，ETF 是一种跟踪"标的指数"变化且在交易所上市的开放式基金，投资者可以像买卖股票那样买卖 ETF；C 项，LOF 的申购、赎回都是基金份额与现金的交易，可在代销网点进行。

49．【答案】C

【解析】债券型基金以各类债券为主要投资对象，债券投资比重不得低于80%，具有较低风险、较低收益的特征。

50.【答案】B

【解析】平衡型基金的资产构造则既要获得一定的当期收入，又要追求组合资产的长期增值。A项，成长型基金重视基金的长期成长，强调为投资者带来经常性收益；C项，收入型基金强调基金单位价格的增长，使投资者获取稳定的、最大化的当期收入；D项，混合型基金同时以股票、债券为主要投资对象，通过不同资产类别的配置投资，实现风险和收益上的平衡。

51.【答案】B

【解析】再投资风险是由于市场利率变化而使债券持有人面临的风险。A项，利率风险是指市场利率变化对债券价格的影响；C项，赎回风险是指附有赎回条款的债券所面临的特有风险；D项，通货膨胀风险，是指通货膨胀导致投资者投资债券的利息收入和本金受到价值折损的风险。

52.【答案】B

【解析】国债一般到期才能够还本，即使像记账式国债可在二级市场交易，但是银行间债券市场或交易所债券市场的交易活跃度通常不如股票市场，因此，债券的流动性一般弱于股票。在债券产品中，由于国债在信用资质上的优势，且国债总体市场规模较大，因此国债的流动性一般高于公司债券，另外，短期国债的流动性大于长期国债。

53.【答案】B

【解析】购买保险产品即意味着签订了具有法律效应的合同，具有长期性的特点。一旦签订保险合同，不能随意更改。投保人应当在购买保险时对保险产品的内容有足够的了解。否则，购买保险后很快退保，不但不能达到资产增值的目的，反而可能承受损失。

54.【答案】D

【解析】再投资风险，是指由于市场利率变化而使债券持有人面临的风险。当市场利率下降，短期债券的持有人若进行再投资，将无法获得原有的较高息票率。市场利率上升，不存在再投资风险。

55.【答案】C

【解析】生命周期理论是由F．莫迪利安尼与R．布伦博格、A．安多共同创建的，该理论指出：自然人是在相当长的期间内计划个人的储蓄消费行为，以实现生命周期内收支的最佳配置。即，一个人将综合考虑其当期、将来的收支，以及可预期的工作、退休时间等诸多因素，并决定目前的消费和储蓄，以保证其消费水平处于预期的平稳状态，而不至于出现大幅波动。

56.【答案】C

【解析】可赎回债券往往规定有赎回保护期，在保护期内，发行人不得行使赎回权。常见的赎回保护期是发行后的5~10年。

57.【答案】B

【解析】维持期阶段是个人和家庭进行财务规划的关键期，既要通过提高劳动收入积累尽可能多的财富，更要善用投资工具创造更多的财富；既要偿清各种中长期债务，又要为未来储备财富。这一时期，财务投资尤其是可获得适当收益的组合投资成为主要手段。

58.【答案】C

【解析】家庭成熟期的特征是从子女经济独立到夫妻双方退休。该阶段收入处于巅峰阶段，支出相对较低，是储蓄增长的最佳时期。

59．**【答案】**B

【解析】维持期最重要的理财活动是收入增加、筹退休金。A 项，稳定期的理财活动是偿还房贷，筹教育金；C 项，高原期的理财活动是负担减轻、准备退休；D 项，退休期的理财活动是享受生活，规划遗产。

60．**【答案】**C

【解析】高原期对应的年龄阶段约 55～60 岁。这个时期基本上没有大额支出，也没有债务负担，财富积累到了最高峰，为未来的生活奠定了一定的基础。主要的理财活动是负担减轻、准备退休。

61．**【答案】**D

【解析】退休终老期的财务支出除了日常费用外，最大的一项就是医疗保健支出，除了在中青年时期购买的健康保险能提供部分保障外，社会医疗保障与个人储备的积蓄也能为医疗提供部分费用。

62．**【答案】**D

【解析】按照不同的财富观，有人将客户分为储藏者、积累者、修道士、挥霍者和逃避者五类。积累者，担心财富不够用，致力于积累财富；量出为入，开源重于节流；有赚钱机会时不排斥借钱滚钱。根据题中的描述，王丽女士的财富态度属于积累者，ABC 三项均是积累者应采取的策略；D 项是对于财富态度为储藏者的客户采取的策略。

63．**【答案】**C

【解析】A 项描述的是储藏者的特征；B 项描述的是修道士的特征；D 项描述的是逃避者的特征。

64．**【答案】**D

【解析】D 项，退休养老收入来源包括：①社会养老保险；②企业年金；③个人储蓄投资。当前大多数退休人士退休后的收入来源主要为社会养老保险，部分人有企业年金收入，但这些财务资源远远不能满足客户退休后的生活品质要求。因此，理财师要建议客户尽早地进行退休养老规划，以投资、商业养老保险以及其他理财方式来补充退休收入的不足。

65．**【答案】**D

【解析】D 项，了解客户和明确客户的需求是理财师工作的第一步和最为关键的一步。

66．**【答案】**C

【解析】A 项属于生理需求；B 项属于安全需求；D 项属于自我实现的需求。

67．**【答案】**C

【解析】本题相当于以 12% 年利率借款 10 000 元，3 年付清。欠款为：10 000+10 000× 0.12×3=13 600(元)；每月付款为：13 600/36≈378(元)。

68．**【答案】**D

【解析】计算有效年利率：10 000=377.8×[1-1/(1+r)^{36}]/r，可得：r=1.767%。有效年利率为：EAR=1.01767^{12}-1=23.39%，比实际利率高 23.39%-12%=11.39%。

69．**【答案】**D

【解析】年金(普通年金)是指在一定期限内，时间间隔相同、不间断、金额相等、方向相同的一系列现金流。D 项，根据等值现金流发生的时间点不同，年金可以分为期初年金和期末年金。

70. 【答案】C

【解析】A 项，小数位数设置将保持有效，开关机并不需要重置；B 项，数字重新输入按 CE/C 键；D 项，清除数据是计算器的格式化，功能键中数据的清除只是清除某个功能键上次输入的数据，不影响其他数据。

71. 【答案】B

【解析】(期末)年金现值的公式为：$PV = \dfrac{C}{r}\left[1-\left(\dfrac{1}{1+r}\right)^{T}\right]$，期初年金现值等于期末年金

现值的$(1+r)$倍，即：$PV = \dfrac{C}{r}\left[1-\left(\dfrac{1}{1+r}\right)^{T}\right](1+r)$。

72. 【答案】A

【解析】根据公式，可得：期初年金终值 $FV=(C/r)\times[(1+r)^{t}-1]\times(1+r)=(100\,000/0.1)\times[(1+0.1)^{5}-1]\times(1+0.1)=671\,561$(元)。

73. 【答案】D

【解析】"天有不测风云"，每个家庭在理财规划中必须考虑风险管理，因为财务风险可能成为影响客户实现不同人生阶段理财目标的不利因素。一个家庭在其不同的人生阶段，涉及大量的风险，所以人们需要对自己的家庭及个人进行风险管理计划。

74. 【答案】A

【解析】年金(普通年金)是指在一定期限内，时间间隔相同、不间断、金额相等、方向相同的一系列现金流。B 项虽等额但不连续；C 项虽连续但不等额；D 项既等额又连续，但方向不同。

75. 【答案】A

【解析】本题相当于已知永续年金求现值，股票现值=年金÷年利率=8÷0.10=80(元)；而当时股票价格为 65 元，每股股票净现值为：80-65=15(元)。

76. 【答案】C

【解析】税务规划是帮助纳税人在法律规定的范围内，通过对经营、理财和薪酬等经济活动的事先筹划和安排，充分利用税法提供的优惠与待遇差别，以减轻税负，达到整体税后利润、收入最大化的过程。必要时理财师应该和会计师或专业税务顾问一道完成相关规划工作。

77. 【答案】D

【解析】在向客户介绍专业理财服务时，理财师应首先向客户说明，为了帮助其解决当前以及未来的财务问题，理财师需要系统性地收集、整理和分析其家庭财务状况和生活状况。专业理财师要做的不是纠结于自己是否会触犯客户的隐私，或者客户会不会告诉自己，而是把重心放在引导客户、了解其财务问题和涉及其他家庭财务信息的事实上。

78. 【答案】D

【解析】定期评估的频率主要取决于以下三个因素：①客户的投资金额和占比；②客

个人理财(初级)过关必备(名师讲义+历年真题+考前预测)

户个人财务状况变化幅度；③客户的投资风格。

79.【答案】D

【解析】D项属于外部环境，不属于银行内部的转型驱动力。

80.【答案】D

【解析】税务规划是帮助纳税人在法律规定的范围内，通过对经营、理财和薪酬等经济活动的事先筹划和安排，充分利用税法提供的优惠与待遇差别，以减轻税负，达到整体税后利润、收入最大化的过程。在理财行业得到蓬勃发展后，理财师的工作重心逐渐由早期的"投资顾问"服务转向包括"财务分析、财务规划"在内的财务资源综合规划服务，以使其在财务资源效用最大化的基础上，能够实现客户的各项财务目标、财务自由。

81.【答案】D

影响电话效果的三要素包括：①时间和空间的选择；②通话的态度，其重要性类似见面时的肢体语言；③通话的内容，应力求通俗易懂、简明扼要。

82.【答案】D

【解析】所谓沟通，一定是双向的，它不仅包括说也包括听。成功的沟通，应该能做到下列三点：角色互换、鼓励发言、仔细倾听。

83.【答案】D

【解析】国内外各类专业理财证书基本都执行"4E"认证标准，"4E"由教育(Education)、考试(Examination)、工作经验(Experience)和职业道德(Ethics)四部分组成。

84.【答案】C

【解析】规范性是指理财师的主要职责是为客户及其家庭提供全方位的专业投资理财建议，直接涉及客户大众的长远经济利益，因此，金融机构和理财师提供理财顾问服务必须熟悉和遵守相关的法律法规，应具有标准的服务流程、健全的管理体系以及明确的相关部门和人员的责任。

85.【答案】A

【解析】商业银行销售理财产品，应当遵循风险匹配原则，禁止误导客户购买与其风险承受能力不相符合的理财产品。风险匹配原则，是指商业银行只能向客户销售风险评级等于或低于其风险承受能力评级的理财产品。

86.【答案】D

【解析】根据《合同法》第五十三条的规定，合同中的下列免责条款无效：①造成对方人身伤害的；②因故意或者重大过失造成对方财产损失的。

87.【答案】D

【解析】根据《中华人民共和国民法通则》的规定，代理人丧失民事行为能力将导致委托代理、法定代理或者指定代理都终止。

88.【答案】C

【解析】根据《商业银行个人理财业务管理暂行办法》第十一条至第十五条的规定，按照客户获取收益的方式不同，理财计划可分为保证收益理财计划和非保证收益理财计划。非保证收益理财计划可进一步划分为保本浮动收益理财计划和非保本浮动收益理财计划。保本浮动收益理财计划是指商业银行按照约定条件向客户保证本金支付，本金以外的投资风险由客户承担，并依据实际投资收益情况确定客户实际收益的理财计划。非保本浮动收益理财计划是指商业银行根据约定条件和实际投资收益情况向客户支付收益，并不保证客户本金安全的理财计划。C 项，非保本浮动收益理财计划的本金和收益都得不到保证，风险最大。

89.【答案】D

【解析】根据《商业银行个人理财业务风险管理指引》第二十四条的规定，客户评估报告认为某一客户不适宜购买某一产品或计划，但客户仍然要求购买的，商业银行应制定专门的文件，列明商业银行的意见、客户的意愿以及其他的必要说明事项，双方签字认可。

90.【答案】C

【解析】书面委托代理的授权委托书应当载明代理人的姓名或者名称、代理事项、权限和期间，并由委托人签名或者盖章。委托书授权不明的，被代理人应当向第三人承担民事责任，代理人负连带责任。

二、多选题(共 40 题，每小题 1 分，共 40 分，下列选项中有两项或两项以上符合题目的要求，多选、少选、错选均不得分。)

1.【答案】ABDE

【解析】个人理财业务在我国的兴起和迅速发展有多方面的原因，主要因素概括为如下几个方面：①居民财富积累；②居民理财需求上升；③居民理财技能欠缺；④投资理财工具日趋丰富；⑤金融机构转型的客观需要。

2.【答案】ABCD

【解析】E 项，理财业务作为金融机构中间业务的重头戏之一，它的快速稳健发展，是促使各国银行业及跨国银行非利息收入比重提高的主要因素，理财业务不是商业银行的资产业务，而是商业银行的中间业务。

3.【答案】ABD

【解析】CE 两项属于理财师在实际工作中涉及的行政法规。法规是由政府机构依照相应法律进行细化后的规则，虽然效力不及法律，但更加贴近理财师的实际工作，是理财师执业中的主要依据。

4.【答案】ABCDE

【解析】违约责任是指当事人一方不履行合同债务或其履行不符合合同约定时，对另一方当事人所应承担的继续履行、采取补救措施或者赔偿损失等民事责任。违约责任的承担形式主要有：①违约金责任；②赔偿损失；③强制履行；④定金责任；⑤采取补救措施。

5.【答案】ABCDE

【解析】根据《中华人民共和国民法通则》第六十九条的规定，有下列五种情形之一的，委托代理终止：①代理期间届满或者代理事务完成；②被代理人取消委托或者代理人辞去委托；③代理人死亡；④代理人丧失民事行为能力；⑤作为被代理人或者代理人的法人终止。

6.【答案】ACE

【解析】B 项，格式条款是当事人为了重复使用而预先拟定，并在订立合同时未与对方协商的条款；D 项，格式条款和非格式条款不一致的，应当采用非格式条款。

7.【答案】BCD

【解析】根据《物权法》第二百一十五条的规定，质权人负有妥善保管质押财产的义务；因保管不善致使质押财产毁损、灭失的，应当承担赔偿责任。质权人的行为可能使质押财产毁损、灭失的，出质人可以要求质权人将质押财产提存，或者要求提前清偿债务并返还质押财产。

8. 【答案】ABCD

【解析】E项，根据《婚姻法》第十八条的规定，有下列情形之一的，为夫妻一方的财产：①一方的婚前财产；②一方因身体受到伤害获得的医疗费、残疾人生活补助费等费用；③遗嘱或赠与合同中确定只归夫或妻一方的财产；④一方专用的生活用品；⑤其他应当归一方的财产。

9. 【答案】ABCDE

【解析】根据《个人外汇管理办法实施细则》第二十七条的规定，个人开立外国投资者投资专用账户、特殊目的公司专用账户及投资并购专用账户等资本项目外汇账户及账户内资金的境内划转、汇出境外应经外汇局核准。

10. 【答案】CDE

【解析】根据《个人外汇管理办法》第二十七条的规定，个人外汇账户按主体类别区分为境内个人外汇账户和境外个人外汇账户；按账户性质区分为外汇结算账户、资本项目账户及外汇储蓄账户。

11. 【答案】BE

【解析】在日常生活中，任何个人或家庭都会面临许许多多的风险，通过购买保险产品，可以将个人或家庭面临的风险进行分散和转移。利用保险产品还可以合理避税并实现财产的完整转移或传承。

12. 【答案】ABCD

【解析】根据《公司法》的规定，三类公司可以发行公司债券：①股份有限公司；②有限责任公司；③国有独资企业或国有控股企业。

13. 【答案】CE

【解析】执行价格是期权合约规定的、期权买方在行使权利时所实际执行的价格，是事先在合约中规定的价格，不是权利金，也不是标的资产的市场价格；权利金，又称期权费，是指期权买方为获取期权合约所赋予的权利而向期权卖方支付的费用。

14. 【答案】ACE

【解析】国债是国家信用的主要形式。我国的国债专指财政部代表中央政府发行的国家公债，由于以国家财政信誉作担保，国债的信誉度非常高，其收益率一般被看作是无风险收益率，是金融市场利率体系中的基准利率之一。目前，银行代理国债的种类有三种：①凭证式国债；②电子式储蓄国债；③记账式国债。

15. 【答案】BCDE

【解析】成长型基金与收入型基金的区别：①投资目的不同，成长型基金重视基金的长期成长，强调为投资者带来经常性收益，收入型基金强调基金单位价格的增长，使投资者获取稳定的、最大化的当期收益；②投资工具不同，成长型基金投资对象常常是风险较大的金融产品，收入型基金投资对象一般为风险较小、资本增值有限的金融产品；③资产分布不同，成长型基金资产中，现金持有量较小，大部分资金投资于资本市场，收入型基金现金持有量较大，投资倾向多元化，注重分散风险；④派息情况不同，成长型基金一般不会直接将股息分配给投资者，而是将股息再投资于市场，以追求更高的回报率，收入型基金一般按时派息。

16．【答案】ACE

【解析】B项，维持期家庭形态表现为子女进入高等教育阶段；D项，维持期是个人和家庭进行财务规划的关键期，既要通过提高劳动收入积累尽可能多的财富，更要善用投资工具创造更多财富。财务投资尤其是可获得适当收益的组合投资应成为主要手段。

17．【答案】AC

【解析】BDE三项属于调查问卷沟通的优势。

18．【答案】ABDE

【解析】理财师在接触客户、提供专业理财咨询服务和开展相关业务过程中，应注意如下原则：①树立以客户为中心的思想，真正认识到了解客户、与其建立长期互信友好关系的重要性，一切工作从了解客户和客户的理财需求出发，以此为自己工作和专业化服务的基础和前提；②熟练掌握和应用与客户沟通、服务的技巧，即使作出漂亮的理财规划书或有不错的产品推荐，理财师也需要善于沟通表达，成功有效地让客户了解和接受；③必须牢记了解客户及其需求不是一时一地的事情，切不可急功近利，这是一项长期的工作，这样才不至于走过场，理财师才能避免自己的工作回到以产品销售和销售业绩为中心的老路子上去。

19．【答案】ABDE

【解析】C项，更改将保持有效，开关机不需要重置，若要重新设置，必须使用 FORMAT 功能才会改变。

20．【答案】ABCE

【解析】D项，专业理财软件功能齐全，但局限性大，内容缺乏弹性；E项，Excel表格需要电脑，也有局限性大的缺点。

21．【答案】ABCDE

【解析】理财涉及客户的资金调用和调整成本，因而在这方面理财师需注意把握好三个原则：①事先重复沟通，让客户有明确的预期，以避免接下来每笔资金的动用、每个类别资产买进卖出及需要缴纳的相关费用都会引起客户反弹质疑；②强调理财规划方案的整体性，以及每个涉及资金、理财产品选择和执行成本具体决策的理由和目的；③在总体把握方案执行进度效果的同时，从客户的利益出发，跟踪分析、比较市场变化趋势和面临的不同选择，以降低客户的资金成本、费率，从而提高整体方案执行效果和客户满意度。

22．【答案】BCE

【解析】理财规划方案中的理财规划目标是一个复杂的集合体，既包括客户不同方向的财务目标(投资规划、保险规划、现金规划等)，也包括客户的时间目标(短期目标、中期目标和长期目标)。AD两项属于客户信息中的定性信息。

23．【答案】ABCDE

【解析】根据《商业银行理财产品销售管理办法》第二十八条的规定，风险承受能力评估依据至少应当包括客户年龄、财务状况、投资经验、投资目的、收益预期、风险偏好、流动性要求、风险认识以及风险损失承受程度等。

24．【答案】AC

【解析】根据《关于进一步规范商业银行个人理财业务投资管理有关问题的通知》的规定，商业银行应按照符合客户利益和风险承受能力的原则，建立健全相应的内部控制和风险管理制度体系，并定期或不定期检查相关制度体系和运行机制，保障理财资金投资管理的合规性和有效性。

25．【答案】ABD

【解析】AB 两项均属于保证收益理财计划，根据《商业银行个人理财业务管理暂行办法》第十二条的规定，保证收益理财计划，是指商业银行按照约定条件向客户承诺支付固定收益，银行承担由此产生的投资风险，或银行按照约定条件向客户承诺支付最低收益并承担相关风险，其他投资收益由银行和客户按照合同约定分配，并共同承担相关投资风险的理财计划。C 项，根据《商业银行个人理财业务管理暂行办法》第十五条的规定，非保本浮动收益理财计划，是指商业银行根据约定条件和实际投资收益情况向客户支付收益，并不保证客户本金安全的理财计划。D 项，根据《商业银行个人理财业务管理暂行办法》第十四条的规定，保本浮动收益理财计划，是指商业银行按照约定条件向客户保证本金支付，本金以外的投资风险由客户承担，并依据实际投资收益情况确定客户实际收益的理财计划。

26．【答案】ABD

【解析】C 项，根据《个人外汇管理办法实施细则》第二十九条的规定，本人外汇结算账户与外汇储蓄账户间资金可以划转，但外汇储蓄账户向外汇结算账户的划款限于划款当日的对外支付，不得划转后结汇；E 项，根据《个人外汇管理办法实施细则》第三十一条的规定，个人向外汇储蓄账户存入外币现钞，当日累计等值 5000 美元以下(含)的，可以在银行直接办理。

27．【答案】ABCDE

【解析】根据《商业银行理财产品销售管理办法》第七十五条的规定，商业银行开展理财产品销售业务有下列情形之一的，由中国银监会或其派出机构责令限期改正，除按照本办法第七十四条规定采取相关监管措施外，还可以并处二十万以上五十万元以下罚款；涉嫌犯罪的，依法移送司法机关：①违规开展理财产品销售造成客户或银行重大经济损失的；②泄露或不当使用客户个人资料和交易记录造成严重后果的；③挪用客户资产的；④利用理财业务从事洗钱、逃税等违法犯罪活动的；⑤其他严重违反审慎经营规则的。

28．【答案】BCDE

【解析】中国特色社会主义法律体系，是以宪法为统帅，以法律为主干，以行政法规、地方性法规为重要组成部分，由宪法相关法、民法商法、行政法、经济法、社会法、刑法、诉讼与非诉讼程序法等多个法律部门组成的有机统一整体。

29．【答案】ABC

【解析】根据《中华人民共和国合伙企业法》第五十条的规定，有下列情形之一的，合伙企业应当向合伙人的继承人退还被继承合伙人的财产份额：①继承人不愿意成为合伙人；②法律规定或者合伙协议约定合伙人必须具有相关资格，而该继承人未取得该资格；③合伙协议约定不能成为合伙人的其他情形。

30．【答案】ABCD

【解析】关于理财产品销售行为的禁止性规定包括：①理财师作为商业银行的主要营销人员，不得因为营销指标的压力，而将存款单独作为理财产品销售；②将理财产品与存款进行强制性搭配销售；③将理财产品作为存款进行宣传销售；④不得违反国家利率管理政策进行变相高息揽储。

31．【答案】ABCDE

【解析】电子式储蓄国债是财政部为方便国债投资者、提高国债发行效率，在借鉴凭证式国债方便、灵活的优点的基础之上推出的国债品种。相较凭证式国债，由于电子式储蓄国债以电子方式记录债权，因此在便捷性方面有很大提高，但是需要投资者开立个人国债托管账户，并指定对应的资金账户。

32．【答案】ABDE

【解析】中小企业私募债发行、担保和评级要求：①发行要求，发行规模不受净资产40%的限制；需提交经具证券期货从业资格的事务所审计的最近两年财务报告，但对财务报告中的利润情况无要求，不受年均可分配利润不少于公司债券 1 年的利息的限制。②担保和评级要求，鼓励中小企业私募债采用担保发行，但不强制要求担保；对是否进行信用评级没有硬性规定。

33．【答案】ABCD

【解析】E 项，养老护理和资产传承是家庭衰老期阶段的核心目标，家庭收入大幅降低，储蓄逐步减少。该阶段建议进一步提升资产安全性。

34．【答案】ABCE

【解析】按照客户的人际风格把客户分为猫头鹰型、鸽子型、孔雀型及老鹰型四类。

35．【答案】ABCDE

【解析】在求得时间货币价值的几种方法中，查表法是较为简便的一种方式，比较适合初学者。通常情况下，银行与财务系统都会附有货币时间价值系数表。在没有电脑或财务计算器的情况下，理财师通过比对对应的两个参数，可以迅速找到对应的系数。但查表法一般只有整数年与整数百分比，无法得出按月计算的现值、终值，相比之下查表法的答案就显得不够精确。因此，查表法一般适用于大致的估算，是比较基础的算法之一。

36．【答案】ABCD

【解析】除了了解客户的基本信息和初步需求外，理财师需要坦诚地让客户对理财规划服务有如下三方面的认识，这也是与客户建立长期信任关系的基础：①解决财务问题的条件和方法；②了解、收集客户相关信息的必要性；③如实告知客户自己的能力范围。

37．【答案】ABCDE

【解析】由于受制于有限的财务资源，理财目标既不是客户"一厢情愿"的结果，也不是理财师随意确定的计划。理财目标的确定，必须遵循一定的原则，即必须遵循 SMART原则：①理财目标要具体明确(Specific)；②理财目标必须是可以量化和检验的(Measurable)；③理财目标必须具备合理性和可行性(Attainable)；④实事求是(Realistic)；⑤理财目标要有时限和先后顺序(Time-binding)。

38．【答案】ABC

【解析】着装的"TOP"原则包括：①Time(时间)：着装也分春夏秋冬，比如秋冬季节穿件短袖肯定不合时宜；②Objective(目的)：第一次与 VIP 客户见面，着装应该比较正式，这样显得专业和尊重；男女朋友约会与老朋友会面着装也应有所区别；③Place(场合)：约见客户和闲暇逛街对着装的选择肯定有所不同。

39. 【答案】ABCD

【解析】E项，根据《银行与信托公司业务合作指引》第十六条的规定，银行接受信托公司委托代为推介信托计划，不承担信托计划的投资风险。

40. 【答案】ABDE

【解析】C项，根据《银行与信托公司业务合作指引》第十四条的规定，信托公司除收取信托文件约定的信托报酬外，不得从信托财产中谋取任何利益。信托终止后，信托公司应当将信托财产及其收益全部转移给银行。

三、判断题(共15题，每小题1分，共15分，正确的选A，错误的选B；不选、错选均不得分。)

1. 【答案】A

【解析】个人理财业务具有批量大、风险低、业务范围广、经营收益稳定等优势，在商业银行业务发展中占据着重要地位。个人理财业务的发展将决定银行挖掘个人优质客户资源的能力，从而影响到商业银行的竞争力。

2. 【答案】A

【解析】商业银行在提供专业化服务时，表现为两种性质：一种是商业银行充当理财顾问，向客户提供咨询，属于顾问性质，这类业务人员按照监管部门或银行要求需要持有理财师专业证书；另一种是商业银行将按照与客户事先约定的投资计划和方式进行投资和资产管理的业务活动，属于受托性质。

3. 【答案】B

【解析】根据《物权法》第二百二十六条的规定，以基金份额、股权出质的，当事人应当订立书面合同。以基金份额、证券登记结算机构登记的股权出质的，质权自证券登记结算机构办理出质登记时设立；以其他股权出质的，质权自工商行政管理部门办理出质登记时设立。

4. 【答案】A

【解析】根据《个人外汇管理办法》第二十八条的规定，境内个人和境外个人外汇账户境内划转按跨境交易进行管理。

5. 【答案】B

【解析】股票价格指数简称股价指数，编制股价指数通常以某个时点为基础，以基期的算术或加权平均股票价格为100，用以后各时期的算术或加权平均股票价格与基期做比较，计算出该时期的指数。

6. 【答案】B

【解析】债券型理财产品主要投资对象包括国债、金融债和中央银行票据等信用等级高、流动性强、风险性小的产品。低信用等级的公司债券不是其投资对象。

7. 【答案】A

【解析】外汇挂钩类理财产品的回报率取决于一组或多组外汇的汇率走势，即挂钩标的是一组或多组外汇的汇率，如美元/日元，欧元/美元等。对于这样的产品我们称为外汇挂钩类理财产品。

8．【答案】A

【解析】一般而言，客户年龄越大，所能够承受的投资风险越低，所以，随着客户年龄的增加，投资股票等风险资产的比重应逐步降低。

9．【答案】B

【解析】高原期的家庭形态表现为子女独立，以夫妻两人为主是在个人生命周期的退休期。

10．【答案】A

【解析】货币时间价值算式中，现金流应有负有正，否则在求值中 I/Y 和 N 会出现 Error 提示，无法计算出正确答案。输入负数时，一般先输入数字再按 +/- 键。

11．【答案】B

【解析】设置期末年金：按 2ND PMT 键，如果屏幕显示 END，表示设置默认为期末年金。设置期初年金：再按 SET 键(2ND ENTER)，显示 BGN，这表示已修改为期初年金。如果此时计算器的屏幕出现小字显示的 BGN，就意味着计算器将用期初年金的模式进行计算。如果希望再恢复到期末年金计算模式，就只需要继续按 SET 键(2ND ENTER)，屏幕上的 BGN 就消失了。

12．【答案】B

【解析】理财规划服务是个过程，不是一次性完成的。它除了包括上文提到的接触客户、收集客户信息、分析客户财务状况、制定理财方案、实施理财方案之外，还包括交付方案之后对客户提供长期的服务和客户关系管理。

13．【答案】B

【解析】根据《商业银行个人理财业务管理暂行办法》第五十三条的规定，中资商业银行的分支机构可以根据其总行的授权开展相应的个人理财业务。外资银行分支机构可以根据其总行或地区总部等的授权开展相应的个人理财业务。

14．【答案】A

【解析】根据《商业银行个人理财业务风险管理指引》第二十八条的规定，商业银行应当建立个人理财顾问服务的跟踪评估制度，定期对客户评估报告或投资顾问建议进行重新评估，并向客户说明有关评估情况。

15．【答案】A

【解析】根据《商业银行个人理财业务管理暂行办法》第十一条的规定，按照客户获取收益方式的不同，理财计划可以分为保证收益理财计划和非保证收益理财计划。